Jean-François Six
Theresia von Lisieux

Jean-François Six

Theresia von Lisieux

Ihr Leben, wie es wirklich war

Herder

Freiburg · Basel · Wien

Titel der französischen Originalausgabe:
„Vie de Thérèse de Lisieux"
© Editions du Seuil, Paris 1975

ÜBERSETZT VON ELISABETH DARLAP

Inhalt

1

Die Familie Martin und ihre Töchter

Am Morgen des 28. August 1877 wird ein kleines, viereinhalbjähriges Mädchen von seinem Vater aufgeweckt; er nimmt es auf den Arm und trägt es in das Zimmer, in dem seine Mutter liegt, die um Mitternacht gestorben ist: „Gib deiner armen Mama einen letzten Kuß."

Das Kind ist verstört, aber es spricht zu niemandem über das, was in ihm vorgeht. Es weint kaum, es beobachtet nur schweigend, was nun geschieht. Es hört den Erwachsenen zu, die von der Toten und vom Tod sprechen. Es versucht zu verstehen.

Das kleine Mädchen heißt Theresia, und sein Familienname Martin ist der in Frankreich am häufigsten vorkommende überhaupt. Es lebt in der Normandie, in Alençon, einer stillen Provinzstadt, einer Stadt, die vor allem durch ihre Spezialität, die Spitze, bekannt ist.

Theresias Eltern? Sie entstammen beide einer traditionell christlichen Familie und wachsen natürlicherweise in jener Sicht des Menschen und der Welt auf, wie sie das Christentum dieser Zeit im allgemeinen seinen Anhängern vermittelt: das Diesseits ist im Verhältnis zum Jenseits nur von geringer Bedeutung; der Mensch muß die Pilgerreise, die Gott für ihn auf Erden vorgesehen hat, in Geduld und Ergebung vollenden und darf nicht zu lange bei den Freuden dieses Lebens verweilen. Von dieser Sicht der Dinge sind beide in solchem Maße geprägt, daß sie die Ehe nur für eine Notlösung und den klösterlichen Stand für den wahren Weg halten. Beide möchten in einen Orden eintreten und im Kloster leben. Beiden wird dieser Wunsch von einem

Priester ausgeredet, aber beide bewahren während der ganzen Dauer ihrer Ehe wenn nicht die Sehnsucht nach diesem Stand außerhalb der Welt, so doch zumindest die Überzeugung, daß die Ehe im Vergleich dazu ein minderer Stand sei. Der Beweis? Man hatte sie wegen ihrer gleichen Ansichten zusammengeführt, und sie beschlossen bei ihrer Heirat, keinerlei geschlechtliche Beziehungen aufzunehmen, sondern wie Bruder und Schwester zusammen zu leben. Nach einem Jahr der Ehe erhält Frau Martin bei einer Beichte, in der sie über ihr Eheleben berichtete, den Hinweis, man könne Gott Söhne und Töchter schenken, wenn man Kinder habe. Nun beschließen Herr und Frau Martin, wirklich Mann und Frau zu sein.

Der Kreis der Familie

Sie werden neun Kinder haben, von Maria, die im Februar 1860 geboren wurde, bis zu Theresia, die am 2. Januar 1873 zur Welt kam, also das Nesthäkchen war. Sieben Mädchen und zwei Knaben. Von diesen neun Kindern sterben vier schon sehr früh, darunter die beiden Knaben; so bleiben fünf Mädchen, die mit Ausnahme Theresias, die mit 24 Jahren stirbt, alle sehr alt wurden – zwei von ihnen erreichen das Alter von 90 Jahren.

Außer von der christlichen sind Herr und Frau Martin noch von einer anderen Tradition geprägt: beider Väter sind Berufsoffiziere und haben übrigens beide in der Armee Napoleons gekämpft. Wagram, Rußlandfeldzug, Spanien; sie haben keinen hohen Rang erreicht; sie sind als Hauptleute zugleich einfach und doch herrisch, begeistert von Ordnung und Ehre. Beide Familien sind gefühlsmäßig Bonapartisten, von Überzeugung und Religion her jedoch Royalisten.

Herr Martin aber hat nichts Soldatisches an sich; er ist ein stark verinnerlichter Mensch, ein Träumer, sehr romantisch und kein Kind seiner Zeit; er ist „Melancholiker" in der damaligen Bedeutung dieses Wortes. Seine Tochter Céline sagt später von ihm: „Er wiederholte gern folgende Verse von Lamartine:

O Mensch! Nichts ist die Zeit dem Unsterblichen.
Unglücklich ist, der mit ihr geizt, töricht, der sie beweint!
Die Zeit ist dein Schiff, doch deine Bleibe nicht."

Die Grabinschrift, die die Beschreibung der „Tombeaux champê-
tres" (Grabmäler auf dem Lande) abschließt und die er häufig zitierte,
charakterisiert ihn treffend:

> Hier ruht im Schatten der Stürme der Welt
> Der lang ihrer Gewalten Spielball gewesen.
> Er suchte die tiefe Abgeschiedenheit der Wälder,
> Und Melancholie wohnte in seinem Herzen.

Seine „Melancholie" ist nicht nur literarischer Art: Ludwig Martin
spürt die Fragwürdigkeit der menschlichen Dinge. Er hat das Bedürfnis
nach „tiefer Abgeschiedenheit". Wollte er nicht mit zwanzig Jahren
Mönch in der Grande Chartreuse werden! Und wie lebt er nun mit 25
Jahren, dieser Ludwig Martin? Er hat ein Handwerk gewählt, das
seinem ruhigen Wesen und seiner Vorliebe für die einsame Meditation
gut entspricht. Er ist Uhrmacher und lebt zwischen Vater und Mutter
eine Art klösterliches Leben, das einer exakten Arbeit, die Aufmerksamkeit und Stille erfordert, gewidmet ist. Sonntags pflegt er zu fischen; 1857 erwirbt er im Süden der Stadt, nahe einer Stelle, an der
die Sarthe sich in mehrere Arme verzweigt, einen kleinen zwei-
stöckigen Turm. Diesen Besitz bezeichnet er als einen Ort der
„Zurückgezogenheit", als sein *ritiro*, oder auch als den Pavillon; hier
bewahrt er seine Angelgeräte auf. Aber dieser Ort ist für ihn eine wirkliche Einsiedelei, wo er auch zu beten und zu lesen pflegt. Auch als ver-
heirateter Mann kommt er noch regelmäßig in sein *ritiro*.

Ludwig Martin nimmt aber doch auch, wenngleich nur sehr selten,
an katholischen Zirkeln teil. Der *Correspondant des Familles*, eine katholische Zeitschrift teils literarischen, teils unterhaltenden Inhalts, die
1865 von Madame J. de Gaulle, der Großmutter von General de
Gaulle, gegründet worden war, spricht in einem von der Gründerin
selbst verfaßten Artikel am 1. Februar 1865 von den *Katholischen Zirkeln:* „Vorträge über Recht, Literatur, Medizin usw. erleichtern den
jungen Menschen die Weiterführung ihrer Studien und führen sie
zwanglos zu christlichen und wünschenswerten Verbindungen.

Im *Katholischen Zirkel* werden nur solche junge Christen aufgenommen, die auch Christen bleiben wollen. Die Politik ist bei diesen
Zusammenkünften ausgeschlossen, man respektiert alle vertretbaren
Positionen. Zweifellos würde man dort kein Mitglied dulden, das versuchen wollte, eine Theorie zu unterstützen, die in irgendeiner Weise

den Lehren des Heiligen Stuhls und der Kirche widerspricht; und wenn es doch mitunter vorkommt, daß in den Vorträgen oder den Generalversammlungen etwas gewagtere Worte fallen, so ist der *Katholische Zirkel* nicht dafür verantwortlich; um so mehr, als man von jungen Männern, die miteinander diskutieren, um zu lernen, und nicht um zu lehren, nicht jene Reife des Wissens und eine Genauigkeit im Ausdruck erwarten kann, die nur durch lange ernste Studien erreichbar sind.

Allabendlich finden die Mitglieder in den Räumen des Zirkels Zeitungen, Zeitschriften und ehrsamen Zeitvertreib; und um dieses große Erziehungswerk zu vervollständigen, wurden in der Umgebung mehrere Apartementhäuser und bürgerliche Pensionen eingerichtet, deren Besitzer es sich zur obersten Regel gemacht haben, nur junge Menschen aufzunehmen, deren Verhalten tadellos ist.

Es gibt in Paris auch viele andere Schutzinstitutionen für verschiedene Gesellschaftsschichten; von diesen werden wir nach und nach berichten."

Frau Martin – geborene Zélie Guérin – hat einen ebenso strengen Vater wie Ludwig Martin. Sie steht darüber hinaus aber noch in einem gespannten Verhältnis zu ihrer Mutter. Zélie ist das zweite Kind, nach einem Mädchen, Élise, die zwei Jahre älter ist und später ins Kloster gehen wird, und vor einem Jungen, der zehn Jahre nach ihr geboren wurde, der vom Vater bevorzugt, von der Mutter verwöhnt und von den Schwestern angebetet wurde. Zélie sagt später von ihrer Jugend, sie sei „traurig wie ein Leichentuch" gewesen, und beklagt die Strenge der Mutter ihr gegenüber. So hatte man ihr z. B. nie eine Puppe erlaubt, obwohl sie sich sehnlichst eine solche wünschte. Zélie leidet aufgrund dieser Bedingungen ständig unter Migräne. Mit zwanzig Jahren wird sie auf die Schule für Spitzenfabrikation in Alençon geschickt, und mit 22 Jahren macht sie sich als Herstellerin von Alençonner Spitze selbständig.

Als Fabrikantin entwirft Zélie Guérin das Muster; sie hat Arbeiterinnen, die es dann in kleinen Teilen von 15 zu 20 cm anfertigen. Donnerstags empfängt sie die Arbeiterinnen, die in Heimarbeit arbeiten, und erklärt ihnen, was sie zu tun haben. Aber es müssen auch Absatzmärkte gefunden werden, und so fährt Élise mit Herrn Guérin nach Paris, um ihre Ware in mehreren Geschäften vorzuzeigen; die Geschäftsreise ist ein Erfolg, und das kleine Unternehmen Zélie Guérin spielt fortan eine gewisse Rolle.

Ludwig und Zélie sind ganz unterschiedliche Charaktere: So ruhig Ludwig ist, so impulsiv ist Zélie. Ludwig ist strenger und ziemlich verschlossen, Zélie wendiger und anpassungsfähiger; beide sind äußerst sensibel.

Nun sind sie also jung verheiratet und leben in der Rue du Pont-Neuf in Alençon. Zélie ist 26, Ludwig 35 Jahre alt. Zwei Jahre nach der Hochzeit beginnt das Haus sich mit Kindern zu füllen. Aber welche Schwierigkeiten! Die Kinder sind oft krank. Und außerdem könnte man sagen, daß Zélie nicht dazu geschaffen ist, glücklich zu sein. Ihr Wesen, die Zurückweisung durch ihre Mutter und die Vorstellung, die sie sich vom Ziel des Menschen gebildet hat, hindern sie daran, glücklich zu sein. Sie vertraut sich ihrem Bruder an: „Was willst Du, man muß auf alles verzichten! Ich habe nie in meinem Leben ein Vergnügen gehabt, nein, nie das, was man Vergnügen nennt." „Du weißt sehr wohl, daß das Leben nicht lang ist. Du und ich, wir werden sehr bald unser Ende erleben." Nicht, daß sie mit Ludwig Martin unglücklich wäre: „ Er macht mir das Leben sehr angenehm. Mein Mann ist ein heiligmäßiger Mann, und ich wünsche allen Frauen einen vergleichbaren Ehemann." Aber da sind all die Sorgen und vor allem jene bleibende Traurigkeit, die durch nichts zu vertreiben ist, und die Gewißheit, daß es auf dieser Erde kein Glück geben kann: „Zu gewissen Zeiten meines Lebens, in denen ich mir bezeugte, daß ich glücklich war, dachte ich nicht ohne Zittern daran, denn es ist gewiß und durch die Erfahrung erwiesen, daß das Glück nicht auf Erden ist. Nein, das Glück kann nicht in dieser Welt sein, und es ist ein schlechtes Zeichen, wenn alles gedeiht. Gott hat es in seiner Weisheit so gewollt, um uns daran zu erinnern, daß die Erde nicht unsere wahre Heimat ist."

Dazu kommt das Gefühl einer Strafe von seiten Gottes; im Mai 1868, ein Jahr nach dem Tod des ersten Jungen Marie-Joseph, schreibt sie an ihre Schwägerin: „Ich war so glücklich, als ich meine Erste aufgezogen habe, sie war so gesund. Ich war zu stolz, Gott wollte nicht, daß dies so weitergehe; alle weiteren Kinder, die ich dann noch bekam, waren schwierig aufzuziehen und haben mir viele Sorgen gemacht.

Der zweite kleine Joseph gehört auch dazu, er ist immer krank. Er hat nun schon seit drei Monaten eine Bronchitis, die ihn arg mitgenommen hat; letzte Woche glaubten wir, er werde sterben." Und am 28. Februar 1869 an ihre Schwägerin, die ihr von ihrem ersten Kind berichtet hat: „Auch ich war so glücklich über meine Erste; für mich gab es kein Kind wie dieses. Ich hatte gehofft, daß es auch mit den anderen so leicht wäre. Aber ich habe mich getäuscht; und das hat mich ein für allemal gelehrt, nicht mehr von einem dauerhaften Glück zu träumen, das hienieden ganz unmöglich ist!"

Die Welt bleibt immer schlecht, während der Himmel allein gut und die zu erwartende Wirklichkeit ist: „Ich weiß nicht, was ich Dir noch sagen soll", schreibt sie am 5. März 1865 an ihren Bruder. „Wenn Du aber den Brief sehen würdest, den ich an meine Schwester in Le Mans geschrieben habe, dann wärest Du eifersüchtig, denn er ist fünf Seiten lang. Aber ihr sage ich Dinge, die ich Dir nicht sage. Wir unterhalten uns über eine geheimnisvolle, engelhafte Welt; zu Dir muß man von den Niederungen der Erde sprechen."

Aber es sind nicht nur die Kinder und die Temperamente; da ist auch die Arbeit, und Zélie stürzt sich in sie und verbraucht sich in ihr. Sie schreibt ihrem Bruder: „Ich habe viele Sorgen, die andere Frauen in meiner Situation nicht haben. Dieser Schelm, die Alençonner Spitze, ist es, die mir das Leben schwermacht: habe ich zu viele Aufträge, so bin ich eine Gefangene der schlimmsten Sklaverei; geht das Geschäft nicht und ich stehe vor Material im Wert von 20 000 Franken, die zu meinen Lasten gehen, und muß Arbeiterinnen, die ich mit so großen Mühen aufgetrieben habe, zu anderen Fabrikanten schicken, dann ist das allerdings ein Anlaß, sich Sorgen zu machen, und ich bekomme Alpträume davon! Aber was tun? Man muß sich fügen und so tapfer wie möglich damit abfinden." – „Ich habe wieder große Sorge mit dieser verflixten Alençonner Spitze, die allen meinen Schwierigkeiten noch eine weitere hinzufügt; ich verdiene zwar ein wenig Geld, das ist wahr, aber, mein Gott, wie teuer kommt es mich zu stehen!... Es geschieht um den Preis meines Lebens, denn ich glaube, daß es meine Tage verkürzt, und wenn der liebe Gott mich nicht besonders beschützt, dann glaube ich, werde ich nicht lange leben. Das würde mich nicht weiter beunruhigen, wenn ich nicht Kinder großzuziehen hätte, ich würde den Tod mit Freuden begrüßen, ‚wie man die sanfte und reine Morgenröte eines schönen Tages begrüßt'."

„Ich denke oft an meine heiligmäßige Schwester, an ihr stilles und ruhiges Leben; sie arbeitet nicht, um vergängliche Reichtümer zu erwerben, sie sammelt nur für den Himmel, zu dem alle ihre Seufzer aufsteigen. Und ich, ich sehe mich hier zur Erde gebeugt, wie ich mir die größte Mühe gebe, Gold anzuhäufen, das ich nicht mitnehmen werde und das ich nicht mitnehmen will. Was sollte ich dort oben damit anfangen! Manchmal tut es mir leid, daß ich es nicht ebenso gemacht habe, wie sie ..."

Zélie arbeitet so viel, daß sie den 1866 geborenen Joseph, der ihr besonders ans Herz gewachsen ist, nicht mehr stillen kann. Sie muß ihn zu einer Bäuerin im 6 km von Alençon entfernten Semallé in Pflege geben. Diese Bäuerin, Rose Taillé, wird von allen nur „die kleine Rose" genannt. Nun ist es zu damaliger Zeit kein geringes Problem, eine Amme zu nehmen. In dem 1874 erschienenen Artikel *Nourrice* (Amme) führt das „Große Wörterbuch von Larousse" eine ganze Reihe von Hinweisen für die Wahl einer Amme auf; und zwar nicht nur Hinweise medizinischer, sondern auch moralischer Art, da man der Meinung war, es gebe ernsthafte Gründe für die Annahme einer „Übertragung moralischer Qualitäten und Laster durch die Milch". „Die Eltern haben also bei der Wahl jener Frauen größte Sorgfalt walten zu lassen, von denen die Gesundheit und möglicherweise auch der Charakter und die Moral ihrer Kinder abhängen."

Das gleiche Lexikon schreibt im Artikel *Mortalité* (Sterblichkeit): „Seit 1866 hat die so schwerwiegende Frage der Sterblichkeit bei Neugeborenen das öffentliche Interesse stark erregt. Man war unter anderem von der Sterblichkeit bestürzt, die ihre Ursache darin hat, daß die Ammen vielerorts mit den ihnen anvertrauten Kindern regelrechte Spekulationen betrieben." Diese Sterblichkeit ist sehr hoch: 17,5% im ersten Lebensjahr (für ganz Frankreich); besonders hoch aber ist sie im Calvados.

Joseph entwickelt sich gut, und seine Mutter ist glücklich: „Ich war gerade bei meinem kleinen Joseph. Der schöne kleine Junge, wie groß und kräftig er ist! Man könnte es sich nicht besser wünschen; noch keines meiner Kinder, außer Marie, hat sich so gut entwickelt. Wenn Du nur wüßtest, wie sehr ich meinen kleinen Joseph liebe! Ich glaube, mein Glück ist vollkommen!" schreibt sie an ihre Schwägerin.

Ein Glück von kurzer Dauer. „Ich habe die Freude gehabt, meinen kleinen Joseph am Neujahrstag zu sehen. Als Neujahrsgeschenk habe ich ihn wie einen Prinzen angezogen; wenn Sie wüßten, wie schön er war, wie herzlich er lachte! Mein Mann sagte zu mir, ich würde ihn wie eine Heiligenfigur umherführen. Ich habe ihn wirklich wie eine Sehenswürdigkeit herumgezeigt. Aber ... o Eitelkeit der Freuden dieser

Welt! Am nächsten Morgen gegen drei Uhr klopft es laut an die Tür; wir stehen auf, öffnen, und man sagt uns: ‚Kommen Sie schnell, ihr kleiner Junge ist sehr krank, und man fürchtet, er werde sterben.'

Sie können sich denken, daß ich sofort angezogen war und auch schon auf dem Weg aufs Land, durch die kälteste Nacht, trotz Schnee und Eis. Ich habe meinen Mann nicht gebeten, mit mir zu kommen, ich hatte keine Angst, ich wäre auch allein durch einen Wald gegangen, aber er wollte mich nicht ohne seine Begleitung gehen lassen.

Der arme Kleine hatte starken Rotlauf und sah im Gesicht mitleiderregend aus. Der Arzt sagte mir, er sei in sehr großer Gefahr, und ich sah ihn schon tot vor mir!... Aber der liebe Gott hat mich nicht so sehr einen Jungen ersehnen lassen, um ihn mir dann gleich wieder wegzunehmen; er will ihn mir lassen, und er ist nun wieder ganz gesund. Aber können Sie sich vorstellen, daß man das Vorgefallene mir zur Last legte, weil ich ihn bei zu kaltem Wetter nach Alençon kommen ließ? Wie Sie sehen, habe ich für meine Freude vom Neujahrstag teuer bezahlt. Aber das wird nicht mehr vorkommen."

Joseph stirbt am 14. Februar 1867 im Alter von 5 Monaten.

Ihr zweiter Junge, der ebenfalls Joseph hieß, starb im August 1868 mit 8 Monaten. Im Februar 1870 verliert sie ihr $5^{1}/_{2}$jähriges Töchterchen Hélène. „Um $^{3}/_{4}$ 10 Uhr sagte sie zu mir: ‚Ja, ich werde gleich geheilt sein, ja, sofort...' Im selben Augenblick, während ich sie stützte, ist ihr Köpfchen auf meine Schulter gefallen, ihre Augen schlossen sich, und fünf Minuten später war sie nicht mehr... Das war für mich ein Eindruck, den ich nie vergessen werde; ich habe diesen plötzlichen Tod nicht erwartet, und auch mein Mann nicht. Als er zurückkam und sein armes kleines Mädchen tot vorfand, begann er zu weinen und rief: ‚Meine kleine Hélène, meine kleine Hélène!'"

Einen Monat später, am 27. März, schreibt Zélie an ihre Schwägerin: „Ich leide nicht viel, aber ich habe ständig Kopfschmerzen und eine allgemeine Schwäche; ich habe keine Energie, ich kann nicht arbeiten, ich habe einfach nicht die Kraft dazu. Manchmal stelle ich mir vor, daß ich ganz still hinscheide wie meine kleine Hélène. Ich versichere Ihnen, daß ich kaum am Leben hänge. Seit ich dieses Kind verloren habe, spüre ich ein großes Verlangen, es wiederzusehen; aber die noch da sind, brauchen mich, und ihretwegen bitte ich den lieben Gott, mich noch einige Jahre auf der Erde zu lassen. Ich habe meine beiden kleinen Jungen sehr betrauert, aber der Verlust dieses Kindes schmerzt mich noch mehr; ich hatte schon eine solche Freude an ihr, sie war so lieb, so zärtlich und für ihr Alter so weit fortgeschritten!"

Isidore warf seiner Schwester vor, ihr Kind nicht genügend versorgt zu haben.

Wie leben Ludwig und Zélie miteinander? Zélie ist Ludwig in stiller und beständiger Zuneigung verbunden – was man von ihrem Verhältnis zum Vater nicht sagen konnte. Sie ist weniger fromm als er, und er muß darauf drängen, daß sie ihn jeden Morgen um $^1/_6$6 Uhr zur Messe begleitet. Sie ist wesentlich aktiver als er und arbeitet rastlos.

Zélie hat nach und nach gelernt, ihren Mann mit seinem schweigsamen und verschlossenen Wesen zu verstehen. Aber sie weiß auch dunkel, daß durch seine Zurückhaltung und Schüchternheit, die ihn der Welt und den Geschäften gegenüber hilflos machen, sie selbst in der Besorgung des ganzen Hauswesens zum eigentlich treibenden Element geworden ist. Ludwig bewahrt das Vorhandene, während Zélie vorwärtsstrebt, das zeigt sich immer deutlicher.

Ludwig gibt nach und nach sein Handwerk auf, in dem er nur mäßigen Erfolg hat, weil er für die kleinste Uhrenreparatur viel zu viel Zeit aufwendet und auch nur ein mittelmäßiger Juwelier ist. Nun unterstützt er mehr und mehr seine Frau in ihrem Spitzengeschäft, das im Gegensatz zum Uhren- und Schmuckgeschäft immer besser floriert: Zélie verdient acht- bis zehntausend Franken im Jahr. Die Spitze setzt sich bestens durch. „Der liebe Gott hat es uns ermöglicht, daß wir nun ein ausreichendes Vermögen haben, um in Frieden leben zu können." Das Geschäft geht so gut, daß Ludwig seinen Beruf endgültig aufgibt: im März 1870 übernimmt einer seiner Neffen sein Geschäft.

Wenn der Gewerbeschein auch auf den Namen „Alençonner Spitzenfabrik: Ludwig Martin" ausgestellt ist, so ist es doch Zélie, die alles leitet. Daß ihr Mann ein guter Mensch ist, daran besteht kein Zweifel. Diese gewissenhafte und aktive Frau ist mit einem ernsten Mann verheiratet. Dabei ist er ein Träumer, und sie merkt schon bald, daß im Grunde sie die Verantwortung für alles tragen muß. Dies führt zunächst dazu, daß sie sich noch mehr ängstigt: sie erkennt klar, daß die materielle Zukunft ihrer Kinder auf ihren Schultern liegt, und ist nun mit all ihrem ruhelosen Eifer darum bemüht, Kapital zusammenzutragen, um der Zukunft in einer gewissen Gelassenheit entgegensehen zu können.

Dann kommt der Krieg von 1870 und die Invasion Frankreichs durch die Preußen.

Am 30. November 1870 schreibt Zélie an ihre Schwägerin: „Am 22. dieses Monats hatten wir in Alençon eine ungeheure Aufregung: man erwartete für den nächsten Tag die Preußen; fast die Hälfte der Bevölkerung hat die Wohnungen geräumt. Ich habe noch nie eine ähnliche Verzweiflung erlebt, ein jeder versteckte, was er an Wertvollem besaß. Ein Herr, der in unserer Nähe wohnt, hat das Seine so gut versteckt, daß er es selbst nicht mehr finden konnte. Zu dritt haben sie einen ganzen Vormittag gegraben, um das Versteck wieder ausfindig zu machen!...

Die Preußen sind nach Bellême und in die umliegenden Dörfer gezogen und haben dort nicht wenig beschlagnahmt; doch ein Fall entbehrte nicht der Komik. Stellen Sie sich vor, sie haben das Schwein eines armen Mannes konfisziert, der sein Tier mit einem beispiellosen Mut verteidigte; wäre es sein eigenes Kind gewesen, er hätte nicht besser kämpfen können. Als sie das Schwein an einem Pferd festgebunden hatten, zog der gute Mann mit aller Kraft am Schwanz des Tieres, womit er sich dann allerdings zufriedengeben mußte, da der Soldat, um den Griff des Bauern zu lockern, mit einem Säbel dazwischenhieb, so daß der Bauer nur noch den Schwanz seines Schweines in der Hand behielt!

Von Bellême sind sie auf ihrem Weg nach Alençon durch Mamers gezogen, haben dann aber eine andere Route eingeschlagen und sind in Richtung Le Mans marschiert. Es waren zwanzigtausend.

Ich habe mich sehr um meine beiden kleinen Mädchen geängstigt, denn es hieß, bei Le Mans werde eine große Schlacht geschlagen, und es gab keine Möglichkeit, sie heimzuholen; die Eisenbahn war für die Truppe reserviert, und die Straße konnte man nicht benutzen, da sie von der feindlichen Armee verstopft war.

Am Samstag morgen habe ich von meiner Schwester einen Brief erhalten, in dem sie mir mitteilte, ich brauche mich nicht zu beunruhigen, die Kinder seien dort sicherer als bei mir, da die Preußen die Klöster nie behelligen. Viele Damen der Stadt seien gekommen und hätten die Klosterfrauen gebeten, ihre jungen Töchter bei sich aufzunehmen.

Aber die Preußen haben in Le Mans nicht haltgemacht, sie wollen nach Paris marschieren. Was mich am meisten beunruhigt hat, war, daß die Verantwortlichen beschlossen hatten, die Stadt zur Verteidigung zu rüsten und daß die Nationalgarde einberufen wurde. Man hat Spähtrupps in den Wald geschickt."

Die zweite Loire-Armee wird am 11. Januar 1871 vor Le Mans vernichtet. Das Departement Orne wird eingenommen; die drei Brücken von Alençon werden zur Sprengung vorbereitet. Die Familie Martin, die ganz in der Nähe des Pont-Neuf wohnt, flüchtet in den Keller. Die Nationalgarde wird einberufen; Zélie hält diese Maßnahme für unbesonnen: „Alle Bewohner sind verwirrt. Unsere armen Soldaten sind zur Schlacht gegen die Preußen ausgezogen, die eine Meile vor der Stadt lagen; bis 6 Uhr abends waren auf drei verschiedenen Straßen Kanonenschüsse zu hören: auf der Straße von Mamers, von Aunay und der von Le Mans.

Es war ein Jammer, unsere armen Soldaten zurückkommen zu sehen, die einen ohne Beine, die anderen ohne Hände; ich habe einige erblickt, deren Gesicht ganz blutig war; jedenfalls gab es viele Verwundete. Alle Lazarette sind voll; die Zahl der Toten, unter denen sich viele Freiwillige befinden, ist nicht bekannt.

Ist das denn vernünftig, wenn man dem Feind so wenig Menschen entgegenstellen kann, sie auf diese Weise in den Schlachthof zu schicken gegen eine Armee, wie wir sie vor unseren Augen hatten? Niemand machte sich eine Vorstellung davon; die Preußen haben einen ungeheuren Kriegsapparat. Es ist bedrückend, ihre Bataillone zu sehen mit den schwarzen Fahnen und einem Totenkopf auf ihrem Helm."

Alençon wird beschossen, und die Preußen dringen in die Stadt ein; Zélie schreibt, wieder an ihre Schwägerin, am 17. Januar 1871: „Seit Montag morgen um 7 Uhr sind die Preußen bei uns; sie sind bis 1 Uhr nachmittags vor dem Haus vorbeimarschiert; es sind 25 000. Ich kann Ihnen nicht beschreiben, welche Ängste wir ausgestanden haben."

Aber es fehlt ihr nicht an Mut: „Am Montag gegen drei Uhr wurde an allen Türen angeschrieben, wie viele feindliche Soldaten in den jeweiligen Häusern einquartiert werden. Ein großgewachsener Unteroffizier ist zu uns gekommen und hat verlangt, das Haus zu besichtigen. Ich habe ihn in den ersten Stock geführt und ihm gesagt, daß wir vier Kinder haben; er hat glücklicherweise nicht versucht, auch in den zweiten Stock zu gehen. Schließlich weist man uns neun Soldaten zu, und wir haben uns nicht zu beklagen; in unserem Viertel müssen kleine

Krämer, die nur zwei Zimmer haben, 15, 20 oder sogar 25 aufnehmen. Die bei uns Einquartierten sind nicht bösartig und auch nicht räuberisch, aber sie sind Feinschmecker, wie ich es noch nie erlebt habe, sie essen alles ohne Brot! Heute morgen haben sie einen Käse von mir verlangt; ich ließ einen großen Käse für sie kaufen, sie haben ihn zu viert aufgegessen, ohne das kleinste Stückchen Brot! Sie verschlingen ein Hammelragout wie eine Suppe.

Ich lasse mich von ihnen nicht einschüchtern; wenn sie zuviel von mir verlangen, dann sage ich ihnen, daß es nicht geht. Heute morgen haben sie Fleisch herbeigeschafft, mit dem man dreißig Personen ernähren könnte, zur Zeit wird es ihnen gerade zubereitet.

Wir mußten ihnen den ganzen ersten Stock überlassen und sind selbst in das Erdgeschoß gezogen. Wenn ich Ihnen alles erzählen wollte, könnte ich ein Buch damit füllen.

Die Stadt hat sich geweigert, die geforderte Summe zu zahlen, und man hat uns mit Repressalien gedroht. Schließlich hat sich der Herzog von Mecklenburg mit dreihunderttausend Franken zufriedengegeben, ablösbar durch eine riesige Menge von Materialien. Alle Tiere der Umgebung wurden herbeigetrieben. Jetzt gibt es nirgends mehr Milch; was würde meine kleine Céline tun, sie, die einen Liter pro Tag trank! Und was werden die armen Mütter tun, die noch ganz kleine Kinder haben? Auch gibt es kein Fleisch mehr, in keiner der Metzgereien; kurz, die ganze Stadt ist in Verzweiflung. Alle weinen, nur ich nicht.

Mein Mann ist traurig, er kann weder essen noch schlafen; ich glaube, er wird krank."

Für die Martins sind Krieg und Niederlage eine Strafe Gottes: „Warum", sagt Zélie im gleichen Brief, „erkennen nicht alle, daß dieser Krieg eine Strafe ist?"

Was Zélie bewegt, ist nicht so sehr die Tatsache, daß es in der Stadt weder Fleisch noch Milch gibt; das alles erträgt sie mit Ruhe – sie schreibt an ihre Schwägerin: „Ich habe keine große Angst gehabt; ich erschrecke vor nichts mehr." Was sie dagegen beunruhigt, ist das Geldproblem. Die Not der Zeit bewirkt, daß die, denen sie Geld geliehen hatte, es nicht zurückzahlen können: „Es ist jetzt nicht mehr die Zeit, in der ich acht- bis zehntausend Franken im Jahr verdient habe und in der auch mein Mann im Uhrengeschäft verdiente. Jetzt kann man nicht einmal das Geld zum Leben erhalten, niemand will seine Schulden bezahlen; ich weiß wirklich nicht, was wir tun sollen, wenn das so weitergeht; wir haben weder den Zins des Bodenkredits noch den der Eisenbahn erhalten, und alle unsere Schuldner sagen, daß sie nicht zahlen können. Wir sollten im Januar siebentausend Franken aus dem Verkauf unserer Häuser in der Rue des Tisons erhalten. Aber ich befürchte, daß die Dame, die dazu ihre Grundstücke verkaufen muß, uns nicht zahlen kann." Der Krieg hat sie also finanziell schwer geschädigt. Ihre ganze Hoffnung stützt sich auf die Möglichkeit, ihr Handwerk auch weiterhin auszuüben, da es immer Reiche geben wird, die Spitzen kaufen: „Es gibt immer Reiche, und es wird sie immer geben", schreibt sie ihrer Schwägerin am 29. Mai 1871, am Tag nach der Auflösung der Kommune; „daher hoffe ich, wenn wir ruiniert sein sollten, doch noch meinen Lebensunterhalt durch diesen Spitzenhandel zu verdienen." So bestärken die durch den Krieg herbeigeführten Schwierigkeiten Zélie nur noch mehr in ihrer Entschlossenheit, sich ihrer gewinnträchtigen Arbeit zu widmen.

Sofort nach Kriegsende nimmt Zélie ihren Handel mit aller Kraft wieder auf. Die Aufträge häufen sich – es sind oft Brautkleider für die gehobene Gesellschaft. Und die Martins legen ihr Geld sehr gut an. So haben sie z. B. mit den Suez-Aktien ein sehr gutes Geschäft gemacht.

1894, beim Tod von Ludwig Martin, betragen die Activa des Nachlasses nach Abzug aller Auslagen 280 000 Goldfranken. Berücksichtigt man noch die zur Aussteuer seiner Töchter ausgesetzte Summe, so verfügte Ludwig Martin über ein Kapital von 300 000 Goldfranken. Das ist ein sehr schönes Vermögen, wenn man bedenkt, daß im Jahr 1881 ein Durchschnittshaus in Lisieux um 3500 Franken verkauft wurde, daß ein mittlerer Beamter 1000 Franken im Jahr verdiente und daß in diesem gleichen Jahr ein Kilo Brot 42,50 Centimes kostete. Weitere Vergleichspunkte: in Paris braucht 1880 ein Haushalt mit zwei Kindern mindestens 1500 Franken im Jahr zum Leben. Ein höherer Beamter mit zwei Kindern gibt 20 000 Franken im Jahr aus.

In Paris variiert 1880 der Tageslohn zwischen 3 und 3,5 Franken für einen Handwerker, 5 Franken in der Metallindustrie und im Baugewerbe. Die Steinmetze von Rouen verdienen 6 Franken am Tag, was sehr viel ist, der Landarbeiter kam nur auf 2 Franken (*Journal de Rouen* vom 6. Januar 1881).

1878 kostet in den Markthallen von Paris das Kilo Rindfleisch 1,66 Franken. Der Durchschnittspreis für den Zentner Getreide schwankt zwischen 21 Franken im Jahr 1885, 25 Franken im Jahr 1890 und

19 Franken im Jahr 1895. Die Fahrkarte Paris-Lisieux hin und zurück: 10 Franken in der zweiten Klasse (1878).

Ludwig Martin läßt sich 1877 nach dem Tod seiner Frau in Lisieux als Privatier nieder: von diesem Zeitpunkt an hat er also keine unmittelbaren Einkünfte mehr. Und da Ludwig Martin sein Uhren- und Schmuckgeschäft im März 1870 seinem Neffen überlassen hat, müssen die Einkünfte aus dem Spitzenhandel zwischen 1871 und 1877 sehr bedeutend gewesen sein, wenn Ludwig Martin bei seinem Tod 300 000 Goldfranken besaß. Diese Zahlen bezeichnen eine immense Leistung Zélies während der letzten fünf Jahre ihres Lebens zwischen 1872 und 1877. Man darf aber auch nicht vergessen, daß sie nicht allein arbeitete, sondern eine schwankende Zahl von Heimarbeiterinnen beschäftigte, die ihrerseits den Lebensunterhalt nur schlecht und recht verdienten.

Den Martins erscheint der Krieg von 1870 als eine Züchtigung, die Gott Frankreich zur Strafe für den Antiklerikalismus der Jahre 1865–70 auferlegt hat, und für sie ist das Scheitern der Kommune ein Sieg Gottes. Aber zeigt sich Gott nicht gerade inmitten des Unglücks? In Pontmain z. B., 16 km von Fougères und nicht weit von Alençon, erzählt man sich, die heilige Jungfrau sei am 17. Januar Kindern erschienen. Wir können den religiösen Kontext, in dem die Familie Martin lebte, nicht besser dokumentieren als durch die Darstellung des Wallfahrtswesens, das im religiösen Leben dieser Zeit eine bedeutende Rolle gespielt hat. Die Familie Martin geht, wie wir sehen werden, ganz in dieser Atmosphäre auf.

In der Zeit nach dem Krieg und der Niederlage entsteht tatsächlich eine Vorliebe für Wallfahrten. Damals beginnen in Frankreich die sogenannten „National"-Wallfahrten, die von den Assumptionisten organisiert werden. Die erste Wallfahrt dieser Art pilgerte im Februar 1872 nach La Salette, und dort war es auch, wo sich das Generalsekretariat für Wallfahrten (Conseil général des Pèlerinages) konstituierte. Diese Art, seinen Glauben dadurch zu bekennen, daß man sich an einem heiligen Ort versammelte, entsprach einem Bedürfnis der Katholiken dieser Zeit, oder genauer, einem Kompensationsbedürfnis. Die Jahre 1850–70 sind in der Tat eine Zeit, in der sich nicht nur ein tiefgreifender Antiklerikalismus, sondern auch ein Antitheismus und Atheismus zusehends ausbreitet. Nach der politisch-religiösen Begeisterung von 1848 erleben die Katholiken in Frankreich eine Periode zunehmender Ablehnung ihrer Religion sowohl von seiten der Intellektuellen als auch der Volksmassen. Die Wallfahrten sind ein Mittel, sich als große Gemeinschaft zu erfahren, ein Mittel der Vergewisserung, sie sind eine Möglichkeit, die politischen und gesellschaftlichen Probleme bequem zu lösen. Und schon die ersten Wallfahrten finden unter starker Beteiligung statt; man schließt daraus voreilig auf einen Sieg des Glaubens und einen neuen Aufschwung der Religion: „Wir erleben", schreibt der Bischof von Angers, „einen Aufschwung des Glaubens und der Frömmigkeit, wie es ihn seit Jahrhunderten nicht mehr gegeben hat. Von einem Ende Frankreichs zum anderen sind unsere Straßen von Pilgern bevölkert, die ausziehen, um durch ihre eigene Bekehrung oder ihre Beharrlichkeit von Gott den Triumph der Kirche und das Heil des Vaterlandes zu erflehen." Diese Wallfahrten vermischen Politik und Religion. Und Paray-le-Monial nimmt in diesem zweideutigen Vorgang eine besondere Stellung ein. Die Diözesen pilgern 1873 mit wehenden Fahnen dorthin: ‚„Alle diese Kundgebungen', so sagen die Nonnen von Paray, ‚können in dem Wort zusammengefaßt werden, das auf Tausenden von Votivbildern geschrieben steht: »Frankreich dem Heiligsten Herzen Jesu«.' Am 20. Juni, dem Freitag nach der Oktav von Fronleichnam, und am 29. fanden dort große Feierlichkeiten statt. Am 20. Juni halten zwei Bischöfe, zweitausend Kleriker und fünfundzwanzigtausend Pilger in Paray eine sehr große Prozession ab; unter ihnen befinden sich auch General de Sonis und General de Charette, die die Bänder des Banners der päpstlichen Schutztruppe tragen. Die Gottlosigkeit ist besiegt; ihre Verfechter hatten vorausgesagt, daß es in Paray-le-Monial weder Männer noch junge Leute geben werde, die ‚an solchem Aberglauben teilnehmen'. Als solchen bezeichneten sie die Verehrung des Allerheiligsten Herzens Jesu, die nach Ansicht der *Revue des Deux Mondes* nur den sentimentalsten Teil des gläubigen Volkes erfaßt hatte, da sie ‚nichts anderes ist als der Liebesalptraum der burgundischen Nonne Margareta Maria Alacoque und das Raffinement der Empfindsamkeit der weiblichen Natur' (1. März 1873). Dennoch sieht man kaum vier Monate später das Bild des Heiligen Herzens auf der Brust von mehr als hunderttausend Menschen; es strahlt neben dem Kreuz der Ehrenlegion auf der Brust von Offizieren, die als tapfer unter den Tapferen gelten. Man sieht es schließlich, am 29. Juni, triumphierend getragen von fünfzig Abgeordneten der Nationalversammlung, die sich dem Allerheiligsten Herzen Jesu weihen, sich selbst sowie ihre Kollegen und mit ihnen Frankreich und alle seine Provinzen."

Eine weitere Manifestation, die Politik und Religion vermischt: am 24. Juli 1873 wird ein Gesetz beschlossen, das die Gemeinnützigkeit der Errichtung einer Kirche auf dem Hügel des Montmartre deklariert, jener Kirche, die als *Nationalgelübde* bezeichnet wurde und die zu Ehren des Heiligsten Herzens Jesu erbaut wurde. Zur gleichen Zeit wird der Versuch unternommen, die Monarchie wiederzuerrichten: „Neben Pius IX. verkörpert der Graf von Chambord, der die Loyalität Heinrichs IV. mit der Tugend des heiligen Ludwig verbindet, für den Klerus die christliche Ordnung, deren Sieg er ungeduldig erwartet. Die Mehrzahl der Katholiken teilt diese ‚monarchistischen Gefühle'. Sie verfolgt begeistert die Vorgänge, die die Rückkehr des nach Frohsdorf Verbannten auf den Thron vorbereiten, und die großen Wallfahrten des Jahres 1873 erhalten von hier aus unzweideutig den Charakter einer royalistischen Kundgebung." Der Bischof von Poitiers, Kardinal Pie, schrieb am 30. August zu diesem Thema: „Die Trikolore als nur politische Fahne ist unmittelbar revolutionär. Sie bedeutet die Souveränität des Volkes." Am 25. Februar 1875 wird über die Verfassung der Republik abgestimmt. Der Abgeordnete de Belcastel, der auch am 9. Juni 1873 in Paray-le-Monial im Namen der Abgeordneten den Weiheakt vollzogen hatte, sagte am 25. Februar vor der Abstimmung im Parlament: „Noch heute werden Sie die republikanische Regierung bilden, ohne das republikanische Credo zu sprechen. Sie wagen kaum, diesen suspekten Namen auf den Giebel jenes Tempels zu schreiben, dessen Priester Sie zum großen Erstaunen der Öffentlichkeit geworden sind, dessen Gläubige sie jedoch nie sein werden. Nein, denn tief in ihrem Gewissen hören Sie eine Stimme, die kein parlamentarischer Akt zum Schweigen bringen kann, die Stimme der Geschichte, die Stimme des Patriotismus, die Stimme der Wahrheit, die Ihnen zuruft: ‚Das Königtum, das Frankreich geschaffen hat, nur es kann es wiederherstellen, nur es kann ihm seine Würde, sein verlorenes Ansehen wiedergeben.'" Am 16. Juni 1875, der Zweihundert-Jahrfeier der Erscheinung, die die heilige Margareta Maria Alacoque, eine Salesianerin von Paray-le-Monial, gehabt hatte, segnet der Erzbischof von Paris, Mgr. Guibert, den Grundstein der Basilika von Montmartre und weiht Frankreich dem Heiligsten Herzen.

Diese Wallfahrten sind Gegenstand leidenschaftlicher Stellung-nahmen und Anfeindungen; im Artikel *Pèlerinage* (Wallfahrt) des *Großen Wörterbuchs* von Larousse, der 1874 veröffentlicht wurde, steht dazu folgendes: „In den Jahren 1872 und 1873 kam es in Frankreich auf breiter Basis zu einem Wiederaufleben des Wallfahrtsfanatismus. Anlaß oder Vorwand dafür waren das geheimnisvolle Abenteuer der blaugewandeten Jungfrau in Lourdes und einige weitere, noch verdächtigere Wunder; der wahre Grund aber war der Wunsch, zugunsten des Papst-Königs zu demonstrieren, der im Vatikan gefangengehalten wird, sowie gegen die Republik zu protestieren. Diese Tatsache, obwohl zunächst bestritten, wurde doch offenkundig durch die aufrührerischen Parolen, die vielerorts proklamiert wurden, sowie durch die mit viel Wichtigtuerei gehißten aufwieglerischen Fahnen. Daraus ergaben sich sogar einige Auseinandersetzungen, bei denen man die Opponenten beschuldigte, die Pilger für ihre Manifestationen mißbraucht zu haben. Diese trugen daraufhin mit noch größerem Mut ihr rotes Pilgerkreuz und ihre großen, um den Hals gewundenen Rosenkränze zur Schau und sangen mit noch größerem Eifer:

> Mutter der Hoffnung,
> Dein Name so lieb,
> Rom und Frankreich
> Rettung Du gib.

Eines Tages machten einhundertzehn Abgeordnete eine Wallfahrt zur Schwarzen Jungfrau von Chartres, und die Mutigsten unter ihnen wagten es, die Fahnen mitzutragen; einer von ihnen leistete sogar mit der Kerze in der Hand öffentliche Abbitte … Das französische Volk wird verstehen, daß diese Ausflüge in Vergnügungszügen, die Fressereien im Grünen, diese Rohrflötenpoesie, dieser wucherische Handel mit geweihten Dingen, die schamlose Händler im Gras ausbreiten, daß diese im Freien verbrachten Nächte, die nicht ohne eine gewisse Gefahr für die Gesundheit und die guten Sitten sind (die Wallfahrten haben in dieser Hinsicht einen alten und verabscheuenswerten Ruf), daß all dies einer gewissen Lächerlichkeit nicht entbehrt und der wahren Frömmigkeit ebenso wie der gesunden Politik völlig fremd ist."

Ludwig Martin nimmt an dieser Gemeinschaftskundgebung teil: „Ludwig ist am Dienstag um fünf Uhr früh mit sechs anderen Herren aus der Stadt zu einer Wallfahrt nach Chartres aufgebrochen; seit gestern sind sie wieder zurück. Es waren ihrer etwa zwanzigtausend zu Füßen der Madonna, und es scheint großartig gewesen zu sein; aber es gab nicht genug Betten für alle, und so mußten viele im Stroh oder in der Kirche nächtigen. Ludwig hat die Nacht in der Unterkirche verbracht, wo von Mitternacht bis zum Mittag des nächsten Tages Messen gelesen wurden. Er hat mit den Priestern von Alençon und den Wallfahrtspriestern gegessen. Er hat mir gesagt, daß alle zu glauben schienen, die Dinge würden sich im Guten und ohne eingeschlagene Köpfe oder brennende Häuser regeln. Einer von ihnen behauptete, aus sicherer Quelle zu wissen, daß die Kirche schon bald siegen werde. Wenn er nur recht behielte!" Im Mai des folgenden Jahres pilgert er wieder nach Chartres, und im Oktober des gleichen Jahres 1873 macht er eine Wallfahrt nach Lourdes: ,,Mein Mann ist mit der Diözesanwallfahrt nach Lourdes gefahren und hat uns zwei kleine Steine von dem Fels mitgebracht, der sich einige Meter von der Erscheinungsgrotte entfernt befindet. Dort war eine Frau, die mit dem Hammer daraufschlug, aber soviel sie auch klopfte, sie kam zu keinem Ergebnis. Da nahm Ludwig den Hammer, und mit einiger Geschicklichkeit gelang es ihm, ein Stück abzuschlagen; alle umringten ihn und wollten auch ein Stückchen haben!

Aber ein Wachmann hat gedroht, den Aufsichtsbeamten zu holen, und als dieser dann kam, zeigte der gute Mann auf Ludwig und sagte: ,Der Große dort, Herr Kommissar.' Aber er hat nichts zu ihm gesagt.

Er hat keine Wunder gesehen. Er war dabei, als eine gelähmte Frau in das Bad eingetaucht wurde. Ein alter Pilger saß ganz nahe der Quelle auf einer Bank. Als er sah, daß die Kranke nicht gesund wurde, sagte er treuherzig: ,Nun beeil dich schon, meine gute heilige Jungfrau, wirklich, sonst wird's nichts!' Aber es half nichts, die Frau wurde nicht geheilt.

Als die Pilger nach Alençon zurückkamen, war eine riesige Menschenmenge an der Bahnhofszufahrt, die ganze Straße entlang. Ich konnte nicht zu Ludwig vordringen, und das war gut so! Man könnte fast sagen, daß ich geahnt habe, was kommen würde; die Reisenden trugen alle die Insignien der Wallfahrt.

Mein Mann ist als erster ausgestiegen mit einem kleinen roten Pilgerkreuz an seiner Brust; mehrere haben ihn angesprochen, andere haben gelacht; aber das war noch nichts gegen das, was dann folgte.

Als man sah, daß die Mehrzahl der Pilger Rosenkränze um den Hals hängen hatte, deren Perlen so groß wie Kastanien waren, hat man sie in jeder Form beleidigt; mehrere wurden zur Polizeiwache geführt. Sie kamen aber nicht in Prozession zurück, dies war vom Rathaus verboten worden."

Zur gleichen Zeit entdeckt jede Diözese ihre eigenen Wallfahrtsorte und ermutigt ihre Gläubigen, sie zu besuchen. Die Diözese von Sées, zu der Alençon gehört, gibt im *Almanach de l'Orne* von 1874 eine Beschreibung der Lokalwallfahrten: Die Schutzmantelmadonna (Notre Dame de Recouvrance), Unsere Liebe Frau von Lignerollles, Unsere Frau von der Rast in Courteilles usw. Der *Almanach* fügt hinzu: „Wir haben noch nicht von unserer jüngsten und am stärksten besuchten Wallfahrt gesprochen, nämlich von Unserer Lieben Frau von der Unbefleckten Empfängnis in Sées. Sie muß eigens und ausführlich erwähnt werden. Unsere Leser wissen, daß die Diözese Sées in den letzten Monaten unter der Leitung ihres hochverehrten Bischofs durch zahlreiche Pilger in den bekanntesten Heiligtümern Frankreichs vertreten war. Im Juni besuchten sie in Paray-le-Monial die Stätten, an denen eine heilige Klosterfrau durch eine Privatoffenbarung unseres Herrn Jesus Christus selbst den Auftrag erhielt, die Verehrung seines Heiligen Herzens in der Kirche zu verbreiten. Am 16. Juli begleiteten fünfhundert Pilger aus Sées den Monsignore zu Unserer Lieben Frau von der Befreiung, und nachdem sie die ‚Übungen' der Wallfahrt feierlich vollzogen hatten, kamen sie auf dem Rückweg durch Caen; hier geleiteten sie vierhundert weißgekleidete junge Mädchen, Schülerinnen der Klassen, die in dieser Stadt von den Schwestern der Vorsehung von Sées geführt werden. Die Bevölkerung war bewegt und voller Ehrerbietung und schien von diesem Schauspiel hingerissen zu sein. Schließlich brach der unermüdliche Prälat, nachdem er in Issoudun das Heiligtum Unserer Lieben Frau vom Heiligsten Herzen besucht hatte, am 15. September nach Lourdes auf, begleitet von fünfzehnhundert Pilgern, die einen ganzen Tag an dieser Gnadenstätte weilten und Zeugen von Wundern sein konnten, wie sie hier so häufig geschehen.

Am 22. des gleichen Monats veröffentlichte der Monsignore, kaum von dieser langen Reise zurückgekehrt, einen Hirtenbrief, in dem er für Dienstag, den 5. Oktober, eine Diözesanwallfahrt zur Kirche der Unbefleckten Empfängnis ankündigte sowie die Feier seines fünzigjährigen Priester- und dreißigjährigen Bischofsjubiläums.

Der verehrte Bischof richtete folgende Worte an sein Volk: ‚Nach der dogmatischen Definition des herrlichen Privilegs Marias wurde die Errichtung einer der Unbefleckten Empfängnis geweihten Kirche beschlossen, die unserem Kleinen Seminar von Sées als Kapelle dienen sollte. Dieses Seminar – zu Beginn des Jahrhunderts unter dieser Schirmherrschaft gegründet – wollte als erstes in Frankreich ein Heiligtum zu Ehren seiner hehren Patronin errichten. Maria hat dieses Zeugnis unserer Liebe angenommen. Es sind Spenden eingegangen, die Kirche ist gebaut worden, und es sind Prozessionen gekommen, Überraschende Bekehrungen, besondere Heilungen, zahlreiche Gnaden aller Art wurden erlangt; davon zeugen jene zwanzigtausend Dankesbriefe, die in den Archiven dieses gesegneten Heiligtums liegen. Zweifellos hat ganz Frankreich seine Almosen gesandt; aber der Diözese von Sées kommt der größte Anteil an seiner Erbauung und Ausschmückung zu. Dieses ist also unsere eigene Wallfahrt, und wir sind glücklich, Euch alle hierher zu rufen, um durch eine Diözesanveranstaltung diese Wallfahrten abzuschließen, die unter dem Segen des Papstes stehen und die über unsere Heimat und die Kirche bessere Tage bringen werden ...' Und der Monsignore fügte hinzu: ‚Wir rufen Euch zu dieser Feierlichkeit um so lieber auf, als sie es uns ermöglichen wird, dieses Familienfest, um das der Klerus unserer Diözese uns gebeten hat, unter den Schutz der Unbefleckten Empfängnis zu stellen ...' "

Dann berichtet der *Almanach* über die Wallfahrt, die in Sées stattgefunden hat und an der siebenhundert Priester und zwanzigtausend Gläubige beteiligt waren.

So gern Ludwig Martin sich diesen Wallfahrten anschließt – wir wissen aber auch, daß er gerne reiste –, so wenig fühlt sich seine Frau dazu hingezogen. Sie führt zwar ihre Tochter Léonie „zur Wallfahrt in die Kirche der Unbefleckten Empfängnis nach Sées für eine gute Erstkommunion", aber das ist für sie eine große Anstrengung, und diese Wallfahrt wird wirklich nur deshalb unternommen, weil sie eine besondere Verehrung für die Unbefleckte Empfängnis hat. Aber sie ist bereit, ihre Töchter dorthin zu führen, wenn dies dazu beitragen kann, sie fromm zu machen: „Louise [ihr Dienstmädchen] ist aus Lourdes wieder mit allen ihren Gebrechen zurückgekommen, mit denen sie dorthin zog, und noch dazu mit einer Bronchitis. In ihrer inneren Haltung aber ist sie nicht mehr die gleiche; ihre Begeisterung ist grenzenlos, sie ist jetzt fromm! Ich bin jetzt so weit, daß ich, obwohl ich

Wallfahrten nicht liebe, nächstes Jahr unbedingt mit den drei Ältesten nach Lourdes fahren will", schreibt sie ihrer Schwägerin.

Sie wird im Jahr ihres Todes nach Lourdes pilgern, nachdem die Ärzte sie bereits aufgegeben haben, und wir werden sehen, wie beschwerlich und entwürdigend eine Wallfahrt sein konnte. Schließlich ist noch die betont marianische Orientierung dieser Wallfahrten hervorzuheben: dieses Bild Mariens als Bild der Mutter durchdringt Zélie Martin und sollte auch ihre Töchter, also auch Theresia, durchdringen, die sich nach dem Verlust ihrer Mutter um so stärker der Jungfrau Maria zuwenden.

Alençon, die Zauberer, die Priester und die Polizisten

Es herrscht ein Klima des Todes: der Krieg, die Strafe Gottes, fordert religiöse Wiedergutmachung. Aber es herrscht noch ein anderes Klima des Todes: das der Stadt. Alençon, Hauptstadt des Departments Orne, 12625 Einwohner, befindet sich laut Angabe des *Almanach de l'Orne* für 1874 in spürbarem Rückgang im Vergleich zu 1850. Dem gleichen *Almanach* von 1874 entnehmen wir, daß die Post täglich 2250 Pariser Zeitungen verteilt: „300 Abonnements des *Siècle*, 220 des *Figaro*, 180 der *France Nouvelle*, 130 des *Univers*, 125 des *Moniteur universel* usw. Der klerikal orientierte *Almanach* fügt hinzu, daß „die radikalen Zeitungen, wie etwa die *République française* und der *Rappel*, nur 37 und 33 Abonnenten haben."

Die Martins lieben die „Republikaner" oder „Radikalen" keineswegs, jene radikale Partei, die nach Meinung des *Almanach* „die Gewissensfreiheit mit der Ablehnung jeglicher Religion verwechselt und die sich schließlich zum Verfechter der in unserer Gegend glücklicherweise unbekannten sogenannten zivilen Beerdigung macht". Der *Almanach* – und die Martins – haben sich für die konservative Partei entschieden: „Es gibt nicht nur für das Gedeihen, sondern bereits für die bloße Existenz der Staaten absolut notwendige Institutionen: *Religion, Familie, Eigentum!* Hieraus folgt für jeden Bürger die unbedingte Verpflichtung, diese Institutionen zu respektieren und zu bestärken und sie gegen alle jene zu verteidigen, die sie zu erschüttern oder zu beflecken suchen. Man kann über die Regierungsform verschiedener Meinung sein, aber wenn die wesentlichen Grundlagen jeder Regierung oder, besser, wenn die Grundlagen der Gesellschaft selbst diskutiert oder bedroht werden, dann handelt es sich nicht mehr um eine politische, sondern um eine gesellschaftliche Frage.

Wenn die konservative Partei doch die Erfordernisse der Situation verstehen und ihre Pflicht tun würde! Die Vaterlandsliebe ist und kann keine spekulative Liebe sein; sie muß sich zeigen, sie muß Taten setzen. Wenn ihr also euer Vaterland liebt, ihr Konservativen, wenn der Name, den ihr annehmt, nicht nur ein Köder ist, um euch selbst und die anderen zu täuschen, dann geht ans Werk, vereinigt eure Bemühungen, bekämpft die Revolution in allen ihren Äußerungen, in allen ihren Tendenzen, in allen ihren Ideen; behauptet, was sie verneint, und verneint, was sie behauptet."

Auch die Arbeit ist ein immer wieder angesprochenes Prinzip: „Die übliche Rede bei der Preisverleihung im Gymnasium von Sées wurde in diesem Jahr von G. Ryder, einem Professor dieser Schule gehalten. Der Redner hatte eine jener ewigen Wahrheiten zum Thema gewählt, die zum Wohle der Völker nicht oft genug wiederholt werden können, nämlich, daß die Arbeit das Gesetz unseres Lebens ist. Er hat es in glücklicher Weise verstanden, dieses schon so oft behandelte Thema zu aktualisieren – sein beredtes und überzeugendes Wort, die Neuheit der Einsichten und sein hervorragender Vortrag haben ihm den wärmsten und wohlwollendsten Applaus gebracht.

‚Gott, die Natur und die Geschichte‘, so sagte er, ‚verkünden übereinstimmend diesen absoluten Vorrang der Arbeit: du sollst arbeiten. Dieses Wort der Heiligen Schrift enthält keimhaft die gesamte Aufgabe der Menschheit; schon am Anfang der Welt formuliert, wird es nur mit ihr wieder vergehen, und wehe den Gesellschaften, die dieses Schöpfungsgesetz mißachten; denn es wurde mit Recht gesagt: » Jede Nation steht oder fällt, je nachdem sie das vitale Gesetz der Arbeit erfüllt oder schändet« – »Du sollst arbeiten und du sollst unter Mühen arbeiten.« ‘ Der Professor hat diesen Teil seiner These mit wahrer Beredtsamkeit entwickelt.

Dann, im dritten Teil seiner Ansprache, zeigt er die beständige und unveränderliche Arbeit der Jahrhunderte in der Geschichte auf. Abschließend rief er aus: ‚Arbeitet, da die Menschheit für immer unter das Gesetz der Arbeit gebeugt ist; arbeitet, wenn Ihr nicht schon in der Kindheit die Keime Eurer Männlichkeit ersticken und so viele Opfer zur Unfruchtbarkeit verurteilen wollt. – Arbeitet, das ist das Gesetz

Gottes, der dem Menschen die Arbeit als Ausdruck seiner Kraft, seiner Intelligenz und seines Geistes aufgetragen hat – arbeitet; Frankreich, das auf seine jüngst empfangenen Wunden hinweist, fordert es von Euch; – arbeitet, und hier möchte ich einen Namen beschwören, der stärker ist als alle Vernunft, beredter als jedes Wort, ich will Euch abschließend sagen: Junge Leute, denkt an Eure Mutter!' Die bündige und ernsthafte Entwicklung dieses Schlusses hat die Zuhörer zutiefst aufgewühlt."

Der Atheismus wird durch die Argumente Voltaires, „dieses so glühenden Feindes des katholischen Glaubens", selbst widerlegt; und Gott ist durch die Lektionen und Gleichnisse eines kleinen Büchleins der Baronin v. Mackau, Ce que disent les Champs (Was die Felder sagen) bewiesen.

Neben dem Atheismus gilt der Kampf auch den Wirtshäusern. „Sie haben einen beklagenswerten Einfluß auf die einfache Bevölkerung. Arbeiter und Bauern versammeln sich dort, weniger um miteinander zu reden, als um ihrer Unmäßigkeit zu frönen. Sie trinken ohne Durst, oft bis zur Trunkenheit. Weder ihre Gesundheit noch ihre Börse oder ihre Arbeit ziehen aus dem Besuch des Wirtshauses Nutzen. Und ihre Familie hat noch weniger davon.

Der Gemeinsinn erleidet hier große Einbußen. Das Wirtshaus ist gewöhnlich die revolutionäre Schule des Dorfes. Nur selten wird dem Landbewohner, der im Wirtshaus verkehrt, durch die hier angenommenen Gewohnheiten des Müßiggangs und durch das Hören auf Redner, die dort auftreten, nicht der Kopf verdreht."

Und schließlich muß man sich von den Zauberern und Scharlatanen abwenden, „die die Gesundheit ruinieren, die Nachbarn verwirren, die Ruhe der Familien stören und die Menschen zu verabscheuungswürdigem Tun verleiten". Ihnen gegenüber ist es gut, sich folgendes ins Gedächtnis zu rufen: „Für die Wunden der Seele den Priester, für jene des Leibes den Arzt."

Angesichts dieser Geißeln des Atheismus, des Wirtshauses und der Scharlatanerie rühmt der *Almanach* den Priester und die Polizisten. Der Priester: „In unserer Mitte lebt ein Mensch, der wenig geachtet, allzuoft wenig geliebt und bisweilen sogar in der schlimmsten Weise verleumdet wird und der dennoch der Tröster aller Leidenden, der Freund aller Ungeliebten und schließlich jenes Wesen ist, das am meisten die Achtung und das Vertrauen aller verdient. Dieser Mensch, das ist der Priester, dem die Gottlosen, die Feinde Gottes und der Gesellschaft, unaufhörlich die Herzen zu entfremden trachten, obwohl er den Bösen das Böse nur mit Gutem vergilt ... Man hört bisweilen die Klage, daß der Priester wie ein Werwolf fern von der Gesellschaft lebt. Wer ist dafür verantwortlich zu machen? Ist es denn nicht die Gesellschaft selbst, die auf heimtückische und lügnerische Einflüsterungen hört und die als erste eine Mauer zwischen sich und dem Priester errichtet? Außerdem urteilt die höhere Gesellschaft, so nachlässig und unbeschwert sie für sich selbst ist, sobald es sich um einen Priester handelt, mit unglaublicher Strenge und einem unvorstellbaren Rigorismus. Was ihr armer Pfarrer auch tun mag, immer ist an ihm etwas auszusetzen; ist er mitteilsam, fröhlich und offen, so wirft man ihm Leichtsinn und mangelnde Haltung vor; ist er ernst und zurückhaltend, dann nennt man ihn einen Bären, mit dem man nicht auskommen kann. Was soll der Diener Gottes zwischen all diesen Extremen tun?

Er muß das tun, was er tut, nämlich die lächerlichen Inkonsequenzen, unter denen er so viel zu leiden hat, sanftmütig erdulden, das Gute nur im Blick auf Gott tun, uns ein gutes Beispiel geben und uns dadurch retten, daß er sich für uns aufopfert." Die Polizisten: „Denkt daran, daß des Nachts, während ihr schlaft, Männer für euch wachen, die der Wut der Diebe und der Kugel der Wilderer ausgesetzt sind! Ob es stürmt oder schneit, ob blendende Sonne die staubigen Straßen überflutet, immer sind sie unterwegs als die geborenen Beschützer der Schwachen gegen die Starken, die Verteidiger des kleinen Ackers wie des großen Besitztums. Vergegenwärtigt euch, daß der Polizist die sichtbarste Manifestation eines zivilisierten Staates ist und daß man, je weiter man den Weg zur Barbarei zurückverfolgt, um so weniger bewaffnete Männer antrifft, die das Gesetz verteidigen. Vergegenwärtigt euch schließlich, daß in diesem Augenblick, da alles schwankt, Könige wie Götter, diese tapferen Männer, über die man sich so lustig gemacht hat, doch das letzte Bollwerk von Sitte und Brauch sind. Wenn ein Mensch nicht mehr an die Hölle glaubt, so glaubt er doch an die Polizei und handelt dementsprechend. Aus allen diesen Gründen laßt uns daran denken, daß ihre Feinde auch die unseren sind, und gemeinsam in den Ruf ausbrechen: ‚Es lebe die Polizei!'"

Da ist also die Familie Martin, eine Familie wie viele andere katholische Bürgerfamilien dieser Zeit. Eine Bürgerfamilie, die sich selbst genügt und sich kaum um die Probleme der Zeit kümmert, sofern sie nicht die eigene Sicherheit berühren; eine katholische Familie, die in der Art, wie sie den Glauben lebt und die Gebote Gottes und der Kirche befolgt, mit den in dieser Zeit geltenden Normen durchaus übereinstimmt. Eine Durchschnittsfamilie, die sich in nichts von einem bestimmten gesellschaftlichen und religiösen Milieu unterscheidet, das in dieser zweiten Hälfte des 19. Jahrhunderts sehr verbreitet war.

Aus der Korrespondenz zwischen Zélie und ihrer Schwester Élise, die den Klosternamen Schwester Dosithée trug, ließe sich eine ganze Abhandlung über die Erziehung junger Mädchen entnehmen. Zélie holt sich also immer wieder bei einer Nonne aus der Abgeschiedenheit des Klosters Rat für die Erziehung ihrer Kinder. Von ihrer Schwester erbittet Zélie Ratschläge für schlechthin alles. So fragt sie z. B., ob sie nun ihrer Ältesten, der dreijährigen Marie, das Lesen lehren soll; Schwester Dosithée antwortet, man solle „sie dazu anhalten, zu lesen, um dem kleinen Jesuskind zu gefallen". Die Perspektive des Ordenslebens ist bereits gegenwärtig: „Die Kinder von heute sind so schlecht erzogen, daß wir, wenn sie zu uns kommen, nicht wissen, wie es uns gelingen soll, sie zur Tugend heranzubilden. Die Eltern sind zwar fromm, aber da man seinen Kindern alles durchgehen läßt, werden sie so selbständig und sind so sehr auf sich selbst und ihre Annehmlichkeiten ausgerichtet, daß sie später, wenn sie sich Gott schenken wollen, große Mühe haben, die Schwierigkeiten zu überwinden. Mache es mit den deinen nicht ebenso, bilde sie im Geist des Opfers heran."

Und wir finden schon bald einen konstanten Zug bei Zélie: eine Besessenheit von der Heiligkeit, einer Heiligkeit, die der Moral angeglichen ist. Dosithée muß versuchen, sie in diesem Punkt zu beruhigen: „Ich will versuchen, Dich zu beruhigen, meine liebe Schwester, denn Du findest zu viele Anlässe, um Dich selbst zu quälen. Du mußt nicht glauben, daß Deine Kinder, nur weil ihr Naturell nicht so sanft ist, wie Du es vielleicht möchtest, keine Heiligen werden." Aber Dosithées Streben hat den gleichen engen Moralismus im Blick: „Achte vor allem darauf, daß sie höflich sind, denn ich stelle fest, daß Kinder, die es nicht sind, weit schwieriger zu bändigen sind."

Anfang 1864 hat Zélie Martin drei Kinder: Marie, Pauline und Léonie – die Älteste ist noch nicht einmal vier Jahre alt –, und Zélie ist durch diese Fragen der Moral und des religiösen Lebens dermaßen verängstigt, daß sogar Dosithée sich in einem Brief an Isidor darüber erstaunt zeigt: „Ich habe heute einen Brief von Zélie erhalten; die Erfolge dieser Welt ersticken sie fast, das arme Mädchen, sie hat kaum Zeit, mir zu schreiben. Ihr Geschäft geht so gut, daß sie nicht die Muße hat, sich ein wenig auszuruhen; sie ist immer in Bewegung, und während sie sagt, sie spüre wohl, daß sie an meiner Stelle nicht glücklich wäre, weil sie nicht dazu berufen sei, quält sie sich schon, bei ihren Kindern nicht die Zeichen einer Berufung feststellen zu können." Oder aber sie muß ihre Schwester wegen deren Übertreibungen rügen: „Du tust nicht recht, wenn Du Dich quälst, weil Du Marie nicht zur Messe führst, sie ist noch nicht dazu verpflichtet, aber wenn sie in der Kirche brav ist und niemanden ablenkt, dann hätte ich es gerne, daß Du sie mitnimmst, soweit dies möglich ist, damit sie schon früh gute Eindrücke gewinnt. Man kann von einem fünfjährigen Kind nicht verlangen, daß es während der ganzen Messe betet; ich meine, sie müßte schon gut genug lesen können, um sich während der Messe zu beschäftigen."

Aus dem Brief Dosithées an ihren Bruder wird deutlich, daß ihre Spiritualität auf der Ablehnung der Welt gründet, der Welt, die sie als haltlos und böse beurteilt: „Das Glück", sagt sie ihm, „besteht nur in der Erfüllung aller Pflichten." Als er das Abitur bestanden hat, antwortet sie ihm: „Was bedeutet denn das für die Ewigkeit! ... Man soll seine Seele nicht an die Erde hängen." Im April 1864 tritt Isidore, nachdem er die Pharmazie abgeschlossen hat, in Bicêtre den Dienst in der Chirurgie an: „Du wirst traurige Bilder der armen Menschheit zu sehen bekommen; auch der Tod mit seinen letzten Schrecken wird oft vor Dir stehen; sieh zu, daß Dir dies zum Nutzen gereicht, ich sage Dir im Vertrauen, daß nichts in der Welt mich stärker von der Erde, von ihren Eitelkeiten und Vergnügungen löst als der Tod: ich habe erlebt, wie er während der Fastenzeit zwei unserer Schwestern nach kurzer Krankheit geholt hat, und ich versichere Dir, daß niemand gedacht hat, er würde gerade diese, vor allem die eine, die die gesündeste der Gemeinschaft war, holen: aber das ist eine Warnung für uns, immer bereit zu sein, wir wissen weder den Tag noch die Stunde, da der Menschensohn kommen wird, denn obwohl sie alle Sakramente empfangen hatten und man ihnen ihre Lage nicht verheimlicht hatte, konnten sie es doch nicht glauben."

Sie nimmt auch im nächsten Brief dieses Thema wieder auf: „Ja, mein lieber Freund, wir sind nicht für das jetzige Leben geschaffen, denn sonst wäre unser Geschick sehr unglücklich, unglücklicher noch als das der Tiere; wir jagen beständig hinter dem Glück her und können es doch nicht finden; nicht einmal Ehren, Vergnügungen und Reichtümer können es uns verschaffen, wenn Du siehst, wie Berühmtheiten im Hospital sterben. Hier kann man wohl mit Salomon, dem König, der mit allen Gütern gesegnet war, sagen: ‚Eitelkeit der Eitelkeiten, alles ist Eitelkeit, außer Gott zu lieben und ihm zu dienen.‘ Je älter Du wirst, um so besser wirst Du dies verstehen. Die Welt ist undankbar, sie schmeichelt uns, solange sie etwas von uns erhofft, und sie verachtet und verläßt uns, sobald sie uns in der Not sieht; welche Torheit, sich an sie zu binden und sie zu lieben."

Für Dosithée muß bei der Erziehung der Kinder alles auf den Geist des Opfers und einen extremen moralischen Perfektionismus ausgerichtet sein. Dosithée berichtet ihrem Bruder – um ihn zu belehren – die bemerkenswerten Anstrengungen der kleinen Kinder ihrer Schwester: „Zélie schrieb mir im letzten Brief etwas über ihre kleinen Mädchen, das mich beschämte und mich meine eigene Lauheit bereuen ließ. Sie fragte Marie, ob sie nicht einen kleinen Fehler begangen hätte; das kleine Mädchen erforschte sein Gewissen, und nach einer Weile sagte es: ‚Nein, Mama, das habe ich nicht.‘ Daraufhin sagte man ihr, sie solle nun zu Bett gehen, und der liebe Gott sei in ihrem Herzen; ihr Gesichtchen leuchtete vor Freude, aber schon nach kurzer Zeit kommt sie schluchzend wieder herunter; als die erschrockene Mutter sie fragte, was sie denn habe, sagte die Kleine: ‚Mama, mir ist gerade eingefallen, daß ich einen Fehler begangen habe, und jetzt ist Gott nicht mehr in meinem Herzen, meine Seele ist befleckt.‘ Man mußte sie trösten, indem man ihr sagte, der liebe Gott habe ihr verziehen. Die kleine Pauline ist noch lieber, dieses arme Kind; wenn ihre Schwestern ihre Sachen wegnehmen wollen, so sagt man ihr: ‚Gib sie her, meine Kleine, das ist eine Perle für Deine Krone‘, und sie leistet keinerlei Widerstand."

Das Ergebnis: Marie wird skrupulös, und Dosithée muß Zélie ermahnen: „Ich war angenehm überrascht, von den Erfolgen Deiner Kinder zu hören, beglückwünsche sie meinerseits und sage ihnen, daß ihre Tante sie nächstes Jahr mit großem Vergnügen sehen wird, wenn sie weiterhin so brav sind. Ich finde, Du hast recht daran getan, Marie in Pension zu geben, um Dich zu entlasten, und auch damit sie ihr Urteil entwickelt; es mißfällt mir sehr, daß sie zu Skrupeln neigt, rede mit ihr nicht mehr so viel von ihrer Seele und der Angst, sie zu beflecken, denn diese übermäßige Angst wird ihr schließlich mehr schaden als ein zu weites Gewissen."

Im August 1868 beschließt Zélie, Marie und Pauline in das Pensionat der Heimsuchung von Le Mans zu schicken – bis jetzt waren sie in der Schule der Schwestern der Vorsehung in Alençon, Marie als Interne, Pauline als Externe. Nun sind also die beiden Mädchen unter der Obhut ihrer Tante, in einer geschlossenen Welt von Ordensfrauen; die Hauptsache dabei ist der Gedanke, sie in Sicherheit zu bringen. Die Erziehungsmethode der Schwester Dosithée ist brutal; davon zeugt jene kalte Dusche, die sie Marie, kaum daß diese in Le Mans angekommen ist, erleben läßt (das Kind ist kaum acht Jahre alt): „Ich glaube, wir werden ein gutes Mädchen aus ihr machen; wie ich sehe, hat sie keinen schlechten Charakter, aber sie ist melancholisch; doch hoffe ich, dem abhelfen zu können, weil ich weiß, wie ich sie behandeln muß; das habe ich in der letzten Woche erfahren: sie weinte und wollte Dich sehen; nachdem ich sie lange Zeit liebkost und damit keinen Erfolg hatte, beschloß ich, anders vorzugehen, und als ich die Klasse verließ, in der wir die Aufsicht führten, und sie kam, um mich wie gewöhnlich zu küssen, verweigerte ich es." Diese Methode wendet sie auch weiterhin an, denn einen Monat später schreibt sie von Marie und Pauline: „Sie lieben mich sehr und haben Angst, mich zu kränken; es ist eine schreckliche Strafe für sie, wenn ich mich weigere, sie zu küssen."

Sie gibt den beiden Kindern Perlen, damit sie daraus eine Art Rosenkranz machen, den „praktischen Rosenkranz" (Partikularexamen), der dazu bestimmt ist, über die Tugendakte, die sie vollbringen wollen, Buch zu führen.

Dosithée und Zélie zielen auf eine Erziehung der Abtötung und der Sühne. Die Selbstanklage (culpa) ist der zentrale Punkt ihrer Methode. Wie wirkt nun eine solche Methode auf die vier ersten Martin-Töchter?

Marie, die Älteste, die 1873 bei der Geburt Theresias zwölf Jahre alt ist, wird von ihrem Vater wegen ihres Freiheitsdrangs oft „die Zigeunerin" genannt. In Wirklichkeit hängt Marie aber sehr an den Ihren, und sie muß aus Le Mans, wo sie krank geworden ist, wieder heimgeholt werden; Tatsache ist, daß sie das Leben im Pensionat nicht ertragen hat; sie selbst gibt später zu, daß die Trennung von den Ihren die wahre Ursache ihrer Krankheit war: „Eines Tages hörte ich, wie der Arzt zu Mama sagte: ‚Dieses Kind muß Kummer haben, denn hier handelt es sich eher um ein von der Galle ausgelöstes als ein durch Typhus hervorgerufenes Fieber. Der Kummer hat diese Krankheit verursacht.' Ich sagte zu mir: ‚Das ist wohl wahr.' Und ich war fast zufrieden, daß man nun für meine so bitteren Leiden einen Beweis hatte. Mama pflegte mich während dieser Krankheit, wie es nur eine Mutter kann. Sie verbrachte Stunden an meinem Bett, um mich abzulenken und mir zuzuhören, trotz der Arbeit, die sie belastete. Damals hatte ich Zeit, ihr mein Herz ganz zu öffnen, und sie verstand alles, was ich fern von ihr gelitten hatte."

Das also ist Marie, die Zélie in ihrem eigenen Zimmer untergebracht hat. Sie will nur von ihrer Mutter gepflegt werden, will sie ganz für sich haben; sie erweckt ihr Mitleid, indem sie der Mutter ihre Leiden als Pensionatsschülerin erzählt. Zélie Martin sieht ein, daß dieses sehr sensible junge Mädchen noch ein großes Kind ist, das jemanden um sich braucht. In ihren ersten Jahren hatte sie ein recht unzugängliches Wesen gezeigt: „Marie ist zu schüchtern, dadurch wird sie verkannt, denn sie ist keineswegs böse", schreibt ihre Mutter von der Fünfjährigen. Sie verbarrikadiert sich, ist menschenscheu, weigert sich, auf der Straße zu grüßen. „Du wirst nie geliebt werden", sagt ihre Mutter zu ihr. – „Das macht nichts, wenn nur Du mich liebhast." Ihr Wesen ist wenig gefügig, und diese Seite wird noch verstärkt durch die Schwäche, die Ludwig Martin seiner Ältesten, die er anbetet, gegenüber zeigt; am 14. April 1868 – Marie ist acht Jahre alt – schreibt Zélie Martin ihrer Schwägerin: „Marie hat einen recht besonderen und eigenwilligen Charakter. Sie ist die Hübscheste, aber ich wollte, sie wäre gefügiger. Wenn Sie mir schreiben, gehen Sie nicht auf das ein, was ich Ihnen über dieses Kind gesagt habe, das im übrigen sehr begabt ist!" Die so in sich verschlossene Marie ist gerade wegen ihrer Ängste aggressiv;

und dieser Aspekt der Angst zeigt sich in ihrer Skrupelhaftigkeit: am Abend erforscht Marie vor ihrer Mutter ausführlich ihr Gewissen, und wenn sie irgendeinen Jugendstreich vergessen hat, dann kommt sie in Tränen aufgelöst noch einmal herunter: „Meine Seele ist befleckt: Gott ist nicht mehr in meinem Herzen." Zélie Martin vermehrt diese Skrupel noch; um sie auf ihre erste Beichte vorzubereiten, erzählt sie ihr folgende Geschichte, die Marie ihr ganzes Leben lang in Erinnerung bleibt: „Es war einmal ein Kind, das sich nicht getraute, seine Sünden zu bekennen, und als es zur Beichte kam, sah der Priester, wie sich in seinem Mund eine große Schlange zeigte. Dann verschwand sie sofort wieder. Schließlich hatte es doch eines Tages den Mut, seine Fehler zu bekennen und die große Schlange kam ganz heraus und nach ihr noch viele kleine Schlangen; denn wenn man die größte gejagt hat, dann gehen auch die anderen ganz von alleine wie durch einen Zauber."

Im Oktober 1868 macht Marie eine schwere Gewissenskrise durch, eine Krise, die so weit geht, daß sie sich von Schlangen besessen glaubt, die sie vergeblich auszutreiben sucht; Fieber, wolkenbruchartige Geständnisse bei einem Beichtvater, der schließlich die Flut zum Stillstand bringt und Marie den Seelenfrieden zurückgibt. Erstkommunion am 2. Juli 1869, dem Fest Mariä Heimsuchung, kurz vor den Ferien; Marie wird von allen Seiten gelobt: „Wenn Sie wüßten", schreibt Zélie Martin am 11. Juli an ihre Schwägerin, „in welch guter Verfassung sie war; sie sah aus wie eine kleine Heilige. Der Herr Pfarrer hat mir gesagt, daß er mit ihr sehr zufrieden war, er hat ihr den ersten Preis im Katechismusunterricht zuerkannt.

Ich habe in Le Mans die zwei schönsten Tage meines Lebens verbracht, selten habe ich mich so glücklich gefühlt. Meiner Schwester ging es besser, Marie sagte mir, sie habe so viel für ihre Tante gebetet, daß sie sicher war, daß Gott sie erhören würde …"

Marie bleibt auch weiterhin skrupulös: „Es war für mich ein Bedürfnis, mich anzuklagen: danach hatte ich Frieden für meine Seele", sagt sie später. Dosithée berichtet am 12. Februar 1872 von ihrer Nichte, die zu diesem Zeitpunkt zwölf Jahre alt ist: „Wie sehr ich sie liebe, Marie! Welch gutes Kind sie ist! Welche Treuherzigkeit! Welche Aufrichtigkeit und welcher Ernst! Das ist entzückend. Fast jeden Tag läuft sie mir nach und klagt sich ihrer Unterlassungen an, unaufgefordert, wohlverstanden." Die Zurückhaltung dieses Kindes, seine Flucht vor der Welt, ihre Reserve gegenüber der Ehe gefallen den Ihren; Zélie schreibt im Juli 1872 ihrem Bruder: „Ich bin mit Marie sehr zufrieden, die wirklich mein Trost ist; ihre kleinen Freuden sind keineswegs weltlicher Art, sie ist sogar zu scheu, zu schüchtern. Wenn sich das nicht ändert, dann wird sie nie heiraten, denn ihre Neigungen gehen in eine ganz andere Richtung."

Marie hat darum gebeten, die Taufpatin des Kindes sein zu dürfen, das bald zur Welt kommen sollte, nämlich Theresias, und man hatte es ihr erlaubt. Eigenartigerweise wird sie drei Monate später krank. Marie, die Älteste, die von ihrem Vater sehr verhätschelt wurde und der Trost der Mutter war, war sie nicht eifersüchtig auf die aufmerksame Sorge, mit der man die Jüngste umgab, und hat sie nicht gewünscht, wieder ein kleines Mädchen zu werden, um selbst der Gegenstand der Aufmerksamkeit aller zu sein? Jedenfalls führt sie sich im April 1873 so auf, um wieder zu den Ihren zurückgebracht zu werden.

Während ihrer Krankheit zeigt sie wirklich die Launen und das Verhalten eines Kleinkindes. Zélie schreibt ihrer Tochter Pauline: „Meine arme Marie erfordert viel Geduld; sie ißt nichts und trinkt nur alle zwei Stunden Fleischbrühe. Da der Arzt ihr Nudeln erlaubt hat, habe ich sie ihr gekocht, aber sie konnte sie nicht essen. Dein Vater hatte ihr Fische geangelt, und sie hatte große Lust darauf, aber sie konnte nur einen Bissen davon essen; eigentlich war mir das ganz recht, denn ich hatte befürchtet, sie könnten ihr schlecht bekommen." Marie bemächtigt sich sowohl des Vaters als auch der Mutter: „Es gibt niemanden, der Marie Tag und Nacht pflegen kann, außer mir, und ich habe doch so viele andere Dinge zu tun. Ich steige unaufhörlich hinauf und wieder herunter; Du wirst sagen: ‚Laß Dir doch helfen', aber Marie duldet es nicht, daß sie jemand anderer als ich anrührt. Am letzten Donnerstag mußte ich in meinem Büro bleiben, um die Arbeiterinnen zu empfangen, und ich mußte sie alle stehenlassen, um zu ihr zu gehen. Das Mädchen war gekommen und hatte zu mir gesagt: „Fräulein Marie will ihre ‚Mama' haben." Am 5. Mai macht Ludwig Martin, ohne Nahrung zu sich zu nehmen, eine lange Wallfahrt zu Fuß zur Anhöhe von Chaumont, auf der ein Heiliger verehrt wird, der vom Fieber heilt; und Marie genest von dem, was, wie wohl gesagt werden muß, eine „falsche" Krankheit war; sie brauchte also die Erfahrung der mütterlichen Sorge um sie und das Fasten und die Wallfahrt ihres Vaters um ihretwillen, um ihr die Sicherheit zurückzugeben und sie vom Fieber zu befreien. Einige Ausbrüche von Heißhunger zeigen ganz deutlich dieses Bedürfnis, von ihrem Vater und der Mutter wie ein Baby gefüttert zu werden: „Sie spricht jeden Tag von unserer Landpartie, auf der wir unsere kleine Theresia besuchen werden, wenn Du da bist. Es ist ausgemacht, daß ich viel Brot mitnehmen werde, denn sie sagt, daß sie großen Hunger haben wird.

Da sie momentan keine feste Nahrung erhält, hat sie die unglaublichsten Wünsche eines Kranken. Sie will ein Brot von drei Pfund für sich ganz allein haben, wenn wir diesen Ausflug machen, vom Obstkuchen ganz zu schweigen. Sie glaubt allen Ernstes, daß sie ihren Dreipfünder essen wird, und sie sagt zum Kindermädchen: ‚Louise, Mama wird ein Brot ganz für mich allein mitnehmen.' Louise antwortet ihr: ‚Das ist sicher ein Brötchen?' Aber Marie ist beleidigt, wenn sie von einem Brötchen hört, und sagt zu mir: ‚Ja, ich werde eines in meiner Tasche mitnehmen, um es unterwegs zu essen, aber das wird mich nicht daran hindern, meinen Dreipfünder und dann noch Schwarzbrot bei der Amme zu essen." Einige Tage später: „Sie war vier Stunden auf. Wir haben sie in einem großen Sessel in den Garten gesetzt, dann wurde sie wieder zu Bett gebracht; aber sie wollte wieder aufstehen, um mit uns zu Abend zu essen. Ich habe mit Nachdruck darum gekämpft, daß sie es nicht tut, aber sie hat zu weinen angefangen und Papa hat nachgegeben!

Ich wollte auch nicht, daß sie etwas anderes ißt als ihre Nudeln; ja, aber sie wollte die Speisen, die auf dem Tisch standen und auf die sie Lust hatte; ihr Vater hat ihr zwei Bissen Käse und dann noch dies und jenes gegeben … Sie wurde gerade wieder auf ihr Zimmer gebracht; wir stützen sie beim Gehen, indem wir ihr unter die Arme greifen, geradeso, wie es bei Deiner kleinen Schwester Theresia gemacht wird." In diesem Brief Zélies an Pauline vom 14. Mai ist alles enthalten: das Verlangen nach Essen, das Nachgeben des Vaters, der Versuch, wie die kleine Theresia geführt zu werden; in der Tat, es war für Marie sehr schwierig, die Ankunft dieses letzten Kindes in der Familie anzunehmen.

Von allen Martin-Mädchen ähnelt Pauline ihrer Mutter dem Aussehen wie auch dem Wesen nach am meisten. Sie hat den gleichen impulsiven Charakter. Zélie Martin findet sich in ihr wieder und stützt sich auf sie: „Unsere Mutter hatte für Pauline eine Art Vorliebe", sagt später Céline. Einige Abschnitte aus Zélies Briefen sind beredte Zeugen dieser glühenden Zuneigung, welche die Mutter mit ihrer zweiten Tochter verband. Am 10. Oktober – Pauline war gerade 14 Jahre alt geworden – schreibt sie ihr: „Heute kann ich dem Verlangen, Dir zu schreiben, nicht mehr widerstehen. Es wird mir gut tun, denn ich denke den ganzen Tag an Dich, die Erinnerung an Dich wird nicht schwächer, im Gegenteil; ich habe Dich nie so sehr entbehrt, das kommt zweifellos daher, daß Du allein geblieben bist. Und dann, siehst Du, meine Zuneigung zu Dir wächst von Tag zu Tag, Du bist meine Freude und mein Glück. Aber ich muß mich zur Vernunft rufen und darf meine Liebe nicht zu weit treiben, denn wenn der liebe Gott Dich zu sich nähme, was würde dann aus mir?"

Am darauffolgenden 7. November: „Ich kann Dir gar nicht sagen, wie glücklich mich Dein letzter Brief gemacht hat; ich habe alle Anstrengungen gesehen, die Du trotz Deiner natürlichen Lebhaftigkeit machst, um uns allen Freude zu bereiten. Ich weiß Dir dafür unendlichen Dank; wenn Du wüßtest, wie sehr ich Dich liebe, alles an Dir zieht mich an." – „Ich bin sehr zufrieden mit Dir, meine kleine Pauline, Du machst mir sehr viel Freude und gibst mir reiche Entschädigung für alle Heimsuchungen, die auf mich zukommen."

Pauline ist von der gleichen Sensibilität wie ihre Mutter: im Pensionat bindet sie sich an eine bestimmte Lehrerin oder Freundin mit einer Ausschließlichkeit, deren Maßlosigkeit sie sich später zum Vorwurf macht: „Welches Elend sind diese übertriebenen Zuneigungen! O mein Gott, warum habe ich nicht nur Dich geliebt! Warum habe ich mir ‚so oft die Flügel von dieser trügerischen Flamme der so eitlen Zuneigung der Kreaturen schneiden und verbrennen lassen!'"

Im Pensionat leidet Pauline vor allem unter dem Standesunterschied: „Fast alle meine Mitschülerinnen im Internat der Heimsuchung waren adelig, und man kann sich nicht vorstellen, welche Eitelkeit in diesen kleinen Köpfen der Pensionatsschülerinnen wohnt. Ich weiß es aus Erfahrung.

Ein kleines Mädchen wollte unbedingt von mir wissen, ob ich nicht wenigstens einen adeligen Verwandten in meiner Familie habe. Ich denke nach und stoße glücklicherweise auf den Namen des Herrn v. Lacauve.

Aber damit war sie noch nicht am Ende: ‚Welche Farbe hat der Salon Ihrer Eltern, ihr Sofa?' O mein Gott! Was soll aus mir werden: ich weiß von keinem Salon bei meinen Eltern und von keinem Sofa bei uns zu Hause! Wie sollte ich das zugeben? Ich habe nicht den Mut dazu. Aber ich hatte einen wachen Verstand, und ich denke sofort an eine Art kleiner Chaiselongue aus Stroh, die im Pavillon stand... Sie ist gelb, sage ich mir, und ähnelt einem Sofa. Dann verlautbare ich meinen Fund: ‚Unser Sofa ist gelb' – ‚Das ist sehr vornehm', antwortet mir die kleine Schülerin."

Voller Verlangen, den anderen zu gefallen, und von einer natürlichen Zuneigung zu allen anderen, intelligent und ausdauernd in jeder Arbeit, so ist Pauline, die auf jeden, im Pensionat wie in der Familie, eine große Anziehungskraft ausübt. „Sie macht sich beliebter als ihre Schwester", schreibt Frau Martin, als Pauline vier Jahre alt ist.

Ihre große Sensibilität und vor allem ihr Bedürfnis nach Zuneigung, durch die sie die anderen an sich bindet, haben sie, wie wir sahen, dazu geführt, ihre Situation als Tochter aus bürgerlichem Haus im Vergleich zu den Töchtern des Adels zu bedauern. Von nun an ist bei Pauline ein bestimmter Wille festzustellen, diese vom Schicksal vorgegebene Unterlegenheit zu überwinden, so wie sie auch jene andere Unterlegenheit zu überwinden trachtet, unter der sie leidet: ihre kleine Statur. Pauline will *groß* sein und sie identifiziert sich gerne mit dem, was groß ist: „Ich bekam einmal zu Neujahr ein schönes gebundenes Buch mit Goldschnitt. Es war die Geschichte von Fabiola. Ich begeisterte mich an dieser Lektüre. Alle diese Darstellungen von Helden und jungfräulichen Märtyrerinnen entzückten mich." Und Pauline wird einmal das Leitbild Theresias sein, das dürfen wir nicht vergessen.

Noch eine kleine Einzelheit, die aber von Bedeutung ist: Zélie Martin ruft ihre Tochter mit ihrem Namen Pauline, ihr Mann aber nennt sie „oft" den „kleinen Pauli" und unterstreicht damit ihren kleinen Wuchs und ihr etwas „knabenhaftes" Wesen. Auch die anderen Kinder gebrauchen diesen männlichen Vornamen für Pauline: als Marie 1873 krank ist, will sie ihren „kleinen Pauli" um sich haben; im März 1876 ist Theresia drei Jahre alt: „Sie fragt immer wieder, ob

morgen Ostern sei, damit sie den ‚kleinen Pauli‘ sehen kann; vorgestern hat sie mich im Garten gerufen, um mir mit Nachdruck zu sagen,
das dauere ihr zu lang und sie wünsche, daß es jetzt gleich sei." Dieser
Name, der einer etwas männlichen Seite der Persönlichkeit Paulines
Rechnung trug, konnte in ihren eigenen und den Augen ihrer Schwestern und Eltern diesen Aspekt nur noch verstärken.

Léonie, das schwarze Schaf

Marie und Pauline sind braun; Léonie ist blond und hat blaue Augen.
Von schwacher Konstitution schon bei ihrer Geburt, kämpft sie sechs
Monate lang gegen den Tod: „Die kleine Léonie gedeiht nicht gut, sie
scheint nicht laufen zu wollen; sie ist noch sehr schwach und sehr
klein." Sie ist nicht hübsch wie die anderen: „Eine weniger schöne, die
ich genau so liebe wie die anderen, aber sie wird mir nicht so viel Ehre
machen." Léonie hat einen guten Charakter, aber sie ist sehr wild und
kann nicht stillsitzen; auch hat sie nicht die Intelligenz ihrer älteren
Schwestern: „Meine arme Léonie ist schwer gestürzt und hat sich zwei
sehr große und tiefe Platzwunden an der Stirn zugezogen. Sie hat sich
nun schon zum drittenmal an der Stirn verletzt, und die beiden ersten
Narben sind stark sichtbar, ich bin darüber ganz verzweifelt. Aber
dafür hat sie den besten Charakter, den es geben kann, sie und Pauline
sind reizend."
Am 6. März schreibt Zélie an ihren Bruder: „Dieses arme Kind
beunruhigt mich, denn ihr Charakter ist undiszipliniert und ihre Intelligenz wenig entwickelt." Léonie steht zu diesem Zeitpunkt in ihrem
siebten Lebensjahr; seit zwei Jahren leidet sie an Augenentzündungen,
die nicht ausheilen; sie wird immer rebellischer gegen jeden Befehl, ist
in sich verschlossen und hat unerwartete Stimmungsschwankungen.
Ein junges Dienstmädchen, Louise Marais, das 1865 als 16jährige von
Zélie Martin angestellt wird, versucht, Léonie zum Gehorsam zu
bringen; sie hat aber den gleichen jähzornigen und unbeherrschten
Charakter wie Léonie. Louise Marais terrorisiert das Kind und trägt
nicht dazu bei, es beständiger zu machen. Im Juni 1871 schlägt Schwester Marie Dosithée ihrer Schwester vor, ihr Léonie versuchsweise an-
zuvertrauen. „Seit ich sie in so guten Händen weiß und meinerseits so
ruhig bin, glaube ich im Paradies zu sein", schreibt Zélie Martin am

21. Juni 1871 an ihre Schwägerin. Die Salesianerin dagegen schreibt ihrem Bruder Isidore: „Ich habe nun Léonie, dieses schreckliche kleine Mädchen, und ich versichere Ihnen, daß sie mich nicht wenig beschäftigt. Das ist ein fortwährender Kampf, daher hätte ich gewünscht, ihre Mutter fände einen anderen Platz für sie, aber ich sehe schon, daß ich es sein muß, die dieses Kreuz trägt, und ich werde also versuchen, meine ganze Beherztheit einzusetzen... Dieses Kind liebt mich sehr, und das ist erstaunlich, weil ich sie so viel bestrafe, ich schone sie nicht, und das ist notwendig, ohne das würde man nichts erreichen, sie fürchtet niemanden außer mich!"

Ihrer Schwester gegenüber gibt die Ordensfrau folgende Einschätzung: „Ihr großer Mangel ist der, daß sie nicht mehr als ein dreijähriges Kind versteht."

Im Oktober 1869 hatte Zélie ihrer Schwägerin geschrieben: „Meine Kinder sprechen oft von Ihrer kleinen Jeanne und fragen mich, ob sie bald wieder kommt. Léonie nennt sie ‚den kleinen Jeanne', und es war gar nicht so leicht, ihr klarzumachen, daß sie ein kleines Mädchen und kein Junge ist. Sie begreift sehr langsam, aber sie war auch immer krank, und ich hoffe, daß sie sich später noch entwickelt."

Aber in Le Mans weigert man sich, das Experiment fortzusetzen, und Leonie wird unverzüglich zu ihrer Mutter zurückgeschickt; diese versucht nun, selbst auf dieses Kind Einfluß zu nehmen, aber sie kann sein Verhalten nicht verstehen; im Juli 1872 – Léonie ist soeben neun Jahre alt geworden – schreibt Zélie ihrem Bruder: „Ich kann ihren Charakter nicht analysieren; im übrigen wären hier sogar die Klügsten am Ende ihres Lateins."

Im November 1873 wird Léonie für einen neuerlichen Versuch in Le Mans vorbereitet: „Ich lasse Léonie von einem Fräulein, das das Lehrerinnenexamen hat, Stunden geben. Das Kind lernt sehr schwer, aber immerhin macht sie einige Fortschritte. Sie wird am Neujahrstag endgültig in das Internat der Heimsuchung abreisen; jetzt wird gerade ihre Ausstattung hergerichtet. Ich glaube zwar, daß es verlorenes Geld sein wird, vor allem aber quält mich der Gedanke an den Kummer, den sie ihrer Tante machen wird. Trotzdem ist es meine Pflicht, es noch einmal zu versuchen; hat sie keinen Erfolg, so habe ich mir nichts vorzuwerfen.

Der lieben Schwester von Le Mans geht es einigermaßen gut, es geht ihr wesentlich besser als im letzten Winter, da kenne sich noch einer aus. Ich meine fast, Gott will sie mir lassen, um meine Léonie zu ändern, denn sie ist die einzige, die Einfluß auf sie hat. Wenn man diese arme Kleine fragt, was sie einmal werden will, wenn sie groß ist, dann ist die Antwort immer die gleiche: ‚Ich werde Klosterfrau in der Heimsuchung zusammen mit meiner Tante.' Gebe Gott, daß es so sei, aber das wäre zu schön, ich wage nicht, es zu hoffen."

Für Neujahr 1874 bittet Zélie ihren Bruder und ihre Schwägerin hinsichtlich Léonies um folgendes: „Was Léonie betrifft, so wird sie im Januar im Internat der Heimsuchung sein; schicken Sie ihr weder Schreib- noch Handarbeitszeug; sie hat schon alles, und es wäre hinausgeworfenes Geld; nur ein Erbauungsbuch, etwa eine *Nachfolge Christi* oder das *Manuel du Chrétien* (Handbuch des Christen)."

Und am 11. Januar an ihren Bruder: „Am vergangenen Montag habe ich die Kinder in das Pensionat der Heimsuchung gebracht. Léonie hat sich über die Abreise sehr gefreut; es gefällt ihr dort, und wenn man sie formen kann, werde ich sie viele Jahre als Pensionatsschülerin dort lassen." Am 8. Februar schreibt Schwester Marie Dosithée ihrem Bruder und dessen Frau: „Ihre Intelligenz ist nicht entwickelt und weit unter ihrem Alter; aber es fehlt ihr doch nicht an Fähigkeiten, und sie läßt ein gutes Urteil erkennen. Dazu eine bewundernswerte Charakterstärke. Wenn diese Kleine erst zur Vernunft kommen und ihre Pflicht erkennen wird, dann wird sie nichts mehr aufhalten. Schwierigkeiten, so groß sie auch sein mögen, werden ihr nichts bedeuten; sie wird alle Hindernisse, die sich ihr wohl reichlich in den Weg stellen werden, überwinden, denn sie ist dafür geschaffen. Und schließlich ist sie eine starke und großmütige Natur und ganz nach meinem Geschmack. Aber wenn hier die Gnade Gottes nicht wäre, was wäre dann!..." – „Im ersten Monat grollte ich, wenn sie nicht ordentlich war, und das kam so häufig vor, daß ich fast nichts anderes tat... Ich sah wohl, daß ich diese Kleine unglücklich machen würde, und gerade das wollte ich nicht; ich wollte für sie eine Vorsehung Gottes sein... Ich behandelte sie also mit größter Milde, vermied es, zu grollen, und sagte ihr, daß ich sehe, wie sie gut sein und mir Freude machen wolle und daß ich darauf vertraue... Das wirkte Wunder, und zwar war diese Wirkung nicht nur vorübergehend, sondern dauerhaft, denn sie hält noch immer an, und ich finde sie ganz und gar liebenswert... sie kommt zu mir und berichtet mir offenherzig ihre Fehler; ich habe ihr gesagt, daß ich dies wünsche, sie ist sehr gehorsam... Ich hoffe, daß Gott unsere Bemühungen segnet und sie gut werden wird, denn noch ist nicht alles geleistet, und die Sanftheit müßte mehr als einmal durch Stärke gestützt werden." Aber am 5. April schrieb sie ihnen: „Ich erwarte Zélie morgen! Das wird kein erfreulicher Besuch sein, das versichere ich Ihnen, denn sie muß ihre arme Léonie wieder mitnehmen. Was soll man mit ihr machen? Welches Kreuz! Wie ich diese arme liebe Schwester bedauere! Wie gerne würde ich ihr zu Hilfe kommen, aber ich kann nichts, gar nichts tun. Ich hoffe aber auf den Herrn, ja, und zwar aus allen meinen Kräften, denn ich habe so großes Vertrauen in Ihn..."

Am Freitag, dem 10., setzt die fromme Tante ihren Brief, den sie nicht zu Ende geschrieben hatte, fort: „Ich habe Zélie gesehen, sie war ganz resigniert; sie meint, daß wenn unsere Kinder nicht so sind wie die anderen, die Eltern die Last tragen müssen. Aber jetzt weiß sie nicht, was sie tun soll, sie wird sie behalten; ihr Schmerz ist groß, da sie sehr darauf vertraut hatte, daß die Sanftheit und Liebe der Heimsuchung ihre Tochter verändern würde." Zélie weiß nicht mehr, welchem Heiligen sie sich versprechen soll; sie schreibt am 1. Juni an ihre Schwägerin: „Das hat mich sehr verdrossen, mehr noch, es hat mir einen tiefen Schmerz bereitet, der mich noch immer quält. Meine einzige Hoffnung für die Umformung dieses Kindes war meine Schwester, und ich war überzeugt, daß man es behalten würde, aber dies war nicht möglich, trotz des besten Willens, oder aber man hätte sie von den anderen Kindern trennen müssen. Sobald sie in Gesellschaft ist, hat sie sich nicht mehr in der Gewalt und zeigt eine beispiellose Ausgelassenheit.

Jetzt kann nur noch ein Wunder diese Natur ändern. Es ist wahr, ich verdiene kein Wunder, und doch, ich hoffe wider alle Hoffnung. Je schwieriger sie sich zeigt, um so mehr rede ich mir ein, daß der liebe Gott es nicht erlauben wird, daß sie so bleibt. Ich werde ihn so inständig bitten, daß er sich erweichen lassen wird. Sie ist mit 18 Monaten von einer Krankheit genesen, an der sie hätte sterben können; warum hätte Gott sie vom Tod errettet, wenn er sie nicht mit Barmherzigkeit ansehen würde?

Ich hätte sie gerne mit zur Wallfahrt nach Paray-le-Monial genommen, die am 25. Juni anfängt, denn damals ist sie durch das Eingreifen der seligen Margareta Maria geheilt worden; aber ich konnte mich zu diesem Termin nicht frei machen. Dafür will ich sie aber jedes

Jahr am Tag der Unbefleckten Empfängnis zu Unserer lieben Frau nach Sées führen."

Im Gegensatz zu Marie liebt Léonie ihre kleine Schwester Theresia sofort mit einer überschwenglichen und zugleich beständigen Zuneigung; denn wenn Léonie auch nur wenig intelligent ist, so ist sie doch, wie ihr Vater sie nennt, „die gute Léonie". Aber ihre Mutter, die sich vollkommene Töchter wünscht, verzeiht Léonie ihre Grenzen auf der Ebene des Verstandes und der Selbstbeherrschung nicht. Léonie macht ihr keine Ehre. Und Léonie fühlt sehr wohl, daß sie nicht so wie die anderen geliebt wird, weil sie nicht so wie die anderen ist, und daß sie in den Augen ihrer Mutter so etwas wie eine dunkle Strafe des Himmels ist.

Céline, die Kühne

Und da ist noch Céline, die bei Theresias Geburt vier Jahre alt ist. Auch sie war bei der Geburt sehr schwach, aber Céline ist von einer außerordentlichen Vitalität: lebhaft, ausgelassen, bestimmt und an allem schon in jüngsten Jahren interessiert. Mit zehn Monaten: „Die kleine Céline wächst wie ein Pilz; sie ist nie krank, hat einen sehr guten Appetit und ißt alles, was man ihr gibt." Ihr erstes Lebensjahr verbringt sie bei der Amme, „der kleinen Rose", in Semallé. „Die kleine Céline scheint sehr intelligent zu sein, aber ich muß mich zu drei Viertel des Tages mit ihr beschäftigen. Es geht ihr glänzend, und sie läuft schon sehr gut allein. Es ist so drollig, dieses winzige Mädchen so ohne Schwierigkeiten laufen zu sehen, daß die Leute auf der Straße stehenbleiben, um ihr zuzuschauen. Sie ist nicht größer als ein sechsmonatiges Kind, und sie spricht fast nichts. Ihr Vater liebt sie sehr, weil sie immer zu ihm will, so geht er auch oft mit ihr spazieren." – „Die kleine Céline leidet seit 14 Tagen sehr an ihren Zähnen; bis jetzt sind zwei durchgebrochen, und ein paar weitere werden bald kommen. Im übrigen geht es ihr gut, und sie läuft wie ein kleiner Hase; es ist drollig, zu sehen, wie sie ihre kleinen Vorkehrungen trifft, um nicht hinzufallen; sie ist sehr lieb und intelligent."

Als im Oktober 1870 die erste kleine Theresia stirbt, sucht Céline überall nach ihrer Schwester: „Die kleine Céline ist sehr zärtlich, sie fängt an, nett zu reden. Ich klagte jeden Tag über den Verlust meiner kleinen Theresia und sagte: ‚Mein armes kleines Mädchen!' Sofort kam Céline und wich nicht mehr von meiner Seite in der Meinung, ich habe von ihr gesprochen. Sie sucht ihr Schwesterchen überall und fragt nach der ‚Sester‘.“ Ein anderes Porträt von Céline, als sie zwei Jahre alt ist, in einem Brief vom 5. Mai 1871 an die Schwägerin, zu einem Zeitpunkt, als Zélie den Plan gefaßt hatte, in Lisieux einen Besuch zu machen: „Die Kleine ist so lieb, daß es mir schwerfällt, mich von ihr zu trennen. Ich könnte mit ihr bei Ihnen spazierengehen und sie zusammen mit Ihrer kleinen Jeanne besorgen. Wir würden in den Sterngarten gehen, ich würde mir ein Fest daraus machen, als wenn ich ein Kind wäre.

Ludwig sagt mir, daß es eine Dummheit sei, die Kleine mitzunehmen; ich glaube, er hat recht, vielleicht hätte ich es zu bereuen. Sie ist nicht schwer zu pflegen, aber ein Kind von 25 Monaten ist normalerweise kaum vernünftig. Aber sie ist so lieb, wenn Sie es nur wüßten! So anhänglich war noch keine; wenn sie etwas auch noch so gern tun möchte, sobald ich ihr sage, daß sie mir damit Kummer macht, läßt sie es sofort sein.

Wenn man sie zum Ausgehen schön macht, ist sie sehr zufrieden. Vor allem ihr schöner weißer Hut hat es ihr angetan, aber wenn ich ihr kurz vor dem Weggehen mit trauriger Miene sage: ‚Du willst mich also verlassen?‘, dann läßt sie sofort das Kindermädchen stehen, kommt zu mir und küßt mich stürmisch: – ‚Nein, nein, nicht verlassen, Mama; geh …‘, sagt sie zum Mädchen. Wenn ich ihr dann fröhlich sage, sie solle nun gehen, dann schaut sie mir in die Augen, um zu sehen, ob ich auch wirklich nicht traurig bin, und beginnt vor Glück zu hüpfen.

Sie hat vor drei Wochen die Röteln gehabt und war fünf Tage lang sehr krank. Ich hatte große Angst, sie zu verlieren; hier sind mehrere Kinder daran gestorben. Jetzt ist sie wieder gesund, aber sie hustet immer noch ein wenig; und sie sieht auch nicht so gut aus.“

Louise Marais, die gegen Léonie eine Abneigung hat, ist bei Céline dagegen äußerst nachsichtig. Zélie schreibt am 30. Juli 1871 an ihre Schwägerin: „Vor allem die kleine Céline macht mir Kummer; sie wird launisch, sie wurde zu sehr verwöhnt.“

Céline ist noch nicht vier Jahre alt, als Theresia zur Welt kommt. Da sie sehr laut ist, gibt man sie von April bis Juni 1873, während Maries Krankheit, zu einer Freundin des Hauses, Fräulein Philomène Tessier; im Mai schreibt Zélie an Pauline: „Céline wird aus dem Wiedersehen mit Dir ein großes Fest machen, sie spricht jeden Tag davon und sagt, daß sie bei Tisch neben Dir sitzen will; sie singt nette Liedchen, die ihr Frl. Philomène lehrt; sie ist sehr intelligent, hat alle Buchstaben innerhalb vierzehn Tagen gelernt, und wenn Marie nicht krank gewesen wäre, könnte sie jetzt schon lesen. Aber seit fünf Wochen habe ich sie nicht ein einziges Mal buchstabieren lassen; sie tut es aber sehr gern und holt oft ihr Buch." Und wieder: „Wir freuen uns sehr auf Deine Ankunft; man kann von der kleinen Céline alles erreichen, wenn man zu ihr sagt: ‚Wenn Du das machst, wird Pauline kommen‘." Am 9. Juli, wieder an Pauline: „Céline macht Fortschritte im Lesen, aber sie wird schlimm wie ein Teufelchen. Sie ist immerhin erst vier Jahre alt, und ich komme Gott sei Dank noch gut mit ihr zu Rande. Hier noch eine lustige Geschichte von ihr: Gestern abend sagte sie zu mir: ‚Ich mag die Armen nicht!‘ Ich antwortete ihr, daß das Jesuskind dann nicht mit ihr zufrieden sein und sie auch nicht lieben wird.

Darauf sie: ‚Ich hab' Jesus lieb, aber die Armen werde ich nicht lieben, nie im Leben; und überhaupt, ich mag sie nicht lieben! Was macht das Jesus aus? Er ist schon der Herr, aber ich, ich bin auch die Herrin.‘

Du kannst Dir nicht vorstellen, wie aufgeregt sie war, niemand konnte sie zur Vernunft bringen. Aber es gibt eine Erklärung für ihre Abneigung.

Vor einigen Tagen stand sie an der Türschwelle mit einer kleinen Freundin beisammen, als ein armes Kind, das gerade vorbeiging, sie mit frecher und spöttischer Miene betrachtete. Das hat Céline nicht gefallen, und sie hat zu dem Mädchen gesagt: ‚Geh weiter!‘ Und diese gab ihr, bevor sie ging, voller Wut eine kräftige Ohrfeige, so daß ihr Gesicht noch eine Stunde danach ganz rot war!

Ich hatte sie dazu angehalten, der kleinen Armen zu verzeihen, aber sie hat den Vorfall nicht vergessen und mir gestern erklärt: ‚Mama, Du willst, daß ich die Armen liebe, die mir Ohrfeigen geben, daß ich davon eine ganz rote Backe bekomme? Nein, nein, ich werde sie nicht lieben!‘

Aber, kommt Zeit, kommt Rat; das erste, was sie mir heute morgen sagte, war, daß sie einen schönen Blumenstrauß für die heilige Jungfrau und das Jesuskind habe. Und dann hat sie hinzugefügt: ‚Jetzt mag ich die Armen gern!‘"

Von solcher Lebhaftigkeit ist also Céline, trotz ihrer Zartheit, die um sie fürchten läßt: „Céline ist für ihr Alter groß, aber sie ist nicht kräftig, ich habe immer Angst, es könnte mit ihr wie mit der kleinen Hélène gehen." Sie ist so schwach, daß man sie im Oktober zu Hause läßt: „Céline geht nicht in die Schule; ich leite sie selbst zum Lesen an. Sie ist ein so zartes Kind, daß ich sie bei mir behalten muß. Ich habe große Angst, daß ich sie trotz aller Pflege nicht großziehen kann. Sie ist fast immer fieberheiß; das ist ein kleines Mädchen, das sich genauso wie seine kleine Schwester Hélène entwickelt." Am 1. Juni 1874 an ihre Schwägerin, als Céline fünf Jahre alt ist: „Nur eines beunruhigt mich bei Céline, nämlich, daß sie erschreckend mager ist; sie wächst sehr schnell. Ich habe immer Angst, sie könnte es wie meine kleine Hélène machen."

Schon bald wird Theresia die unzertrennliche Gefährtin Célines sein, Célines, die ihr Vater „die Kühne" nennt, Célines, der sie ähnelt und von der sie sich nicht trennen kann.

2

Theresia und ihre Mutter

Theresia wurde nach einer anderen Theresia benannt, die zwischen ihr und Céline geboren wurde und im Oktober 1870 im Alter von sechs Wochen starb. Sie ist, wie der zweite Joseph, der auch starb, gewissermaßen ein Ausgleich für den Verlust der ersten Theresia. Schon sehr bald bereitet sie ihrer Mutter große Sorgen. Diese schreibt nach ihrer Geburt zwei Wochen lang täglich an ihren Bruder und teilt ihm mit: „Ich mache mir unendliche Sorgen um meine kleine Theresia. Ich befürchte, sie hat ein Darmleiden, ich stelle die gleichen alarmierenden Symptome fest wie bei meinen anderen Kindern, die gestorben sind. Muß ich denn auch noch diese verlieren?" Nach einigen Wochen der Besserung tritt Anfang März ein neuerlicher Anfall von Enteritis (Entzündung des Dünndarms) auf. Die Schwester in Le Mans, die einer vom Heiligen Franz von Sales gegründeten Kongregation angehört, übt bei diesem Anlaß eine herzergreifende Erpressung aus; man hat ihr geschrieben, daß Theresia am Sterben sei: nun „beginnt sie mit außerordentlicher Glut zum heiligen Franz von Sales zu flehen und gelobt, daß das Kind, wenn es wieder gesund wird, als zweiten Namen Franziska erhalten soll. Nachdem sie dieses Gelübde getan hat, geht sie zu Marie und Pauline, die ganz verzweifelt waren, und sagt ihnen: ‚Weint nicht mehr, euer Schwesterchen wird nicht sterben.‘ Und sie erzählte ihnen, was sie soeben getan hat." Die Oberin von Le Mans fordert Schwester Dosithée auf, sofort an Zélie zu schreiben, um sie zu veranlassen, das Kind Franziska zu nennen. Zélie spricht davon zu Isidore: „Als ich den bewußten Brief erhielt, war ich zunächst erschüttert.

Meine Schwester sagt, daß sie dieses Gelübde in der Überzeugung gemacht habe, daß ich es ausführen werde, daß sie dem heiligen Franz gesagt habe, er sei frei, das Kind wieder zu nehmen, wenn ich nicht bereit wäre, es nach ihm zu benennen, und in diesem Fall, so fügt sie hinzu, hätte ich nur noch einen Sarg zu bestellen."

Der Arzt empfiehlt, das Kind zu stillen. Zélie Martin denkt an „die kleine Rose", die Amme der beiden Joseph: „Ich bemühte mich, um jeden Preis eine Amme zu finden, als ich mich einer Frau erinnerte, die ich besonders gut kannte und die mir in jeder Hinsicht entsprach. Aber ihr Kind ist genau ein Jahr älter als das meine, und ich fand, daß die Milch zu alt sei.

Es war sieben Uhr, ich gehe zum Arzt; ich erzähle ihm von meiner ‚einjährigen' Amme. Er denkt kurz nach und sagt mir dann: ,Sie müssen sie sofort nehmen, das ist nun die einzige Hilfe, um Ihr Kind zu retten, und wenn es dadurch nicht gerettet wird, so haben Sie sich wenigstens nichts vorzuwerfen.'

Wenn es nicht schon so spät gewesen wäre, wäre ich augenblicklich aufgebrochen, um die Amme zu holen. Die Nacht kam mir lang vor. Theresia wollte fast nichts trinken; alle die sehr bedenklichen Anzeichen, die dem Tod meiner anderen kleinen Engel vorausgegangen waren, zeigten sich, und ich war sehr traurig, überzeugt, daß die liebe Kleine in dem Zustand der Erschöpfung, in dem sie sich befand, von mir keinerlei Hilfe mehr empfangen konnte.

Ich bin also gleich am frühen Morgen zur Amme aufgebrochen, die in Semallé, etwa zwei Meilen von Alençon entfernt, wohnt. Mein Mann war nicht da, und ich wollte das Gelingen meines Unternehmens niemand anderem anvertrauen. Auf einem einsamen Weg bin ich zwei Männern begegnet, die mir einen Schrecken einjagten, aber ich sagte mir: ,Und wenn sie mich auch töten, das würde mir nichts ausmachen.' Ich trug den Tod in der Seele.

Endlich bin ich bei der Amme angekommen und habe sie gefragt, ob sie mit mir kommen und ganz bei uns wohnen wolle. Sie hat mir gesagt, sie könne ihre Kinder nicht allein lassen, aber sie werde acht Tage bei uns bleiben und dann die Kleine mitnehmen. Damit war ich einverstanden, da ich wußte, daß es mein Kind bei ihr sehr gut haben wird.

Nach einer halben Stunde brachen wir beide auf; wir sind um 1/2 11 Uhr angekommen. Das Kindermädchen sagte uns: ,Ich konnte sie nicht zum Trinken bringen, sie will nichts nehmen.' Die Amme betrachtete das Kind und schüttelte den Kopf mit einer Miene, die zu sagen schien: ‚Ich habe einen unnützen Weg gemacht!'

Ich bin in mein Zimmer hinaufgegangen, habe mich zu Füßen des heiligen Joseph niedergekniet und ihn um die Gnade gebeten, daß die Kleine gesund werden möge. Ich habe mich aber auch dem Willen Gottes unterworfen, wenn er sie zu sich nehmen will. Ich weine nicht oft, aber während ich so betete, flossen meine Tränen.

Ich wußte nicht, ob ich hinuntergehen sollte … schließlich habe ich mich doch dazu entschlossen. Und was sehe ich? Das Kind, das mit aller Kraft saugt. Erst um 1 Uhr nachmittags hat sie die Brust wieder losgelassen; sie hat ein paar Bäuerchen gemacht und ist dann wie tot auf die Amme zurückgefallen.

Wir waren zu fünft im Raum. Alle saßen; eine Arbeiterin weinte, ich fühlte, wie mir das Blut erstarrte. Die Kleine schien nicht mehr zu atmen. Vergebens beugten wir uns über sie, um ein Lebenszeichen zu entdecken, man sah nichts, aber sie war so ruhig, so friedlich, daß ich dem lieben Gott dankte, daß er sie so friedlich hatte sterben lassen.

Es vergeht eine Viertelstunde, da öffnet meine kleine Theresia die Augen und beginnt zu lächeln. Von diesem Augenblick an war sie völlig geheilt, das gute Aussehen ist zurückgekehrt und damit auch die Fröhlichkeit; seither geht alles bestens.

Aber mein armes Kleinchen ist abgereist. Es ist so traurig, wenn man ein Kind, das man zwei Monate lang betreut hat, fremden Händen anvertrauen muß. Was mich tröstet, ist das Wissen, daß es der liebe Gott so will, denn ich habe alles getan, was ich konnte, um sie selbst aufzuziehen; ich habe mir in dieser Hinsicht also nichts vorzuwerfen.

Ich hätte die Amme viel lieber bei uns behalten und mein Mann auch; er wollte keine anderen Ammen, aber diese, von der er wußte, daß sie eine ausgezeichnete Frau ist, hat er gern akzeptiert."

Wie bei den ersten Kindern setzen auch bei Theresia die Sorgen ein. Eine neue Enteritiskrise Ende März. Zélie eilt nach Semallé; und wieder befallen sie ihre pessimistischen Gedanken: „Nicht alles im Leben ist rosig, der liebe Gott will es so, um uns von der Erde loszulösen und unsere Gedanken auf den Himmel zu lenken.

Gestern war ich von diesen Gefühlen erfüllt, als ich mit dem Arzt zu meiner kleinen Theresia ging, die noch immer sehr krank ist. Beim

Anblick eines schönen Schlosses und herrlicher Güter sagte ich zu mir: ,All dies ist nichtig; wir werden erst dann glücklich sein, wenn wir alle, wir und unsere Kinder, dort oben vereint sein werden', und ich brachte Gott mein Kind als Opfer dar.

Seit Theresia bei der Amme ist, ging es ihr immer gut, sie ist sogar sehr dick geworden, aber die Entzündung, die nicht ganz ausgeheilt war, hat seit Freitag auf Hals und Brust übergegriffen. Als der Arzt sie gesehen hat, hatte das Kind sehr hohes Fieber, aber er hat mir trotzdem gesagt, er glaube sie nicht in Gefahr.

Heute geht es ihr besser, aber ich habe ernste Befürchtungen; ich glaube, wir werden sie nicht durchbringen. Mein erster kleiner Junge war genauso, er entwickelte sich sehr gut, aber er hatte eine chronische Enteritis, über die er nicht hinwegkommen konnte.

Nun, ich habe alles getan, was in meiner Macht steht, um das Leben meiner Theresia zu retten; wenn jetzt der liebe Gott anders darüber verfügen will, dann werde ich mich bemühen, die Prüfung so geduldig wie möglich zu ertragen. Ich muß wirklich meinen Mut wieder neu anfachen, ich habe in meinem Leben schon viel gelitten."

Eine Amme

Rose Taillé bringt Theresia manchmal sonntags zu Besuch. So am 20. April, oder am 5. Mai: an diesem Tag kommt „die kleine Rose" mit Theresia, legt sie in die Arme ihrer Mutter und geht zur Messe. Aber Theresia verweigert sich den mütterlichen Armen: „Die Kleine wollte nichts davon wissen, sie hat gebrüllt, daß man hätte in Ohnmacht fallen können! Das ganze Haus war in Aufregung, ich mußte Louise schicken, damit sie der Amme sage, sie solle gleich nach der Messe kommen, denn sie mußte noch Schuhe für ihre Kinder kaufen. Die Messe war noch nicht zu Ende, aber die Amme kam sofort gelaufen, worüber ich beleidigt war, denn die Kleine wäre nicht gestorben vom Schreien. Aber dann war sie augenblicklich getröstet. Sie ist sehr kräftig, alle staunen darüber." Einige Tage später, am 22. Mai, schreibt Zélie an Pauline: „Sie ist jetzt sehr kräftig. Ich habe sie am letzten Donnerstag gesehen, ihre Amme hat sie gebracht, aber sie will nicht bei uns bleiben und stößt markerschütternde Schreie aus, sobald sie ihre Amme nicht mehr sieht. So mußte Louise sie zum Markt tragen, wo „die kleine Rose" ihre Butter verkaufte; wir konnten sie nicht bei uns halten.

Sobald sie ihre Amme sah, hat sie diese lachend angeschaut und keinen Laut mehr von sich gegeben; so ist sie mit all diesen wackeren Frauen bis Mittag beim Butterverkauf geblieben! Was mich betrifft, so kann ich sie nicht lange tragen, ohne sehr müde zu werden: sie wiegt 14 Pfund. Sie wird einmal sehr lieb und sogar sehr hübsch werden." Einen Monat später, am 1. Juli, wiederum an Pauline: „Die Amme hat am Donnerstag die kleine Theresia gebracht. Sie hat nur gelacht; vor allem die kleine Céline hat ihr gefallen. Sie lachte lauthals mit ihr. Man könnte sagen, daß sie schon spielen mag. Das wird bald kommen. Sie hält sich auf ihren Beinchen steif wie eine kleine Stange, ich glaube, daß sie schon früh laufen wird und daß sie einen guten Charakter haben wird, sie erscheint sehr klug und sieht wirklich blühend aus... Momentan ißt sie gut, ich versichere Dir, daß sie meine Suppe gut findet! Ich hatte viel davon gekocht, damit auch Céline davon essen sollte, aber Theresia hat nicht gefunden, daß es für sie zuviel sei."

Das erste Erwachen zum Leben geschieht für Theresia in einem Bauernhaus. „Theresia ist ein dickes Baby", schreibt Zélie am 20. Juli ihrer Schwägerin. „Sie ist von der Sonne gebräunt; ihre Amme karrt sie in den Feldern umher, und sie sitzt dabei hoch erhoben auf Grasbüscheln; sie weint fast nie. ‚Die kleine Rose' sagt, daß es kein lieberes Kind gibt."

Marie, die an Typhus erkrankt war, ist gerettet; Theresia gedeiht sehr gut: Zélie findet wieder eine gewisse Lebensfreude: „So steht, liebe Schwester, wie Sie sehen, alles zum Besten. Der Anfang des Jahres war für mich traurig, allem Anschein nach wird das Ende besser sein."

Am Samstag, dem 30. August, fährt Zélie mit Marie und Pauline nach Lisieux. Sie nehmen den 11-Uhr-Zug und kommen um 16.30 Uhr an. Isidore erwartet sie am Bahnhof. Am Sonntag nachmittag schreibt Zélie ihrem Mann: „Ich bin genau wie die Fische, die Du aus dem Wasser ziehst: sie sind nicht mehr in ihrem Element und müssen zugrunde gehen!

Das gleiche würde mit mir geschehen, wenn mein Aufenthalt noch lange dauern würde. Ich fühle mich unbehaglich, ich bin jetzt keineswegs in einer guten Verfassung, und das wirkt sich auch auf das körperliche Wohlbefinden aus; ich bin fast krank davon. Aber ich rufe mich zur Ordnung und versuche es zu überwinden; ich folge Dir in Gedanken den ganzen Tag, ich sage mir: ‚Jetzt tut er dies oder das.‘

Ich sehne mich schon sehr danach, wieder bei Dir zu sein, mein lieber Ludwig; ich liebe Dich von ganzem Herzen, und ich fühle, wie meine Zuneigung durch die Entbehrung, als die ich Deine Abwesenheit empfinde, wächst; es wäre mir unmöglich, fern von Dir zu leben.“

Am Montag fahren sie gemeinsam nach Trouville. Am Mittwoch abend kommen sie wieder nach Lisieux zurück: „Wie lang mir dies erscheint! Ich umarme Dich. Wie ich Dich liebe.“

Aber immer ist einer Art Unglück vorzubeugen: „Ich habe mehr Geduld als je, und ich handle nun, als dürfte lange Zeit nichts mehr geschehen. Ich übernehme große Arbeiten und plane langfristig. Ich bin es müde, sehr müde, Ängste gehabt zu haben, die mich lähmten und mir beträchtlichen Schaden zugefügt haben.“ Und Freude: „Theresia gedeiht nach wie vor prächtig.“ Ihre Mutter ist ihrer zwar beraubt, weil die Amme sie nur von Zeit zu Zeit nach Alençon bringt; aber Zélie Martin hat sich ernsthaft vorgenommen, sie bei der Amme zu lassen, und so soll sie bis zum nächsten März bei „der kleinen Rose“ bleiben.

Theresia nun ist mehr an das Land als an die Stadt gewöhnt, fühlt sich bei den Menschen vom Lande wohler als bei Stadtmenschen. Theresia wird nach Alençon gebracht: „Ich habe Theresia trotz des schlechten Wetters am Donnerstag gesehen, und sie war bräver als das letzte Mal. Aber Louise war nicht zufrieden, die Kleine wollte sie weder anschauen noch mit ihr gehen, ich war sehr verärgert; es kamen immer wieder Arbeiterinnen herein, und ich reichte sie von der einen zur anderen; diese wollte sie wohl sehen, sogar noch lieber als mich, und sie umarmte sie mehrmals; Frauen vom Lande, wie ihre Amme gekleidet, das ist es, was sie braucht!

Frau T. kam gerade, als eine der Arbeiterinnen sie hielt. Als ich sie erblickte, sagte ich zu ihr: ‚Wollen wir mal sehen, ob das Baby zu Ihnen will.‘ Sie, ganz erstaunt, antwortet: ‚Warum denn nicht?‘ – ‚Nun, versuchen Sie es!‘ … Sie hat der Kleinen die Arme entgegengestreckt, aber diese hat sich versteckt und geschrieen, als hätte man sie verbrüht. Sie wollte nicht einmal, daß Frau T. sie anschaute. Wir haben darüber herzlich gelacht: sie hat doch tatsächlich Angst vor Leuten, die nach der Mode gekleidet sind!“

Im Dezember: „Theresia läuft schon fast allein; sie hat erst zwei Zähne, sie ist sehr fröhlich und sehr lieb."

Im Januar 1874: „Mein Thereschen läuft seit Donnerstag allein; sie ist süß und lieb wie ein Engelchen. Sie hat einen liebenswerten Charakter, das sieht man schon jetzt; sie hat ein so süßes Lächeln. Ich kann es kaum erwarten, bis ich sie im Haus habe." Im März: „Ich habe heute den Ehemann der Amme gesehen. Er hat mir gesagt, daß Theresia am Donnerstag kommen wird; ich möchte sie jetzt gerne ganz haben. Ich habe schon ein himmelblaues Kleidchen für sie im Auge mit blauen Schuhen, einem blauen Gürtel und einem hübschen weißen Kapuzenmantel, das wird reizend sein. Ich freue mich schon jetzt darauf, dieses Püppchen anzuziehen." – „Thereschen wird endgültig am Donnerstag kommen; sie ist ein reizendes Kind; sie ist sehr sanft und für ihr Alter schon sehr weit fortgeschritten."

Theresia kehrt also am 2. April 1874 nach Alençon zurück. Sie ist 15 Monate alt. Mehr als ein Jahr hatte sie in einer Atmosphäre gelebt, die sehr verschieden ist von der, die sie nun kennenlernt; ein kleines, niederes Bauernhaus mit einer einzigen Kuh; die vier Buben Roses – der jüngste ist nur ein Jahr älter als Theresia. Und nun ein Stadthaus, sauber und gut gehalten; sie, die gerade anfing, zu laufen, hatte in Semallé die Felder, auf denen sie sich frei bewegen konnte; hier in Alençon begrenzte Zimmer. Und nicht mehr vier Jungen, sondern vier Mädchen.

Ein eigenwilliges kleines Mädchen

Als Theresia nach einer Abwesenheit von über einem Jahr nach Hause kommt, wird sie dort mehr als erwartet: ihre Mutter sehnt sich mit allen ihren Kräften danach, sie wiederzugewinnen, sie endlich ganz für sich zu haben, sie zu verhätscheln; wie oft spielt sie in ihren Briefen auf diese Heimkehr an und verspricht sich selbst, Theresia zu verwöhnen, sie sorglich zu pflegen.

Frau Guérin schickt ihr als Neujahrsgeschenk eine „Arche Noah". Zélie dankt ihrer Schwägerin am 24. Dezember: „Sie hätten Theresia sehen sollen! Wir hatten ihr gesagt: ‚Hier drinnen sind schöne Dinge, die Deine Tante aus Lisieux geschickt hat.' Sie klatschte in die Hände! Ich stützte mich auf die Kiste, um meinem Mann beim Öffnen behilflich zu sein. Da stieß sie kleine Angstschreie aus und sagte zu mir:

‚Mama, Du wirst meine schönen Spielsachen zerbrechen!' Sie zog mich am Kleid, damit ich aufhören sollte. Als sie aber dann ihr hübsches Häuschen sah, war sie vor Freude ganz stumm."

Sie ist noch nicht zwei Jahre alt, als man sie beten lehrt; sie wird auch in die Kirche mitgenommen: Thereschen geht es nach wie vor gut, sie sieht sehr gut aus; sie ist sehr klug und führt gar lustige Unterhaltungen. Sie kann schon das Vaterunser beten. Jeden Sonntag geht sie zu einem Teil der Vesper, und wenn man es unglücklicherweise versäumen würde, sie hinzuführen, dann würde sie untröstlich weinen.

Vor einigen Wochen wurde sie am Sonntagnachmittag spazieren geführt. Sie war nicht in der ‚Mette', wie sie sagt. Als sie nach Hause kam, fing sie an lauthals zu schreien und sagte, sie wolle in die Messe gehen; sie hat die Tür aufgemacht und ist in strömendem Regen in Richtung Kirche gelaufen. Wir sind ihr nachgelaufen, um sie wieder heimzubringen, und ihre Schluchzer haben eine gute Stunde angehalten.

Sie sagt in der Kirche ganz laut zu mir: ‚Ich, ich war schon in der *Mette!* Ich habe den lieben Gott fest *gebittet.*' Wenn ihr Vater abends heimkommt und sie ihn nicht beten sieht, dann fragt sie ihn: ‚Warum betest Du nicht, Papa? Du warst also mit den Damen in der Kirche?' Seit Beginn der Fastenzeit gehe ich in die 6-Uhr-Messe und lasse sie oft wach zurück. Wenn ich weggehe, sagt sie: „Mama, ich werde ganz brav sein.' Und sie rührt sich wirklich nicht und schläft wieder ein."

Anfang August 1875 verläßt Marie das Pensionat von Le Mans; sie bleibt nun zu Hause; sie ist jetzt 15 Jahre alt, und ihre Mutter führt sie in die Spitzennäherei ein. Aber Marie beschäftigt sich auch mit ihren Schwestern; bevor sie das Internat verließ, hatte sie schriftlich eine Regelung für die Erziehung ihrer Schwestern ausgearbeitet: Übungen und Stundenplan, Methode, Erziehung und geistliche Beschäftigungen. Zu Hause setzt sie diese Regelung mit der ganzen Charakterstärke, die ihr eigen ist, in die Tat um: streng und mitunter brutal mit Léonie; mit zäher Ausdauer bei Céline, die sie lesen und schreiben lehrt; etwas nachgiebiger, aber doch auch streng mit Theresia.

Ein wichtiger Charakterzug Theresias beginnt sich nun abzuzeichnen: sie, die „kleine Letzte", will die anderen überholen. Und zwar zunächst Céline, die gerade das Lesen lernt. Am 28. Dezember 1875 – Theresia wird eine Woche darauf drei Jahre alt – schreibt Marie ihrer Tante in Lisieux: „Ich glaube, Theresia will eine Gelehrte werden, denn seit drei Tagen verfolgt sie mich pausenlos, damit ich ihr das Lesen beibringe. Vorgestern habe ich also ein Alphabet genommen und mir das Vergnügen gemacht, ihr die Buchstaben zu zeigen, in der Meinung, das sei sowieso unnütz. Aber wie erstaunt war ich, als sie am nächsten Tag mit ihrem Büchlein ankam und mir ohne einen einzigen Fehler alle Buchstaben, die ich ihr ganz beliebig zeigte, benannte. Sie hat wirklich eine unglaubliche Leichtigkeit, diese Kleine; ich glaube, daß sie in einem halben Jahr fließend lesen wird, denn sie hat eine außerordentlich frühreife Intelligenz." Am gleichen Tag schreibt Zélie an ihre Schwägerin: „Die kleine Theresia beginnt schon zu lesen. Sie will unbedingt, daß Marie ihr wie Céline Unterricht gibt, und seit Montag kennt sie fast alle Buchstaben. Ich glaube, daß sie leicht lernt." Der Hinweis „wie Céline" ist tatsächlich sehr wichtig: Theresia will nicht zurückstehen; sie wird von dem Wunsch, Céline einzuholen, angeeifert. Um zu erreichen, was sie will, kann Theresia übrigens unübertrefflich lieb sein, und Marie bleibt dafür nicht unempfänglich; sie schreibt später: „Als Theresia im Alter von erst drei Jahren Céline nacheifern wollte, machte ich zunächst einige Schwierigkeiten, denn ich befürchtete, das kleine Kind könnte unsere Unterrichtsstunden stören. Aber sie war so brav, so lieb, daß ich es ihr nicht verweigern konnte. So ließ sie sich in meinem Zimmer neben Céline nieder und gab während der ganzen Unterrichtsstunde keinen Laut von sich. Ich gab ihr Perlen zum Auffädeln, oder irgendeinen Lappen zum Nähen. Wenn sie nur bei Céline war, dann war sie wunschlos glücklich. Einige Male rutschte ihr der Faden aus der Nadel, und sie versuchte vergeblich, ihn wieder einzufädeln, sie war noch zu klein für eine schwierige Arbeit! Aber sie wagte nicht, mich zu bitten, aus Angst, man würde ihr ein anderes Mal die Tür nicht mehr öffnen. Dann rollten ihr dicke Tränen über die Wangen, aber sie hob die Augen nicht, aus Angst, ich könnte es bemerken. Ich bemerkte es aber doch und fädelte ihr die Nadel wieder ein. Dann erhellte ein engelhaftes Lächeln ihr liebes Gesicht. Welcher Cherubim! Nein, ich kann gar nicht sagen, wie sehr ich meine kleine Theresia liebte." Marie hielt das, was Ausdruck eines zähen Willens ist, für einen großen Schmerz; Theresia versteht es aber auch, die großen Mittel einzusetzen, um zu überzeugen. „Eines Tages", berichtet Marie, „fand ich sie an der Tür meines Zimmers, sie war schon vor Beginn des Unterrichts gekommen, und ich tat, als könne ich die Tür nicht öffnen. Um mir nun ihren tiefen Kummer zu zeigen, legte sie sich zu meinem Erstaunen ohne ein Wort oder einen Schrei auf den Boden. In ähnlichen Fällen verlegte sie sich zwei- oder dreimal auf diese große Geste, um ihren Schmerz auszudrücken."

Ein anderer Charakterzug Theresias – und zweifellos der bedeutendste – ist diese Beharrlichkeit, mit der sie die erste sein will. „Ich glaube aber nicht, daß sie wie Léonie wird, die um keinen Preis der Welt ihren Platz aufgeben will", schreibt Frau Martin am 4. Juli 1875 – Theresia ist zweieinhalb Jahre alt – über sie an ihre Schwägerin, wenn sie etwas will, dann kann nichts sie dazu bewegen, lockerzulassen: „Marie hatte sie zu Bett gebracht, ohne sie das Nachtgebet beten zu lassen und hatte sie ins große Bett gelegt. Als ich in mein Zimmer hinaufging, habe ich sie in ihr Bett gelegt, ohne es vorher gewärmt zu haben, ich hatte kein Feuer. Obwohl sie schlief und fest in ihr Nachthemd eingewickelt war, hat sie es gemerkt, und nun begann sie mit Nachdruck, ein warmes Bett zu verlangen. Ich habe diese Musik die ganze Zeit, während ich mein Gebet sprach, angehört. ‚Laß das‘, habe ich sie getadelt, und sie hat aufgehört.

Als ich dann im Bett war, hat sie mir gesagt, sie habe noch nicht gebetet. Ich habe ihr geantwortet: ‚Schlaf, das wirst Du morgen nachholen.‘ Ja, aber sie hat ihre Idee nicht aufgegeben! Schließlich hat dann ihr Vater mit ihr gebetet. Aber er wußte beileibe nicht alles, was sie aufzusagen gewohnt war, und dann mußte ‚die Gnade von ... erbeten‘ werden. Es war ihm nicht so recht klar, was sie darunter verstand. Na ja, er hat es so ungefähr aufgesagt, um sie zufriedenzustellen, und sie hat dann bis zum nächsten Morgen durchgeschlafen." Eine andere kleine Geschichte: „Ich höre Theresia, die mich ruft: ‚Mama!‘ Sie steigt die Treppe nicht allein herauf, ohne mich bei jeder Stufe zu rufen: ‚Mama, Mama!‘ So viele Stufen, so viele ‚Mama!‘ Und wenn ich einmal aus Unachtsamkeit vergesse, zu antworten: ‚Ja, mein kleines Mädchen!‘, dann bleibt sie auf demselben Fleck und geht weder vorwärts noch rückwärts." Eine andere, im März 1876: „Heute nacht hat sie uns aufgeweckt, als sie ihren Vater rief, um ihm zu sagen, sie sei ‚beklopft‘. Ihr Vater antwortete: ‚Schlaf, meine Theresia‘. Aber sie wiederholte immer wieder: ‚Papa, ich bin ‚beklopft‘. Schließlich ist er aufgestanden, um zu sehen, was es mit dieser ‚Klopferei‘ auf sich habe. Tatsächlich berührte ihr Köpfchen das Holz des Bettes, und jedesmal, wenn sie sich bewegte, gab sie sich einen Schlag. An die-

sem Abend habe ich ihr Bettchen so gerichtet, daß sie sich nicht mehr
,klopft'?"

Und wenn man ihr nicht genügend nachgibt, welche Wutausbrüche!
„Céline vergnügt sich mit der Kleinen beim Würfelspiel, sie streiten hin
und wieder. Céline gibt nach, um eine Perle für ihre Krone zu gewinnen. Ich muß dieses arme Baby zurechtweisen, das in schrecklichen
Zorn gerät, wenn nicht alles nach ihren Vorstellungen geht, sie wälzt
sich auf dem Boden wie eine Verzweifelte, die alles verloren glaubt; es
gibt Augenblicke, in denen es stärker ist als sie, und es bleibt ihr die
Luft weg. Sie ist ein sehr nervöses Kind, aber sie ist doch sehr lieb und
klug, sie erinnert sich an alles." Ihre Mutter erkennt diese Eigenwillig-
keit: „Was das Wieselchen betrifft, so weiß man noch nicht recht, was
aus ihm werden wird, es ist so klein, ein solcher Wildfang, sie ist ge-
scheiter als Céline, aber viel weniger fügsam und vor allem von einer
fast unbesiegbaren Hartnäckigkeit; wenn sie einmal ,nein' sagt, dann
kann nichts sie zum Nachgeben bewegen, und wenn man sie einen
ganzen Tag in den Keller sperrte, so würde sie lieber dort unten
schlafen, als ,ja' zu sagen."

Dieser Eigensinn ist begleitet von einer übermäßigen Empfindsamkeit: Theresia hat offenkundig Angst, von den Ihren nicht mehr geliebt
zu werden. So verliert sie sich z. B. in vielfache Entschuldigungen: Frau
Martin schreibt am 14. Mai 1876 an Pauline: „Aber sie hat ein
goldenes Herz, sie ist sehr zärtlich und offen; es ist rührend, wie sie
hinter mir herläuft und beichtet: ,Mama, ich habe Céline einmal gestoßen, ich habe sie einmal geschlagen, ich will es nicht wieder tun.'
Und so geht es mit allem, was sie angestellt hat." – „Am Donnerstag-
abend sind wir in der Nähe des Bahnhofs spazierengegangen, und sie
wollte unbedingt in den Warteraum, um Pauline zu holen. Sie lief mit
einer Freude voraus, die Spaß machte, aber als sie sah, daß sie um-
kehren mußte, ohne in den Zug zu steigen, um Pauline zu holen, hat
sie den ganzen Weg lang geweint ... Diese arme Theresia hat einen
großen Schmerz. Sie hat eine kleine Vase, nicht größer als ein Daumen,
zerbrochen, die ich ihr heute morgen geschenkt hatte. Wie immer,
wenn ihr ein Unglück passiert, ist sie gleich zu mir gekommen und hat
sie mir gezeigt; ich zeigte mich ein wenig unzufrieden, und sofort ist
ihr Herzchen übergelaufen..." Marie schreibt am 10. Mai 1877 an
Pauline: „Wenn sie ein Wort zuviel sagt oder eine Dummheit macht,
merkt sie es sofort, und um es wieder gutzumachen, läßt sie die Tränen

fließen; dann bittet sie immer wieder um Verzeihung. Auch wenn man ihr sagt, es sei ihr verziehen, weint sie dennoch weiter." Frau Martin beschreibt die psychologische Verfassung Theresias ausgezeichnet: „Marie liebt ihr Schwesterchen sehr, sie findet sie so süß. Das kann auch schwerlich anders sein, denn diese arme Kleine lebt in der beständigen Sorge, ihr Kummer zu machen. Gestern wollte ich ihr eine Rose schenken, weil ich weiß, daß sie das glücklich macht, aber sie hat mich angefleht, die Rose nicht abzuschneiden, Marie hatte es verboten; sie war rot vor Erregung. Ich habe ihr trotzdem zwei gegeben, worauf sie nicht mehr im Haus zu erscheinen wagte. Ich sagte ihr vergeblich, daß die Rosen mir gehörten, ‚aber nein‘, sagte sie, ‚sie gehören Marie‘.... Sie ist ein Kind, das sich sehr leicht erregt. Sobald sie ein kleines Unglück angestellt hat, muß es alle Welt wissen. Gestern hat sie, ohne es zu wollen, ein kleines Stückchen Tapete abgerissen – sie war zum Erbarmen aufgeregt, und man sollte es schnell, schnell ihrem Vater sagen; er ist erst vier Stunden später heimgekommen, und keiner dachte mehr daran; aber schon läuft sie zu Marie: ‚Sag dem Papa gleich, daß ich die Tapete zerrissen habe!‘ Sie ist in diesem Punkt wie ein Verbrecher, der seine Verurteilung erwartet, aber sie hat es in ihrem Köpfchen, daß man ihr leichter verzeiht, wenn sie sich selbst anklagt."

Theresia – von allen sehr umsorgt – will die Zuneigung aller bewahren. Aber zugleich weiß sie auch sehr gut, wie sehr sie von allen bewundert wird, und sie nimmt die Haltung einer gleichgültigen Prinzessin an: „Wenn Du wüßtest", schreibt Marie am 10. Mai 1877 an Pauline, „wie schelmisch und schlau sie ist! Ich bin voller Bewunderung für dieses ‚Sträußchen‘. Alle Hausbewohner verschlingen sie geradezu mit ihren Küssen. Sie ist eine arme kleine Märtyrerin! Aber sie ist Liebkosungen so sehr gewöhnt, daß sie sie kaum noch beachtet. Daher sagt Céline, wenn sie ihre gleichgültige Miene sieht, vorwurfsvoll zu ihr: ‚Man möchte meinen, daß wir ihr das schuldig sind, dem gnädigen Fräulein!‘ Und dann solltest Du Theresias Gesicht sehen!"

Diesem vierjährigen Kind wird die berühmte Methode der „Übungen" beigebracht, die aus der Aufrechnung von Tugendakten an einer kleinen Perlenschnur besteht; sie begeistert sich daran: „Neulich war sie mit Céline und Louise beim Krämer, und seine Frau sagte zu Louise: ‚Was meint sie denn damit, wenn sie im Garten spielt und man sie von nichts anderem reden hört, als von »Übungen«?‘ Frau Gaucherin steckt den Kopf zum Fenster hinaus, um herauszufinden, was dieses Reden über die ‚Übungen' bedeuten soll..." Aber Theresia kommt dabei mitunter auch durcheinander; und da sie auf ihrer Meinung beharrt, lügt sie: „Sie ist immer sehr lieb und äußerst klug. Sie möchte immer wissen, welchen Tag wir gerade haben; so fragt sie mich schon morgens, kaum daß sie die Augen geöffnet hat, welcher Tag heute ist. Heute morgen sagte sie zu mir: ‚Heute ist Sonntag, dann ist morgen Montag und dann Dienstag.' Und nun kennt sie alle Tage und täuscht sich nicht mehr. Aber das lustigste ist ihre Perlenschnur, die sie nicht eine Minute aus der Hand läßt; sie zählt sogar ein wenig zuviel; denn als es ihr neulich in ihr Köpfchen kam, daß Céline einen Tadel verdient habe, sagte sie: ‚Ich habe Céline etwas Ungehöriges gesagt, und jetzt kann ich eine Perle weiterschieben.' Aber sie hat sofort bemerkt, daß sie im Irrtum war; auf den Hinweis, daß sie vielmehr eine zurückschieben müsse, hat sie geantwortet: ‚O je, ich finde meine Perlenschnur nicht!'"

Geistesgegenwärtig, ja: „Ich wollte Dir einige Kleinigkeiten von ihr erzählen, die Dich sehr erheitert hätten, aber sie sind mir entfallen. Doch, eine fällt mir ein: Gestern früh plagte Céline Deinen Vater, er solle sie und Theresia zu seinem Pavillon mitnehmen wie am Vortag. Er hat ihr geantwortet: ‚Du machst wohl Spaß? Meinst Du, ich nehme Dich jeden Tag mit?' Theresia war in einer Ecke ganz in das Spiel mit einem Stock versunken. Plötzlich sagt sie mit gleichgültiger Miene zu ihrer Schwester: ‚Du mußt Dir nicht einbilden, daß Papa uns jeden Tag mitnimmt.' Céline senkte den Kopf, und Papa begann herzlich zu lachen." Voller Vitalität: Theresia „ist ein kleiner Kobold, der die Freude der ganzen Familie ist; sie ist außerordentlich klug". Theresia ist Pauline sehr ähnlich. Als sie einmal eine Schachtel Bonbons erhält: „Sie hätten sehen sollen, wie sie hüpfte und in die Hände klatschte." Theresia ist „fein wie Bernstein, sehr lebendig".

Aber auch voll aggressiver Kräfte, sie, die sich, kurz bevor sie drei Jahre alt wird, leidenschaftlich für eine Puppe interessiert, diese aber sofort voller Ungeduld kaputt macht und schließlich beerdigt: „eine schöne Puppe... das hat Theresia am meisten Freude gemacht, und als sie die prachtvolle Puppe bemerkte, hat sie alles andere weggeworfen und sich auf sie gestürzt. Leider waren ihre Freudenausbrüche nur von kurzer Dauer, und jetzt, da sie ihre hübsche Tochter kennt, läßt sie sie schon im Stich. Heute hat sie sich geärgert, weil sie nicht schnell genug lief, und hat ihr die beiden Fußspitzen abgebrochen, ein Arm ist schon ausgerissen, und ich fürchte, daß sie mit dieser armen Puppe bald am Ende sein wird. Aber ich täusche mich, denn wenn sie erst ganz tot ist, dann kommt die Beerdigung, und die Beerdigung einer Puppe ist tatsächlich sehr amüsant. Theresia hat es schon mehr als einmal durchexerziert."

Aus diesen Kindheitsberichten wird ersichtlich, daß Theresia, die kleine Letzte, in diesem krankhaften Milieu der Familie Martin einen außerordentlichen Willen zum Überleben zeigt. Der Rigorismus Maries und die Ängstlichkeit der Mutter können sie nicht daran hindern, mit einer seltenen Hartnäckigkeit und Aggressivität ihren Durchbruch in ihre Existenz zu vollziehen. Wir haben die bezeichnende Anekdote gelesen: sie bekommt gerne Rosen geschenkt, aber sie will nicht, daß sie von ihrer Mutter kommen und macht eine Szene, wenn man eine Rose abschneiden will.

Zugleich kennt sie ein echtes Schuldgefühl, das sich darin zeigt, daß sie sich sofort ihrer kleinen Sünden anklagt („sie ist in diesem Punkt wie ein Verbrecher, der seine Verurteilung erwartet"). Dieses Schuldgefühl rührt von der Ambivalenz her, in der sie sich befindet: sie will leben und muß daher die Werkzeuge des Todes – unter anderem auch ihre Mutter – von sich fernhalten. Sie ist gespalten zwischen dem Wunsch, ihre Mutter zu behalten, und dem Wunsch, sie zu verlieren, um leben zu können. Die Mutter ist diese „Puppe", die zugleich lebendig sein und laufen soll und die sie doch auch tot und eingegraben haben möchte.

Krankheit und Tod der Mutter

Seit Anfang 1865 bemerkt Frau Martin die ersten Symptome des Krebses, an dem sie zwölf Jahre später sterben soll: „Ich habe eine Drüsengeschwulst in der Brust, die mich beunruhigt, vor allem seit sie mir Beschwerden macht. Aber wenn ich sie berühre, tut sie überhaupt nicht weh, obwohl ich jeden Tag und sogar mehrmals täglich eine Gefühllosigkeit verspüre; nun ja, ich weiß nicht, was das bedeuten soll, eines aber ist sicher, daß sie mir Schmerzen macht.

Was kann man da tun? Ich bin ziemlich ratlos. Ich scheue nicht vor einer Operation zurück, nein, dazu bin ich durchaus bereit, aber ich habe in die hiesigen Ärzte kein rechtes Vertrauen. Ich würde gern Deinen Aufenthalt in Paris ausnützen, weil Du mir in dieser Lage viel helfen könntest. Nur eines hält mich zurück, was wird mein Mann während dieser Zeit tun? Ich weiß nicht, was tun, sei doch so freundlich, mir so bald wie möglich Deine Meinung dazu zu sagen", schreibt sie an ihren Bruder.

Das war 1865, also lange vor der Geburt Theresias; und diese ist seit dem Erwachen ihres Bewußtseins in eine Atmosphäre des Todes gehüllt, denn ihre Mutter weiß, daß sie sehr krank ist.

Wie ist das Familienklima 1876, als Theresia drei Jahre alt ist? Zélie Martin kehrt häufig zu ihren früheren klösterlichen Gedanken zurück: „Ich denke nur ans Kloster und die Einsamkeit", schreibt sie am 16. Januar 1876 an ihre Tochter Pauline. „Ich verstehe wirklich nicht, daß es bei meinen Neigungen nicht mein Beruf war, unverheiratet zu bleiben oder ins Kloster zu gehen. Ich möchte jetzt sehr alt werden, um mich in die Einsamkeit zurückzuziehen, wenn alle meine Kinder versorgt sind." Sie ist von ihrem Geschäft besessen, an die Arbeit gefesselt, bereit zu leiden.

In den Briefen, die sie in dieser Zeit an ihre Tochter Pauline schreibt, die Pensionatsschülerin in Le Mans ist, gibt Frau Martin immer wieder Berichte über unerwartete Todesfälle.

Am 26. Februar 1870 Nachricht an Pauline über zwei Todesfälle: „In dieser Woche sind zwei Personen gestorben, und ihr Tod hat mich sehr betroffen.

Die erste war diese arme Jungfer V., die seit 15 Jahren meine Zuträgerin für die Spitzen war. Du kennst sie gut, sie kam oft mit ihrem Hündchen zu uns! Ach ja! Am Montag abend hat sie den Tisch fürs Abendessen gedeckt, und dann hörten ihre Nachbarn einen schweren Fall; sie kümmerten sich nicht weiter darum, aber das Hündchen heulte so kläglich, daß sie beschlossen, nachzuschauen, was es habe. Man fand die arme Frau am Boden liegend, leblos, und der Hund leckte ihr die Hände und das Gesicht.

Der Gedanke an sie verfolgt mich besonders, ich sehe sie immer vor mir, das schmerzlichste für mich ist aber der Gedanke, daß sie keine praktizierende Katholikin war; sie ging nur zwei- oder dreimal im Jahr in die Kirche; sie war eine fanatische Republikanerin.

Die andere Verstorbene ist Frau R., die gegenüber von Fräulein Fanny wohnt; das ganze Viertel ist bestürzt. Sie hinterläßt zwei kleine Kinder und einen todunglücklichen Gatten.

Das alles wird Dich kaum interessieren, meine Pauline, ich möchte

Dir gerne etwas anderes erzählen, um dir Freude zu machen, aber ich weiß nur traurige Dinge."

Ebenso am 3. Dezember: „Am letzten Montag kamen Dein Vater, Marie und ich nach der 6-Uhr-Messe aus der Kirche und gingen über den Markt, als wir furchtbare Schreie hörten. Voller Schrecken gingen wir auf die Seite, aus der sie kamen, und sahen in einem offenen Fenster eine Frau, die ganz verwirrt aussah. Ihr Mann war gerade hingestürzt, plötzlich tot.

Man hat den Priester und den Arzt geholt, aber es war schon zu spät. Am Abend hatte er sich noch ganz gesund schlafen gelegt, und ich hatte am Samstag morgen noch mit ihm gesprochen.

Es ist Herr X., ein Kurzwarenhändler, er war so alt wie Dein Vater; er war ein kräftiger und schöner Mann, der sich selbst höher einschätzte als den lieben Gott; er hatte alle Arten bürgerlicher Ehrenämter, z. B.: Stadtrat, Präsident des Handelsgerichts usw. Das alles ist jetzt aus. Es ist sehr traurig, so zu sterben, vor allem wenn man seine Religion überhaupt nicht praktiziert. Jede Woche gibt es hier unerwartete Todesfälle."

Sie hat eine etwas morbide Vorliebe für Warnungen: „Ich will Dir von unserem Fastenprediger erzählen. Im allgemeinen kommt er nicht an; er sagt die Dinge so geradeheraus, daß er viele schockiert, und er sieht sehr streng aus. Am letzten Montag hat er in der Kapelle der Klarissinnen eine Predigt für die christlichen Mütter gehalten. Ich habe mir fast ein Vergnügen daraus gemacht, hinzugehen, um die negativen Komplimente anzuhören, die er uns servieren würde."

Theresia ist nun drei Jahre alt, sie ist aufgeweckt, sie horcht, was die Erwachsenen sagen, registriert alles. Was hört sie? Diese unbestimmten Erzählungen von Agonien, Todesfällen, Strafen.

Diese Atmosphäre führt dazu, den Himmel und den Tod, durch den man ihn erlangen kann, zu wünschen. Theresia nimmt diesen Einfluß auf, verschiedene Züge beweisen dies zur Genüge. „Das Baby ist ein Kobold ohnegleichen. Sie liebkost mich und wünscht mir dabei den Tod: ‚Oh, ich möchte so gern, daß Du stirbst, mein armes Mamachen!‘ Als sie getadelt wird, sagt sie: ‚Aber doch nur deshalb, damit Du in den Himmel kommst, wenn Du doch sagst, daß man sterben muß, um dorthin zu kommen.‘ In der gleichen Weise wünscht sie auch ihrem Vater den Tod, wenn sie gerade in ihrem Liebesüberschwang ist." Ein Engel zu sein, um in den Himmel zu kommen, das ist es, was das Kind vor allem beschäftigt. „Thereschen geht es sehr gut. Sie ist immer sehr lieb, und heute morgen hat sie mir gesagt, sie wolle in den Himmel kommen und daher wolle sie lieb sein wie ein Engelchen." Die gleiche Verfassung wird in einem Brief vom darauffolgenden 29. Oktober an Pauline beschrieben: „Thereschen hat mich neulich gefragt, ob sie in den Himmel komme. Ich habe ihr gesagt: ja, wenn sie brav sei; darauf sie: ‚Ja, aber wenn ich nicht lieb wäre, würde ich in die Hölle kommen ... aber ich weiß schon, was ich tun würde: ich würde mit Dir wegfliegen, denn Du bist im Himmel, und wie sollte mich dann der liebe Gott erwischen? ... Du würdest mich ganz fest in Deinen Armen halten.' Ich habe es an ihren Augen gesehen, daß sie wirklich glaubt, daß der liebe Gott ihr nichts tun könnte, wenn sie in den Armen ihrer Mutter ist ..." Von daher rühren die engelhaften Verhaltensweisen, die man ihr vorzeichnet: „Sie spricht nur vom lieben Gott; sie würde es um keinen Preis in der Welt versäumen, ihre Gebete zu sprechen. Ich wollte, Du könntest sehen, wie sie ihre kleinen Fabeln rezitiert, ich habe noch nie etwas so Sanftes gesehen, sie findet ganz allein den passenden Ausdruck und den Ton, aber vor allem, wenn sie sagt: ‚Blondes Kindchen, wo glaubst Du, ist der liebe Gott', richtet sie ihren Blick mit einem engelgleichen Ausdruck nach oben. Wir werden nicht müde, sie das immer wieder sagen zu lassen, so schön ist es, in ihrem Blick liegt dann etwas so Himmlisches, daß man ganz hingerissen ist! ..."

Um in den Himmel zu kommen, muß man „brav" und „lieb" sein. Wie wir gesehen haben, ist eines der Hauptmittel der Erziehung von Zélie Martin die Zählbarkeit der kleinen Tugendakte und der Öpferchen. Céline opfert sie für die Genesung ihrer Tante im Kloster auf: „Sie markiert jeden Tag mehrere. Heute hat sie allerdings nur eines erreicht. Das ist aber nicht verwunderlich, denn sie hat den ganzen Tag gespielt, weil Marie ihr frei gegeben hatte, und sie hat darüber ganz darauf vergessen ..." – „Célinchen ist sehr lieb; sie macht viele ‚Übungen', um die Genesung ihrer Tante zu erwirken." Aber Theresia steht nicht zurück: „Bis hin zu Theresia, die sich auch bisweilen den ‚Übungen' anschließt." Auch Léonie macht „Übungen": „Das arme Kind ist von Fehlern wie von einem Mantel bedeckt. Man weiß nicht, wie man sie nehmen soll. Aber der liebe Gott ist so barmherzig, daß ich immer gehofft habe und noch immer hoffe. Gestern hatte sie einen abscheulichen Tag; mittags habe ich ihr gesagt, sie solle Opfer bringen, um ihre schlechte Laune zu überwinden, und sie solle bei jedem Sieg eine Nuß in eine bestimmte Schublade legen, wir würden sie dann am Abend zählen. Darüber war sie sehr glücklich, aber wir hatten keine Nüsse mehr; so ließ ich sie einen Korken bringen, den ich in sieben kleine Scheiben schnitt.

Am Abend frage ich sie, wie viele ,Übungen' sie habe. Keine! Sie hatte alles nur noch schlimmer gemacht. Ich war nicht zufrieden und habe ihr bittere Vorwürfe gemacht, ich habe ihr gesagt, daß es ihr wohl schlecht anstünde, Klosterfrau werden zu wollen unter solchen Bedingungen.

Nun flossen Tränen einer echten Reue, sie überschwemmte mir das Gesicht mit ihren Tränen, und heute sind schon Korkscheibchen in der Schublade."

Theresia dagegen nimmt daran teil oder läßt es: sie zeigt sich den „Übungen" gegenüber sehr ungezwungen oder manipuliert ihre Perlenschnur zu ihrem Vorteil.

Im August 1876 spürt Frau Martin stärkere Schmerzen in der Brust; der Arzt stellt einen „fiebrigen Tumor" fest, also Krebs, und er sagt seiner Patientin rundheraus, daß sie nur geringe Chancen auf Heilung habe. Kaum zu Hause angekommen, berichtet sie darüber. „Ich konnte nicht anders, als zu Hause alles zu erzählen. Jetzt bereue ich es, denn es war ein Bild der Verzweiflung. Alle weinten."

An ihre Schwägerin, die Frau Isidors, der Apotheker in Lisieux ist, gibt sie eine Schilderung der Familie und ihrer ersten Ratschläge: „Marie ist jetzt schon groß. Sie hat ein sehr ernsthaftes Wesen und keinerlei Jugendillusionen. Ich bin sicher, daß sie, wenn ich einmal nicht mehr da bin, eine gute Hausmutter sein und alles in ihrer Macht Stehende tun wird, um ihre kleinen Schwestern gut zu erziehen und ihnen mit gutem Beispiel voranzugehen.

Pauline ist auch reizend, aber Marie hat mehr Erfahrung: sie hat übrigens einen großen Einfluß auf ihre kleinen Schwestern. Céline zeigt die besten Anlagen, sie wird ein sehr frommes Kind werden; es ist selten, daß ein Kind ihres Alters solche Neigungen zur Frömmigkeit zeigt. Theresia ist ein wirklicher kleiner Engel. Léonie kann nur noch der liebe Gott anders machen, und ich bin überzeugt, daß er es tun wird.

Ich hoffe, Euch noch einmal besuchen zu können; wenn ich bemerken sollte, daß die Krankheit zu schnell fortschreitet, werde ich noch vor den Ferien kommen. Wenn Pauline da wäre, hätte ich sie mit Marie zu Euch gebracht und sie einige Wochen bei Euch gelassen, denn ich weiß nicht, ob es im Sommer noch möglich sein wird.

Sie werden glücklich sein, daß sie Euch haben, wenn ich nicht mehr da sein werde, Ihr werdet ihnen mit Eurem Rat beistehen, und wenn ihnen das Unglück zustoßen sollte, auch ihren Vater zu verlieren, dann nehmt Ihr sie zu Euch, nicht wahr?"

Theresias Geburtstag an diesem 2. Januar 1877 ist traurig: die ganze Familie ist zutiefst betroffen durch die schwere Bedrohung, die über Frau Martin lastet. Und Schwester Marie-Dosithée liegt im Sterben! Wie sollte ein so sensibles Kind wie Theresia dies alles nicht als geradezu erdrückenden Alptraum erleben?

Es ist doch auffallend, daß Theresia eben zu dieser Zeit häufig Erkältungen und „Beklemmungen in der Brust" bekommt: ist es nicht so, daß sie von dieser Bedrohung, unter der ihre Mutter steht, gewissermaßen erstickt wird? „Mein Thereschen ist krank, und das beunruhigt mich. Sie hat häufig Erkältungen und damit verbunden Beklemmungen; das dauert meist zwei Tage. Ich muß den Arzt fragen, aber er wird mir sagen, ich soll ihr ein Zugpflaster auflegen, und davor schrecke ich zurück. Als ich heute abend aus Le Mans zurückkam, war sie fast gesund." Aber diese Beklemmung hatte zur gleichen Zeit eingesetzt, als ihre Mutter sich erstmals über ihre Drüsenschwellung in der Brust beunruhigt hatte; Zélie Martin schrieb am 12. November 1876 an ihre Schwägerin: „Ich mache mir Sorgen um mein Thereschen; sie hat seit einigen Monaten eine Beklemmung, die nicht natürlich ist; sobald sie ein wenig schneller geht, hört man eine Art seltsames Pfeifen in ihrer Brust. Ich war beim Arzt; er hat mir gesagt, ich solle ihr ein Brechmittel geben, was ich auch getan habe, aber jetzt ist es fast noch schlechter geworden. Ich glaube, ein Zugpflaster würde ihr gut tun, aber schon der Gedanke daran ist mir schrecklich. Mein Gott, wenn ich dieses Kind verlieren würde, welcher Schmerz! Und mein Mann betet sie an!... Es ist unglaublich, welche Opfer er für sie bringt, Tag und Nacht. Ich werde noch einmal zum Arzt gehen, aber Ludwig möchte nicht, daß wir das Zugpflaster auflegen, doch mir scheint es das beste zu sein, denn sie ist jetzt sehr krank." Es ist für diese Beklemmungszustände charakteristisch, daß sie wie durch Zauberkraft wieder verschwinden. Im Januar kann Frau Martin an Pauline schreiben: „Ich will Dich hinsichtlich Deines Schwesterchens, das Du krank zurückgelassen hast, beruhigen. Als ich am Montag abend eintraf, kam sie uns mit dem Kindermädchen entgegen, aber nicht ganz bis zum Bahnhof; sie hat mit uns gegessen und war sehr fröhlich. Kurz, die Krankheit war verschwunden. Ich kann mir diese Zustände nicht erklären, die sie häufig befallen und nie länger als ein oder zwei Tage andauern. Unmittelbar danach ist nichts mehr zu bemerken." Nun ist bekannt, daß das Asthma häufig eine psychische Ursache hat. F. Alexander schreibt in seinem Handbuch über die Psychosomatische Medizin (La Médecine psychosomatique) (1963) über das Asthma: „Bis man die Phänomene der Allergie entdeckte, wurde das Asthma als eine in erster Linie nervöse Krankheit betrachtet... Der entscheidende psychodynamische Faktor ist ein Konflikt, dessen Kern eine übermäßige und nicht aufgearbeitete Bindung an die Mutter ist. Das Verlangen, von der Mutter beschützt und gehegt zu werden oder von einem Ersatzbild für die Mutter... Intrauterine Phantasmen in der symbolischen Gestalt von Wasser, Eintreten in Höhlen, geschlossene Räume usw. Alles, was den Gegenstand der Trennung von der schützenden Mutter oder ihrer Stellvertreterin bedroht, kann einen asthmatischen Anfall auslösen. Mit bemerkenswerter Häufigkeit setzen bei Kindern asthmatische Anfälle dann ein, wenn die Geburt eines Geschwisterchens die Aufmerksamkeit der Mutter polarisiert... Übereinstimmend mit diesen Erkenntnissen ist in der Anamnese der Asthmatiker immer wieder das Thema der mütterlichen Zurückweisung anzutreffen. Das Kind bedarf noch der mütterlichen Fürsorge... Der asthmatische Anfall ist also ein verdrängter Appell an die Mutter."

Es ist verständlich, daß Theresia in dieser Angst, die Mutter zu verlieren, einer Angst, die ihr Beklemmungen verursacht, Regressionen erlebt, in denen sie einmal die Umarmungen ihrer Mutter zurückweist und dann wieder sehnlichst wünscht, von ihr wie ein kleines Baby verwöhnt zu werden. Die kleine Begebenheit, die Frau Martin Pauline am 13. Februar berichtet, ist bezeichnend: „Eines Morgens wollte ich sie vor dem Hinuntergehen küssen; sie schien tief zu schlafen, und ich wollte sie nicht aufwecken, als Marie zu mir sagte: ‚Mama, ich weiß bestimmt, daß sie sich nur schlafend stellt.' Daraufhin beugte ich mich über sie, um sie auf die Stirn zu küssen; aber sie versteckte sich sofort unter der Decke und sagte mit der Miene eines verzogenen Kindes: ‚Ich will nicht, daß man mich sieht.' Ich war darüber nichts weniger als zufrieden und ließ es sie spüren.

Zwei Minuten später hörte ich sie weinen, und schon bald war sie, zu meiner großen Überraschung, bei mir. Sie war ganz allein aus ihrem Bettchen gestiegen und war mit bloßen Füßen die Treppe heruntergekommen, wobei sie ihr Nachthemd, das länger ist als sie selbst, behinderte. Ihr Gesichtchen war von Tränen überströmt; ‚Mama‘, sagte sie und warf sich auf die Knie, ‚Mama, ich war bös, verzeih mir!‘ Die Vergebung war schnell gewährt. Ich nahm meinen Cherubim in die Arme, drückte ihn ans Herz und bedeckte ihn mit Küssen.

Als sie sich so gut aufgenommen sah, sagte sie zu mir: ‚Oh! Mama, kannst Du mich nicht so einwickeln, wie Du es getan hast, als ich noch klein war! Ich werde meinen Kakao hier am Tisch nehmen.‘ Ich habe mir die Mühe gemacht, ihre Zudecke zu holen, dann habe ich sie so eingewickelt, wie ich es mit ihr als Baby gemacht habe. Es sah aus, als ob ich mit einer Puppe spielen würde.“

Je kränker sie wird, um so mehr wird Frau Martin vom „Fall“ Léonie verfolgt. Warum ist sie über Léonie so verzweifelt? Warum sieht sie nicht, daß sie diese gerade dadurch noch mehr belastet und ihr jeden Fortschritt nur erschwert? Frau Martins letzte Monate müssen für Léonie in jeder Minute ein wahrhaftes Kreuz gewesen sein.

Léonie will wie die anderen sein und glaubt, daß auch sie, wie man es den Älteren eingetrichtert hat, Klosterfrau werden kann. Man muß das unterschwellige Mißtrauen ihrer Mutter – und Maries – gegenüber diesem Gedanken Léonies sehen! Sie hat in der Tat am 17. Januar an ihre Tante von Le Mans, die im Sterben liegt, geschrieben, um ihr „Aufträge für den Himmel“ mitzugeben; sie bittet, bei Gott für sie einzutreten, damit sie sich bekehre und eine „wahre Klosterfrau“ werde; am 18. schreibt Frau Martin an ihre Schwägerin: „Was sagen Sie dazu? Ich bin sehr erstaunt. Aber woher hat sie diese Ideen? Ich habe sie ihr bestimmt nicht in den Kopf gesetzt, ich bin sogar überzeugt, daß meine Léonie, sofern nicht ein Wunder geschieht, nie in einen Orden eintreten wird. Ihre Zukunft ist es, die mich am meisten beunruhigt. Ich sage mir: ‚Was wird aus ihr werden, wenn ich ihr fehle?‘ Ich wage nicht daran zu denken!“

Von ihrem Mann gedrängt, der sie immer wieder dazu auffordert, fährt Frau Martin nach Lourdes, aber sie nimmt Léonie mit. „Dieses Kind“, schreibt sie an Pauline, ‚macht mir viele Sorgen. Wenn ich sie anschaue, dann spüre ich einen großen Schmerz; sie macht immer das, was ich nicht will; je größer sie wird, um so mehr schmerzt mich das.“

– „Nur Léonie ist für mich immer ein schwer zu tragendes Kreuz; wenn doch Deine liebe Tante für mich die Wandlung dieses armen Kindes erlangen könnte, ich hoffe es noch immer."

Nun sind sie also in Lourdes, im Juni 1877; Léonie ist gerade 14 Jahre alt geworden; kurz vorher ist eine Sache entdeckt worden: eine zu starke Bindung, die Léonie mit „dem Kindermädchen" des Hauses, Louise, geknüpft hat. Das Bedürfnis Léonies, von Louise abhängig zu sein und ihr absolut zu gehorchen, während sie gleichzeitig eine wahre Freude daran hat, ihrer Mutter zu widersprechen: zeigt das nicht deutlich, daß sie gerade an ihre Mutter eine tiefe Bitte richtet: sie fühlt sich von ihr wenig geliebt, verlassen und zurückgewiesen; und ihre Zornausbrüche gegenüber ihren älteren Schwestern zeigen deutlich das Trauma, in dem sie lebt: die Eifersucht ihnen gegenüber, die vor ihr da waren. Sie weiß, daß man sie weniger schön und weniger klug als die anderen findet. Welche Leiden hinter dieser eigensinnigen Stirn!

Ludwig Martin war sehr bestürzt, als er das Ergebnis der ärztlichen Untersuchung erfuhr: „Er ist geradezu am Boden zerstört", schreibt seine Frau von ihm. Er gibt das Fischen und den *Cercle Vital* auf. Angesichts der sich verschlimmernden Krankheit hat er keine anderen Sorgen, als seine Frau zu drängen, Wallfahrten zu unternehmen, vor allem die Wallfahrt nach Lourdes, während sie sichtlich gar keine Lust dazu hat. Und als sie aus Lourdes zurückkommt, ohne geheilt zu sein, ist sie es, die ihn trösten muß: „Wir sind erst um $1/_2$7 Uhr in Alençon angekommen; der Zug hatte fast eine halbe Stunde Verspätung. Dein Vater erwartete uns schon seit einer Stunde mit den beiden Kleinen; er war glücklich, uns wiederzusehen, obwohl er sehr traurig war. Er hat seit Donnerstag schmerzliche Augenblicke erlebt, da er jede Minute das heißersehnte Telegramm erwartete und jedes Klingeln der Hausglocke sein Gefühl erregte.

Er war sehr erstaunt, mich so fröhlich zurückkommen zu sehen, als hätte ich die ersehnte Gnade erlangt; das hat ihm wieder Mut gemacht und im Haus die gute Laune wiederhergestellt."

Der Kontrast zwischen Herrn und Frau Martin in diesen letzten Lebensmonaten von Frau Martin ist auffallend. Ludwig verschließt sich in sich selbst, er ist schweigsam; in sein Gefühl und in Schweigen verloren, kehrt dieser Mann von 54 Jahren seinen Kummer nicht nach außen; er regiert auch weiterhin wie ein Patriarch über seinen zirpenden Vogelbauer, ein gutmütiger Patriarch, den seine Frau führt, wohin sie will. Und sie versteht es auch, ihren Töchtern beizubringen, wie man von den Männern erreicht, was man will. Am 10. Mai schreibt Zélie an Pauline und spricht von ihrem Mann: „Was die Exerzitien Maries bei den Salesianerinnen betrifft, so weißt Du, wie wenig gern er sich von Euch trennt, und er hatte zuerst in aller Form gesagt, sie dürfe nicht daran teilnehmen. Er war so entschlossen, daß ich nicht versucht habe, dafür einzutreten, ich habe ihm im Gegenteil zugestimmt; aber insgeheim war ich fest entschlossen, noch einmal darauf zurückzukommen.

Gestern abend klagte Marie deswegen: ich habe ihr gesagt: ‚Laß mich nur machen, ich erreiche immer, was ich will, und zwar ohne Kampf; es liegt noch ein Monat vor uns, und das ist Zeit genug, um Deinen Vater zehnmal umzustimmen.‘"

Als kluge Frau will sie seit Januar ihre Angelegenheiten in Ordnung bringen und unternimmt Schritte, um ihr Geschäft zu verkaufen: „Ich verlasse also meine Alençonner Spitze im guten und beginne von meiner Rente zu leben; ich glaube, daß es auf jeden Fall Zeit dazu ist. Meine größte Angst ist es, daß ich nicht mehr lange diesen Ruhestand werde genießen können; das wäre schade, ich habe ihn wohl verdient, und ich kann sagen, daß er mich teuer zu stehen kam."

Welches Vermächtnis hinterläßt Frau Martin nun ihren Töchtern in diesen letzten Monaten ihres Lebens? „Erwarte nicht viel von den Freuden auf Erden", schreibt sie zwei Monate vor ihrem Tod an ihre Tochter Pauline, „sonst erlebst Du zu viele Enttäuschungen; ich weiß aus Erfahrung, was ich von den Freuden der Welt halten soll, und wenn ich nicht jene des Himmels erwarten würde, dann wäre ich sehr unglücklich."

Zélie schreibt am 16. August an ihren Bruder, und das ist ihr letzter Brief: „Es ist eindeutig, die heilige Jungfrau will mir nicht die Gnade der Heilung gewähren. Ich kann keine längeren Briefe mehr schreiben, meine Kräfte sind am Ende. Es war gut, daß Ihr nach Alençon gekommen seid, solange ich noch mit Euch sein konnte. Was wollt Ihr? Wenn die heilige Jungfrau mich nicht heilt, dann darum, weil meine Zeit abgelaufen ist und der liebe Gott will, daß ich mich anderswo als auf Erden ausruhe ..."

Am 25. August, dem Namenstag von Ludwig Martin, schreibt Marie ihrem Onkel und ihrer Tante: „Ich habe traurige Nachricht für

Euch, Mama geht es viel schlechter, die Krankheit schreitet erschrekkend voran, man merkt es jeden Tag. Sie verbringt furchtbare Nächte, alle 15 Minuten muß sie aufstehen, weil sie es im Bett nicht mehr aushalten kann vor Schmerzen.

Das geringste Geräusch bewirkt schwere Krisen; sosehr wir uns auch bemühen, ganz leise zu sprechen und barfuß zu gehen, damit sie nichts hört, ihr Schlaf ist so leicht, daß das leiseste Geräusch sie schon aufweckt ...

Ihren so starken Schmerzen folgt jetzt eine übermäßige Schwäche. Wir hören sie nicht mehr stöhnen, sie hat nicht mehr die Kraft dazu. Wir verstehen sie kaum noch, wenn sie spricht. Nur an der Bewegung der Lippen können wir verstehen, was sie sagt. Sie war schon gestern schwach, aber heute ist es noch schlimmer.

In der vergangenen Nacht hat sie einen Blutsturz gehabt, wodurch ihre Schwäche noch vermehrt wurde. Papa war die ganze Nacht auf den Beinen; er war sehr besorgt. – Glücklicherweise hat der Blutsturz nicht lange gedauert, er scheint so gefährlich zu sein!"

Am nächsten Tag: „Sie hat noch einen weiteren Blutsturz gehabt; unsere arme Mama ist ganz verändert und mager geworden! Papa ist so beunruhigt, daß er mir sagt, ich solle Euch bitten, so bald wie möglich zu kommen, damit ihr sie wenigstens noch bei vollem Bewußtsein antrefft." Am Abend des gleichen Tages empfängt sie die Sterbesakramente, eine Zeremonie, die Theresia stark beeindruckt. Am 27. kommen Herr und Frau Guérin in Alençon an; Zélie Martin kann nicht mehr sprechen. Sie stirbt um Mitternacht.

Auf ihrem Totenbett hatte Zélie Martin ihre Schwägerin inständig gebeten, sich der Kinder anzunehmen und für sie eine Mutter zu sein. Zélie wollte auch, daß ihr Mann in Fragen der Zukunftssicherung der Kinder von dem unterstützt würde, dem Zélie das größte Vertrauen entgegenbrachte: ihrem Bruder Isidore Guérin. Dieser wird am 16. September, also weniger als einen Monat nach dem Tod seiner Schwester, zum Mitvormund der fünf Kinder eingesetzt, das heißt, daß er die Vollmacht erhält, ihre Rechte zu wahren, sei es anstelle ihres Vaters, sei es auch gegen den Vater selbst. Isidore nimmt die Angelegenheiten der Familie Martin sofort in die Hand. Während der Beichtvater, die Freunde und die Verwandten Ludwig Martins ihm abraten, Alençon zu verlassen, während Ludwig Martin selbst lieber in Alençon geblieben wäre, wo er immer gelebt hat, wo er seine Gewohnheiten

74

und seinen Pavillon hatte, wo noch seine Mutter lebte, erzwingt Herr Guérin die Einwilligung seines Schwagers. Der Apotheker von Lisieux macht sich sofort auf die Suche nach einer Wohnung mit einem großen Garten im Blick auf die Gesundheit der Kinder, wie seine Schwester dies gewünscht hatte. Er geht mit Methode ans Werk und schaut sich 25 leere Häuser an und wählt an einem Ort namens „Dorf der neuen Welt" im „quartier des Bissonnets" (einem Namen, den die Kinder schon bald umwandeln und das Haus die „Buissonnets" nennen) in der Pfarrei St. Jakob einen kleinen Wohnsitz, den er in einem Brief vom 10. September – zwölf Tage nach Zélies Tod! – seinem Schwager mit der Genauigkeit eines Notars beschreibt. Und Herr Guérin ersucht seinen Schwager, zur Unterzeichnung des Vertrags zu kommen.

Am 15. November setzt Herr Martin nach einem gemeinsamen Besuch auf dem Friedhof seine Töchter in den Zug nach Lisieux – er selbst bleibt noch einige Tage in Alençon, um seine letzten Angelegenheiten zu regeln. Herr Guérin, der seine fünf Nichten in Alençon abgeholt hat, begleitet sie; sie verbringen die erste Nacht in seinem Hause.

So geht für Theresia der erste Lebensabschnitt zu Ende. Ein noch nicht fünfjähriges Kind hat seine Mutter verloren und wird aus dem vertrauten Haus und der Stadt seiner Kindheit herausgerissen.

3

Exodus nach Lisieux

Lisieux – seit 1877 Theresia Martins Wohnsitz – liegt am Zusammenfluß dreier kleiner Flüsse: des Orbiquet, des Cirieux und der Touques. Kleine Hügel, Weideland und dann im Frühling die kurze Pracht der blühenden Apfelbäume.

Lisieux: Textilstadt, Geschäftsstadt und auch Garnisonsstadt: „Ich lauschte den fernen Geräuschen", wird die Karmelitin Theresia später von ihrer Kindheit schreiben. „Das Säuseln des Windes und sogar die verschwommene Musik der Soldaten, die bis zu mir drang, tauchten mein Herz in eine sanfte Melancholie." Von dieser Stadt, dieser Garnison und dieser Musik spricht Marcel Proust in seinem großen Werk „Auf der Suche nach der verlorenen Zeit", nämlich im ersten Buch der *Welt der Guermantes;* Doncières, das ist vor allem Lisieux, das Lisieux des ausgehenden 19. Jahrhunderts: „Eines jener – ganz vom Aristokratischen und Militärischen her geprägten – alten Festungsstädtchen, weithin umgeben vom flachen Land, über das an schönen Tagen so oft in gewissen Zwischenräumen eine Wolke von fernen Geräuschen zog, die – wie eine zart ausgezogene Pappelreihe, deren Windungen den Lauf eines Flusses markieren, welchen man nicht sieht – den jeweiligen Stellungswechsel eines Regiments während einer Übung anzeigte, daß sogar die Luft über Straßen, Alleen und freien Plätzen schließlich von unaufhörlichen musikalischen Schwingungen mit kriegerischer Note zu vibrieren und daß das Poltern von Bauern- und Straßenbahnwagen gleich Hornsignalen unendlich lange in der Halluzination der Stille nachzuhallen schien."

Proust beschreibt Lisieux als eine poetische und geheimnisvolle Stadt: „Das Leben, das die Bewohner dieser unbekannten Welt führten, müßte, so schien mir, wundervoll sein, und oft hielten mich die beleuchteten Fenster irgendeiner Behausung unbeweglich in der Dunkelheit fest und enthüllten meinen Blicken die wahrhaften und geheimnisumwitterten Szenen von Existenzen, zu denen ich niemals Zugang haben würde. Hier zeigte der Genius des Feuers mir wie ein in Purpur getauchtes Bild die Bude eines Maronihändlers, in der zwei Wachtmeister, die ihr Koppel auf den Stühlen daneben abgelegt hatten, Karten spielten, ohne zu ahnen, daß ein Magier sie aus dem Dunkel der Nacht hervorzauberte wie eine Theaterszene und ihr Bild, ganz wie sie in dieser Minute waren, für einen Passanten heraufbeschwor, der auf der Straße stand und den sie ihrerseits gar nicht sehen konnten. Bei einem kleinen Trödler warf der Schein einer halb niedergebrannten Kerze sein rötliches Licht auf einen Stich und verwandelte ihn in eine Rötelstudie, während die gegen das Dunkel ankämpfende große Lampe ein Stück Leder gelblich tönte und einen Dolch mit funkelnden Tupfen besetzte, auf Bilder, die nur schlechte Kopien waren, einen kostbaren Goldton wie die Patina der Zeit oder den Firnis eines Meisters ergoß und schließlich diese trübe Höhle, die nur Kitsch und alte Schinken barg, in einen Rembrandt von schier unermeßlichem Wert umschuf."

Lisieux ist zu jener Zeit, als Theresia dort eintrifft, ein gewaltiges Freilichtmuseum. Achtzig Holzhäuser, die oft ein Raub der Flammen werden, zeigen im Herzen der Stadt die ursprünglichsten und verschiedenartigsten Beispiele normannischer Wohnkultur des 14. bis 16. Jahrhunderts. Verwinkelte Häuser mit Spitzgiebeln, kaum voneinander getrennt durch schmale Straßen – unter ihnen die einzigartige Rue aux Fèvres und ihre Häuser mit ihren Dachfenstern und Erkern, ihren Türschwellen und -pfosten, ihr „Hôtel de la Salamandre", das mit Fratzen und Grotesken, mit Affen und Sirenen geschmückt ist. Die Kirche St. Jakob, die Kathedrale St. Peter mit ihrem überlangen Schiff und ihrer einst von Bischof Pierre Cauchon wiedererbauten kostbaren Kapelle der heiligen Jungfrau. Hinter der Kathedrale eine Gartenanlage in bewundernswerter Anordnung: der Sterngarten.

Hinter diesen Kostbarkeiten jedoch verbirgt sich großes Elend. Lisieux ist eine sterbende Stadt. Theresia Martin kommt zu einem Zeitpunkt nach Lisieux, als über der Stadt eine Atmosphäre der Krise, der Erschöpfung und des Todes schwebt, zu einem Zeitpunkt, da die Textilindustrie einen eindeutigen Rückgang erlebt. Am 27. März 1879 findet eine „Dramatische Versammlung" der Vorarbeiter und Arbeiter von Lisieux statt, „um die Industrie- und Handelskrise abzuwenden oder abzuschwächen". Aber das Problem ist für sie zu schwierig, und so geschieht praktisch nichts, was zu seiner Lösung beitragen könnte. Im Calvados gibt es zu viele Arbeitskräfte – eine halb ländliche Arbeiterschaft –, und die Arbeiterbewegung kann sich nur schwer behaupten, solange die Textilindustrie der vorherrschende Arbeitgeber ist; erst in den letzten Jahren des 19. Jahrhunderts bildet sich allmählich eine Arbeiterorganisation heraus. Zu allem Unglück wird Lisieux im November 1878 und im Oktober 1880 durch katastrophale Überschwemmungen verwüstet.

In Lisieux herrscht allenthalben Arbeitslosigkeit. Ein Zeichen unter anderen: „Die Anwerbung vom ersten Weihnachtstag, die gestern früh in Lisieux in den am St.-Peters-Platz liegenden Gebäuden stattfand, stand unter dem Eindruck der unfreundlichen Jahreszeit, der Unterbrechung der Landarbeiten und der überall herrschenden Krise in Landwirtschaft und Industrie: Diener für gehobene Ansprüche und kleine Hausangestellte, Schäfer und Mägde konnten keine Anstellung finden und mußten größtenteils wieder nach Hause gehen. Wir haben eine der wenigen Anstellungen miterlebt, die zustande kamen: ein junger Hausknecht mit guten Zeugnissen, der in normalen Zeiten leicht eine Anstellung mit 300 Franken Lohn gefunden hätte, schätzte sich glücklich, einen Meister zu finden, der ihm 150 Franken anbot!" Soweit *Le Normand* vom 27. Dezember 1879. Mit der Arbeitslosigkeit entwickeln sich auch alle Arten von Missetaten und Verbrechen. Dieselbe Zeitung klagt am 30. November 1880 über zahlreiche Delikte. Außerdem ist festzuhalten, daß sich in Lisieux die Zahl der Selbstmorde zwischen 1875 und 1880 verdoppelt. Und schließlich, die Geißel von Lisieux: der Alkoholismus.

Die Konservativen und die Nihilisten

Was ist die Ursache all dieser Zerrüttungen? Die antireligiöse Politik. Als der Unterpräfekt von Lisieux die Verdienste der modernen Gesellschaft feiert, antwortet *Le Normand* am 2. September 1882:

„Es vergeht jetzt keine Woche, in der wir in unserer Gegend nicht einen oder mehrere Selbstmorde zu verzeichnen haben. Alkohol, Mangel an Lebensart und Gottlosigkeit haben zur raschen Entwicklung dieser Krankheit geführt, die in Frankreich wütet ... Vor allem in den letzten fünf Jahren, genauer seit jenem Tag, an dem man der Religion offiziell den Krieg erklärte, hat sie sich mit erschreckender Geschwindigkeit ausgebreitet."

Nun besteht in der Arbeiterwelt von Lisieux schon seit langem ein Ressentiment gegen den Klerus, der sich ausschließlich dem Dienst an der bürgerlichen Welt widmet. Im Januar 1870 kommt es zu antiklerikalen Kundgebungen. Ihre Heftigkeit läßt tiefe Wurzeln vermuten. Die Arbeiter hatten 1862 eine *Philanthropische Gesellschaft* gegründet, die ihren Mitgliedern – größtenteils Weber – das verschaffen sollte, was zur Gewährleistung eines standesgemäßen Begräbnisses notwendig war, denn die von der Pfarrei geforderten Preise hielt man für überhöht. Im Januar 1870 verweigert der Klerus beim Begräbnis einer Arbeiterin das Leichentuch. Daraufhin rotten sich 800 Arbeiter zusammen und bedrohen die Priester. Polizeikommissar und Bürgermeister müssen eingreifen.

Um dem „Arbeiterproblem" zu begegnen, werden *Katholische Zirkel* gegründet. Am 14. Mai 1873 findet unter dem Vorsitz von A. de Mun in Caen eine Versammlung von Honoratioren statt. Man beschließt, im Calvados *Katholische Zirkel* einzurichten. Die *Zirkel* haben eine bestimmte hierarchische Ordnung: sie setzen sich zusammen aus Mitgliedern, die dem Arbeiterstand angehören, und aus Nicht-Arbeitern, die assoziierte Mitglieder sind und den Rahmen bilden. In Lisieux ist 1875 der Fabrikant Eugène Lambert Sekretär; Präsident ist Herr de Pardieu, ein reicher Grundbesitzer. Ihnen obliegt die Entscheidung über die Aufnahme der Arbeiter: man muß katholisch sein und ein gutes Beispiel geben: „Das Komitee hat beschlossen sich streng zu zeigen", sagt E. Lambert in seinem Bericht von 1875.

Isidore Guérin trägt unmittelbar zur Gründung dieses Zirkels bei. Im Februar 1877 läßt man Chesnelong kommen – Isidore Guérin schickt seiner Schwester die Zeitung, die über seine Rede berichtet. Hier der Bericht des *Journal de Lisieux* vom 26. Februar 1877:

„Die Rede des Herrn Chesnelong über das Werk der katholischen Arbeiterzirkel fand am Sonntag unter dem Vorsitz des Bischofs von

Bayeux und Lisieux statt. Sie war überaus stark besucht, und der große und neue Saal des Zirkels konnte die Menge kaum fassen: mehr als vierhundert Menschen... Die Geschichte der katholischen Zirkel – Arbeit und Glaube – Die Pflichten der Glücklichen dieser Welt gegenüber den Arbeitern und den Benachteiligten – dies war mit allen darin enthaltenen Implikationen das große Thema, das von dem hervorragenden Redner in der glücklichsten und beredtesten Weise behandelt wurde. Herr Chesnelong ist ein starker Kämpfer und ein tapferer Soldat Christi: auf dem Weg, den er uns am Sonntag vorgezeichnet hat, müssen ihm die Konservativen, welcher Farbe sie auch immer angehören mögen, nachfolgen und mit ihm wiederholen: ,Einheit! Und noch einmal Einheit! Und immer wieder Einheit!' "

Zwar werden vereinzelt Versuche zu einer Verbreiterung der Basis unternommen – so bemüht sich z.B. in Caen ein gewisser Abbé Garnier, „wirkliche Sozialeinrichtungen zu schaffen, die auf die dringendsten Bedürfnisse der Arbeiterklasse eingehen" –, die *Zirkel* aber bleiben in ihrem engen Horizont befangen und befassen sich schon bald nur noch ausschließlich mit Aktionen zur Rettung der Religion und mit Angriffen gegen die „Gottlosen".

Daneben intensiviert der *Zirkel* seine Vorträge gegen die Freimaurerei. Am 8. August war in Lisieux eine Loge, *L'Humanité*, gegründet worden. Mit voller Wucht setzen die Angriffe des *Zirkels* gegen sie ein. Am 20. April 1883 verurteilt der Papst in der Enzyklika *Humanum Genus* die Freimaurerei; dies beflügelt eine Anzahl französischer Katholiken unter der Führung des Bischofs von Grenoble, Mgr. Fava, zu neuem Kampf.

Glaube, Patriotismus, Freimaurerei...

Noch gehört die Niederlage von 1870 zur jüngsten Vergangenheit; und in diesen Zusammenhang breitet sich ein regelrechter patriotischer Kult für Jeanne d'Arc aus. Elsaß-Lothringen ist verloren: Jeanne d'Arc, die Lothringerin, wird zur Anti-Preußin schlechthin (die Engländer hat man vergessen). Zahllose Statuen werden ihr zu Ehren errichtet. Man verbindet ihre Verehrung mit der Politik, aber auch mit dem Glauben, und zwar ausgehend von dem Prinzip, daß die einzigen wahren Patrioten die Gläubigen sind. Schon bald wird Jeanne d'Arc

zum Unterpfand der extremen Rechten und zum Schlachtruf der Anti-
dreyfusianer.

Le Normand spricht häufig von Jeanne d'Arc. Und eine besondere
Tatsache verbindet Jeanne mit Lisieux: Als der Hauptankläger im
Prozeß gegen Jeanne, der Bischof von Beauvais, Cauchon, von seinen
Diözesanen verjagt worden war, wurde er 1432 zum Bischof von
Lisieux ernannt. Um sich nun das Wohlwollen der Einwohner von
Lisieux zu erwerben, wie auch zum Zeichen der Wiedergutmachung,
errichtete er in der Kathedrale St. Peter eine prachtvolle Kapelle zu
Ehren der Jungfrau Maria. 1878 läßt Abbé Hébert, der Pfarrer der
Kathedrale, diese fast ganz zerstörte Kapelle wieder restaurieren, und
zwar in der Absicht, damit Jeanne d'Arc zu ehren.

In diesen Jahren kommt es zu vielen weiteren Zwischenfällen. In
Lisieux gibt es einen großen Skandal, als Naquet am 27. Juli 1879
einen Vortrag über die Ehescheidung hält. Ein weiterer Kleinkrieg ent-
brennt um die Stiftung der *Schwestern Unserer Lieben Frau der Barmherzigkeit von der Zuflucht* durch einen Priester, Abbé-Rolland, im
Jahr 1873. Diese Schwestern führten ein Heim, in dem 200 gefallene
Mädchen Zuflucht gefunden hatten. Man wußte über dieses Heim
nicht so recht Bescheid, und so wird den Schwestern immer wieder
vorgeworfen, zu sehr auf ihren Vorteil bedacht zu sein.

Häufig wird begeistert von den großen christlichen Festen berichtet.
Zwischen Christen und Nichtchristen herrscht fortwährende Kampf-
stimmung. Der Hirtenbrief des Bischofs von Bayeux und Lisieux, Mgr.
Hugonin, zur Fastenzeit 1883, befaßt sich mit dem *modernen
Atheismus:* „Gegen den Positivismus".

Am Dienstag, dem 3. April 1883, schreibt der *Normand:* „Der Haß
gegen den Klerus und die katholischen Institutionen ist die beherr-
schende Leidenschaft des *Lexovien* [Lisieuxer], eine Leidenschaft, die
er mit einer Liebe ohnegleichen pflegt..."

Am 10. Juni 1883 wird in allen Kirchen ein Brief des Bischofs von
Bayeux und Lisieux verlesen, in dem öffentliche Gebete zur Sühne für
die Profanierungen und Schändungen in zahlreichen Kirchen der
Diözese angeordnet werden. Am 15. Juni 1883 stirbt der Pfarrer von
St. Peter, Abbé Hébert. Die Trauerfeierlichkeiten finden in Anwesen-
heit des Bischofs, des Generalvikars Révérony und des Superiors der
Missionare vom heiligen Erlöser, P. Picot, statt; 150 Priester nehmen
daran teil. Die Bänder des Leichentuchs werden von Herrn Simon, dem

Vorsitzenden des Kirchenrates, und von den Herren Guérin, Schatzmeister des Kirchenrates, und Colombe, Mitglied desselben Rates, gehalten.

Im August 1883 ernennt der Präfekt des Calvados einen Laien,
Herrn Reautey, als Nachfolger des verstorbenen Pfarrers von St. Peter
zum Mitglied des Wohltätigkeitsbüros von Lisieux und bricht damit
die Tradition, nach der sich unter den Mitgliedern immer ein Vertreter
des Klerus befand. Der Kleinkrieg geht weiter.

Dazu kommt die Schulfrage.

Seit 1879 steht die Schule im Kreuzfeuer gegensätzlicher Meinungen. Am 15. März 1879 hatte Jules Ferry einen Entwurf zur Schul-
reform vorgelegt, der den berühmt-berüchtigten Artikel 7 enthält:
„Keinem Mitglied einer nichtautorisierten Kongregation ist es erlaubt,
eine weltliche oder private Lehranstalt welcher Art auch immer zu
leiten oder in einer solchen zu unterrichten." Nun sind aber lediglich
fünf Männerkongregationen dazu autorisiert. Über den Artikel wird
am 9. Juli in der Kammer abgestimmt. Der Kampf flammt hier und dort
auf, vor allem seit der Veröffentlichung der Dekrete am 29. März 1880.
Die Durchführung der Dekrete beginnt im August: die Klöster und
Häuser der Ordensleute werden eingezogen – in der Nähe von
Tarascon z. B. wird das Kloster der Prämonstratenser von einem
General belagert, der an der Spitze eines Infanterieregiments und fünf
Dragoner- und Artillerieschwadronen steht.

Wie überall, so wird auch in Lisieux der Artikel 7 von den einen unterstützt, von den anderen abgelehnt. Der *Normand* veröffentlicht am
24. Januar 1880 eine Petition für das Weiterbestehen der Schulbrüder.
Der *Lexovien* greift in der Nummer vom 7. April die Anschuldigungen
wieder auf, die ein Jahr vorher gegen die Schwestern der Vorsehung
von Lisieux vorgebracht worden waren: man sagt, sie liebten nur das
Geld und hätten keinen Patriotismus. Der *Normand* bringt am
20. April eine heftige Erwiderung, und diese Kontroverse setzt sich das
ganze Jahr über fort.

Der Schulbruder Blanquart, ein der städtischen Knabenschule zuge-
ordneter Lehrer, wird bald aus dem Dienst entlassen. Am 29. Mai
1884 erhalten die Brüder der christlichen Lehre den Befehl, sich zurückzuziehen: mit 13 Stimmen gegen 10 hat der Stadtrat von Lisieux
zugunsten der Laisierung der Kongregationsschule von Lisieux gestimmt.

Der *Normand,* am Samstag, dem 7. Juni 1884: „Nachdem die Brüder der christlichen Lehre 108 Jahre in unserer Stadt waren, hat sie nun der unversöhnliche Haß der Freimaurerei aus ihr verjagt. Sie haben am Donnerstagmorgen Lisieux verlassen." Und der *Normand* leitet sofort eine Unterschriftensammlung für die Gründung einer *Freien Schule der Brüder der christlichen Lehre* ein. Der *Normand* vom 30. August 1884 lädt jene Eltern, die ihre Kinder dorthin schicken wollen, ein, sich entweder im Pfarrhaus oder beim Apotheker, Herrn Guérin, einzutragen. Die Brüder eröffnen ihre Schule am 24. September in den Gebäuden des Dekanats. Herr Guérin war bei dieser Mobilisierung der Katholiken für die freie Schule sehr aktiv und erfolgreich.

Anläßlich der Wahlen treten die Gegensätze noch stärker zutage. Am 6. Februar 1881 erhält Lisieux einen neuen Magistrat und einen neuen Bürgermeister – Herrn Peulevey: ein Rückschlag für die Monarchisten.

Eine Standesperson, ein Kreuzritter

In Lisieux entdeckt die junge Theresia einen Mann, der sie fasziniert: den Onkel Guérin: „Mein größtes Vergnügen bestand darin, auf alles zu lauschen, was mein Onkel sagte", so erinnert sich Theresia; zwar hat sie Angst vor ihrem Onkel, diesen seinen Kampf aber betrachtet sie mit wirklicher Verehrung; am 10. August 1893 schreibt sie aus dem Karmel an ihre Tante: „Geschieht es nicht zum Ruhme Unseres Herrn, wenn mein Onkel unermüdlich bewundernswerte Aufsätze schreibt, die dazu beitragen, die Seelen zu retten und die Dämonen erzittern zu lassen?" Céline erinnert sich daran, daß die starke Persönlichkeit Herrn Guérins Herrn Martin beeindruckte: „Mein Onkel Guérin mit seiner offenen Redeweise schüchterte ihn ein." Isidore Guérin, von lebhafter und ungestümer Art, macht seinen Weg im Leben und in der Gesellschaft von Lisieux. Er ist verheiratet mit einer Tochter der Familie Fournet – der reichsten Familie von Lisieux, aus deren Namen sich das Wort ‚fortune' (Glück) bilden läßt – und hat sich bereitwillig den Rhythmus der Familie Fournet zu eigen gemacht: Beziehungen, Empfänge.

Isidore Guérin ist nach und nach zu einer Respektsperson in Stadt und Pfarrei geworden. 1874 beteiligt er sich an der Gründung der Vinzenzkonferenz und des Katholischen Zirkels (er bestimmt Herrn Martin, sofort nach seiner Ankunft in Lisieux beiden Vereinen beizutreten); 1877 tritt er dem Kirchenrat der Kathedrale bei und wird dessen Schatzmeister. 1888 erbt Isidore Guérin von einem Vetter seiner Frau, Auguste David, der Notar in Évreux gewesen und ohne Nachkommenschaft gestorben war, ein sehr großes Vermögen: ein Stadtpalais in Évreux, eine Sommerresidenz, das Schloß de la Musse, das mit seinen 41 Hektar Wald und Parkgelände über dem Tal des Iton liegt. Nun konnte Isidore Guérin seine Apotheke aufgeben und sich in der Rue Paul-Banaston in Lisieux in ein Stadtpalais zurückziehen.

Ganz im Gegensatz zu seinem Schwager Ludwig Martin wird Isidore Guérin aber kein Privatier, der sich an Einsamkeit und Stille erfreut; er stürzt sich rückhaltlos in die Politik. Als überzeugter Monarchist und Mitglied des Literarischen Zirkels von Lisieux, in dem sich die Partisanen des Königtums zusammenfinden, kämpft er an der Seite seines Freundes Paul-Louis Target. Dieser, 1821 zu Lisieux geboren, Advokat, hatte gegen das Zweite Empire opponiert; am 8. Februar 1871 war er zum Abgeordneten des Calvados gewählt worden; er gehört zum orleanistischen rechten Zentrum und wird Vizepräsident der Gruppe Saint-Marc Girardin. Die Regierung de Broglie ernennt ihn im Juni 1873 zum Gesandten in Den Haag. Im September 1874 schlägt er bei einer anläßlich eines Banketts in Lisieux gehaltenen Rede die Bildung einer großen Nationalpartei vor; als Schwager Buffets – mit dem der Abbé Huvelin sehr gut bekannt war – unterstützt er dessen Politik, als Buffet Innenminister wird. 1875 kandidiert er erneut für die Abgeordnetenkammer für den Bezirk Lisieux; die Republikaner stellen Lavaley, die Bonapartisten Colbert-Chabannais als Gegenkandidaten auf: nachdem letzterer gewählt worden ist, geht Paul Target wieder nach Den Haag und kommt im Februar 1878 zurück, um in Lisieux seine politische Arbeit fortzusetzen.

Isidore Guérin bewegt sich im Umkreis Paul Targets. Aber er ist daneben auch ein glühender Anhänger Drumonts, begeistert von dessen Zeitung *La Libre Parole*. Wir müssen uns einiger Fakten erinnern, um zu sehen, was eine solche Anhängerschaft bedeuten kann.

La France juive (Das jüdische Frankreich) von Drumont erscheint 1886; es wird sofort in 200 000 Exemplaren verkauft; bekanntlich will Drumont den verborgenen und zersetzenden Einfluß der Juden in der Geschichte und besonders ihre vorherrschende Rolle im zeitgenössischen Antiklerikalismus aufzeigen; und all dies ausgehend nicht von Beweisen, sondern von Verleumdungen. Drumont, der 1889 die *Ligue nationale antisémitique* (Antisemitische Nationalliga) ins Leben ruft, setzt seine Arbeit durch die im April 1892 gegründete Zeitung *La Libre Parole* fort, die die gleichen Verleumdungen verbreitet. In ihrem „besonderen, heftigen und grobschlächtigen Stil", so schreibt P. Sorlin, „...macht Drumonts Zeitung die Diffamierung zu ihrem täglichen Brot". Daß Isidore Guérin sich zu einer antisemitischen Stellungnahme hinreißen ließ, daran kann kein Zweifel bestehen. Bedauerlicherweise teilten sehr viele Katholiken im Frankreich dieser Zeit eine solche Sicht. Wenn wir hören, daß Ludwig Martin die 1880 erstmals erschienene Zeitung *La Croix* abonniert hatte und seinen zwei Ältesten, Marie und Pauline, erlaubte, diese Zeitung zu lesen, so erscheint uns dies zunächst durchaus normal und harmlos. Aber was ist nun tatsächlich der Inhalt von *La Croix?* „Der Leser dieser Zeitung", so schreibt P. Sorlin in seinem Buch « *La Croix* » *et les Juifs* (Die Zeitung „La Croix" und die Juden), „lebt in einer halb himmlischen, halb irdischen Welt, in der Gott unaufhörlich gegenwärtig ist. Offensichtlich aber scheinen die Katholiken nicht genug Hilfe von oben zu erhalten: weil nämlich das Volk seinen Glauben vergessen und die Altäre verlassen hat; alle Schwierigkeiten, von den schlechten Wahlen angefangen bis hin zu den Epidemien, sind Zeichen des göttlichen Zornes... Die Kommunikation zwischen Himmel und Erde ist (für die Redakteure) unleugbare Wirklichkeit; da sie in der Atmosphäre eines beständigen Mystizismus leben, sehen sie in jedem Geschehen ein Zeichen, interpretieren den belanglosesten Vorfall als eine Manifestation göttlicher oder höllischer Mächte" (S. 34–36).

La Croix wiederholt immer wieder, die einzige Abhilfe gegen die Unmoral sei eine Rückkehr zum Glauben; in der Politik verweist die Zeitung auf den Zusammenhang zwischen Feinden des Vaterlandes und Feinden der Religion; und wenn die Regierung Umstürze erlebe, so nur deshalb, weil sie unter der Führung von Atheisten stehe. Was die sozialen Vorstellungen von *La Croix* betrifft, so „leiten sie sich von einem soliden Konservatismus und einer tiefen Angst vor der modernen Welt her" (ebd. S. 60).

1880 veröffentlicht *La Croix* einen Text, der eine regelrechte Anklagerede gegen Israel ist. Der *Almanach du pèlerin* (Almanach des Pilgers) von 1880 widmet der Rückkehr Israels zu Christus etwa 15

Seiten; sie bringen ein wirkliches Mißtrauen gegen die Juden zum Ausdruck. 1882 spricht die *Bonne Presse* klar aus, daß der Zusammenbruch der *Union générale*, einer katholischen Bank, auf die Machenschaften der jüdischen Finanzwelt zurückzuführen sei. „Der Jude, das ist der Feind, so lautet der christliche Ruf seit Golgotha bis in unsere Tage", sagt *La Croix* im August 1882. Im September 1890 erklärt sich *La Croix* für „die antijüdischste Zeitung Frankreichs".

Theresia, die, wie wir gesehen haben, auf alles, was ihr Onkel sagt, hört, Theresia ist in den Kampf des Isidore Guérin mit hineingezogen. Dieser aufbrausende Mann widmet sein ganzes Privatiersleben, seine Mittel und seine Energie – und die beiden letzteren sind beträchtlich – der Verbreitung seiner Ideen und dem Kampf gegen die Feinde der Religion: „Je mehr man sie beleidigt, um so heller wird sie erstrahlen", hatte er in großen Lettern auf den Altar schreiben lassen, den er für die Fronleichnamsprozession vor seinem Haus errichtet hatte. Er ist ein Mann der Tat, der agiert, wirbt und redet; er öffnet seine Börse für das Elend und spendet reichlich für die Missionen – auf diese Weise wird er Pate für einen kleinen afrikanischen König, worauf er sehr stolz ist. Seine Schwester Zélie hatte Angst, er sei kein guter Christ: nun ist er also ein überaktiver Christ geworden, der häufig genug Politik und Religion verwechselt.

Er will vor allem an zwei Fronten kämpfen: Schule und Presse. Er unterstützt die christlichen Schulen, verteidigt die Schulbrüder, gehört dem Schulkomitee von Lisieux an und geht sogar so weit, selbst ein Haus zu kaufen, um darin die Mädchenschule unterzubringen.

Vor allem aber wirbt er durch die Zeitung. Als eifrigem Leser Louis Veuillots erscheint ihm die Presse als besonders geeigneter Kampfplatz. In Lisieux gibt es zwei Zeitungen: den republikanischen *Le Lexovien* und das frühere *Journal de Lisieux et de Pont-l'Évêque*, das am 22. Juni 1878 in *Le Normand* umbenannt wurde und konservativ ist (dieses letztere hat 1861 300 Abonnenten). *Le Normand* erscheint zweimal wöchentlich, dienstags und samstags.

Zwischen diesen beiden Zeitungen besteht ein fortwährender Kampf, und zwar vor allem über „klerikale" Themen.

Im August 1881 finden die Wahlen für die Gesetzgebende Versammlung statt. Der Sieg de Colberts, eines Bonapartisten, wird vom *Normand* am 27. August 1881 folgendermaßen begrüßt: „Die Wähler de Colberts haben gegen die Republik gestimmt, weil sie die Revolution verwerfen, weil sie Fortschritt, Ordnung und wirkliche Freiheit wollen, weil sie die Verfolger, Spekulanten und Feinde der Religion verachten."

Der zweite Abgeordnete des Departements ist Duchesne-Fournet, ein Verwandter Frau Guérins; er hat das Werk seines Großvaters, Jean Lambert-Fournet, weitergeführt, der 1860 die bedeutendste Textilfabrik von Lisieux gegründet hatte, eine Fabrik zur Herstellung von Leinwand. Er ist Republikaner; aber der *Normand* ist überzeugt, daß Paul Duchesne-Fournet dennoch die Interessen der Religion verteidigen wird: „In der Tat, was sollen wir von einem Abgeordneten befürchten, der an Fronleichnam Altäre errichtet! Ihr Kongregationen! Wohltätigkeitsvereine! Nichts möge eure süße Ruhe stören! Verschließt das Ohr dem unheimlichen Lärm, dem Pulverknall. Schlaft in Frieden: über euch wacht ein Freund und beschützt euch. Verlaßt euch auf ihn" (8. Oktober 1881).

Aber P. Duchesne-Fournet vertritt republikanische Auffassungen. Und der *Normand* muß sich ernüchtern. Am 8. Mai 1882 stimmt P. Duchesne-Fournet für das Gesetz Naquet über die Ehescheidung, und der *Normand* ist es sich selbst schuldig, Duchesne-Fournets „politische Meinungen und Handlungen" zu bekämpfen. Zum Thema einer seiner Reden, in der er die Republik verherrlichte, schreibt der *Normand*: „Er, der einer Familie angehört, in der man der Religion stets mit Ehrfurcht gegenüberstand, bezeichnet eine Regierung als ‚klug und fortschrittlich', die den Klerus verfolgt, ihn willkürlich seiner Bezüge beraubt, eine Regierung, die Schulen und Krankenhäuser laisiert, Almoseniers unterdrückt und der Freiheit der Religion alle Arten von Behinderungen auferlegt."

August 1883: große Trauer für alle Monarchisten! Der Herzog von Chambord ist tot. Hier die Nachricht über diesen Tod im *Normand*: „Gott hat die Gebete, die aus unseren Herzen aufstiegen, nicht erhört. Weil wir diese Gunst nicht verdienten, hat Gott es nicht zugelassen, daß dieser Mann, der gut wie keiner war und der für das Glück unserer Nation vorherbestimmt zu sein schien, über Frankreich herrschen sollte. Wir müssen uns Seinen schrecklichen Entscheidungen beugen."

Angesichts all dieser Ereignisse wirft Isidore Guérin, der ungestüm ist und den Kampf liebt, sich in das politische Geschehen. Er hatte mit der Schulfrage begonnen. Unter dem Einfluß seines Freundes Paul Target begeistert er sich nun mehr und mehr für die Politik, und zwar für die Politik der Rechten.

Isidore Guérin arbeitet mit zunehmender Bereitschaft am *Normand* mit; schon bald steht er an erster Stelle. Vor allem seit er den *Normand* mit seinem Geld aus finanziellen Schwierigkeiten befreit hat. Aber auch seit einer äußerst lebhaften Polemik, die 1891 beginnt. Am 28. Oktober dieses Jahres greift ein junger Rechtsanwalt aus Lisieux, Henry Chéron, anläßlich eines Briefes Leos XIII. an Mgr. Gouthe-Soulard die „Vatikananhänger" und den Papst selbst an, von dem er behauptet, er stehe im Begriff „den Boden unter den Füßen zu verlieren". Isidore Guérin bringt am 3. November eine geharnischte Entgegnung; vor allem auch deshalb, weil er Henry Chéron gut kennt: dieser wollte ursprünglich Apotheker werden und hatte 1884 einige Monate in der Apotheke Guérin praktiziert; er hatte sogar Marie Guérin einige Akkordeonstunden gegeben. Isidore Guérin fühlt sich von seinem ehemaligen Schüler gewissermaßen verraten; so beurteilt er ihn im *Normand* öffentlich abschätzig, fragt nach seinen Titeln, ironisiert seinen Anspruch; abschließend schreibt er zur Verteidigung Leos XIII.: „,Er verliert den Boden unter den Füßen', er, dem allein es gelungen ist, jenen unentwirrbaren gordischen Knoten zu lösen, den man die soziale Frage nennt und den weder die geschicktesten Ökonomen noch die tiefsten Philosophen, noch die klarsichtigsten Politiker zu lösen vermochten.

,Er verliert den Boden unter den Füßen', er, der Frankreich Zeichen einer durch und durch väterlichen Fürsorge und Zuneigung gibt, er, der über Frankreichs Unglück klagt, sich über seinen Ruhm freut und es zu seinem bevorzugten Kind erklärt.

,Er verliert den Boden unter den Füßen', er, der *nie,* wohlverstanden nie, etwas anderes ausgesprochen hat als Worte des Friedens, der Barmherzigkeit und der Vergebung, er, der nie um den eitlen Beifall der Menge gebuhlt hat.

,Er verliert den Boden unter den Füßen', er, der allein, ohne Armee, ohne Verbündete in seinem Vatikan über die ohnmächtige Wut der revolutionären Meute lächelt ...“

Henry Chéron wird zum großen Leidwesen Herrn Guérins 1894 Bürgermeister von Lisieux, und dies, obwohl Herr Guérin keine Mühe gescheut hatte: allein im Jahr 1893 hatte er im *Normand* 81 Artikel veröffentlicht.

Der Inhalt dieser Artikel zeigt einen gleichbleibenden Konservatismus: Verurteilung der Linken als demagogisch, Mißtrauen gegenüber dem Syndikalismus (Gewerkschaftswesen).

Überdies beteiligt er sich – wie *La Croix* – intensiv an der antisemitischen Campagne. Zum Beispiel durch folgenden Text im *Normand* vom 28. Juni 1887: „Auf eine Bevölkerung von 37 Millionen kommen in Frankreich offiziell nur 60 000 Juden ... Die Verwaltung dieser 37 Millionen Franzosen obliegt 86 Präfekten. Und wie viele Juden befinden sich unter diesen 86? 42!!! Einer mehr, und es wäre die Hälfte. Es besteht Anlaß, diese Tatsache allgemein bekannt zu machen und diese skandalöse jüdische Invasion, die noch verhängnisvoller ist als die preußische Invasion, öffentlich zu verurteilen.“

„Die kosmopolitische Freimaurerei, die uns regiert, hat das Herz des Arbeiters ausgedörrt“ schreibt wiederum Isidore Guérin in einem Artikel unter der Überschrift *Weder Gott noch Meister, noch Vaterland* (*Le Normand* 28. Mai 1892). Am 6. September in der gleichen Zeitung: „Das Judentum und die Freimaurerei, diese verbündeten Schwestern, haben sich die Welteroberung zum Ziel gesetzt.“ ... Diese Schmähreden setzen sich über Monate und Jahre hinweg mit außergewöhnlicher Aggressivität fort.

Prozessionen und Poesie

Die Katholiken bezeugen ihren Glauben auch weiterhin durch Prozessionen. Der *Normand* vom 1. Juni 1880 bringt seine Freude zum Ausdruck, daß die Fronleichnamsprozession „eine Länge von mehr als einem Kilometer erreichte“. Am 20. Februar 1886 schreibt der *Normand*: „Donnerstag, 18., Fest der Glaubensverbreitung in der Kirche St. Peter, ein wahrhaft christliches und nationales Werk.“ „Die strahlende Dekoration der Chornische fesselte und entzückte den Blick schon beim Eintritt; sie charakterisierte in gelungener Weise den

Gegenstand des Festes, indem sie das auf die Erdkugel aufgepflanzte Kreuz zeigte und durch ihre Strahlen beleuchtete."

Der Stil der Predigten ist jansenistisch gefärbt: der *Normand* spricht von Fastenpredigten, in denen ausführlich die „Züchtigungen" für die Sünden behandelt wurden (20. März 1883). Viel Geziertheit bei den von den Katholiken veranstalteten Zusammenkünften: am Ostermontag 1882 z. B. findet von 13 bis 18 Uhr der Kinderumzug in genau festgelegter Reihenfolge statt: Könige, Königinnen, Hirten, Hirtinnen, Grafen. Eine Sammlung zugunsten der Armen erbringt 1224,70 Franken. Der *Lexovien* findet dies alles lächerlich.

Als das Seminar von Lisieux am 30. Juni 1881 unter dem Vorsitz von Mgr. Hugonin eine literarische Zusammenkunft veranstaltet, wird *Les Enfants d'Édouard* (Eduards Kinder) von Casimir Delavigne aufgeführt, ein konventionelles und sehr mittelmäßiges Stück. Im Februar 1882 spielen die gleichen Seminaristen ein unbedeutendes Stück von Labiche, *La Cagnotte* (Die Spielklasse), und der *Lexovien* (23. Februar) versäumt es nicht, sich über sie lustig zu machen.

Theresia verbringt ihre Kindheit vom fünften bis zum vierzehnten Lebensjahr in dieser kleinen Welt von Lisieux, die einerseits von kleinlichen politischen Kämpfen, in denen ihr Onkel einen entscheidenden Platz einnimmt, und andererseits von mittelmäßigen und gekünstelten Festen geprägt ist. Hier, in diesem kümmerlichen Klima einer kleinen Provinzstadt wächst sie auf; auch wenn sie selbst nur wenig daran teilhat, so mußte dieser Ort ohne Größe sie doch zwangsläufig prägen.

Ein stiller Mann in einem stillen Haus

Am 16. November 1877, einen Tag nachdem die fünf Mädchen in Lisieux angekommen sind und dort von ihrem Onkel empfangen wurden, besichtigt Marie das Haus, das der Onkel für sie gefunden hat. Sie berichtet ihrem Vater ihre ersten Eindrücke: „Es ist ein reizendes Gebäude, hell und froh, mit diesem großen Garten, in dem Céline und Theresia sich tummeln können. Nur die Treppe läßt zu wünschen übrig und auch der Weg, der zum Haus führt, ein ‚Weg zum Paradies', wie du es nennst, denn er ist in der Tat schmal, es ist nicht ‚der breite und bequeme Weg'. Das macht aber nichts, all dies ist nur von geringer

Bedeutung, denn wir sind nur Wanderer auf Erden: heute haben wir hier unsere Zelte aufgeschlagen, unsere wahre Heimat aber ist der Himmel, in dem wir eines Tages unsere liebe Mutter wiederfinden werden."

Das Haus hat nichts Außergewöhnliches an sich; es liegt etwa 500 m von einem Platz in der Nähe der Straße nach Pont-l'Évêque entfernt im Norden der Stadt; an den Hang gebaut, erreicht man es über einen steinigen Fußweg; eine Türe in der Umfriedung, und man gelangt in einen sanft geneigten Park, in dessen Mitte das zweistöckige rote Ziegelgebäude steht. Hinter dem Haus ein höhergelegener Garten und ganz hinten ein Schuppen, ein Waschhaus und ein Gewächshaus. Das Haus, das schon über fünfzig Jahre alt ist, besteht aus niederen Zimmern; das Ganze ist schlecht aufgeteilt; im Erdgeschoß: ein Eßzimmer (mit Eichentäfelung), eine Küche (mit einem Kamin aus roten Ziegelsteinen), ein viel zu kleines Arbeitszimmer und ein Abstellraum. Im ersten Stock neben zwei Ankleideräumen vier Zimmer, zwei vorne und zwei hinten; die beiden hinteren Zimmer sind auf gleicher Höhe mit dem Garten. Unter dem Dach drei Mansarden und über der mittleren Mansarde eine Art Observatorium, von dem aus man Lisieux überblickt, das Belvedere. Ein ganz und gar durchschnittliches bürgerliches Haus.

Frau Guérin und Marie richten das Haus ein. Zunächst im ersten Stock nach vorne hinaus das Zimmer des Vaters; Tisch und Sekretär in Akazie; ein Sessel, ein großes Himmelbett mit Vorhängen; zwei Öllampen. Das zweite nach vorne gehende Zimmer wird von Marie und Pauline bewohnt. Dorthin kommt die große Marienstatue, die im Pavillon stand; Léonie erhält eines der hinteren Zimmer, und das zweite ist für Céline und Theresia bestimmt. Unten wird das Eßzimmer mit Eichenmöbeln ausgestattet; ein Büfett, ein runder Tisch mit massivem Mittelfuß, einige Stühle und zwei Ohrensessel; das Zimmer neben der Küche wird als kleines Boudoir eingerichtet, in dem sich die beiden Älteren tagsüber aufhalten.

In Buissonnets führt Ludwig Martin das Leben eines Mönches, ein Leben, das er sich schon immer erträumt hat. Er hat seinen Beruf endgültig aufgegeben; die Leitung des Hauses überläßt er ganz seiner ältesten Tochter. Marie wird dabei von einem Dienstmädchen unterstützt. Diese Victoire redet frisch von der Leber weg und ist die eigentliche Seele des Haushalts. Ludwig Martin selbst verteilt nur von Zeit zu Zeit

Lob oder auch kleinen Tadel, wenn einmal etwas weniger Ordnung herrscht. Die Stundeneinteilung und Lebensgewohnheiten werden in Buissonnets peinlich genau beachtet.

Untertags beschäftigt sich Ludwig Martin ein wenig im Garten und betreut seinen Vogelbauer. Er fischt viel: in Saint-Martin-de-la-Lieue angelt er mit Erlaubnis des Schloßherrn Hechte; in Saint-Ouen-le-Pin lauert er an zwei Fischteichen auf die Forelle; in Touques, in der Nähe von Deauville, fischt er Goldbutt und Meeresfische. In Buissonnets wird sein Fang immer als großes Ereignis betrachtet: Pauline zeichnet die bedeutendsten Stücke, und das Belvedere ist mit Bildern von Fischen geschmückt; die fünf Mädchen erschaudern beim Bericht des Vaters, der beim Fischen von einem Stier bedroht wurde; bisweilen begleiten sie ihn auch, dann lassen sie sich im Gras nieder, zeichnen mit Wasserfarben oder sticken.

Den größten Teil seiner Tage und Wochen verbringt Ludwig Martin aber nicht im Freien, sondern in der Einsamkeit seines Zimmers und des Belvedere. Hier träumt er; hier liest er: einige seiner Lieblingsbücher: neben dem Evangelium die *Nachfolge Christi* und das *Stundenbuch der Passion* von Alphons von Liguori; viele Heiligenviten, die Biographie des Abbé de Rancé, eine *Geschichte von La Trappe;* daneben auch die *Philosophischen Studien über das Christentum* von Auguste Nicolas: vielleicht deshalb, weil dieser, Stadtrat von Bordeaux, der Familie Martin bekannt war. Niemand hat das Recht, in seine Eremitage einzudringen; Ludwig Martin verbringt hier friedliche Stunden: „Ich lebe fast nur noch aus der Erinnerung", schreibt er einem Jugendfreund. „Diese Lebenserinnerungen sind so süß, daß es trotz der Prüfungen, die ich durchgemacht habe, doch Augenblicke gibt, in denen mein Herz von Freude überfließt ... Als ich Dir vor einiger Zeit von meinen fünf Töchtern sprach, vergaß ich, Dir zu sagen, daß ich noch vier Kinder habe, die mit ihrer seligen Mutter dort oben sind, wo wir uns alle eines Tages wiederzufinden hoffen! ..." Seine Existenz ist schon fast nicht mehr auf Erden: wenn er auch seine fünf Töchter hat, so gibt es daneben, vielleicht sogar vor allem fünf andere Wesen: seine Frau und die vier verstorbenen Kinder, denen sich all sein Denken zuwendet.

Er steht früh auf und besucht jeden Morgen die Pfarrmesse. Marie führt den Haushalt.

Am Abend, wenn der Tisch abgeräumt und das Geschirr gewaschen

ist, beginnen die gemeinsamen Stunden: „Papa, die Lampe ist angezündet", ruft eines der Mädchen die Treppe hinauf; Ludwig Martin
kommt in das Boudoir herunter; eine Partie „Dame" zwischen dem
Vater und einer der Töchter, vor allem Marie; Lektüre eines Abschnitts
aus dem *Liturgischen Jahr* von Dom Guéranger, dann aus einem lehr-
reichen Buch oder einem Roman aus der Pfarrbücherei. Nun ist für
Theresia, die Ludwig Martin „kleine Königin" nennt, endlich der
Augenblick gekommen, da sie sich in die Arme ihres Vaters schmie-
gen kann; dieser deklamiert eine Fabel von La Fontaine, Texte von
Victor Hugo (z. B. den *Antichrist*) oder häufiger von Lamartine (unter
anderem die *Reflexion*); und er singt mit seiner weichen und schweren Stimme Melodien aller Art; Theresia, die ein ausgezeichnetes
Gedächtnis hat, behält diese Melodien; zu ihnen wird sie später
die meisten ihrer frommen Gedichte verfassen. Einige Beispiele
dafür:

Mignon von Ambroise Thomas wird häufig verwendet: *Lobgesang
auf das heilige Antlitz* wird auf die Melodie *Mignons Klage* gesungen.
Herr, du hast meine Fesseln durchbrochen auf die Melodie *Mignon,
kennst du das Land? Das ewige Lied* auf die Melodie *Mignon klagt
über ihre Heimat. Nur Jesus!* auf die Melodie *Nah' einer Wiege. Der
Vogelbauer des Jesuskindes* wird nach *An die Nachtigall* von Gounod
gesungen; *Mein Friede und meine Freude* nach *Sag Vögelchen, wohin
fliegst du? Die entblätterte Rose* nach der berühmten Melodie *Der
Faden der Jungfrau; Der göttliche Tau oder die jungfräuliche Milch
Mariens* wird auf die Melodie von *Weihnacht* von Adam gesungen;
Warum ich Dich liebe, Maria auf *Die Klage des Schiffsjungen;* der
Lobgesang der heiligen Agnes nach *Der See* von Niedermeyer; *Was ich
liebte* auf die Melodie von *Süße Erinnerung,* gerade diese letzte
Melodie hatte Herr Martin oft vor sich hingesummt.

Ludwig Martin hat sehr geschickte Hände und fertigt kleine Spielsachen an, wie etwa jene leichten Stehaufmännchen, die unten mit Blei
beschwert sind und dadurch immer wieder aufstehen. „In den Widrig-
keiten und Erschütterungen des Lebens", sagt Ludwig Martin zu
seinen Töchtern, „müßt ihr es machen wie die Stehaufmännchen: nach
jedem Fall gleich wieder aufstehen."

Jeder Abend klingt aus in dem gemeinsamen Gebet vor der Mutter-
gottesstatue, die im Zimmer der beiden Ältesten steht und die
gleichsam das Herz des Hauses ist.

2. Januar 1878: Theresia Martin ist fünf Jahre alt. Es ist ihr erster Geburtstag seit dem Tod der Mutter, und auch seit sie in Buissonnets wohnen, jenem abseits gelegenen Haus, das isoliert inmitten eines Parks steht und still wie ein Kloster ist. Seit Anfang dieses Januars 1878 ist Theresia mit Pauline, Marie und ihrem Vater meist allein im Haus: Léonie und Céline sind in der Abtei – Céline als Halb-Externe und Léonie als Pensionatsschülerin –, in der auch ihre Kusinen Jeanne und Marie sind. Die Abtei – genauer seit 1815 eine Propstei – Unserer Lieben Frau vom Anger liegt im Westen der Stadt an der Straße nach Caen; hier führen Ordensfrauen benediktinischer Observanz eine Schule für kleine Mädchen; diese, 1878 etwa sechzig Mädchen, sind auf fünf Klassen verteilt; das Tragen einer Uniform ist Pflicht, und jede Klasse ist durch einen andersfarbigen Gürtel gekennzeichnet.

Am Vormittag lernt Theresia bei Pauline lesen und schreiben; arbeitet sie einmal nicht gut, so darf sie am Nachmittag nicht mit ihrem Vater ausgehen. In ihrer Freizeit am Vormittag beschäftigt Theresia sich mit ihren Vögeln – sie hat einen herrlichen Vogelbauer bekommen – oder mit ihren Kaninchen, oder aber sie läßt sich auf ihrer Schaukel vom Vater so hoch wie möglich anstoßen, bis sie jenseits der Mauer das Baumwollhäubchen von der Nachbarin Mutter Godet entdeckt. Der Nachmittagsspaziergang führt sie oft in den prachtvollen Sterngarten in der Nähe der Kathedrale. Dieser Garten ist nicht jedermann zugänglich, sondern nur jenen Familien, die dafür ein Jahresabonnement von 30 Franken zahlen. Der Spaniel Tom begleitet den Vater und das Kind; und Theresia richtet an den Vater die verschiedenartigsten Fragen. Den Abschluß des Spaziergangs bildet ein Besuch beim heiligen Altarssakrament.

Im Sommer mietet Frau Guérin sich an der Küste ein: in Deauville im Chalet Colombe; vor allem aber in Trouville: im Chalet des Lilas oder in der Villa Marie-Rose. Nachdem Alphonse Karr Étretat als Urlaubsort bekannt gemacht hatte, war ihm durch die Veröffentlichung seines Buches *Histoires Normandes* (Normannische Geschichten) im Jahr 1855 das gleiche auch für Trouville gelungen; allerdings hielt sich damals bereits Alexandre Dumas für den Entdecker Trouvilles. Dieser Badeort, in dem Theresia am Donnerstag, dem 8. August 1878, zum erstenmal das Meer sieht, ist sehr in Mode. Jedes Jahr werden berühmte Persönlichkeiten als Touristen und Badegäste erwähnt. Hier ist anzumerken, daß man zu dieser Zeit die Therapie der Seebäder sehr schätzt.

Wieder eine Mutter, wieder ein Tod

Am Tage der Beerdigung ihrer Mutter hat Theresia Pauline zu ihrer zweiten Mutter gewählt: „An jenem Tage, da die Kirche die sterblichen Überreste unseres Mütterchens, das im Himmel ist, einsegnete, wollte der liebe Gott mir eine andere Mutter auf der Erde geben, und ich sollte sie mir frei wählen." Theresia wirft sich in Paulines Arme und ruft: „Pauline ist von jetzt an meine Mama!"

Pauline wird von dieser Zeit an ihr Vorbild und ihre Vertraute, ihr Richter und ihr geistlicher Führer. Pauline versteht es, in der Erziehung ihrer kleinen Schwester Festigkeit und Liebe miteinander zu verbinden.

Aber diese „freie" Wahl hat jene Skrupelhaftigkeit, die schon zu Lebzeiten Frau Martins vorhanden und nach deren Tod noch ange-wachsen war, nicht ausgelöscht. „Seit Mamas Tod veränderte sich meine glückliche Charakteranlage völlig. Zuvor so lebhaft und mit-teilsam, wurde ich nun schüchtern, still und über die Maßen emp-findsam. Schon ein Blick genügte, um mich in Tränen ausbrechen zu lassen; nur wenn keiner sich um mich kümmerte, war ich zufrieden; fremde Menschen vermochte ich in meiner Umgebung nicht zu er-tragen, und nur in der Geborgenheit der Familie fand ich meinen Froh-sinn wieder ..." Damals projiziert sie ihr Verlangen nach einer Mutter auf ihren Vater und hält es auch für gestillt: „Indessen war ich beständig von der feinfühligsten *Zärtlichkeit* umgeben. Das schon so *liebevolle* Herz Papas war nun um eine wahrhaft mütterliche Liebe berei-chert ..." Hier hat das Phantasma vom Tod des Vater-Königs, dessen Königin sie ist, seinen Ursprung. Dieses Phantasma steht auch in einem gewissen Zusammenhang mit ihrer zweiten Mutter Pauline und mit Marie, die bei Ludwig Martin gleichsam an die Stelle von Frau Martin getreten ist und die Theresias Taufpatin ist (aus dem französischen Wort für Taufpatin: marraine macht Theresia „ma reine", meine Königin!). Ihren Vater betrachtet sie als „meinen König, der mir ganz allein gehört".

Am Montag, dem 3. Oktober 1881, beginnt für Theresia eine sehr schmerzliche Zeit: sie wird Halb-Pensionatsschülerin in der „Abtei".

„Die fünf Jahre, die ich dort verbracht habe, waren die traurigsten meines Lebens; hätte ich nicht meine liebe Céline bei mir gehabt, so hätte ich es nicht einen einzigen Monat ausgehalten, ohne krank zu werden…" Sie ist achteinhalb Jahre alt; man stuft sie in die vierte Klasse ein, zusammen mit viel älteren Mädchen; eine dreizehnjährige Schülerin wird eifersüchtig, „weil ich so jung war, fast immer die Klassenbeste und alle Schwestern mich gerne mochten." Sie läßt sie „auf tausenderlei Weise" ihre „kleinen Erfolge büßen"; Theresia weint, aber sie sagt niemandem etwas davon.

In der Abtei steht Theresia also zum erstenmal einer Gruppe gegenüber; hier ist sie nicht mehr der Gegenstand der Bewunderung und Zuneigung der anderen; weil die Schwestern sie bevorzugen und mit besonderer Aufmerksamkeit behandeln, wird sie dagegen zur Zielscheibe der anderen. Das Ergebnis ist nicht, wie zu Hause, Annahme und Mitgefühl, sondern Eifersucht und Feindseligkeit. Theresia beeilt sich daher, immer schnell wieder nach Hause zu kommen.

Ein Arzt schreibt dazu: „Für einen mit der kindlichen Psyche vertrauten Arzt unserer Zeit wäre die Diagnose eindeutig: bei Theresia liegt eine affektive Verzögerung vor, die eine Folge der durch den Verlust der Mutter verursachten und nicht durch eine entsprechend einsichtige Erziehung kompensierten Regression ist. Theresia verhielt sich in dieser Situation gefühlsmäßig wie ein viel jüngeres Kind, sie wußte sich nur in ihrer Familie und auch hier nur bei bestimmten Personen in Sicherheit."

Theresia liest leidenschaftlich gern. Neben *La Tirelire aux histoires* (Geschichten-Allerlei) von Louise S. W. Belloc, dem *Journal de la Jeunesse* (Zeitung der Jugend) und *La Mosaïque* (Das Mosaik) (das das *Magasin pittoresque* abgelöst hatte) liest sie aber auch Bücher, die weit weniger harmlos sind, als Herr Martin meint: z. B. *Fabiola* von Kardinal Wiseman; Fabiola, der es großes Vergnügen bereitet, ihre Frauen und Sklaven zu schlagen und zu verwunden. Oder auch die Bücher der berühmten Gräfin de Ségur, Bücher, die ein Spektrum von Strafen und Gewalttätigkeiten in einer ganz bestimmten Welt wiedergeben: der Welt des Zweiten Empire, die von der Ordnungsidee und vom Geld bestimmt ist, eine Welt, in der man die gesellschaftliche Stellung nicht durchbricht – und möglicherweise hat Theresia auch *La Sœur de Gribouille* (Gribouilles Schwester) gelesen, dessen Heldin, auch wenn sie von äußerster Armut in eine Stellung gelangt, in der sie wie Frau Martin mehrere Arbeiterinnen beschäftigt, doch bleibt, was sie ist, eine Näherin – eine Welt, in der die guten Gendarmen Könige sind, Spiegelbilder eines Gottes, der bisweilen sanftmütig sein kann, der aber in erster Linie gerecht ist, der schon hier auf Erden belohnt oder bestraft und der uns auf die verschiedensten Arten durch dieses Leiden oder jene Krankheit immer wieder daran erinnert, daß wir nicht zu sehr am Leben hängen sollen.

Dieses Kind, das nicht zu spielen versteht und sich in seine Lektüre einschließt, fürchtet die Welt: „Eines Tages hatte ich zu Pauline gesagt, ich wolle Einsiedlerin werden und mit ihr in eine ferne Wüste ziehen."

Niemand, außer ihrem Vater und Pauline, bindet sie an diese Welt. Und nun sollte Pauline, ihr „Mamachen", die sie nach dem Gutenachtgruß für Herrn Martin „in ihre Arme nahm" und zärtlich zu Bett brachte, nun wird ihr Pauline eine schreckliche Wunde schlagen. Für Theresia bedeutet dies, daß ihr auch die zweite Mutter stirbt.

Pauline teilt eines Tages Marie ihren bevorstehenden Eintritt in den Karmel von Lisieux mit, und Theresia hört es.

Der Schock ist übergroß; er ist um so stärker, als er ganz unerwartet kommt: „Wenn ich vom Weggang meiner lieben Pauline in schonender Weise gehört hätte, dann hätte ich vielleicht nicht so sehr gelitten, aber da ich ganz überraschend von ihm erfuhr, war es, als hätte ein Schwert mein Herz durchbohrt..."

Um sie zu trösten, erklärt Pauline ihr den Karmel; Theresia grübelt lange über das nach, was Pauline ihr gesagt hat; und bald gewinnt sie Gewißheit: „Ich spürte, daß der Karmel die *Wüste* war, in der der liebe Gott auch mich verbergen wollte... Ich fühlte es mit einer solchen Kraft, daß ich auch nicht den geringsten Zweifel mehr darüber hatte: es war nicht der Traum eines Kindes, das sich mitreißen läßt, sondern die *Gewißheit* eines göttlichen Anrufs."

Am folgenden Tag vertraut sie Pauline ihren Entschluß an, und diese billigt ihn und nimmt sie zu einem Besuch bei der Priorin des Karmels mit. Unter einem Vorwand gelingt es Theresia, mit der Priorin allein zu bleiben. Diese hört sie an und sagt ihr, sie glaube an Theresias Berufung; sie spricht mit ihr sogar schon über den Namen, den sie tragen könnte; z.B. Theresita von Jesus, zum Gedächtnis an eine Nichte Teresas von Ávila, die sehr jung in den Karmel eingetreten war.

Pauline geht als erste ins Kloster; dadurch erscheint sie in Theresias

Augen als mütterliche Figur, denn nun wird sie „die *Mutter* jener, die ihr wenige Jahre später nachfolgen sollten". Was nichts anderes bedeutet, als daß Pauline dann wieder Theresias Mutter wird, wenn auch Theresia in den Karmel eintritt: eine Art dritte Mutter. Immer wieder das Bedürfnis, durch freie Wahl eine neue Mutter zu finden, in dem Maße wie ihre Mütter sterben.

Es ist nicht so sehr Paulines Eintritt in den Karmel als vielmehr deren Haltung danach, die Theresia qualvolles Leid verursacht: „Ich gestehe, daß die Schmerzen, die ich vor ihrem Eintritt durchlitt, nichts waren im Vergleich zu denen, die noch nachfolgen sollten ... Jeden Donnerstag gingen wir mit der ganzen *Familie* in den Karmel, und ich, die ich gewohnt war, mich von Herz zu Herz mit *Pauline* zu unterhalten, bekam jetzt mit Mühe nur noch zwei oder drei Minuten am Ende der Besuchszeit, in denen ich natürlich nur weinen konnte, und mit zerrissenem Herzen ging ich wieder weg ... Ich begriff nicht, daß sie nur aus Rücksicht auf meine Tante vor allem mit Jeanne und Marie sprachen, statt mit ihren kleinen Mädchen zu reden ... ich begriff es nicht, und so sagte ich mir im Grunde meines Herzens: ‚Pauline ist für mich verloren!!!‘" Ein neuerlicher Tod.

Nach einer ersten Reaktion des Aufbegehrens zeigt sich eine zweite, viel tiefere und unendlich schwerwiegendere: Theresia kann es nicht mehr ertragen, wieder eine Mutter verloren zu haben; sie wird krank. Sie leidet unter ständigen Migräneanfällen; sie hat uns selbst ihre Krankheit geschildert und hat dabei selbst das Adjektiv *mütterlich* unterstrichen: „Gegen Ende des Jahres wurde ich von einem beständigen Kopfweh befallen, unter dem ich aber kaum litt, ich konnte weiterhin zur Schule gehen, und niemand beunruhigte sich meinetwegen; dieser Zustand dauerte bis Ostern 1883. Papa war mit Marie und Léonie nach Paris gefahren, meine Tante nahm Céline und mich zu sich. Eines Abends hatte mein Onkel mich zu sich geholt. Er sprach von Mama und von Erinnerungen an Vergangenes mit einer Güte, die mich zutiefst bewegte und in Tränen ausbrechen ließ; nun sagte er, ich sei zu empfindsam, ich brauche viel Ablenkung, er und meine Tante beschlossen, uns während der Osterferien Zerstreuungen zu bieten. An diesem Abend sollten wir eigentlich in den Katholischen Zirkel gehen, aber meine Tante sah, daß ich zu müde war, und brachte mich zu Bett. Als ich mich auskleidete, befiel mich ein merkwürdiges Zittern; in der Meinung, ich friere, hüllte meine Tante mich in Decken und Wärmflaschen ein, aber nichts konnte meine Erregung, die fast die ganze Nacht hindurch anhielt, abschwächen. Als mein Onkel mit meinen Kusinen und Céline aus dem Katholischen Zirkel zurückkam, war er höchst überrascht, mich in diesem Zustand vorzufinden, den er für sehr ernst hielt; er wollte es aber nicht sagen, um meine Tante nicht zu erschrecken. Am nächsten Morgen holte er Dr. Notta, der wie mein Onkel zu dem Befund kam, ich habe eine sehr schwere Krankheit, die noch nie ein so kleines Kind befallen habe. Alle waren verwirrt, meine Tante mußte mich bei sich behalten und pflegte mich mit wahrhaft *mütterlicher* Fürsorge.''

Theresia ist daneben auch von der mütterlichen Fürsorge ihrer älteren Schwester Marie umgeben; sie möchte Marie immer um sich haben und ruft immer wieder nach ihr ,,Mama, Mama''.

Am Sonntag, dem 13. Mai 1833, dem Pfingstsonntag, liegt Theresia im Zimmer, in dem sich die Statue der heiligen Jungfrau befindet: ,,Marie ging in den Garten und ließ mich mit Léonie allein, die am Fenster saß und las. Schon nach wenigen Minuten begann ich leise zu rufen: ,Mama ... Mama.' Da Léonie schon daran gewöhnt war, mich immerzu so rufen zu hören, achtete sie nicht auf mich. Nach einiger Zeit rief ich lauter, und endlich kam Marie zurück. Ich sah sie ganz deutlich eintreten, aber ich konnte ihr nicht sagen, daß ich sie erkannte, und so fuhr ich fort, immer lauter ,Mama ...' zu rufen. Ich *litt sehr* unter diesem aufgezwungenen und unerklärlichen Kampf, und Marie litt vielleicht noch mehr als ich; nachdem sie vergeblich versucht hatte, mir zu zeigen, daß sie bei mir sei, warf sie sich mit Léonie und Céline an meinem Bett auf die Knie, wandte sich der heiligen Jungfrau zu und flehte zu ihr mit der Glut einer *Mutter*, die um das Leben ihres Kindes fleht.''

Theresia sieht, wie Marie mit der Kraft einer *Mutter* um das Leben ihres Kindes bittet: eines ist für Theresia höchst klar: sie will leben, sie will von der Jungfrau das Leben empfangen, sie sieht, daß ihre Schwester Marie eine Mutter ist, die für ihr Kind um das Geschenk des Lebens bittet. Theresia ist nach dem Verlust Paulines nun mehr denn je auf der Suche nach einer anderen Mutter, auf der Suche nach einer Lebensmitte. Und wohin soll sie sich wenden, da alle Mütter dieser Welt, eine nach der anderen, weggehen? Wie soll sie eine Mutter finden, die das Leben nicht verwirft, die Leben gibt, ohne daß man befürchten muß, sie eines Tages wieder zu verlieren? Sie gibt sich selbst die Lösung: „Da sie keinerlei Hilfe auf Erden fand, hatte sich die kleine Theresia an die himmlische Mutter gewandt, sie flehte sie aus ganzem Herzen an, sich ihrer endlich zu erbarmen ... Plötzlich erschien mir die heilige Jungfrau *schön,* so schön, daß ich noch nie etwas so Schönes gesehen habe, in ihrem Antlitz lag eine so unsagbare Güte und Zärtlichkeit; was mich aber bis auf den Grund der Seele durchdrang, war das *,entzückende Lächeln der heiligen Jungfrau'.* Da verschwanden alle meine Leiden, zwei große Tränen quollen aus meinen Augen und rannen leise über meine Wangen, aber es waren Tränen ungetrübter Freude ... Oh, dachte ich, die heilige Jungfrau hat mir zugelächelt, wie glücklich bin ich ... aber ich werde es niemandem sagen, denn dann würde mein *Glück verschwinden.* Ohne jede Anstrengung senkte ich die Augen, und ich erblickte Marie, die mich liebevoll anschaute; sie schien bewegt zu sein und zu ahnen, welche Gnade die heilige Jungfrau mir gewährt hatte ...“

Müssen wir daran erinnern, daß diese Jungfrau im Pavillon stand? Daß sie dann in Frau Martins Krankenzimmer gebracht worden war? Daß sie in der Familie als wundertätig galt, und dies ausgerechnet Theresias Mutter gegenüber? So fühlt sich Theresia von dieser *„wundertätigen Statue der heiligen Jungfrau"* beschützt, *„die zweimal zu Mama gesprochen hatte".* Hatte die Jungfrau zu ihrer Mutter gesprochen, so lächelte sie ihr jetzt zu. Und dieses Lächeln ist ein *„leuchtender Strahl",* der die „kleine Blume" von neuem „aufleben" läßt, dieses Kind, das durch das Leben und den Tod seiner Mutter daran gehindert worden war, zu wachsen und sich zu entfalten, und das nun endlich das Leben wiederfindet.

4

Die Nacht, die Morgenröte
und das Gefängnis

Das Ereignis von Pfingsten 1883 bewirkt bei Theresia nicht die Entfaltung, sondern schon bald ein neues Schuldgefühl; sie fragt sich, ob sie nicht schlicht und einfach eine Simulantin ist: „Lange nach meiner Heilung habe ich geglaubt, ich sei absichtlich krank geworden, und dies war für meine Seele ein *wahres Martyrium*." Und wieder: „Ich bildete mir ein, *gelogen zu haben*." Man wird sagen, dieses Kind sei eben sehr feinfühlig und so sei es ganz natürlich, daß es eine Gewissenskrise durchmachte. Aber wäre, da sie auch äußerst intelligent ist, die Annahme so falsch, daß sie begriffen hat, wie ein noch egozentrisches Kind vorgehen konnte, um das zu erreichen, was es wollte, daß sie verstanden hat, daß ihre Krankheit Physiologisches und Psychisches unmerklich miteinander verband, daß sie sich für diesen gesamten Komplex zum Teil verantwortlich fühlte? Theresia hatte wohl Grund, zu ahnen, daß ihr Zustand aus zweifacher Wurzel hervorging. Jenes Gut, auf das sie ein Recht hatte, ihre Mutter, war ihr genommen worden, und dieser Verlust bewirkte in ihr eine ungeheure Frustration; sie hatte den schmerzlichen Eindruck, nun, da dieses Gut ihr verloren war, nichts mehr zu haben; durch ihren Rückfall ins Kindliche, ihre Weigerung, erwachsen zu werden, hatte sie versucht, sich jenes Gutes zu bemächtigen, das sie in ihrer Kindheit besaß, das sie aber doch nur in sehr zwiespältiger Weise besaß, da sie ihre Mutter zurückwies und eine andere Mutter suchte.

Im Oktober 1884 kommt Theresia in die zweite, die sogenannte „Orange"-Klasse. Im Mai 1885 Aufenthalt im Chalet Colombe in Deauville mit der Tante Guérin und den Kusinen Jeanne und Marie; sie hat heftige Migräneanfälle; man bringt sie nach Lisieux zurück. „Sie haben gesagt, ich solle Ihnen schreiben", sagt sie ihrer Tante, „um Ihnen über mein Befinden zu berichten. Es geht mir besser als am Sonntag, aber ich habe noch immer sehr starke Kopfschmerzen"; und sie teilt ihr mit, daß sie am folgenden Sonntag, dem 17. Mai, die Vorbereitungsexerzitien zur feierlichen Erneuerung der Erstkommunion, die am Donnerstag, dem 21. Mai, stattfinden wird, beginnt.

„Während der Vorbereitungsexerzitien auf den feierlichen Jahrestag der ersten heiligen Kommunion wurde ich von der schrecklichen Krankheit der Skrupel befallen." Sie fügt hinzu: „Man muß dieses Martyrium selbst durchgemacht haben, um es verstehen zu können: ich kann nicht sagen, was ich *eineinhalb* Jahre lang gelitten habe … Alle meine Gedanken und selbst die einfachsten Handlungen wurden für mich ein Gegenstand der Unruhe; ich fand keine Ruhe, bis ich Marie alles anvertraut hatte, was mir sehr schwerfiel, denn ich fühlte mich verpflichtet, ihr auch die sonderbarsten Gedanken, die ich von ihr selbst hatte, zu bekennen. Sobald ich meine Bürde bei ihr abgeladen hatte, kostete ich einen Augenblick Frieden, aber dieser Friede verschwand wie ein Blitz, und schon bald begann mein Martyrium von neuem. Wieviel Geduld brauchte doch meine liebe Marie, um mich anzuhören, ohne jemals ein Zeichen von Unmut zu geben! … Kaum war ich aus der Abtei zurückgekehrt, ging sie daran, mir für den nächsten Tag die Haare zu locken (denn um Papa Freude zu machen, trug die ‚kleine Königin' ihr Haar jeden Tag gelockt, zum großen Erstaunen ihrer Mitschülerinnen und vor allem der Lehrerinnen, die es noch nie erlebt hatten, daß Kinder von ihren Eltern derart verwöhnt wurden). Während der Sitzung weinte ich unaufhörlich und berichtete alle meine Skrupel."

Man muß sagen, daß alles darauf angelegt war, ihr diese Krankheit aufzubürden. Der Almosenier des Pensionats, Abbé Domin, hatte für die Exerzitien das Thema der Todsünde und ihrer schrecklichen Folgen gewählt. Das Notizbüchlein, in das Theresia ihre Gedanken bei diesen Exerzitien eintrug, ist erhalten; hier einige Auszüge:

„Der Herr Abbé hat vom Tod gesprochen und gesagt, wir sollten uns keinen Illusionen hingeben, es sei gewiß, daß wir sterben werden, und vielleicht würde eine von uns die Exerzitien gar nicht mehr beenden." „Der Herr Abbé hat von der unwürdigen ersten Kommunion gesprochen, und er hat uns Dinge gesagt, die mich sehr ängstigen." „Was der Herr Abbé uns gesagt hat, war sehr erschreckend. Er hat von der Todsünde gesprochen; er hat uns den Zustand der sündigen Seele beschrieben und uns gezeigt, wie sehr Gott sie haßt. Er hat sie mit einem Täubchen verglichen, das man in den Schmutz taucht und das nun nicht mehr fliegen kann. Genauso ergeht es uns, wenn wir uns im Zustand der Todsünde befinden und unsere Seele nicht mehr zu Gott erheben können." Achtzehn Monate später sollte Theresia entdecken, daß Gott genau das Gegenteil dieses sadistischen Tyrannen ist, als den man ihn darstellte. Aber welcher Leidensweg bis dahin!

Im September neuerlicher Aufenthalt am Meer, wieder mit der Tante und den Kusinen. „Eines Abends machte ich eine Erfahrung, die mich sehr erstaunte. Marie (Guérin), die fast immer leidend war, *quengelte* oft; dann liebkoste die Tante sie, gab ihr die zärtlichsten Namen, aber mein liebes Kusinchen fuhr nichtsdestoweniger fort, weinerlich über ihr Kopfweh zu klagen. Ich hatte fast jeden Tag ebenso große Kopfschmerzen, über die ich mich nicht beklagte; eines Abends wollte ich Marie nachmachen; so setzte ich mich in einer Ecke des Wohnzimmers in einen Sessel und begann zu weinen und zu jammern. Schon bald kamen Jeanne und meine Tante zu mir und fragten mich, was ich habe. Ich antwortete wie Marie: ‚Ich habe Kopfweh.' Anscheinend paßte dieses Jammern aber nicht zu mir, denn es gelang mir nicht, sie zu überzeugen, daß ich wegen der Kopfschmerzen weinte; statt mich zu liebkosen, sprachen sie zu mir wie zu einer Erwachsenen, und Jeanne warf mir vor, nicht genug Vertrauen in meine Tante zu haben, denn sie dachte, ich hätte eine Gewissensunruhe ... Schließlich hatte ich also nichts erreicht, und ich nahm mir fest vor, niemanden mehr nachzuahmen. Jetzt verstand ich die Fabel vom ‚Esel und dem Hündchen'. *Ich war der Esel*, der die Liebkosungen sah, die dem *Hündchen* zuteil wurden und der nun seinen plumpen Huf auf den Tisch legte, um seinen Anteil an Küssen zu empfangen; aber ach, wenn ich auch nicht wie das arme Tier Stockhiebe erhalten habe, so wurde mir doch mit gleicher Münze bezahlt, das hat mich für immer von dem Verlangen befreit, die Aufmerksamkeit anderer auf mich zu lenken; die einzige Anstrengung, die ich dafür unternahm, ist mir zu teuer zu stehen gekommen!…"

Theresia macht hier eine sehr schmerzliche Erfahrung: sie, die sich – vor allem seit dem Weggang Paulines – als verlorenes Kind fühlt, wird zurückgewiesen, als sie indirekt ihr Verlangen bekundet, verwöhnt und liebkost zu werden. Wenn sie erzählt, sie wollte die Aufmerksamkeit auf sich lenken, so sind es in Wirklichkeit doch Liebkosungen, die sie gesucht hat. Und da gibt man ihr recht schonungslos zu verstehen, daß sie darauf verzichten und sich wie eine Große benehmen soll.

Hier wird sichtbar, daß die Familie Guérin ohne ihre Wissen bei Theresia eine ganz bestimmte Rolle spielt, nämlich die Rolle der männlichen und fordernden Vaterfigur. Diesem im Kreis der Familie sehr verwöhnten Kind fällt es schwer, sich der Gesellschaft anzupassen. Theresia neigt – nach eigener Aussage – zu einer bedingungslosen Freundschaft: „Mein empfindsames und liebendes Herz hätte sich leicht hingegeben, wenn es ein anderes Herz gefunden hätte, das fähig gewesen wäre, es zu verstehen … Ich versuchte, mich mit gleichaltrigen Mädchen zu verbinden, vor allem mit zweien von ihnen; ich liebte sie, und auch sie liebten mich, soweit sie dazu *fähig* waren; aber ach! wie *eng* und *flatterhaft* ist das Herz der Geschöpfe!!! … Schon bald sah ich, daß meine Liebe nicht verstanden wurde; eine meiner Freundinnen mußte nach Hause zurück und kam erst einige Monate später wieder; während ihrer Abwesenheit hatte ich *an sie gedacht* und einen kleinen Ring, den sie mir gegeben hatte, wie einen Schatz gehütet. Als ich dann meine Kameradin wiedersah, war meine Freude groß, aber ach! – ich erhielt nur einen gleichgültigen Blick…" Die Zurückweisung durch diese Freundin ist für Theresia eine neuerliche Prüfung, wie es jene war, die sie an der Küste erlebt hatte. Theresia ist zutiefst getroffen; und wie ein Kätzchen, das sich die Pfoten verbrannt hat, wagt sie keinen neuerlichen Versuch: „Wie danke ich Jesus, daß er mich nichts als ,*Bitterkeit in den Freundschaften der Erde*' finden ließ. Mit einem Herzen wie dem meinen hätte ich mich fangen und mir die Flügel beschneiden lassen, wie hätte ich dann noch ,*fliegen und ruhen*' können?" Und sie fügt hinzu: „Ich fühle es, Jesus wußte, daß ich zu schwach war, um mich der Versuchung auszusetzen, vielleicht hätte ich mich vom *trügerischen Glanz* völlig verbrennen lassen, wenn er vor meinen Augen aufgeleuchtet wäre… Aber es war nicht so, ich habe dort, wo stärkere Seelen Freude finden und sich aus Tugend wieder losreißen, nichts als Bitterkeit erlebt." Eine harte Lehre, wenn man von der Auserwählten des Herzens zurückgewiesen wird, eine Lehre, die jener, die sie im Zusammenleben mit der Familie Guérin erhielt, ganz ähnlich war: „Ich hatte viel Erfolg in der Schule, fast immer war ich die Beste, meine größten Erfolge hatte ich in Geschichte und im Aufsatz (Stil). Alle meine Lehrerinnen hielten mich für eine sehr intelligente Schülerin, nicht aber mein Onkel, für den ich ein kleines Dummerchen war, zwar gut und sanft und mit guter Urteilskraft begabt, aber untüchtig und ungeschickt..."

Diese Meinung, die mein Onkel und meine Tante über mich hatten und zweifellos noch haben, erstaunt mich nicht; da ich sehr schüchtern war, sprach ich fast nichts; und wenn ich schrieb, so waren meine *Katzenschrift* und meine Orthographie, die nichts weniger als rein ist, nicht dazu angetan, den Leser *für mich einzunehmen*... In den kleinen Näh- und Stickarbeiten und ähnlichem hatte ich nach Meinung meiner Lehrerinnen wohl Erfolg, aber die *linkische* und ungeschickte Art, in der ich meine *Arbeit hielt,* rechtfertigte die wenig vorteilhafte Meinung der anderen über mich."

Eine schwierige Lehrzeit; so schwierig, daß Theresia mitunter die Flucht vorzieht; so im folgenden Jahr 1886: „Meine Tante lud mich wieder ein, aber dieses Mal allein, und ich fühlte mich so heimatlos, daß ich schon nach zwei oder drei Tagen krank wurde und nach Lisieux zurückgebracht werden mußte; meine Krankheit, die man für ernst hielt, war nichts anderes als das Heimweh nach Buissonnets; kaum hatte ich den Fuß über die Schwelle gesetzt, kehrte die Gesundheit wieder zurück..."

Die Guérins hatten in vielen Punkten durchaus recht. Dieses weinerliche und schüchterne, schweigsame und linkische Kind muß ihre Geduld sehr oft auf die Probe gestellt haben, und das ließ man es spüren. Es war jedoch für Theresia unendlich wichtig, diese Vorwürfe und diese Niederlagen zu erfahren: dadurch wurde sie nach und nach zu einer erwachsenen Persönlichkeit.

Aber es ist nicht nur die Schroffheit der Guérins: auch die Haltung ihrer Schwester Marie, die seit einem Jahr, seit Paulines Eintritt in den Karmel, ihre „dritte" Mutter geworden ist, macht Theresia zu schaffen. Marie ist lebhaft, sie liebt es, zu spotten und zu widersprechen; von den streng begrenzten Sprechstunden bei Pauline mißt Marie sich den größten Teil zu: sie plaudert gern mit Pauline und verdrängt

Theresia, die nicht ein Wort einfügen kann. Als Herr Martin eines Tages beschließt, Céline Zeichenunterricht geben zu lassen, fragt er Theresia, ob sie ebenfalls das Malen lernen möchte; aber sofort schaltet sich Marie ein: „Das wäre hinausgeworfenes Geld, Theresia hat nicht Célines Talent." Theresia schweigt, und Marie erfuhr erst sehr viel später, wie sehr sie mit ihrem Eingreifen Theresia getroffen hatte. Als die kleine Letzte ihre ältere Schwester fragt, ob sie täglich eine halbe Stunde beten dürfe, verbietet es ihr Marie schroff und ironisch. „Eine Viertelstunde" bettelt Theresia; wieder ein Verbot. So wird Theresia von ihrer dritten Mutter auf eine harte Probe gestellt.

Eine dritte Prüfung schließlich kommt von ihrem Vater. Während Theresia sich im September 1885 mit den Guérins in der Villa Marie-Rose in Trouville befindet, ist Herr Martin sehr weit weg: er, der so gerne reist, ist in Konstantinopel. Nie war Theresia ihrem Vater so fern, und noch nie war sie so lange von ihm getrennt. Er hat sie ohne Zögern zurückgelassen, um jene Rundreise über Deutschland, Österreich, Rumänien, Konstantinopel und zurück über Italien zu unternehmen. Fröhlich ist er mit einem Vikar von St. Jakob, dem Abbé Charles Marie, abgereist, in der Hoffnung, Jerusalem besuchen zu können. Seine Briefe zeigen eindeutig, wie sehr ihm die Reise gefiel; er wählte ausgezeichnete Hotels und erfreute sich an den guten Mahlzeiten, die er unterwegs bekam: „Die Stadt ist wunderschön", schreibt er am 30. August aus Wien. „Das Land ist herrlich" (am 7. September von einem Schiff auf dem Schwarzen Meer). Am 11. aus Konstantinopel: „Könnte ich Euch teilnehmen lassen an allem, was ich empfinde, wenn ich die großen und schönen Dinge bewundere, die vor meinen Augen vorbeiziehen... Konstantinopel ist wunderbar... Wir haben soeben den Turm von Galata bestiegen, von dem aus man die ganze Stadt sehen kann – ein einmaliger Anblick." Am 16. an Marie: „Was soll ich Dir jetzt von dieser schönen Stadt Konstantinopel sagen? Ich habe sie in alle Richtungen durchwandert, und je mehr ich sehe, um so mehr bewundere ich sie." Von Konstantinopel aus nehmen die beiden Reisenden ein Schiff nach Athen und von hier nach Neapel. Besuch in Pompeji („sehr interessant"). Am Sonntag, dem 27. September, kommen sie in Rom an und bleiben dort eine Woche („Wie traurig, daß der Heilige Vater so in Gefangenschaft leben muß; das ist ein Makel, und dieser Schatten läßt einen alles schwarz sehen, trotz allem"). Schließlich Mailand: „Alles, was ich sehe, ist prächtig",

schreibt er am 6. Oktober. Und am 10. Oktober kommt er nach sie-
benwöchiger Abwesenheit wieder nach Lisieux.

In dieser Zeit erfährt Theresia eine sehr große Einsamkeit: „Ich
fühlte mich *allein*, sehr allein. Wie in den Tagen, als ich noch Pensionatsschülerin war und traurig und krank im großen Hof auf und ab
ging, wiederholte ich auch jetzt immer wieder jene Worte, die meinem
Herzen Frieden und Kraft gaben: ‚Das Leben ist dein Schiff, doch deine
Bleibe nicht!...‘ So unscheinbar diese Worte auch waren, sie gaben mir
doch wieder Mut. Noch jetzt, nachdem Jahre vergangen sind, die so
manche Eindrücke kindlicher Frömmigkeit verwischt haben, bezaubert das Bild des Schiffes meine Seele und hilft ihr, die Verbannung zu
ertragen... Heißt es nicht auch im Buch der Weisheit: ‚Das Leben
gleicht dem Schiff, das das wogende Meer durchzieht und keine Spur
hinterläßt‘..? Wenn ich über diese Dinge nachdenke, dann verliert sich
meine Seele ins Unendliche, mir ist, als berührte ich bereits die Gestade
der Ewigkeit... Ich meine, die Umarmungen Jesu zu empfangen... Ich
vermeine, die himmlische Mutter zu schauen, wie sie mir mit Papa...
Mama... den vier Engelchen... entgegenkommt. Ich meine schließlich, ich dürfe mich bereits für immer des wahren, ewigen Lebens in
der Familie erfreuen...“

Der Gott der Jansenisten

Zugleich leidet sie aber mit unverminderter Heftigkeit unter ihren
Skrupeln; in diesem Zustand findet Theresia aber einen Führer: ihre
ältere Schwester Marie, die selbst unter Skrupeln gelitten hatte und die
nun bei Theresia eine radikale Methode anwendet: „Marie war mir
gewissermaßen unentbehrlich, nur ihr vertraute ich meine Skrupel an,
und ich war so gehorsam, daß mein Beichtvater nie von meiner üblen
Krankheit erfuhr; ich sagte ihm nur so viele Sünden, wie Marie mir zu
beichten erlaubt hatte, nicht eine mehr, und so hätte ich für die am wenigsten skrupulöse Seele der Welt gelten können, obwohl ich dies nun
wirklich nicht war...“

Hier müssen wir einen spirituellen Einfluß erwähnen, der sehr
wichtig ist: den Einfluß eines Jesuiten, Pater Pichon, der aus Sainte-
Marguerite de Carrouges in der Nähe von Alençon stammte. Pater
Pichon, ein großer Prediger und Apostel des Heiligen Herzens, war im

April 1882 – im Alter von 39 Jahren – nach Lisieux gekommen, um dem Personal der Tuchfabrik Lambert eine Mission zu halten. Auch P. Pichon hatte unter der Skrupelhaftigkeit gelitten, so daß er „darüber fast den Verstand verlor"; aber nach der Lektüre der Schriften von P. Ramières, der das kleine Buch P. de Caussades *L'Abandon à la Divine Providence* (Hingabe an die göttliche Vorsehung) mit einer Einleitung versah und veröffentlichte, hatte P. Pichon laut seinen eigenen Worten „den Gott der Jansenisten in der Dachkammer abgelegt". Marie Martin geht aus Neugier – P. Pichon steht im Ruf der Heiligkeit – zu seinen Vorträgen.

Schon bald macht P. Pichon die Bekanntschaft der ganzen Familie. Er befreundet sich mit Herrn Martin und wird der Seelenführer Célines und Léonies. Angeregt durch die Spiritualität des heiligen Franz von Sales und P. de Caussades, verkündet er einen Gott der Güte: „Ja doch, vergessen Sie den unzufriedenen Gott, und sehen sie den gnädigen, den liebevollen Gott", so schreibt er am 1. September 1882 an Marie. Am 19. Mai hatte er sie an das Wort des Franz von Sales erinnert: „Seien wir mit unserer Unvollkommenheit geduldig." Vom 23. bis zum 29. Juni 1884 nimmt Marie an Exerzitien teil, die P. Pichon in Vitré hält; bei diesen Exerzitien spricht er vor allem über das Heilige Herz Jesu. Aber P. Pichon wird nach Kanada gesandt; Herr Martin und Marie treffen ihn am 4. Oktober 1884 in Rouen und begleiten ihn bis zum Schiff; für Marie ist der Weggang P. Pichons ein großer Schmerz, und Theresia sieht sie oft weinen. Aber gerade Marie gibt jene Spiritualität an sie weiter, die P. Pichon ihr in seinen Briefen einprägte: „Ich entsinne mich, wie sie einmal vom Leiden sprach und meinte, ich würde diesen Weg wahrscheinlich nicht gehen, sondern der liebe Gott werde mich immer wie ein Kind tragen ..." Dieses Thema taucht bei P. Pichon immer wieder auf und hängt mit seiner Spiritualität der Hingabe zusammen.

Von hier aus wird verständlich, daß Marie – die von P. Pichon, der selbst einmal unter Skrupeln gelitten hatte, geleitet – wirklich darauf vorbereitet war, Theresia in ihrer Gewissenskrise beizustehen; Marie berichtet selbst, wie sie bei Theresia vorging: „Vor allem an den Vorabenden der Beichttage verdoppelten sich ihre Ängste. Sie erzählte mir alle ihre angeblichen Sünden. Ich versuchte, sie zu heilen, indem ich ihr erklärte, ich nähme all ihre Sünden, die nicht einmal Unvollkommenheiten waren, auf mich, und ich gestattete ihr nur, sich vor dem Priester über zwei oder drei Sünden anzuklagen, die ich ihr angab."

P. Pichon schreibt Marie am 1. April 1866 aus Montreal und drängt sie, in den Karmel einzutreten. Das junge Mädchen – sie ist sechsundzwanzig Jahre alt – zögert noch, vor allem Célines und Theresias wegen. Im Juni entschließt sie sich doch dazu und spricht mit ihrem Vater und dann mit ihrem Onkel darüber. Niemand war auf diesen Entschluß der so selbständigen und ironischen Marie gefaßt. Für Theresia ist es ein neuer Schlag, einer der schrecklichsten: „Sobald ich Maries Entschluß erfuhr, faßte ich den Vorsatz, auf Erden keine Freude mehr zu suchen …"

Die Heilung von Pfingsten 1883 – sie liegt nun dreieinhalb Jahre zurück – war nicht vollständig. Daß Theresia damals durch das mütterliche Symbol geholfen wurde, das in der Figur der Mutter Jesu so intensiv verkörpert wird, ist eine Tatsache. Aber es ist auch eine Tatsache, daß Theresia damals wohl von einer Krise, nicht aber von ihrer Neurose geheilt wurde: ihre Migräneanfälle, ihre Skrupel und ihre Tränen sind eine Einheit konvergierender Symptome, aus denen deutlich wird, daß die Neurose weiterbesteht. Wir wollen hier nicht darüber befinden, ob die lächelnde Jungfrau zu Pfingsten 1883 ein Wunder war oder nicht; auch wenn damals keine vollkommene Heilung eingetreten ist, kann ein übernatürliches Eingreifen vorliegen; und auch wenn, wie in der Folgezeit deutlich wurde, in Theresia das gemütsmäßige Bedürfnis nach einer Mutter grundlegend bleibt, so bedeutet dies nicht, daß das Kind die Tatsache von Pfingsten gleichsam von diesem Bedürfnis ausgehend geschaffen hat: Gott wirkt keine absolut reinen Wunder, d. h. Wunder, die außerhalb des Menschlichen lägen oder unmenschlich wären; die Möglichkeit, daß Gott sich hier jener Vorstellungen bediente, die in Theresias Bewußtsein herangebildet wurden, kann weder vom Psychologen noch vom Historiker bestritten werden. Wir wollten nur den schlichten und sehr menschlichen Charakter des Kontextes betonen, in dem sich dies alles abspielt: das Leben eines kleinen Mädchens, das unendlich unglücklich ist, weil es seine Mutter verloren hat, der Leidensweg dieses Kindes, vor allem in der Zeit zwischen dem Tod der Mutter und Weihnachten 1886. Und wenn tatsächlich ein übernatürliches Eingreifen vorliegt, so sehen wir jedenfalls, daß dies nicht in großartiger und aufsehenerregender Weise geschah, wie man es so häufig in einer übersteigernden Auslegung der

Zeugnisse und der Texte darstellen wollte, sondern verhalten, verborgen und schlicht.

Die Weihnachtsnacht von 1886 bezeichnet Theresia als ihre „Nacht des Lichtes" oder auch „die Nacht meiner Bekehrung". Für sie ist diese Nacht ein entscheidendes Erlebnis, das ihr ganzes Leben verändert; ein Erlebnis, das der Übergang vom Kindsein zum Erwachsensein ist.

Der Vater und seine Töchter kommen aus der Mitternachtsmesse heim: „In Buissonnets angekommen", so berichtet Theresia, „war es mir immer eine besondere Freude, meine Schuhe aus dem Kamin zu holen; dieser alte Brauch hatte uns in unserer Kindheit so viel Freude bereitet, daß Céline mich auch weiterhin wie ein Kleinkind behandeln wollte, da ich doch die Kleinste in der Familie war... Papa liebte es, mir in meinem Glück zuzuschauen und meine Jubelrufe zu hören, wenn ich eine Überraschung nach der anderen aus den *verzauberten Schuhen* zog, und die Heiterkeit meines geliebten Königs machte mein Glück noch größer."

Nacht des Lichtes

Hier ist also dieses junge Mädchen – das in der darauffolgenden Woche 14 Jahre alte wird – wieder im Begriff, das Kind zu spielen, wie sie es auch in den vergangenen Monaten und Jahren getan hat. In dieser kindischen Freude liegt etwas Aufreizendes. Aber aufreizend ist auch die Haltung dieses Vaters, der für Theresia eine Art narzißtischer Spiegel ist, da die Freude des Kindes durch die Freude des Vaters über die kindische Haltung seines Kindes stark vermehrt wird.

Diesmal jedoch zerbricht der Vater den Spiegel: „Er ärgerte sich, als er meine Stiefel im Kamin erblickte, und sagte folgende Worte, die mein Herz durchbohrten: ‚Na, glücklicherweise ist es dieses Jahr das letztemal!'"

Die Verzauberung des Spiels der Freude, das man sich gegenseitig bereitet, ist durchbrochen. Vor allem aber weiß Theresia nun, daß ihr Vater sie nicht mehr als Kind, sondern als Erwachsene sehen möchte. Er, der sie wie ein Kleinkind zu behandeln pflegte, wird nun, nach der Rückkehr aus der Mitternachtsmesse, ärgerlich über diesen Brauch, den man einst in der Familie Martin mit soviel Aufwand vollzog, und die Kindlichkeit Theresias, die auf diesen Brauch noch angewiesen ist, stimmt ihn verdrießlich. Diese Reaktion Herrn Martins entmythisiert in den Augen Theresias diesen Brauch der Schuhe im Kamin schlagartig und entwertet ihn völlig. Die Geschenke, einst Zeichen dessen, was Theresia, das Nesthäkchen, von ihrem Vater und den Schwestern *empfing*, sind nun in den Augen ihres Vaters nur noch eine lästige Verpflichtung. Hierin liegt eine radikale Forderung ihres Vaters, die sie erschüttert und ihr zu verstehen gibt, daß sie sich fortan bemühen muß, nicht mehr wie ein Kind nur zu empfangen, sondern durch die Hingabe ihrer selbst wie eine Erwachsene zu leben. Diese Forderung kommt für Theresia unerwartet, sie empfindet sie als rücksichtslos. Wie reagiert sie?

„Ich ging nach oben, um meinen Hut abzulegen. Céline, die meine Empfindsamkeit kannte und Tränen in meinen Augen glänzen sah, war ebenfalls dem Weinen nah, denn sie liebte mich sehr und verstand meinen Kummer: ‚Theresia‘, sagte sie zu mir, ‚geh nicht hinunter, es wäre zu schmerzlich für dich jetzt gleich in deine Schuhe zu schauen.‘ Aber Theresia war nicht mehr dieselbe, Jesus hatte ihr Herz umgewandelt! Ich unterdrückte meine Tränen und ging schnell die Treppe hinunter; ich überwand mein Herzklopfen, nahm meine Schuhe und stellte sie vor Papa. Dann zog ich *fröhlich*, wie eine Königin, einen Gegenstand nach dem anderen heraus. Papa lachte, er war auch wieder fröhlich geworden, und Céline glaubte zu *träumen!* ... Glücklicherweise war es süße Wirklichkeit.“

Céline, die Theresia gut kennt, erwartet ein Drama, einen Tränenausbruch, irgendeine kindliche Reaktion. Aber Theresia reagiert ganz anders. Zehn Jahre später, einige Wochen vor ihrem Tod, spricht sie über ihre Reaktion: „Heute habe ich an mein vergangenes Leben zurückgedacht, an die mutige Tat, die ich einst an Weihnachten vollbracht hatte! Und mir kam die Verherrlichung Judits in den Sinn: ‚Du hast mit männlichem Herzen gehandelt, und dein Herz ist stark geworden.‘ Viele sagen: Aber ich habe nicht die Kraft, um dieses oder jenes Opfer zu bringen. Sie sollten das gleiche machen wie ich: eine große Anstrengung!“

Die wesentliche Komponente hierbei ist die Kraft. Was Theresia bezeugen will, ist, daß sie von Gott die Gabe der Kraft empfangen hat, nicht nur die Schwächen und „die Fehler der Kindheit“, sondern auch deren „unschuldige Freuden“ hinter sich zu lassen. „In einem Augenblick erfüllte Jesus das Werk, das mir zehn Jahre lang nicht geglückt war; Jesus begnügte sich dabei mit meinem *guten Willen*, der mich nie verlassen hatte." Ein Abschnitt aus einem Brief von 1896 ist noch ausführlicher: „Die Weihnachts*nacht* 1886 war wirklich entscheidend für meine Berufung; um es aber noch klarer auszudrücken, muß ich sie die *Nacht meiner Bekehrung* nennen. In dieser gebenedeiten Nacht, von der geschrieben steht, *daß sie die Herrlichkeiten Gottes selbst aufleuchten läßt,* ließ sich Jesus, der aus Liebe zu mir ein Kind wurde herab, mich von den Windeln und Unvollkommenheiten der Kindheitstage zu befreien. Er wandelte mich in einem solchen Ausmaße um, daß ich mich selbst nicht mehr wiedererkannte. Ohne diese Umwandlung hätte ich wohl noch viele Jahre in der Welt verbringen müssen. Teresa von Ávila, die zu ihren Töchtern gesagt hat: ‚Ich will, daß ihr in nichts Frauen seid, sondern in allem starken Männern gleicht' – die heilige Teresa hätte mich nicht als ihr Kind anerkannt, wenn der Herr mich nicht mit seiner göttlichen Kraft bekleidet, wenn nicht Er selbst mich für den Krieg ausgerüstet hätte."

In ihrem Bericht über die Erstkommunion hatte Theresia deutlich gezeigt, wie sie den eucharistischen Christus gesehen hatte: „Jesus war der Meister, der König. Hatte Theresia ihn nicht gebeten, ihr die *Freiheit* zu nehmen? Denn ihre *Freiheit* ängstigte sie, sie fühlte sich so schwach, so gebrechlich, daß sie sich auf immer mit der göttlichen Kraft vereinigen wollte! …"

In diesem Text zeigt sie deutlich, daß sie damals vor der Kraft Gottes Angst hatte, wie sie sich auch vor ihrer eigenen Freiheit fürchtete. Jetzt aber, zu Weihnachten 1886, erlangt sie diese Stärke: „Wir kamen aus der Mitternachtsmesse zurück, in der ich das Glück erfahren hatte, den *starken und mächtigen* Gott zu empfangen."

Vor diesem Augenblick war sie nur ein Kind, das gewissermaßen seine Persönlichkeit verloren hatte: „Ich war noch nichts weiter als ein Kind, das keinen anderen Willen zu haben schien als den der anderen", ein Kind, das sich selbst und seiner Freiheit gegenüber unschlüssig war.

Dieses Geschenk der Kraft empfängt sie paradoxerweise am Weihnachtsfest, da Christus als Kind, als ein Wesen ohne Macht, erscheint. Theresia weist selbst auf diesen Gegensatz hin: „In dieser strahlenden *Nacht* … wandelte Jesus, das liebliche *kleine* Kind … die Nacht meiner Seele in Ströme von Licht um … In dieser *Nacht*, in der Er aus Liebe zu mir *schwach* und leidend wurde, machte Er mich stark und mutig."

Der Christus der Bekehrung Theresias ist jener, der sich durch seine Schwäche hindurch als stark erweist.

Und er wandelt Theresia gerade um, ausgehend von ihrer Kindlichkeit, von ihrem kindischen Verhalten beim Weihnachtsfest: den „verzauberten Schuhen" im Kamin, den erwarteten Geschenken und den Überraschungen. Er zeigt ihr, daß sie nun die „Fehler der Kindheit", aber auch die „unschuldigen Freuden", alle Schwächen und die Paradiese der Kindheit verlassen muß.

Wie aber geht Christus vor? Nicht, indem er Theresia eine Erleuchtung gibt: in diesem Bekehrungsbericht gibt es nichts Vergleichbares zu zahlreichen Bekehrungsberichten, in denen eine Art Erleuchtungserlebnis beschrieben wird, sei es nun der Bericht eines Claudel (dessen Bekehrung sich genau am gleichen Tag: Weihnachten 1886 ereignete) oder anderer; Theresia nennt diese von ihr erlebte „Nacht des Lichts" nicht etwa wegen einer besonderen Erleuchtung so, sondern weil hier etwas geschah, wodurch sie umgewandelt wurde: der Akt des Übergangs vom Zustand des Kindseins in den Zustand des Erwachsenseins. Christus hat also bewirkt, daß sie die „Kindheit" oder, wie sie sagt, „die Windeln und Unvollkommenheiten der Kindheitstage" hinter sich ließ, und das ist der Anfang der letzten Periode ihres Lebens, der erwachsenen, definitiven Periode. Wenn wir vom „Weg der Kindheit" der Theresia von Lisieux sprechen, dann dürfen wir nie vergessen, daß dieser in keinem Fall eine Aufforderung zum Rückschritt und zur Kindlichkeit sein kann, denn Theresia stellt Christus als den vor, der ihr jenen Schritt ermöglicht hat, den sie für entscheidend hält: „die Kindheit hinter sich zu lassen", „und zwar für immer."

Was sie bei der Abfassung ihrer Berichte immer wieder frappiert, ist die Kraft Christi und die Kraft, die er ihr gibt. Was ihr in zehnjährigem Bemühen nicht gelungen war, das verwirklicht er „in einem Augenblick". „Er wandelte mich in einem solchen Ausmaße um, daß ich mich selbst nicht wiedererkannte."

Aber wenn Theresia auch die Rolle Christi in dieser Umwandlung, die sich in ihr vollzieht, besonders betont, so dürfen wir doch ihre Mitarbeit nicht vergessen, nämlich den Mut, mit dem sie den entscheidenden Schritt getan hat. Die Worte ihres Vaters durchbohren ihr das Herz. Sie schließt sich nicht in ihr Leid ein, sondern reagiert sofort, antwortet auf den von ihrem Vater noch kaum ausformulierten Appell, verdrängt ihre Tränen, geht schnell die Treppe hinunter, unterdrückt ihr Herzklopfen und zeigt sich fröhlich „wie eine Königin". Theresia nimmt kraftvoll alle ihre Frustrationen auf sich. Wenn dieses Kind einen solchen Mut zeigt, dann muß es ihn schon vorher gehabt haben: und in der Tat haben wir eine Theresia gesehen, die als kleines Kind außerordentlich lebhaft, voller Lebensfreude war. Durch den Tod der Mutter war sie zurückgefallen; und die zu aufmerksame Obsorge ihrer Schwestern hatte zu dieser Infantilisierung beigetragen. Auch die Haltung des Vaters, der mit seinem Nesthäkchen zu nachsichtig war, hinderte sie daran, erwachsen zu werden. In gewisser Weise kann man sagen, daß Theresia nur auf ein Wort, auf eine Gelegenheit gewartet hat, um von diesem neurotischen Zustand befreit zu werden, in dem sie befangen war. Dieses Wort, diese Gelegenheit hat sie sofort ergriffen, und dies mit einer Kraft, die ihre gesamte Umgebung erstaunte. Acht Jahre nach diesem Ereignis kann sie ohne Prahlerei schreiben: „Seit jener gebenedeiten Nacht wurde ich in keinem Kampf mehr besiegt; ich schritt im Gegenteil von Sieg zu Sieg." Was jedoch nicht bedeutet, daß sich in ihrem weiteren Leben nicht doch noch Spuren von Infantilismus fänden: ihre Schriften z. B. enthalten Spuren dieser Art. Aber ihr Verhalten im ganzen ist völlig umgedreht: dieses Kind, das sich immer beklagte – was einen so männlichen Menschen wie ihren Onkel außerordentlich verdroß –, wird ein erwachsenes junges Mädchen, kraftvoll im täglichen Leben, glühend, ausdauernd und kühn in der Verfolgung einmal gesetzter Ziele. Einst egozentrisch und verschlossen, ist sie nun offen für die anderen, bereit zur Selbsthingabe: „Mit einem Wort, ich spürte, wie mein Herz von *Nächstenliebe* erfüllt wurde, und ich hatte das Bedürfnis, mich selbst zu vergessen, um Freude zu bereiten, und seit jener Zeit war ich glücklich."

Diese Nächstenliebe, von der sie spricht, ist kein Gefühl, sondern eine Tat. Aber diese Nächstenliebe nimmt sofort eine radikale Dimension an. Diese Nacht, in der sie seit sechs Jahren befangen war und in der sie vergeblich versucht hat, ihre Kindlichkeit zu besiegen, diese Nacht vergleicht sie unmittelbar nach dem Bericht über ihre Bekehrung mit jener Nacht, in der die Apostel im Bericht des Evangeliums ihre Netze auswarfen, ohne etwas zu fangen. Und wie bei den Aposteln, so kommt Jesus auch hier am Ende dieser Nacht, und alles wird Wirklichkeit. Mit einem Schlag wird das schwache Kind, das sie war, zu einer Erwachsenen, einer Kraft. Alles hatte sich gegen sie verbündet:

die Morbidität der Stadt, des Milieus und der Familie; alles war verbündet, sie zum Tode zu verurteilen, um sie im wahren Sinn des Wortes in der Kindheit zu belassen, sie daran zu hindern, erwachsen zu werden, sie unreif zu lassen. Weihnachten 1886 ist für sie die Nacht, in der Jesus sie umwandelt, in der sie die Halsschraube durchbrochen hat und „für den Kampf gerüstet" wird. Dies ist gerade das Gegenteil der kraftlosen Bilder, in denen man sie darstellen wollte. Sieben Wochen vor ihrem Tod ruft Theresia aus: „Ich habe es schon gesagt: ich werde mit den Waffen in der Hand sterben."

Das ist also Theresia am Anbruch des 20. Jahrhunderts.

Weihnachten 1886: ein Fest, das in Lisieux und andernorts von Christen, aber auch von allen Menschen begangen wird; für einige Stunden beherrscht das Kind, das Jesus einst war, aber vor allem das Kind, das ein jeder selbst gewesen ist und das er in den Kindern, in jenen, die durch ihn zur Welt kamen, oder den anderen, wiederfindet, beherrscht das Kind durch sein Fest die ganze Welt der Erwachsenen; ein Fest, in dem alle angenommen sind, denn alle, der einsame Greis oder der Geisteskranke, waren einmal Kinder. Das Kind erzwingt zugleich Ruhe, denn in seiner Existenz widerspricht es der Gewalttätigkeit, der Habgier, den Rassenkonflikten, den sozialen Ungleichheiten, dem Feilschen der Welt der Erwachsenen.

Weihnachten: an diesem Tag möchte die Welt der Erwachsenen im Kind eine ungeahnte Welt, überfließenden Reichtum, eine verrückte Hoffnung sehen; das Kind wird zum Symbol, zur Verheißung des Glücks, denn es zwingt die Erwachsenen auf einen Weg, den die Geschichte nicht kennt, den Weg des Ungeschuldeten, der Gnade. Und in diesem Weg scheint paradoxerweise die Möglichkeit zu liegen, die Geschichte gegen den Weg des Todes, der im Willen zur Macht liegt, siegen zu lassen.

1886 nimmt das Symbol des Kindes in der Gesellschaft einen noch weit größeren Platz ein als heute: der von Jean-Jacques Rousseau begründete Kult des Kindes – der Unbestimmtheit und Unschuld verwechselte – wird von Lamartine und Victor Hugo weitergeführt.

Aber dieses 19. Jahrhundert, das die Kindheit so sehr feiert, das sie als ein Zeichen der Hoffnung für jeden und als Zeichen der Friedensmöglichkeit zwischen den Völkern darstellt, dieses 19. Jahrhundert ist den Kindern gegenüber, die es schon in jüngstem Alter in den Fabriken arbeiten läßt, scheinheilig und hart. Im übrigen gab es wohl kaum eine

Zeit, in der so viele Kindermorde vorkamen. Und schließlich erstickt man das Kind in Geschenken, was aber nur eine spezielle Art und Weise ist, es im Kindheitszustand zu halten, es zu hindern, erwachsen zu werden, es zu vernichten.

Freud entdeckt gerade 1886 und in den folgenden Jahren, daß die Kindheit nicht das Synonym für Unschuld und Glück ist und daß es für einen Menschen verhängnisvoll ist, wenn er im Stadium der Kindheit bleiben möchte. Wie wir sehen, betrachtet Theresia Martin ihre Kindheit nicht als eine Periode der Unschuld und des Glückes, nicht als ein heiteres Paradies, sondern als eine Zeit der Nacht, eine Zeit ungeheurer Prüfung. Eine Zeit, die sie hinter sich lassen will, selbst um den Preis dessen, was „unschuldige Freuden" zu sein scheinen. Ihr Glück entsteht gerade aus dem Mut, mit dem sie mit ihrer Kindheit bricht, ungeachtet der Aufmunterungen ihrer Schwestern, die sie gerne auch weiterhin verhätschelt hätten. Ist es nicht bezeichnend, wenn Pauline am 4. April 1877 (Pauline ist also 16 Jahre und Theresia 4 Jahre alt) einer ihrer Freundinnen schreibt: „Wenn dieses Engelchen doch nicht groß werden würde!" Man wird nie vom Weg der geistlichen Kindheit der Theresia vom Kinde Jesus sprechen können, wenn man sich nicht genau an diese präzisen Gegebenheiten hält, die beweisen, daß Theresia an Weihnachten 1886 sich geradezu im Gegensatz zu den in ihrer Zeit und ihrem Milieu gewöhnlich akzeptierten Auffassungen verhält. Theresia hat erkannt, daß ihre Kindheit egozentrisch und einschmeichelnd war und daß die wahre Kindheit genau das Gegenteil von Passivität ist, nämlich ein Leben der Aufnahmebereitschaft und Fürsorge anderen gegenüber, ein Leben, in dem man sich selbst verläßt und für die anderen öffnet.

Zur gleichen Zeit formuliert Nietzsche in seinem *Zarathustra* die Parabel von den drei Verwandlungen: man muß zum Löwen werden, nachdem man ein Kamel gewesen, um schließlich wieder zum Kinde zu werden: man muß zunächst die Last der Vergangenheit auf sich nehmen wie ein Kamel. Dann gilt es, die Vergangenheit zu befragen, sie gleich dem Löwen in einzelne Teile zu zerlegen. Und schließlich wird man zur Freude der Kindheit gelangen, zum glühenden Verlangen, zu sein und zu erkennen. An diesem Weihnachtsabend 1886 entdeckt Theresia – wie sie selbst sagt – ihre Kindheit wieder, sie findet zurück zu jener „Seelenstärke, die sie mit viereinhalb Jahren besaß". Dies ist für sie eine neue Geburt, der Zutritt zum Weg der Erfindungsgabe und der Kreativität; und sie begegnet einem Gott, der nicht der Vergangenheit angehört, sondern der sie aus zehnjähriger Nacht befreit, einem Gott, der Herr über das Unmögliche ist, da er in einem Augenblick das verwirklicht, was ihr in zehnjährigem Bemühen unmöglich war. Ist die Kindheit Gottes nicht jene immer wieder erneuerte Kraft, die er wirksam werden läßt, und jene Kraft, die er unaufhörlich mitteilen möchte, damit ein jeder zu einem Durchbruch, zum Licht gelange und keiner sich in seine Nacht und die Verzweiflung einschließe?

„Selber Götter werden"

Seit Weihnachten 1886 schreitet Theresia mit Riesenschritten voran: „In kurzer Zeit ließ Gott mich den engen Kreis durchbrechen, in dem ich mich bewegte und aus dem ich nicht herauszukommen vermochte."

Theresia wählt das Pfingstfest, den 29. Mai 1887 — also nach einer Zeitspanne von nur fünf Monaten —, um von ihrem Vater die Erlaubnis zu erbitten, in den Karmel einzutreten, und zwar zu Weihnachten 1887, dem Jahrestag ihrer Bekehrung. In der Zeit um dieses Pfingstfest 1887 fällt Theresia ein Buch in die Hände, das für sie zu einer äußerst kostbaren Hilfe werden sollte. In diesem Buch eines Theologen, des Abbé Arminjon, entdeckt Theresia, daß Gott gleich einem liebenden Vater bis an den Grund des Seins liebt; und er liebt als erster, er gibt sich selbst als erster, und er tut dies, weil er will, daß die Menschen an seinem Sein, an seinem Leben teilhaben. Gott ist Mensch geworden, damit die Menschen von einem Menschen lernen, wie sie selbst zu Göttern werden können. Welch ungeheurer Kampf zwischen zwei Freiheiten, jener Gottes und jener des Menschen, der angesichts der Liebe immer mehr entflammt und immer sehnsüchtiger wird, der in seinem Vorwärtsschreiten immer erwachsener und zugleich doch immer mehr zum „Kind" wird, weil ihm immer ein Vater vorausgeht, der unaufhörlich als erster liebt.

Das Herz Theresias, dieses jungen vierzehnjährigen Mädchens, ist in Liebe entbrannt; sie ist fortan eine Kraft der Liebe. Auf wen wird sich diese ungeheure Vitalität richten? Auf Kinder oder alte Menschen in ihrer Umgebung? Merkwürdigerweise geht Theresia sofort ins Extrem: auf einen jungen Kriminellen.

In der Nacht vom 19. auf den 20. März 1887 wird in der Rue Montaigne in Paris ein dreifacher Mord begangen: eine junge, leichtlebige Frau, ihr Hausmädchen und deren Tochter (ein elfjähriges Kind) wurden barbarisch erdrosselt. Der Mord erregt die Öffentlichkeit sofort ungeheuer. Die Erregung nimmt noch größere Ausmaße an, als zwei Tage später in Marseille ein gewisser Henri Pranzini als Mordverdächtiger festgenommen wird. Pranzinis Prozeß, der vom 9. bis 13. Juli stattfindet, erweckt größtes Interesse.

Weshalb so viel Lärm? Die Abscheulichkeit des dreifachen Verbrechens erklärt ihn nicht ganz. Es ist das viel tiefer liegende Phänomen der Angst und des Schreckens vor der möglichen Bedeutung dieses Verbrechens. Henri Pranzini hatte in der Tat nichts von einem gewöhnlichen Verbrecher an sich: er hatte sich schon schnell als eine starke Persönlichkeit gezeigt, die sich bewußt den Gesetzen der Gesellschaft entgegenstellte. Dieser dreißigjährige Mann, schön, verführerisch, gebildet, vielsprachig, ist viel gereist, er war unter anderem auch in Rußland. Die öffentliche Meinung ordnet ihn sofort jenen Männern zu, von denen in diesen Jahren um 1880 viel die Rede ist: den russischen Nihilisten. Das „Große Wörterbuch von Larousse", das sie in der Ausgabe von 1868 nicht erwähnt, schreibt im Ergänzungsband von 1878: „Mitglieder einer Sekte kommunistischer Russen, die Gott, Eigentum und Ehe leugnen, die alle Institutionen, auf denen die moderne Gesellschaft ruht, abschaffen und auf deren Trümmern eine allgemeine Gleichheit aller begründen will." Dann werden die Aktionen der von Bakunin geführten russischen Nihilisten im Jahr 1870 aufgeführt und eine ihrer Deklarationen zitiert: „Es bleibt uns nur noch eines zu tun: unsere Herren wie Hunde zu erwürgen; keine Schonung; sie alle müssen verschwinden. Die Städte müssen angezündet und unser Land durch das Feuer gereinigt werden. Wozu diese Städte? Sie bringen nur Sklaverei hervor." Und weiter im Artikel: „1877 führten neue Unruhen zu zahlreichen Verhaftungen. Das Seltsame dabei ist, daß sich unter den Verhafteten nur sehr wenige Angehörige der Arbeiterklasse und Arme befinden. Von 189 angeklagten Nihilisten waren 82 Adelige, 17 Beamte, 7 Offiziere, 33 Priester."

So gewinnt die Affäre Pranzini in Frankreich eine mythische Dimension. Pranzini, das ist der Nihilismus, der, ohne Glaube und Gesetz,die Gesellschaft bis in ihre Grundlagen zerstören will; Pranzini, das ist die diabolische Intelligenz, welche die Welt in Blut und Feuer stürzen will. Die ganze Gesellschaft ist von diesem Menschen, seinem Verbrechen und seinem Prozeß betroffen; um so mehr, als Pranzini sich bis ans Ende für unschuldig erklärt. Wollte man hier ein Exempel statuieren wie einige Jahre später bei Dreyfus? Jedenfalls erscheint Pranzini als der Archetypus des echten Kriminellen, der das Verbrechen um des Verbrechens willen, der den Tod jeder Gesellschaft will.

Theresia hört von dem Verbrechen und ist sofort von Pranzini angezogen. Sie verfolgt die Affäre aufmerksam und zögert hier auch nicht, die Anordnungen des Vaters zu mißachten: „Obwohl Papa uns jegliche Zeitungslektüre verboten hatte, glaubte ich doch nicht ungehorsam zu sein, wenn ich die Notizen über Pranzini las." Sie gibt an, daß es sich bei der Zeitung um *La Croix* handelte.

La Croix war kein harmloses Blatt. Wir haben gesehen, welchen Antisemitismus es verbreitete. Aber diese Zeitung befaßt sich auch gerne mit dem Sensationellen: „*La Croix* schreckt vor keinem Ereignis zurück. Diese Zeitung hat eine offensichtliche Vorliebe für Hinrichtungen, und während sie hier und dort eine erbauliche Anmerkung einfließen läßt, versäumt sie es nicht, auch noch das kleinste Detail zu berichten. Morde, Diebstähle, Überfälle haben das Anrecht auf ebenso umfassende Darstellungen", meint ein Historiker.

In der Affäre Pranzini zeigt sich, daß die Zeitung der Assumptionisten tatsächlich mit offensichtlichem Vergnügen auf jede Einzelheit des Verbrechens eingeht. Theresias Lektüre ist also nicht harmlos: dieses reine, behütete vierzehnjährige Mädchen vertieft sich in eine Welt, die der ihren diametral entgegengesetzt ist, entgegengesetzt auch den bürgerlichen Werten, die ihr indoktriniert wurden: der Kult der Familie und des Besitztums.

Die Gesamtheit der in *La Croix* berichteten Einzelheiten soll eindeutig das Bild eines Mörders, Typ: Abenteurer, Kosmopolit, Verführer, rücksichtsloser Draufgänger, Unmensch zeichnen, das Bild eines Geschöpfs, von dem man die Gesellschaft glücklicherweise befreien wird.

In den Augen der Richter und der Zeitgenossen ist Pranzini mit Gewißheit der Mörder aus der Rue Montaigne. Was die öffentliche Meinung jedoch überrascht, ist die Frechheit des Verbrechers, seine Verhärtung, die Art, wie er hochmütig und ohne sich zu rechtfertigen, leugnet. Auch für Theresia ist Pranzini der dreifache Mörder – er hat „entsetzliche Verbrechen" begangen; sie fühlt sich jenem elfjährigen Mädchen, das jünger ist als sie und das ermordet wurde, nahe; und zugleich erfährt sie, daß Pranzini sich immer wieder für unschuldig erklärte: „Alles ließ darauf schließen, daß er in Unbußfertigkeit sterben würde."

Nun wird Theresia von dem außerordentlich starken Wunsch erfaßt, Pranzini zu retten: „Ich wollte unter allen Umständen verhindern, daß er in die Hölle komme, und um das zu erreichen, wandte ich alle erdenklichen Mittel an; da ich aber spürte, daß ich aus mir selbst nichts zu erreichen vermochte, bot ich dem lieben Gott alle die unendlichen Verdienste Unseres Herrn und die Schätze der heiligen Kirche an; schließlich bat ich Céline, in meiner Intention eine Messe lesen zu lassen, da ich nicht wagte, sie selbst zu bestellen, aus Furcht, ich müßte dann zugeben, daß es für Pranzini, den großen Verbrecher sei. Ich wollte es auch Céline nicht verraten, aber sie stellte mir so zärtliche und dringende Fragen, daß ich ihr mein Geheimnis anvertraute. Sie machte sich in keiner Weise über mich lustig, sondern bot sich an, mir zu helfen, um *meinen Sünder* zu bekehren. Dies nahm ich dankbar an, denn es wäre mir das liebste gewesen, wenn sich alle Geschöpfe mit mir verbunden hätten, um für den Schuldigen um Gnade zu flehen. Im Innersten meines Herzens empfand ich die *Gewißheit*, daß unser Wunsch erhört würde."

Der dann folgende Satz ist von entscheidender Bedeutung: „Da ich mich aber selbst aufmuntern wollte, um an der Rettung der Seelen weiterzuarbeiten, sagte ich zum lieben Gott, ich sei überzeugt, daß er dem armen, unglücklichen Pranzini verzeihen werde, daß ich es auch dann glauben werde, wenn er *nicht beichten* und *kein Zeichen der Reue* geben sollte, denn mein Vertrauen auf die unendliche Barmherzigkeit Jesu sei groß; aber dennoch würde ich ihn nur um *ein Zeichen* der Reue bitten, nur damit ich getröstet sei…"

Hier vollzieht Theresia eindeutig eine Übertragung auf Pranzini: dieser ganze Vorgang mit dem von Gott erbetenen Zeichen der Barmherzigkeit für den Verbrecher ist nichts anderes als eine Projektion ihres eigenen Schuldgefühls. Wir erinnern uns, daß Zélie Martin jenen Vorfall erzählt hatte, in dem sie Theresia eine Rose schenkt, „weil ich weiß, daß sie das glücklich macht", und daß Theresia sie „rot vor Erregung anflehte, sie nicht abzuschneiden"; Zélie hatte hinzugefügt: „Sie ist ein Kind, das sich sehr leicht erregt. Sobald sie ein kleines Unglück angestellt hat, muß es alle Welt wissen... Sie ist in diesem Punkt wie ein Verbrecher, der seine Verurteilung erwartet, aber sie hat es in ihrem Köpfchen, daß man ihr leichter verzeiht, wenn sie sich selbst anklagt."

Im Prozeß Pranzini fühlt sich auch Theresia vor dem Richterstuhl, Theresia, die sich selbst anklagte, um Verzeihung zu erlangen, während Pranzini hartnäckig leugnet. Für Theresia aber gibt es Gott, der ihr zu Weihnachten 1886 seine Kraft gegeben und gezeigt hat, daß ihre Fehler vor ihm nur gering wiegen, daß er sich „mit ihrem guten Willen zufriedengab". Gott, der ihr gegenüber „noch barmherziger war, als er es mit seinen Jüngern gewesen". Pranzini ist für Theresia der erste Sünder, den Gott ihr anvertraut. Wir erinnern uns, daß sie zu Weihnachten 1886 „ein großes Verlangen, für die Bekehrung der Sünder zu wirken" verspürt hatte; kaum drei Monate später beginnt die Affäre Pranzini; und Theresia macht sich daran, an seiner Bekehrung „zu arbeiten". „Ich wandte alle erdenklichen Mittel an." Sie betet, läßt Messen lesen, bietet Gott alle Verdienste Christi an... Kurz, dieses vierzehnjährige Mädchen inszeniert eine wahre Mobilisierung all ihrer geistlichen Kräfte. Und dies alles mit der Gewißheit, daß Pranzini von Gott verziehen und er auch weiterhin von ihm geliebt werden wird, auch wenn er nach außen hin keine Zeichen seiner Reue geben sollte. Theresia zeigt hier, daß sie durch das Feuer Gottes geschritten ist, daß sie ihr Schuldgefühl von einst in die Gewißheit verwandelt hat, daß Gott die Liebe und kein Richter ist.

Zur Affäre Pranzini: Gott gab ihr das Zeichen, um das sie ihn gebeten hatte: „Mein Gebet wurde auf den Buchstaben erhört." Am Tag nach der Hinrichtung Pranzinis öffnet sie „hastig" La Croix. Was liest sie? Den äußerst sachlichen Bericht des Kommissars Baron:

„Wir begaben uns um 4.45 Uhr in die von Pranzini bewohnte Zelle Nr. 2. Dieser schlief tief und wurde vom Unteroffizier des Gefängnisses geweckt.

Dann teilte Herr Beauquesne – Direktor von La Roquette – ihm die Verwerfung seiner Berufung sowie seines Gnadengesuchs durch den

Präsidenten der Republik mit und sagte dann: ‚Sie haben Mut gehabt. Jetzt ist der Augenblick, um ihn auch weiterhin zu zeigen.'

Er antwortete: ‚Ja', und fügte hinzu: ‚Man hat mir nicht die Gnade gewährt, meine Mutter zu sehen, die einzige Gnade um die ich gebeten habe. Ich weiß, daß ich unschuldig sterbe.'

Und da man ihn inzwischen ankleidete, sagte er: ‚Gut, danke.' zum Wärter, der ihm die Schuhe gab.

Auf die Frage Herrn Beauquesnes, ob er mit dem Anstaltsgeistlichen allein bleiben möchte, antwortete er: ‚Nein, danke. Der Geistliche soll seine Pflicht tun, ich tue die meine!'

Daraufhin sagt man zu ihm: ‚Pranzini, stehen Sie auf!' Und als die Wärter ihm helfen, aufzustehen, sagte er zu ihnen: ‚Seid ganz beruhigt, ich werde nicht versuchen, zu entkommen!'

Im Waschraum angekommen, zu dem er mit sehr sicheren Schritten gegangen war, und während man ihm Arme und Beine fesselte, hat er gesagt: ‚Ich habe mir nur eines gewünscht, einen Aufschub von dreißig Tagen, um den ich in einem Brief an den Präsidenten der Republik angesucht habe. Er hat ihn mir verweigert.' Und er fügte hinzu: ‚Gott ist groß, ich freue mich, daß ich sterbe, daß ich keine Begnadigung erlangt habe und nicht ins Gefängnis komme.'

Dann suchten seine Augen Herrn Taylor, der vor ihm stand, und er richtete folgende Worte an ihn: ‚Nun, Herr Taylor, verstecken Sie sich nicht, Sie haben Zeugen beigebracht, die über meinen Fall unwahr ausgesagt haben. Wehe dem, der ...' (er sprach den Satz nicht zu Ende). ‚Ich sterbe unschuldig. Es ist zu Ende, Gott steh' mir bei.'

Als er mit seiner Toilette fertig war, setzte sich der Zug in Bewegung; am Schafott angekommen, wies er die Hilfe des Henkers, der ihn stützen wollte, zurück und sagte: ‚Lassen Sie mich', dann hat er Abbé Faure zurückgestoßen, hat aber dennoch das Kreuz, das er von ihm erbeten hatte, geküßt.

Um fünf Uhr und zwei Minuten war die Exekution beendet."

La Croix präzisiert, Pranzini habe das Kreuz dreimal geküßt. Die Zeitung berichtet, daß nach der Exekution, während man die Guillotine wieder abbaut, ein Gehilfe des Henkers vom Blut gerötetes Wasser in einen Gully schüttet; die Menge durchbricht den Polizeikordon und drängt sich nach vorn: man taucht ein Taschentuch oder eine Mütze in den vom Blut geröteten Schmutz.

Theresia liest den Bericht und ist zutiefst ergriffen: „Meine Tränen verrieten meine Ergriffenheit, und ich mußte mich verstecken ... Pranzini hatte nicht gebeichtet, er war auf das Gerüst gestiegen und schickte sich an, seinen Kopf in das grausige Loch zu stecken, als er sich, einer plötzlichen Inspiration folgend, noch einmal umdreht, ein Kruzifix ergreift, das der Priester ihm hinhielt, und *dreimal die heiligen Wundmale küßt* ...“

Pranzini küßt das Kreuz, und dies ist für sie die Bestätigung ihrer Berufung zu Weihnachten: Sünder, wenn man so sagen darf, ins Leben zu rufen, sie vom Tod zum Leben zu führen. Seit der Krankheit, dem Todeskampf und vor allem seit dem Tod ihrer Mutter hatte Theresia in allem eine sehr starke Gegenwart des Todes empfunden. Hier nun betrachtet sie diese Todeslandschaft aus einem anderen Blickwinkel und entdeckt, daß sie eine Ankündigung des Lebens ist.

Dieses vierzehnjährige Mädchen, das bei Pranzini erstmals bewußt erkennt, was ein Verbrechen ist und was das Herz eines Verbrechers sein kann, sagt sich angesichts dieses Mannes, den die Gesellschaft für einen sehr großen Sünder hält, daß auch die größten Verbrechen nichts sind angesichts jenes Feuers der Liebe, die das Herz Gottes ist. Sagt sie nicht am 11. Juli 1897 auf ihrem Sterbebett ihrer Schwester Pauline mit Nachdruck jene Worte, die diese zumindest für befremdend halten mußte: „Sehen Sie, meine Mutter, wenn ich auch alle möglichen Verbrechen begangen hätte, so hätte ich doch immer das gleiche Vertrauen; ich spüre es, daß diese ganze Vielfalt von Beleidigungen nur ein Tropfen Wasser wären in dieser brennenden Glut.“ Dies ist, außer im Zusammenhang mit Pranzini, das einzige Mal, daß sie das Wort „Verbrechen“ gebraucht.

Dies alles geschieht, wir dürfen es nicht vergessen, zu einer Zeit, da die Psychologie noch nicht, wenn man so sagen darf, Eingang in die Ethik gefunden hatte, zu einer Zeit, in der die Verbrecher nie nach ihrer Psychologie, nach mildernden Umständen bewertet, sondern von allen als niederträchtige Menschen angesehen wurden. Gegen die Gesellschaft ihrer Zeit und gegen die damals vorherrschende Mentalität der Christen, die sich selbst als gute Menschen einschätzen und jenen, die sie für „Sünder“ halten, nämlich die Verbrecher und die Prostituierten, mit tiefem Mißtrauen begegnen, adoptiert Theresia Martin Pranzini, den größten Verbrecher ihrer Zeit.

Paradoxerweise gelangt Theresia durch den Verbrecher Pranzini zur besseren Erkenntnis Jesu, des Gekreuzigten, des Unschuldigen, der auf die gleiche Ebene mit Verbrechern gestellt wurde. Theresia entdeckt im Gekreuzigten den, der seine Arme offenhält, der Leben schenkt, und nicht jenen, der straft, der das Gesetz wäre. Sie begreift, daß ihre Berufung, ihre Arbeit darin besteht, daß sie, die in den Augen der Gesellschaft nichts von einer Verbrecherin an sich hat, den Menschen begreiflich machen muß, daß diese Unterschiede zwischen dem Verbrecher und dem Nichtverbrecher vor dem Gekreuzigten und der Kraft seiner Liebe nicht aufrechtzuerhalten sind. Und sie setzt sich, wie sie selbst es ausdrückt, „an den Tisch der Sünder". Jesus am Kreuz dürstet danach, daß die Menschen, die Verbrecher wie auch alle anderen, endlich begreifen, daß das Wesentliche darin besteht, sich von der außerordentlichen Kraft der göttlichen Liebe, jener Kraft, die sich als Schwäche, als Kind dargestellt hat, lieben zu lassen.

Selbst der unerfahrenste Psychologe – wie auch jeder mit gesundem Menschenverstand Begabte – wird feststellen, wie intensiv gegenwärtig die Sexualität in den Berichten ist, die mit dem Bild des Gekreuzigten und der Geschichte Pranzinis zusammenhängen. Es ist bekannt, in welchem Grad die Evokation des Blutes mit der Sexualität verknüpft ist, und wir erinnern uns der Szenen, die sich nach der Exekution Pranzinis abspielten – Szenen, deren Bericht Theresia übrigens gelesen hat. Sie will am Fuß des Kreuzes stehen und vom Gekreuzigten „den göttlichen Tau" empfangen, der von seinen Händen rinnt, und sie möchte ihn beruhigen: „Ich wollte meinem Geliebten zu trinken geben, und ich fühlte mich selbst vom *Durst* nach Seelen verzehrt." – „Der Schrei Jesu... ‚Mich dürstet.' Diese Worte entfachten in mir einen nie zuvor gekannten und äußerst lebhaften Seeleneifer." – „Die Lippen ‚meines *ersten Kindes*' hefteten sich auf die geheiligten Wundmale."

Wir brauchen uns nicht zu scheuen, es auszusprechen: Weihnachten 1886 und die darauffolgenden Monate sind für Theresia die Zeit, in der sie symbolisch und wirklich Gattin und Mutter wird; sie vollzieht mit Christus einen „Liebestausch". „Es schien mir, als spräche Jesus zu mir wie zur Samariterin: ‚Gib mir zu trinken.' Es war ein wirklicher Liebestausch; den Seelen gab ich Jesu *Blut* und opferte dann eben diese Seelen Jesus auf, nachdem sie durch den *göttlichen Tau* erquickt waren; auf diese Weise glaubte ich, seinen Durst zu stillen, und je mehr ich ihm zu *trinken* gab, um so größer wurde der Durst meiner eigenen armen kleinen Seele. Und gerade diesen brennenden Durst gab er mir als das köstlichste Getränk seiner Liebe..."

Das kleine Mädchen, das in jenem „engen Kreis" gefangen war, in dem es sich bewegte, „ohne zu wissen, wie es ihn durchbrechen sollte", ist fortan eine Erwachsene, die mit Christus ihre Ketten und Gitter durchbrochen hat; sie hat eine Öffnung und einen Ausgang gefunden und stürzt sich rückhaltlos hinein. Theresia Martin ist nun kein Kind mehr. Sie ist Frau, Gattin und Mutter geworden.

Diese Kraft der Liebe, die Theresia in sich verspürt, wendet sie sogleich darauf an, alles zu unternehmen, um in den Karmel eintreten zu können.

Zwischen der Hinrichtung Pranzinis – 30. August 1887 – und dem Eintritt Theresias in den Karmel von Lisieux – 9. April 1888 – liegen nur sieben Monate. Seit der Bekehrung von Weihnachten 1886 haben sich die Dinge tatsächlich überstürzt. Theresia wird von Tag zu Tag eine gefestigtere Persönlichkeit. Sie zeigt es in ihrer Konfrontation mit dem „Ereignis" Pranzini. Sie zeigt es in jenem Geist der Entscheidung, der sie fortan charakterisiert. Und sie zeigt es vor allem und zuerst in ihrer Entschlossenheit, alle Hindernisse, die sich ihrem Eintritt in den Karmel entgegenstellen, zu überwinden.

Dieser Eintritt in den Karmel darf nicht als ein Bedürfnis, wieder zu Pauline zu kommen, gesehen werden: diese kindliche Haltung ist längst überwunden. Wenn Theresia Karmelitin werden will, so in gerader Linie von Weihnachten 1886: aus missionarischer Berufung, aus dem glühenden Verlangen heraus, die Liebe Christi allen Menschen und vor allem jenen zu verkünden, die am tiefsten in der Verzweiflung, im Verbrechen befangen, die am weitesten von Gott entfernt oder am stärksten durch religiöse Skrupel eingeengt sind. Ist es bekannt, was der intensive Durchbruch der Liebe in einem Kinderherzen bedeutet? Eben das ist es, was Theresia erlebt.

Theresia wählt das Pfingstfest 1887, um von ihrem Vater die Erlaubnis zum Eintritt in den Karmel von Lisieux zu erbitten. Er gibt sofort seine Zustimmung. Aber von anderer Seite gibt es Schwierigkeiten. Zunächst vom Pfarrer von St. Jakob, Abbé Delatroëtte, dem kanonischen Superior des Karmel. Abbé Delatroëtte hatte gerade zu dieser Zeit eine ärgerliche Angelegenheit durchzustehen, die ihn wenig geneigt machte, Theresia Martin anzuhören: ein reicher Einwohner von Lisieux, dessen Tochter Karmelitin werden wollte, hatte gegen Abbé Delatroëtte einen Prozeß angestrengt, da er der Meinung war, dieser habe auf seine Tochter einen übermäßigen psychologischen Druck ausgeübt. Diese Angelegenheit, von der ganz Lisieux wußte, würde wohl auch den gefürchteten Onkel Guérin beeinflussen, denn er – und das weiß Theresia genau – würde als ihr Vormund nicht bereit sein, durch seine Erlaubnis eine Welle von Klatsch über einen Onkel auszulösen, der es einer so jungen Nichte erlaubt, ins Kloster zu gehen. Am 22. Oktober nimmt Theresia ihren ganzen Mut zusammen, besucht den Onkel, und dieser gibt wider alle Erwartung seine Zustimmung.

Aber im Vergleich zu den Hindernissen, die der Onkel Guérin aufgeworfen hatte, waren jene, die von seiten des Abbé Delatroëtte kamen, um vieles größer. Dieser ist ein strenger Mann, der darüber wacht, daß die Kommunität der Karmelitinnen die Regel mit der strengsten Observanz befolgt. Als die Priorin ihm von der jungen Postulantin erzählt, gebietet er ihr sofort Einhalt, und er gerät in Zorn, als die ehrwürdige Mutter Geneviève noch einmal darauf zu sprechen kommt.

Pauline berichtet Theresia davon. Diese ist erschüttert. Sie geht mit ihrem Vater zu Abbé Delatroëtte, „um zu versuchen, ihn dadurch zu erweichen, daß ich ihm zeigte, ich habe sehr wohl die Berufung für den Karmel. Er empfing uns sehr kühl, vergeblich unterstützte mein *unvergleichliches* Väterchen meine Bitten mit den seinen, nichts konnte seine Meinung ändern. Er sagte mir, es bestünde keine Gefahr wegen eines Aufschubs, ich könne auch zu Hause das Leben einer Karmelitin führen, und auch wenn ich nicht ganz nach den Regeln lebte, so sei doch nicht alles verloren... usw. Dann fügte er noch hinzu, er sei nur der *Stellvertreter* des *Bischofs*, und sollte dieser mir erlauben, in den Karmel einzutreten, so habe er nichts mehr zu sagen... Ich verließ das Presbyterium ganz in *Tränen* aufgelöst. Glücklicherweise war ich durch meinen Regenschirm verdeckt, denn es *regnete* in Strömen. Papa wußte nicht mehr, wie er mich trösten sollte... Er versprach, sobald ich es wünsche, mit mir nach Bayeux zu fahren, denn ich war entschlossen, *an mein Ziel zu gelangen*, ich sagte sogar, ich würde bis zum Heiligen Vater gehen, wenn der Bischof es mir nicht erlauben würde, mit fünfzehn Jahren in den Karmel einzutreten...“

Herr Martin und seine Tochter reisen am 31. Oktober nach Bayeux. Theresia hat ihre Haare sorgfältig hochgesteckt, um älter zu erscheinen. Sie haben bei Generalvikar Révérony um Audienz nachgesucht, ohne aber den Grund ihres Besuchs anzugeben: „Ich, die ich bis dahin nur dann sprechen mußte, wenn ich gefragt worden war, sollte nun selbst das Ziel meines Besuches erklären und die Gründe darlegen, die mich bewogen haben, den Eintritt in den Karmel zu erbitten; in einem Wort, ich mußte die Unerschütterlichkeit meiner Berufung zeigen. Was hat mich diese Reise gekostet!"

Bei ihrer Ankunft in Bayeux regnet es in Strömen: „Wir gingen unverzüglich zu Generalvikar Révérony, der von unserer Ankunft wußte, da er selbst den Tag der Reise festgelegt hatte, aber er war nicht da; so mußten wir also in den Straßen umherirren, die mir *sehr traurig* erschienen. Schließlich kamen wir wieder in die Nähe der Bischofsresidenz zurück, und Papa ging mit mir in ein schönes Gasthaus; aber ich tat dem geschickten Koch keine Ehre an. Dieses arme Väterchen umgab mich mit einer fast unglaublichen Zärtlichkeit, es sagte mir, ich solle mir keinen Kummer machen, der Bischof würde mir meine Bitte ganz gewiß gewähren. Als wir uns ausgeruht hatten, gingen wir wieder zu Generalvikar Révérony; ein Herr kam gleichzeitig mit uns an, aber der Generalvikar bat ihn höflich, zu warten, und ließ uns als erste in sein Zimmer eintreten (der arme Herr hatte genug Zeit, sich zu langweilen, denn unser Besuch dauerte lange). Herr Révérony war sehr liebenswürdig, aber ich glaube, er war sehr erstaunt über das Motiv unserer Reise; nachdem er mich lächelnd betrachtet und einige Fragen an mich gerichtet hatte, sagte er: ‚Ich werde Sie dem Bischof vorstellen, wollen Sie die Güte haben, mir zu folgen.' Als er Tränen in meinen Augen sah, fügte er hinzu: ‚Ich sehe Diamanten... die brauchen sie dem Hochwürdigsten Herrn nicht zu zeigen!...' Dann führte er uns durch mehrere sehr große Räume, die mit Porträts von Bischöfen geschmückt waren; in diesen großen Sälen kam ich mir vor wie eine arme kleine Ameise, und ich fragte mich, was ich dem Bischof wohl sagen würde; er ging gerade mit zwei Priestern in einer Galerie auf und ab; ich sah, wie Herr Révérony einige Worte zu ihm sagte und dann mit ihm zurückkam; wir erwarteten ihn in seinem Zimmer; hier standen vor dem Kamin, in dem ein warmes Feuer knisterte, drei sehr große Lehnsessel. Als Papa Seine Exzellenz eintreten sah, kniete er neben mir nieder, um seinen Segen zu empfangen. Dann ließ der Bischof Papa in einem der Sessel Platz nehmen, setzte sich ihm gegenüber, und Herr Révérony wies mir den Sessel in der Mitte an. Ich lehnte höflich ab, aber er bestand darauf: ich solle zeigen, ob ich gehorchen könne. Ohne weiter nachzudenken, nahm ich nun Platz. Zu meiner Beschämung mußte ich dann sehen, wie er selbst einen Stuhl nahm, während ich in einem Sessel versank, in dem vier Personen meiner Statur bequem Platz gefunden hätten (sie hätten sich wohler gefühlt, als es mir zumute war).

Ich hoffte, Papa werde das Wort ergreifen, aber er forderte mich auf, selbst den Zweck unseres Besuches darzulegen; mit möglichst großer Beredtsamkeit tat ich das; Seine Exzellenz aber, an *Beredtsamkeit* gewöhnt, schien von meinen Gründen nicht sehr berührt zu sein. Ein einziges Wort des Superiors hätte mir jetzt mehr genützt als alle meine Beweisgründe. Leider sprach sein Widerstand gegen meinen Eintritt durchaus nicht zu meinen Gunsten …"

Die Romreise der künftigen Gefangenen

„Der Bischof fragte mich, ob ich bereits seit langem den Wunsch hege, in den Karmel einzutreten: ‚O ja, hochwürdigster Herr, schon sehr lange! …‘ – ‚Nun‘, meinte lachend der Generalvikar, ‚Sie können aber doch nicht behaupten, daß Sie diesen Wunsch schon seit fünfzehn Jahren hegen.‘ – ‚Das stimmt zwar‘, antwortete ich, nun ebenfalls lächelnd, ‚aber ich brauche nicht viele Jahre abzuziehen, denn seit ich zum Gebrauch der Vernunft gelangt war, wollte ich Ordensfrau werden, und ich habe mich nach dem Karmel gesehnt, sobald ich hinreichende Kenntnisse über ihn gewonnen hatte, denn ich fand, daß in diesem Orden alle Hoffnungen meiner Seele erfüllt würden.‘"

Nun legt Herr Martin ein gutes Wort für seine Tochter ein. Mgr. Hugonin antwortet, man müsse zunächst den Abbé Delatroëtte zu Rate ziehen, was bei Theresia einen Tränenausbruch bewirkt: „Er sagte mir, es sei noch nicht alles verloren, er freue sich, daß ich die Reise nach Rom unternehme, um meine Berufung noch zu festigen, und daß ich, statt zu weinen, mich freuen solle; dann fügte er hinzu, daß er in der nächsten Woche nach Lisieux fahren müsse und bei dieser Gelegenheit mit dem Pfarrer von St. Jakob über mich sprechen werde; ganz sicher werde ich dann seine Antwort in Italien erhalten." Herr Martin zögert nun nicht, Mgr. Hugonin zu sagen, daß Theresia bei der bevorstehenden Pilgerfahrt nach Rom den Papst selbst um die Erlaubnis bitten werde, in den Karmel einzutreten.

Die Reise dauerte dreiundzwanzig Tage. Sie wurde von den

Assumptionisten von Paris organisiert; diese hatten 1872 „Bußwall-fahrten" eingeführt, um Bürger und Arbeiter einander näherzu-bringen: wer Geld hat, zahlt für die Mittellosen; sie fahren alle in den gleichen Zügen, sitzen in den gleichen Abteilen und beten gemeinsam. 1872 hatte man mit der Wallfahrt nach La Salette den ersten Versuch unternommen, auf diese Weise die soziale Frage zu lösen; dann folgten Lourdes und Rom und kurze Zeit später – 1882 – Jerusalem. Dies führte im Juli 1873 zur Gründung eines bescheidenen Wochenblattes *Le Pèlerin* (Der Pilger), das auch Bilder bringt und schon bald großen Erfolg hat.

Was bedeutet diese Wallfahrt für Theresia? „Meine Hochzeits-reise", sagt sie zu Pauline. Sie hat ihren Vater gebeten, zu Weihnachten in den Karmel eintreten zu dürfen: „Jesus, nimm mich zu Weihnachten an!" Wir erkennen auch hier den Bund, den Theresia seit Weihnachten 1886 und seit Pranzini mit Christus leben möchte: „Einen wahren Liebestausch." Die Bedeutung des Eintritts in den Karmel: von Chri-stus endgültig angenommen zu werden; aber die Liebe zwischen ihr und ihm ist bereits voll entfaltet; die Romreise ist die „Hochzeitsreise". Während dieser Zeit „dachten die Menschen der Welt, Papa habe diese große Reise nur deshalb mit mir unternommen, um meine Gedanken vom Ordensleben abzulenken".

Die Reise ist für Theresia in der Tat eine Prüfung: „Es gab genügend Gelegenheit, eine wenig gefestigte Berufung zu erschüttern." Die erste Prüfung ist die mondäne Seite der Wallfahrt: „Wir hatten nie in der großen Gesellschaft gelebt, und nun befanden Céline und ich uns in-mitten von Adeligen, aus denen sich der Pilgerzug fast ausschließlich zusammensetzte. Aber weit entfernt, uns zu blenden, erschienen uns diese Titel und diese ‚von' nur wie eitel Rauch... Von der Ferne hatte mir das mitunter einigen Staub in die Augen gestreut, aber aus der Nähe habe ich doch gesehen, daß ‚nicht alles Gold ist, was glänzt'."

Bei diesen Angehörigen der ‚vornehmen Gesellschaft' greifen Glaube und monarchistische Politik ineinander. Die Predigt des Pfar-rers von St. Peter in Lisieux, welche dieser Anfang Januar 1888, einige Wochen nach dieser Wallfahrt, hielt, ist ein bezeichnendes Beispiel dafür: „Er hat folgende These entwickelt: ‚Der Papst ist König! Er ist der König der vernünftigen Wesen. Er herrscht über die Herzen. Er ist der König der ganzen Welt!'"

Die zweite Erfahrung liegt in der Begegnung mit einer anderen Welt, jener Priester, die sie noch nie „in Freiheit" gesehen hatte; an der Wallfahrt nahmen einige Priester teil; einer von ihnen bemühte sich sehr aufdringlich um die beiden jungen Mädchen; aber die Gesamtheit der Priester erschienen ihr zweifellos nur wenig für Gott entflammt; sie schreibt in der *Geschichte einer Seele:* „Die zweite Erfahrung, die ich gemacht habe, betrifft die Priester. Da ich noch nie näheren Umgang mit ihnen gehabt hatte, konnte ich den Hauptzweck der Reform des Karmel nie begreifen. Für die Sünder zu beten, das begeisterte mich, aber für die Seelen der Priester zu beten, die ich für reiner als Kristall hielt, das kam mir sonderbar vor!..." Und sie erklärt ihren Gedanken sofort genauer: „In Italien habe ich *meine Berufung* verstehen gelernt. Das war nicht zu weit gereist, um eine so nützliche Erkenntnis zu gewinnen...

Während eines Monats war ich mit vielen *heiligmäßigen Priestern* zusammen, und ich habe erkannt – wenn ihre erhabene Würde sie auch über die Engel erhebt, sind sie deshalb doch nicht weniger schwache und gebrechliche Menschen. Wenn also *heiligmäßige Priester*, die Jesus im Evangelium das ‚*Salz der Erde*' nennt, in ihrem Verhalten zeigen, wie sehr sie der Gebete bedürfen, was soll man dann von den lauen sagen? Hat Jesus nicht weiter gesagt: ‚*Wenn aber das Salz schal wird, womit soll man dann würzen!*'"

Pranzini hat in ihr das Verlangen geweckt, ihr Leben für die Sünder hinzugeben; die Begegnung mit den Priestern auf der Italienreise führt sie zu einer genaueren Bestimmung ihres Berufs: sie will sich vor allem jenen weihen, die zu den Sündern gesandt sind, zu den Menschen, die am weitesten von Gott entfernt sind. Ihrem sehr lebhaften Verlangen, selbst Missionarin zu werden, entsagte sie, weil sie ihre persönliche Berufung in einer Hingabe an Gott im Kloster sah. Dennoch verzichtet sie nicht darauf, Missionarin zu sein: sie will es, wenn man so sagen kann, in zweiter Instanz sein, sie will nach ihren eigenen Worten „*Apostel* der *Apostel* sein und für sie beten, während sie durch ihr Wort und vor allem durch ihr Beispiel die Seelen für das Evangelium zu gewinnen suchen". In der Person Pranzinis sieht sie zugleich auch alle Sünder; in den wenigen Priestern, die ihr auf der Reise begegnet sind, nimmt sie alle Priester in ihr Bewußtsein auf. Diese drei Ereignisse: Weihnachten, Pranzini und die Priester auf der Reise, verbindet sie mit jener Fähigkeit zur Synthese, die ihr eigen ist. Wie zu Weihnachten 1886 sich Christus, der schwach, arm und verborgen war, ihr als jene Kraft der Liebe gezeigt hat, die sie umwandelte, so kann Christus auch die verstocktesten und ungläubigsten Herzen umwandeln: nichts widersteht seiner Liebe. Sie selbst aber möchte die Kraft Christi weitertragen... Sie will durch ihre eigene starke Liebe zur inneren Stärkung jener beitragen, die als erste zu den Fernsten gesandt sind: die Priester. Das Vorhaben ihres Lebens, wie sie es einige Wochen vor ihrem Tod, am 18. Juli 1897, formulieren wird: „Die Liebe lieben lehren", ist schon hier gegeben: sie will jene die Liebe lieben lehren, die sehr weit davon entfernt sind, daran zu glauben oder auch nur daran zu denken. Sie will die Priester die Liebe lieben lehren, damit sie durch ihr Leben all jenen die Liebe offenbaren können, die in der „Finsternis" verloren sind und an Gott verzweifeln.

So versteht sie sich also solidarisch mit den Sündern und mit den Priestern. Am 1. November 1896 sagt sie P. Roulland, einem Missionar, als sie Karmelitin wurde, sei „ihr einziges Ziel gewesen, Seelen zu retten, ganz besonders die Seelen der Apostel"; und „da sie selbst nicht Priester werden konnte, wollte sie, daß an ihrer Stelle ein Priester die Gnaden des Herrn empfange und daß er von dem gleichen Verlangen beseelt sei und dieselben Wünsche hege wie sie selbst". 1891 beginnt sie, für einen Priester zu beten: Hyacinthe Loyson, der die Kirche verlassen und sich verheiratet hat. Für ihn betet sie während ihres ganzen Lebens als Karmelitin und opfert ihre letzte heilige Kommunion am 19. August 1897 ausdrücklich für ihn auf. Schließlich erlebt sie vom April 1896 bis zu ihrem Tod selbst eine tiefe „Nacht", durch die sie die Nacht des Unglaubens voll und ganz begreift. Von dieser Prüfung spricht sie in dem Brief vom 9. Juni 1897 an Mutter Marie von Gonzaga: „Ich muß Ihnen als eine Seele erscheinen, die von Tröstungen erfüllt und für die der Schleier des Glaubens fast zerrissen ist und doch... für mich ist dies kein Schleier mehr, es ist eine Mauer, die bis zum Himmel reicht und den Sternenhimmel verdeckt. Wenn ich das Glück des Himmels, den ewigen Besitz Gottes, besinge, empfinde ich dabei nicht die geringste Freude, denn ich besinge ja nur, was ich glauben will." Und wieder: „In den so freudenvollen Tagen der Osterzeit ließ Jesus mich spüren, daß es wirklich Seelen gibt, die den Glauben nicht haben... Er ließ es zu, daß tiefste Finsternis über meine Seele hereinbrach." Und schließlich bekennt sie drei Monate vor ihrem Tod Schwester Agnes: „Wenn Sie wüßten! Die Argumente der schlimmsten Materialisten zwingen sich meinem Geist auf!"

So hat diese Karmelitin, die im Christentum geboren, behütet und aufgeblüht war, im Innersten ihres Herzens die Nacht des Atheismus erlebt. Während aber die Atheisten ihren Zustand für normal halten und heiter darin leben, hat sie schrecklich unter diesem Zustand gelitten. Zugleich aber lernte sie durch diese Prüfung um so besser verstehen, daß der Glaube, aus dem sie lebte, allein von Gott kommt. Nichts in ihrem Verhalten läßt an den Hochmut denken, der bei jenen reinen Seelen so häufig ist, die das Leben der Menschen und der Welt von oben herab betrachten. Sie hat die Nacht des Atheismus erlebt, und zwar um so tiefer, da sie ein Herz von außerordentlicher Offenheit für Gott besaß.

Angesichts all dieses Unglaubens und dieser Nicht-Hoffnung, die sie entdeckt, hat Theresia nur einen Wunsch: „Gleich den *Propheten* und *Kirchenlehrern* möchte ich die Seelen erleuchten. Ich möchte die ganze Welt durcheilen und Deinen Namen verkünden ... Aber eine einzige Mission würde mir nicht genügen: ich möchte das Evangelium zu gleicher Zeit in allen Teilen der Welt verkünden ... Ich möchte Missionarin sein, nicht nur einige Jahre lang, sondern ich möchte es seit der Erschaffung der Welt gewesen sein und es bis zur Vollendung der Zeiten bleiben." Und einige Minuten vor ihrem Tod sagt sie: „Nie hätte ich geglaubt, daß es möglich wäre, so viel zu leiden! Nie! Nie! ... Ich kann mir das nur durch mein glühendes Verlangen erklären, Seelen zu retten." Körperliche Leiden, ja, aber vor allem jenes übermäßige Leiden des Herzens, das weiß, wie sehr Gott Liebe ist, und das sehen muß, in welchem Grad zahlreiche Menschen ihn mißverstehen und an der Wahrheit und am Glück vorbeigehen.

Am Sonntag, dem 20. November 1887, findet in Rom jene Papstaudienz statt, bei der Theresia bittet, in den Karmel eintreten zu dürfen. Der Vorfall bleibt von den Franzosen, die an der Wallfahrt teilnehmen, nicht unbemerkt. Aber mehr noch: der *Univers* vom 24. November berichtet in seiner Rubrik *Römische Korrespondenz* darüber: „Unter den Pilgern befand sich auch ein fünfzehnjähriges Mädchen, das den Heiligen Vater um die Erlaubnis bat, sofort ins Kloster eintreten und dort Ordensfrau werden zu dürfen." Und die Neuigkeit ist auch nach Lisieux gelangt, wo sie geradezu einen Aufruhr verursacht: als Herr Martin und seine Töchter am 2. Dezember nach Lisieux zurückkommen, spricht die ganze Stadt von Theresia.

Theresia bringt also von ihrer „Hochzeitsreise" eine Summe von Erfahrungen mit: „Welch eine Reise! ... Hier habe ich mehr gelernt als in jahrelangen Studien!" Sie ist für dieses junge Mädchen, das bis jetzt noch nichts gesehen hatte, eine Begegnung mit der Schönheit: „Ich habe viele schöne Dinge gesehen, ich habe alle Wunderwerke der Kunst und der Religion betrachtet." Das Wesentliche liegt für sie aber nicht hier, sondern in einer anderen Begegnung. „Vor allem aber weilte ich auf demselben Boden wie die heiligen Apostel." Theresias Bezugnahmen waren immer missionarischer Art.

Man wird sich fragen: Wußte denn dieses fünfzehnjährige Mädchen überhaupt, was es mit seinem Eintritt in den Karmel tat? Und man wird sagen: Ihre Erfahrung von der Welt beruhte ja offensichtlich nur auf jener, die sie sich auf dieser Romreise erworben hatte; war das denn ausreichend?

Wäre daneben nicht auch der Gedanke möglich, daß Theresia, wenn sie solcherart in die geschlossene Welt eines Karmel drängt, sich selbst begräbt und so die neurotischen Haltungen ihrer Mutter wiederholt?

Was man aber feststellen muß, ist die überschäumende Vitalität Theresias seit Weihnachten 1886. Sie hat ihre Kräfte von einst nicht nur wiedergefunden, sie hat sie verzehnfacht. Sie hat sich dem Leben geöffnet und lernt aus jeder ihrer Erfahrungen. Sie ist immer wachsam, ohne dabei die Ruhe zu verlieren – so bleibt sie z. B. auf der Ebene der Beziehungen zwischen den Geschlechtern auch nicht ohne jede Erfahrung: „Es war mir nicht unbekannt, daß mir auf einer Reise, wie jener nach Italien, manches begegnen würde, was mich beunruhigen könnte; vor allem, da ich das Böse nicht kannte, fürchtete ich, es zu entdecken. Denn noch hatte ich nicht erfahren, daß *dem Reinen alles rein ist*"; und als sie bei der Ankunft des Zugs in Bologna ein „kleines Abenteuer" erlebt, wie einer der randalierenden Studenten, die sich gerade auf dem Bahnsteig befanden, sie in seine Arme nimmt, schreit sie nicht und macht daraus keine Affäre.

Als Theresia in den Karmel eintreten will, weiß sie genau, worauf sie verzichtet. In dem Bericht über ihre Reise erzählt sie, wie sie die Berge und Seen bewunderte, alle jene „Schönheiten", die ihr von der Größe Gottes sprachen: „Wieviel Gutes taten diese in geradezu *verschwenderischer* Fülle ausgegossenen Naturschönheiten meiner Seele!" Und wie immer will sie auch jetzt alles sehen und alles haben: „Ich hatte nicht genug Augen, um alles anzuschauen. Ich stand an der

Türe, und mir blieb fast der Atem weg; ich wäre gern auf beiden Seiten des Waggons gewesen, denn wenn ich mich umdrehte, erblickte ich Landschaften von bezauberndem Reiz, die von jenen, die ich vor mir hatte, wieder ganz verschieden waren." Aber auch auf dieser Reise denkt sie daran, daß sie schon bald eine „Gefangene im Karmel" sein wird. „Das Klosterleben stand mir vor Augen, so wie es ist: mit seinen *Unterwerfungen* und seinen täglichen kleinen, in der Verborgenheit gebrachten Opfern. Ich begriff, wie leicht man dahin kommt, sich nur mit sich selbst zu beschäftigen, und so das erhabene Ziel seines Berufes zu vergessen, und ich sagte mir: Später, in der Stunde der Prüfung, wenn ich als Gefangene des Karmel nur noch ein kleines Stückchen des Himmels sehen kann, werde ich mich an das heute Geschaute erinnern; dieser Gedanke wird mir dann Mut geben. Wenn ich die Größe und Macht Gottes sehe, den allein ich lieben will, werde ich meinen kleinen armseligen Interessen nicht mehr viel Bedeutung beimessen."

Einige Seiten weiter nimmt sie den gleichen Begriff wieder auf und zeigt deutlich, daß ihre Motivation für den Eintritt in den Karmel, auch wenn sie sehr genau wußte, daß sie dort gefangen sein wird, nichts Masochistisches an sich hat. Theresia hat nichts von einer Masochistin; sie stellt fest: „Ich beschloß, mich mehr denn je einem *ernsten* und *abgetöteten* Leben hinzugeben. Wenn ich abgetötet sage, so meine ich damit keineswegs, daß ich Bußübungen machte. Nein, ich habe nie *auch nur eine* gemacht. Weit davon entfernt, jenen schönen Seelen zu gleichen die von Kindheit an alle Arten von Bußübungen auf sich nehmen, fühlte ich dazu keinerlei Neigung; dies kam zweifellos von meiner Lauheit, denn ich hätte, gleich Céline, tausend kleine Möglichkeiten finden können, um zu leiden, statt dessen ließ ich mich in Watte wickeln und füttern wie ein Vögelchen, das der Bußübungen nicht bedarf…"

„Am Abend sahen wir in zahlreichen Häfen eine Vielfalt von Lichtern glänzen, während am Himmel die ersten *Sterne* funkelten… Welche Poesie erfüllte meine Seele beim Anblick aller dieser Dinge, die ich zum ersten und auch zum letzten Male in meinem Leben sah!… Ich sah sie ohne Bedauern wieder schwinden, denn mein Herz sehnte sich nach anderen Wundern, es hatte die *Schönheiten der Erde* genug betrachtet; der Gegenstand seines Verlangens waren die *Schönheiten des Himmels,* und um diese den *Seelen* zu schenken, wollte ich eine *Gefangene* werden!…"

Theresia hat sich also bewußt in den Karmel eingeschlossen, und sie tat es aus einem übergroßen Liebeswillen. War sie in ihrer Kindheit die Gefangene der Ängste und Todesahnungen ihrer Umgebung gewesen, so macht sie sich nun freiwillig zur Gefangenen des Karmel, um dem Tod an Ort und Stelle zu trotzen, um das Schicksal zu bezwingen, um zu zeigen, daß die Liebe, mit der Gott den Menschen liebt, diesen befähigt, alles zu erdulden und für sich selbst und die anderen ein Strom lebendigen Wassers zu werden.

Von der Reise zurückgekehrt, beginnt für Theresia eine Zeit langen Wartens. Jeden Morgen geht sie zur Post; jeden Morgen Enttäuschung. Sie bereitet sich durch kleine „*Nichtse*" vor, „die Braut Jesu zu werden". Zwölf Tage vor ihrem Eintritt in den Karmel schreibt sie an Pauline: „Ich möchte eine Heilige sein, ich möchte es werden."

Am 1. Januar 1888, dem Vortag ihres 15. Geburtstages erhält sie einen Brief von Mutter Marie von Gonzaga, in dem diese ihr mitteilt, sie habe am 28. Dezember die Antwort von Mgr. Hugonin erhalten: er überlasse die Entscheidung der Priorin. Und diese hat entschieden, sie zuzulassen, allerdings erst nach der Fastenzeit; sie wollte die Verletzbarkeit des Herrn Delatroëtte berücksichtigen und wünsche daher eine gewisse Verzögerung. So wurde beschlossen, daß Theresia am fünfzigsten Jahrestag der Gründung des Klosters in den Karmel eintreten solle.

Ihr Eintritt findet, wie vorgesehen, am 9. April 1888, „dem Tag, an dem der Karmel das Fest Mariä Verkündigung feierte", statt.

Der kirchliche Obere des Karmels von Lisieux, Abbé Delatroëtte, greift, wie Pauline berichtet, in folgender Weise ein: „Als der Herr Superior Theresia am Tag ihres Eintritts der Kommunität vorstellte, sagte er vor meinem Vater – die Tür der Klausur stand weit offen –: ‚Nun, meine verehrten Mütter, Sie können ein *Te Deum* singen! Als Delegierter des Hochwürdigsten Herrn Bischofs stelle ich Ihnen dieses fünfzehnjährige Kind, dessen Eintritt Sie gewünscht haben, vor. Ich wünsche, sie möge Ihre Erwartungen nicht enttäuschen, aber ich erinnere Sie daran, sollte es anders kommen, so tragen Sie allein die Verantwortung dafür!' Die ganze Gemeinschaft war bei diesen Worten wie versteinert." Léonie gibt folgenden Bericht: „Ich war zutiefst berührt von ihrer Seelenstärke, die sie unter diesen Umständen bewies. Nur sie allein war ruhig geblieben."

5

Die Geschichte einer Liebe

Der Karmel von Lisieux ist ein schiefergedeckter Gebäudekomplex aus dunkelroten Ziegelsteinen. In der hufeisenförmigen Anordnung der Bauten bildet die Kirche das Mittelstück, das von zwei Gebäuden flankiert wird. Ein Wandelgang. Ein Garten mit einer Kastanienallee.

Als Theresia am 10. Januar 1889 im Alter von 16 Jahren und wenigen Tagen eingekleidet wird, ist sie das fünfundzwanzigste Mitglied der Kommunität. Von den 24 Ordensfrauen, die vor ihr da waren, sind 13 50 Jahre oder älter, 8 sind zwischen 30 und 49, die restlichen 3 sind 27, 28 und 29 Jahre alt (darunter die beiden Schwestern Theresias: Marie und Pauline).

Zu diesem Zeitpunkt liegt das Durchschnittsalter der Ordensfrauen bei genau 50 Jahren. Von den 24 Ordensfrauen sind 19 älter als 36 Jahre, also mindestens so alt, daß sie Theresias Mutter sein könnten (und unter den restlichen fünf sind Marie und Pauline, ihre „Mütter").

Von diesen 24 Ordensfrauen, die zum Zeitpunkt der Einkleidung Theresias bereits der Gemeinschaft angehören, werden sie 19 überleben: vier der fünf, die vor ihr sterben, sterben innerhalb eines Monats: die Gründerin des Karmel von Lisieux, Mutter Geneviève von der heiligen Teresa am 5. Dezember 1891 (mit 86 Jahren); Schwester Saint-Joseph von Jesus am 2. Januar 1892 (mit 80 Jahren); Schwester Fébronie von der Heiligen Kindheit am 4. Januar (mit 73 Jahren); Schwester Madeleine vom Allerheiligsten Altarsakrament am 7. Januar (mit 75 Jahren). Die drei letztgenannten erliegen einer

Grippe-Epidemie. Und das Durchschnittsalter reduziert sich nun auf 44 Jahre.

Zwischen dem 10. Januar 1889, dem Tag der Einkleidung Theresias, und ihrem Tod am 30. September 1897 liegen also fünf Todesfälle, denen fünf Zugänge gegenüberstehen; unter den letzteren befinden sich auch Theresias Schwester Céline und ihre Kusine Marie Guérin. Die Gemeinschaft zählt also immer etwa 25 Mitglieder.

Am 1. Januar 1897 sind unter den 24 Mitgliedern vier leibliche Schwestern der Familie Martin und deren Kusine Guérin.

Vom 20. Februar 1893 bis zum 20. März 1896 ist Mutter Agnès von Jesus (Pauline) Priorin des Karmel. Vor und nach ihr ist Mutter Marie von Gonzaga Priorin.

Zwei Pfortenschwestern (die früher Turmschwestern genannt wurden), Schwester Constance-Marie Jarry und Schwester Désirée Bailly verließen die Gemeinschaft im Mai 1889; sie wurden durch zwei andere ersetzt, die am 15. August 1890 als Pfortenschwestern eingekleidet wurden: Schwester Marie Hamard (31 Jahre) und Schwester Antoinette Blanc (27 Jahre).

Als Theresia in den Karmel von Lisieux eintritt, ist Mutter Marie von Gonzaga Priorin. Diese ist damals 54 Jahre alt. Sie hat 1861 im Alter von 27 Jahren das Ordenskleid des Karmel empfangen und am 27. Juni 1862 die Profeß abgelegt.

Seit 1866 ist sie Subpriorin (bis 1872). Am 28. Oktober 1874 wird sie zur Priorin gewählt; 1877 – die Amtszeit der Priorin ist auf drei Jahre begrenzt – wird sie wiedergewählt. Eine Priorin kann allerdings nicht länger als sechs Jahre nacheinander im Amt bleiben; Marie von Gonzaga nun erhält 1880 und 1881 zwei Verlängerungen ihrer Amtszeit. Nach einer Pflichtunterbrechung zwischen 1882 und 1886 ist sie am 3. Januar 1886 und dann wieder 1889 Priorin; wiederum erhält sie eine einjährige Verlängerung (bis zum 20. Februar 1893). Dann eine neuerliche Pflichtunterbrechung, während deren sie Schwester Agnès von Jesus – Pauline – wählen läßt und selbst Novizenmeisterin wird. Am 21. März 1896 und dann 1899 läßt sie sich wiederwählen. Sie stirbt am 17. Dezember 1904 an Zungenkrebs. In den 42 Jahren ihres Klosterlebens ist Marie von Gonzaga sechs Jahre Subpriorin und zweiundzwanzig Jahre Priorin. Das heißt also, daß sie im Karmel von Lisieux einen höchst wichtigen Platz einnimmt.

Marie von Gonzaga, die einer alten Familie in Caen angehört – sie ist eine geborene Marie Davy de Virville –, steht trotz ihres Eintritts in den Karmel von Lisieux noch mit einem Bein in der Welt. Als 1947, fünfzig Jahre nach Theresias Tod, Maxence Van der Meersch in einem aufsehenerregenden Buch ein einseitiges Porträt der Mutter Marie von Gonzaga zeichnet, erhebt eine Anzahl von Hagiographen entschiedenen Einspruch; aber Mutter Agnès zögert nicht, nun gewisse Archive zu öffnen, die zeigen, daß Marie von Gonzaga eine ausgeprägte Persönlichkeit war: „Die Mutter war autoritär, reizbar, wechselhaft, impulsiv, auf die Interessen ihrer Familie bedacht, sie hing an ihrer Katze und achtete nicht immer sorgfältig genug auf die Einhaltung des Schweigens in ihrem Karmel, noch darauf, es selbst zu wahren. Dabei ist sie energisch, eine Frau mit Verstand und gesundem Urteil; sie ist gebildet und erhebt einen hohen spirituellen Anspruch; ist voll Eifer für das Gute. Kurz, eine ausgeprägte Persönlichkeit, die aber sehr unangenehm wurde, sobald sie nicht mehr in der Ausübung der Macht die reguläre Gelegenheit zur Selbstbestätigung fand."

Als Marie von Gonzaga 1874 das erste Mal zur Priorin gewählt wird, treibt sie die nötigen Mittel zur Fertigstellung der Klostergebäude auf. Dies geht nicht ohne Schwierigkeiten, und sie hat viel im Sprechzimmer zu tun: sie muß sich um materielle Fragen, um Geldprobleme kümmern und hat daher Gesuche einzureichen, um die nötigen Summen zu erhalten, und muß dann wiederum dafür danken.

Sie gibt sich auch sehr viel mit ihrer Familie ab. Im Gebäude der Pfortenschwestern quartiert sie über längere Zeit hinweg eine nahe Verwandte und deren Enkel ein. Sie bewilligt einem Mitglied ihrer Familie ein sehr bedeutendes Darlehen: aber wenn dieses Darlehen auch mit Erlaubnis des Superiors des Karmel, Abbé Delatroëtte, gegeben wird, so gehört dieses Geld doch der Gemeinschaft; und diese Handlungsweise kann auch nicht dadurch gerechtfertigt werden, daß das Darlehen „vollständig plus 10%" zurückgezahlt wurde und daß „die Interessen des Klosters gewahrt wurden". Man muß zwangsläufig daraus schließen, daß die Priorin sich „vom Familiengefühl leiten ließ und der Gemeinschaft Verpflichtungen aufbürdete, die auf ihr lasteten ... Die religiöse Vollkommenheit hätte eine stärkere Loslösung und Zurückhaltung verlangt."

Und da ist noch die Katze. Muß sie uns, wie M. Van der Meersch, ein Dorn im Auge sein? Zugegeben, Marie von Gonzaga hat eine Schwäche für „Mira". Sie wird mit Kalbsleber gefüttert. Sie wird gepflegt. Sie wird gesucht: als Mira eines Abends nicht heimgekommen ist, schickt Marie von Gonzaga unter Mißachtung des „großen Schweigens" einen SOS-Ruf durch den ganzen Karmel. Aber dies alles ist doch nicht sehr folgenschwer: jedenfalls kein Grund, eine Katze zum Sündenbock zu machen.

Dagegen ist etwas viel Schwerwiegenderes hervorzuheben: der Charakter der Mutter Marie von Gonzaga: sie ist aufbrausend, autoritär und eifersüchtig. Ihre Machtliebe ist augenscheinlich.

Der Karmel von Lisieux, in dem Marie von Gonzaga zwischen 1874 und 1904 fast ohne Unterbrechung regiert, wurde auf Wunsch zweier junger Mädchen aus Pont-Audemer, Athalie und Désirée Gosselin, gegründet, die Karmelitinnen werden wollten und sich an Mgr. Daniel, den Bischof von Bayeux, gewandt hatten. Dieser lädt sie ein, sich unter die Leitung eines Vikars der Pfarrei St. Jakob von Lisieux zu stellen. Abbé Sauvage sucht daraufhin einen Karmel, der die Schirmherrschaft über die Gründung übernehmen will; und so treffen am 16. März 1838 zwei Nonnen aus dem Karmel von Poitiers in Lisieux ein: Schwester Elisabeth vom heiligen Ludwig, die zur Priorin ernannt wurde, und Schwester Geneviève von der heiligen Teresa, als Subpriorin und Novizenmeisterin; mit ihnen kommen vier Novizinnen aus der Normandie, die ein Jahr in Poitiers verbracht haben, nach Lisieux. Die beiden Gründerinnen und ihre Novizinnen lassen sich in einem alten Haus in der Rue de Livarot nieder: vierzig Jahre sollte es dauern, bis das Haus zu einem richtigen Kloster wurde; es fehlte nicht an Prüfungen aller Art: Krankheiten, sehr große finanzielle Schwierigkeiten. Schwester Elisabeth stirbt 1850; die eigentliche Gründerin ist somit Schwester Geneviève von der heiligen Teresa.

Diese – Claire Bertrand – wurde am 19. Juli 1805 in Poitiers geboren und war am 25. März 1830 in den Karmel dieser Stadt eingetreten. Sechs Monate vor ihrer Profeß – also Anfang 1831 – hatte Schwester Geneviève während der Exerzitien eine tiefe spirituelle Angst durchgemacht, von der sie Theresia eines Tages erzählt: „Ich wußte nicht mehr, was ich tun sollte, war unfähig zu beten und setzte mich also in die Nähe ‚unseres' Bettes (es war spät, es war nach der Matutin), da sagte in der Stille der Nacht eine fremde Stimme, die von außen zu kommen schien, sehr laut und deutlich zu mir: ‚Du hättest gekonnt und du hast nicht gewollt!' Ich ergriff mein Kreuz, hielt es in

Richtung der Stelle, aus der diese Stimme kam, und antwortete: ‚Verzeih mir, mein Gott ... verzeih mir! Hier ist mein Unterpfand!' Ich blieb die ganze Nacht hindurch in einer tödlichen Angst befangen und fühlte mich unter dem Anspruch der göttlichen Gerechtigkeit, bereit, mich in den Abgrund zu stürzen."

In Lisieux befaßt sich Schwester Geneviève zunächst mit den Novizinnen. 1847 liest sie den Bericht über das Werk einer Karmelitin von Tours, der Schwester Marie vom heiligen Petrus, die in ihrem Konvent die Andacht zum Heiligen Antlitz eingeführt und M. Dupont, „den Heiligen von Tours", inspiriert hatte; daraufhin wurde in der Kapelle von Lisieux ein Bild des Schweißtuchs der Veronika angebracht. Für Schwester Marie vom heiligen Petrus steht die Andacht zum Heiligen Antlitz unter dem Zeichen der Sühne; sie fügt sich übrigens in jene Art der Spiritualität ein, die zu dieser Zeit im Karmel gepflegt wird. Eine Spiritualität, die ihren exakten Niederschlag in einem, in den Konventen weit verbreiteten Buch findet: dem *Trésor du Carmel* (Schatz des Karmel).

Hier findet sich der aus mehreren Schriften des 17. Jahrhunderts überkommene Gedanke der Selbstaufopferung für die Sünder.

Agnès, die die Erste sein will

Neben Marie von Gonzaga ist es aber Schwester Agnès von Jesus, die im Karmel von Lisieux den größten Einfluß hat.

Agnès von Jesus, das ist Pauline. Am 2. Oktober 1882 – mit 21 Jahren und einigen Tagen – in den Karmel eingetreten, nimmt sie am 6. April 1883 den Habit des Karmel und legt am 8. Mai 1884 die Profeß ab. Sie ist die erste der Martin-Töchter, die in den Karmel eingetreten ist: vor Marie, ihrer älteren Schwester. In einem anderen Zusammenhang schreibt sie an ihren Vater: „Mein liebes Väterchen, weißt Du, daß Du stolz sein kannst? Nicht auf mich oder eine von uns im besonderen, sondern auf die Wahl Gottes und seine besondere Vorliebe für uns fünf"; und sie unterschreibt: „Deine *älteste* kleine Perle; ich bin der kleine Jakob, der das Erstgeburtsrecht geraubt hat." Pauline, das ist jene, die die zweite war und die erste sein wollte; es gelang ihr, ihre ältere Schwester Marie dadurch zu überholen, daß sie als erste in den Karmel eintrat. Ende 1883 schreibt sie ihrem Vater: „Wie sehr wünsche ich, heilig zu sein! Ich habe nur diesen Ehrgeiz, ich weiß, daß alles andere vergeht, ich weiß, daß nichts beständig ist hier auf Erden, und ich will mich immer stärker an Gott binden. Welche Barmherzigkeit von Ihm, mich so jung und als *erste* an sich gezogen zu haben!" Sie selbst unterstreicht als *erste!* Aber auch im Karmel, wo noch Marie, Theresia und Céline zu ihr stoßen werden, möchte sie die erste bleiben. Sie nimmt bei ihren leiblichen Schwestern den Platz von Frau Martin ein, indem sie diese Stellung auf die geistliche Ebene überträgt; sie ist für sie alle eine Mutter: „Ich sehe so klar den Willen Gottes über uns!" sagt sie zu Marie in einem Briefchen, das sie dieser in der Zeit ihres Noviziats schickt. Aber sie kann nicht anders, als auch die erste der anderen Karmelitinnen, ihrer Schwestern, sein zu wollen.

Schon seit ihrem Noviziat ist sie, die Zweiundzwanzigjährige, die große Vertraute der Gründerin Mutter Geneviève. Und sie wird immer mehr zur rechten Hand der Mutter Marie von Gonzaga. Nun, was Pauline will, das will sie. Sie ist die Seele aller Unternehmungen, um den Eintritt Theresias in den Karmel zu erreichen. Sie ist es, die sich als erste gegen den Widerstand des Onkels Guérin stellt. Sie war es, die angesichts der Weigerung, die Abbé Delatroëtte der Mutter Marie von Gonzaga und der Mutter Geneviève entgegengestellt hatte, die Idee entwickelte, sich über den Superior hinweg an den Bischof zu wenden; sie mobilisiert zu diesem Zweck ihren Vater und auch den Almosenier des Karmel, Abbé Youf. Als Herr Martin in Bayeux keinen Erfolg hat, geht der Sturmlauf weiter: Pauline drängt darauf, nach Rom zu gehen. Sie ist es, die letztlich die Strategie entwirft, die beim Papst anzuwenden ist: zunächst hatte sie Weisung zum Stillschweigen gegeben, aber in einem letzten Brief, den sie am 10. November 1887 an Theresia, die sich bereits auf der Reise befindet, nach Rom schickt, drängt sie diese, zu reden: „Laß Dein kleines Herz sich nicht betrüben, beachte die anderen nicht, die Dich umgeben werden; was hilft das dazu, daß man Dich hört? *Gar nichts.* Frage Jesus, wie du es anstellen sollst, er muß Dich belehren, denn Du wirst für seine Liebe sprechen. Stelle Dir vor, Du sprichst zu Jesus selber, das wird Dir helfen. Einst, in seinem irdischen Leben, haben sich die Juden nicht geschrämt, ihm inmitten der Menge ihre Not aufzudecken; auch Du brauchst nicht zu erröten, rede und fürchte nichts."

Im gleichen Brief zeigt sie ihre „Verschwörer"-Seite: um ans Ziel zu gelangen, mußte alles ohne Wissen des Generalvikars M. Révérony vorbereitet und in die Tat umgesetzt werden; und sie hat es verstanden, sowohl Mutter Geneviève als auch Mutter Marie von Gonzaga in den Plan einzubeziehen: so kann sie sich ihrer Position und ihrer „Pflicht" sicher sein. Pauline hat eine außergewöhnliche Art und Weise, beharrlich zu sein. Jede Schwierigkeit ist für sie nur eine Art Trampolin; nichts hält sie auf, nichts hindert sie daran, vorwärtsgehen zu wollen. Ist Theresia in der Papstaudienz gescheitert? „Bist Du nicht stolz", so schreibt sie ihr, „bist Du nicht glücklich über die *deutliche Bevorzugung*, die Jesus Dir zeigt? So jung, mit fünfzehn Jahren schon hält er Dich für würdig, sein Kreuz zu tragen; er hält Dich für würdig, zu leiden! Welche Ehre für Dich!" Das ist ganz Pauline: unternehmend, geschmeidig, gewandt, unbezähmbar. Sie war es, die eigentlich den Eintritt Theresias in den Karmel mit fünfzehn Jahren gewollt hat; sie selbst berichtet die Überlegung einer Karmelitin zu diesem Zeitpunkt: „Welche Unklugheit, ein so junges Kind in den Karmel eintreten zu lassen. Was sich diese Schwester Agnès von Jesus eigentlich denkt."

Sie ist es, die diesen Waffengang gewonnen hat, indem sie sogar bis zum Papst ging. Gerade dadurch wird ihr Theresia noch lieber; Theresia ist für sie wirklich ein anderes „Ich", das sie innig liebt und für das sie bereit ist, alles zu tun. Konnte Pauline nicht für Theresia das verwirklichen, was sie für sich selbst gewünscht hätte: nicht nur als erstes der Martin-Mädchen in den Karmel einzutreten, sondern dort auch als die Jüngste einzutreten. Hatte nicht Pauline schon am Tag nach ihrem Eintritt in den Karmel ihrer Novizenmeisterin, Mutter Geneviève, geantwortet, als diese sie traurig vorfand und sich nach dem Grund für diese Traurigkeit erkundigte: „Weil ich finde, daß ich alt in den Karmel eingetreten bin." Ihr Verdienst ist es, daß Theresia mit 15 Jahren eintritt. Pauline hat Erfolg gehabt. Pauline ist ein Mensch, der Erfolg hat.

Marie von Gonzaga und Agnès von Jesus sind also die eigentlichen Persönlichkeiten des Karmels, einander nah und doch zugleich antagonistisch. Die Ältere, die beim Eintritt Theresias in den Karmel 54 Jahre alt ist, und die Kronprinzessin, die 27 Jahre alt ist. Die Ältere, die bis zum 20. Februar 1893 Priorin ist und dann von Agnès abgelöst wird; und diese, die ihrerseits bei den nächsten Wahlen – sehr schwierigen Wahlen – am 21. März 1896, dem Tag vor dem Palmsonntag wieder von Marie von Gonzaga abgelöst wird. Theresia wird „Zeuge einer schmerzlichen Gegnerschaft zwischen Agnès von Jesus, die Priorin geworden ist, und Mutter Marie von Gonzaga" sein. Sie wird, wie wir später sehen werden, zum Gegenstand ihrer Mißhelligkeiten.

Prüfungen, Friede, Klarheit

Wir dürfen nie vergessen, daß Theresia bei ihrem Eintritt in den Karmel erst 15 Jahre alt ist: dieses junge, sehr junge Mädchen wird in besonderem Maß zum Zeugen der Zwistigkeiten zwischen zwei erwachsenen Frauen, die sie auf der einen Seite im Gehorsam und auf der anderen Seite blutsmäßig als ihre wahren „Mütter" betrachtet. Die Geschichte des geistlichen Abenteuers Theresias ist in erster Linie hier lokalisiert: in diesem klar umrissenen Kreuz, das darin besteht, mit zwei Erwachsenen zu leben, denen man gehorchen muß und für die man eine große Verehrung hat, mit zwei Erwachsenen, die beide die gleiche Beharrlichkeit und die gleiche Starrköpfigkeit haben, die gleiche Impulsivität und das gleiche Verlangen, ihre Ansichten durchzusetzen, mit zwei Erwachsenen, die sich nicht verstehen können.

Von Anfang an, seit den ersten Monaten im Karmel, ist eine bestimmte Zahl von Gegebenheiten schon festgelegt, die das ganze Ordensleben Theresias hindurch unverändert so bleiben werden.

Zunächst, als erste Gegebenheit, der *Friede*. Die Zeit vor dem Eintritt in den Karmel war für Theresia ein langer Kampf gewesen: bis Weihnachten 1886 der Kampf gegen die Unreife; dann der Kampf, so bald wie möglich Karmelitin zu werden. Unmittelbar nach ihrem Eintritt erlebt sie also einen Frieden, den nichts verändern kann; später schreibt sie: „Meine Seele empfand einen so süßen und tiefen Frieden, den ich nicht auszudrücken vermag, und seit siebeneinhalb Jahren ist mir dieser innere Friede geblieben, er hat mich nicht einmal inmitten der größten Prüfungen verlassen."

Die zweite Gegebenheit ist, daß Theresia, die schon von ihrer Natur her, aber auch durch eigene Anstrengung äußerst realistisch ist, diesen Frieden nicht aufgrund von idealen Vorstellungen erfährt, in denen sie sich etwa gewiegt hätte, sondern in äußerster Klarsicht: „Was die *Illusionen* betrifft, so hat Gott mir die große Gnade gewährt, daß ich *keinerlei* Illusionen hatte, als ich in den Karmel eintrat; ich habe das

Ordensleben *so* gefunden, wie ich es mir vorgestellt habe, kein Opfer erstaunte mich."

Die dritte Gegebenheit: die Art und Weise, wie sie die Prüfungen und Leiden durchsteht. Sie erfährt ein übermächtiges Leiden. Wie erträgt sie nun dieses Leiden? Schweigend: „Äußerlich verriet nichts mein Leiden, das um so schmerzlicher war, als nur ich davon wußte. Wie überrascht werden wir am Ende der Welt sein, wenn wir die Geschichte der Seelen lesen werden!..."

Diese drei Gegebenheiten: tiefer Friede, äußerste Klarheit und stummes Leiden scheinen in einem Widerspruch zueinander zu stehen. Dennoch müssen wir sie so, wie sie sind, in ihrem Zusammen annehmen. Wird eine dieser drei Gegebenheiten isoliert und als vorherrschend dargestellt, dann besteht die Gefahr, daß wir Theresia von Grund auf mißverstehen. Zum besseren Verständnis ist es vielleicht zweckmäßig, diese drei Gegebenheiten dialektisch zu sehen und etwa zu sagen: Weil Theresia äußerst klarsichtig und weil sie zugleich in vollem Frieden lebt, ist sie fähig, zu leiden, ohne es sich irgendwie anmerken zu lassen. Jedenfalls müssen wir betonen, daß dieses nach außen hin verborgene Leiden den Frieden nicht verhinderte und daß auch die sie ganz durchdringende Klarsicht den Frieden nicht stören konnte. Die drei Gegebenheiten sind gleichsam wie drei Projektoren, die nur dann die eine Wirklichkeit erhellen können – das Leben Theresias im Karmel –, wenn sie ständig alle drei gleichzeitig eingeschaltet sind.

Das *Ziel* ihres Eintritts in den Karmel ist von Anfang an klar erkannt und ausgedrückt. Als Theresia am 2. September 1890 bei dem gefürchteten Abbé Delatroëtte das kanonische Examen für ihre Profeß – die am 8. stattfindet – ablegt, fragt der Superior des Karmel sie, „aus welchem Motiv" sie Ordensfrau geworden sei: „Um die Seelen zu retten und vor allem für die Priester."

Nach ihrem Eintritt am Montag, dem 9. April 1888, ist Theresia zunächst „Postulantin". Dieses fünfzehnjährige Mädchen, das einige Tage vor seinem Eintritt begeistert an Pauline geschrieben hatte: „*Ich will eine Heilige sein*", und diesen Satz unterstrichen hatte, bemüht sich sofort mit Bestimmtheit darum, eine wahre Karmelitin zu werden. Und es sind die für das Äußere wenig bedeutsamen täglichen Einzelheiten, die zählen. So z. B. die Tatsache, daß sie nun ihre Schwestern Pauline und Marie, die sie in ihren früheren Briefen immer geduzt hatte, in der Höflichkeitsform anreden muß: ab jetzt gilt das „Sie" sowohl im schriftlichen als auch im mündlichen Verkehr mit ihnen. Ein anderes Beispiel: Der augenblickliche Gehorsam. So schreibt Theresia in einem Briefchen, das sie Marie während deren Profeßexerzitien schickt – Mitte Mai 1888, also einen Monat nach ihrem Eintritt: „Bald wird die Glocke läuten, es läu"; das Wort blieb unvollendet, und sie fügt später hinzu: „Ich habe mein Wörtchen unterbrochen."

Aber diesen strikten Gehorsam gilt es zu relativieren: einige Monate später, am 12. März 1889, findet sich in einem Brief folgendes: „Es läutet, und ich habe meiner armen Léonie noch nicht geschrieben." Und es folgen weitere sieben Zeilen. Diesesmal hat Theresia ihren Brief beendet.

Seit ihrer Ankunft hat Theresia mit inneren Schwierigkeiten zu ringen. Da ist z. B. jener Aufschrei vom 23. Juli 1888: „Wenn man wenigstens noch Jesus fühlte ... aber nein, er scheint tausend Meilen weit entfernt zu sein, wir sind allein mit uns selbst." Glücklicherweise kommt P. Pichon in den Karmel und gibt ihr Gelegenheit, sich auszusprechen. Er beruhigt sie mit Nachdruck und gibt ihr wahrhaft den Frieden. P. Pichon ist zu diesem Zeitpunkt ein wahrer Vater für sie. Er läßt sie reden und spricht mit ihr. Er ermöglicht es ihr, so im Karmel zu leben, wie sie ist, in ihrer inneren Wüste.

Zur gleichen Zeit wird ihr leiblicher Vater, Herr Martin, stumm. Am 23. Juni – einen Monat nach Theresias Begegnung mit P. Pichon – reißt Herr Martin aus: man sucht ihn, er ist fortgegangen, ohne jemandem etwas zu sagen. Ein Jahr vorher, am 1. Mai 1887, hatte Herr Martin einen schweren Gehirnschlag erlitten, war aber von einer kleinen halbseitigen Lähmung schon sehr schnell wieder genesen und hatte die Romreise unternehmen können. Anfang 1888 setzt die Arteriosklerose wieder mit ihren verheerenden Erscheinungen ein: er ist zuzeiten sehr matt und verliert sein Gedächtnis: so z. B., als er ein Papageienweibchen, das er sehr liebte, so wenig pflegte, daß es einging.

Damals wird diese Krankheit Apoplexie (Schlaganfall) genannt. Heute schenkt man bereits den der Apoplexie vorausgehenden Anzeichen starke Beachtung – motorische Beschwerden: die Hand ist nicht mehr so beweglich, der Gang oder auch die Rede ist gehemmt; Bewußtseinsstörungen: teilweiser Verlust des Bewußtseins, Geistesumnachtung oder Desorientierung; aber auch psychische Störungen: das Verhalten des Betroffenen verändert sich und läßt Schwierigkeiten bei geistigen Vollzügen erkennen: Verarmung der Vorstellungskraft, Abnahme der Urteils- und Konzentrationsfähigkeit, Verlangsamung der Ideenassoziation, Anpassungsschwierigkeiten neuen Situationen gegenüber, Flucht vor der Verantwortung. Diese Anzeichen, deren sich der Betroffene bewußt ist, führen als Reaktion zu melancholischer Depression oder heftiger Erregung; sie treten in der Hälfte der Fälle bei ängstlichen oder emotionalen Menschen auf, deren neurovegetative Reaktionen heftig sind, und sie werden allzuoft nur sehr vage als „Alterserscheinungen" diagnostiziert. Schließlich wird vor allem die enthemmende Wirkung hervorgehoben, die in diesem Bereich der Apoplexie von Angst, Irritation oder emotionaler Spannung ausgelöst wird.

Damals verfügte man noch nicht über die entsprechenden Mittel, um die Krankheit wirksam zu bekämpfen. Aber man wußte auch nicht, in welchem Maß sich bei der Arteriosklerose die psychischen Beschwerden parallel zu den organischen Beschwerden entwickeln; und daß es nicht selten zu Delirien und Halluzinationen kommt, deren Inhalt unterschwelligen Neigungen entstammt. Eines Tages im Mai 1888 sagt Herr Martin im Sprechzimmer des Karmel zu seinen drei Töchtern: „Meine Kinder, ich komme aus Alençon, wo ich in der Kirche Unserer lieben Frau so große Gnaden und solche Tröstungen empfangen habe, daß ich folgendes gebetet habe: ‚Mein Gott, das ist zu viel, ja, ich bin zu glücklich, so kann man nicht in den Himmel gehen, ich will für Dich leiden!' und ich habe mich ihm angeboten."

Es geschehen Dinge, die dazu beitragen, den Kranken zu traumatisieren. So etwa das Problem Léonies, die am 16. Juli 1887 bei den Salesianerinnen von Caen eingetreten war und sich im Kloster nicht eingewöhnen kann. Herr Martin, der sehr viel um die Berufung seiner schwierigsten Tochter gebetet hatte, muß sie am 6. Januar 1888 aus Caen holen und wieder nach Lisieux mitnehmen. Aber es ist vor allem ein zweites Ereignis, das zweifellos die Krise vom 23. Juni 1888 und die Flucht Herrn Martins beschleunigt hat.

Theresia ist am 9. April in den Karmel eingetreten. Herr Martin kann sich nicht auf Léonie verlassen, die mehr eine Last, denn eine Hilfe ist. Er stützt sich völlig auf Céline, die am 28. April 19 Jahre alt wird. Diese erhält im April, unmittelbar nach dem Weggang Theresias, in aller Form einen Heiratsantrag. Céline ist verwirrt. Sie, die insgeheim an das Ordensleben dachte, fragt sich nun, ob sie nicht doch für die Ehe geschaffen sei – man hat ihr oft gesagt, sie habe keineswegs das Benehmen einer Ordensfrau. Angst steigt in ihr auf: „Ich sah nicht mehr klar. Ich antwortete aber auf gut Glück, daß ich nicht wolle, daß ich im Augenblick meine Ruhe haben möchte." P. Pichon, den Céline am 22. Mai bei der Profeß von Marie trifft, billigt es.

Am Samstag, dem 16. Juni, zeigt Céline, die großes Talent und eine Berufung zum Malen besaß, ihrem Vater in Belvedere ein Bild, das sie gerade gemalt hatte und das Maria Magdalena und die Schmerzensmutter darstellt. Herr Martin eröffnet ihr, daß er anläßlich der Reise, die er jüngst in Sachen der Verwaltung seiner Angelegenheiten unternommen hatte, in Auteuil eine Villa gemietet habe, damit Céline dort wohnen und in Paris bei einigen Künstlern Malstunden nehmen könne. „Ohne auch nur darüber nachzudenken", sagt Céline, „stellte ich das Bild, das ich in der Hand hatte, auf den Boden, wandte mich an meinen Vater und gestand ihm, daß ich Ordensfrau werden wolle und daher nicht den Ruhm der Welt suche, und daß Gott, wenn er meine Arbeiten später brauche, meiner Unwissenheit wohl abhelfen könne. Ich fügte hinzu, daß ich meine Unschuld jedem anderen Vorteil vorziehe und daß ich sie nicht in den Ateliers aufs Spiel setzen wolle."

Diese Ankündigung mußte bei Herrn Martin zwangsläufig einen Schock bewirken. Zur gleichen Zeit „ist er von der antiklerikalen Gefahr gequält, die sich damals in Frankreich auszubreiten beginnt, und er fürchtet für das Leben seiner Töchter, für die Sicherheit der Priester. Das Reisefieber packt ihn erneut mit beängstigender Heftigkeit. Das Verlangen nach einem Einsiedlerleben verfolgt ihn. Er will fliehen, sich dem Betrieb der Welt entziehen, irgendeine ferne Einsiedelei erwerben, in der er von allem losgelöst in Ruhe meditieren und seinen Tod vorbereiten kann" (P. Piat).

So bricht er am 23. Juni ins Abenteuer auf. Er kommt nach Le Havre und schickt von dort ein Telegramm mit der Bitte um postlagernde Antwort, und so kommt man ihm auf die Spur. Céline und ihr Onkel Guérin begeben sich sofort zur Post von Le Havre, wo sie Herrn Martin nach drei Tagen wiederfinden. In der Zwischenzeit verwüstet ein Feuer das Nachbarhaus von Les Buissonnets zum großen Schrekken Léonies, die allein zu Hause geblieben ist.

Die Krise legt sich wieder. Aufenthalt in Auteuil – Herr Martin, Léonie und Céline – vom 1. bis zum 15. Juli. Neuerlicher Rückfall am 12. August. Dann einige Wochen der Beruhigung. Am 31. Oktober will Herr Martin mit Léonie und Céline nach Le Havre fahren, um P. Pichon zu begrüßen, der sich am 3. November nach Kanada einschiffen muß. Man fährt durch Honfleur, und hier, in der Nähe des Heiligtums Unserer lieben Frau der Gnaden, überkommt Herrn Martin der stärkste Anfall, den er je gehabt hat.

Man muß sich die Qual der drei Karmelitinnen vorstellen, die von dem Vorfall niedergeschmettert sind. So fühlen sie sich bei der ersten Flucht, jener vom 23. Juni, „im ersten Augenblick unseres so großen Schmerzes, als Papa sich, man weiß nicht wo, verloren hatte", zutiefst betroffen. Mutter Geneviève ist praktisch die einzige, die sie versteht; in einem Kloster, in dem jeder jeden kennt, wird unbesonnen geredet. „Mangelnde Erziehung und Feingefühl einiger, die indiskrete Fragen, ärgerliche Anspielungen und ungeschickte Worte des Mitleids, die gutherzig sein wollen und doch demütigend sind, nicht immer zu vermeiden wissen. Es wurden verständnisvolle Blicke gewechselt, verlegenes Schweigen trat ein, man drückte seine Sorge über die möglichen Folgen des Unglücks aus, über die Verachtung, die daraus unserer Familie und der Kommunität erwachsen könnte."

Im Sprechzimmer setzen die von außen Kommenden die innerhalb der Gemeinschaft schon weit gediehene Kritik fort: „Eines Tages hörten wir im Sprechzimmer die härtesten Dinge über unseren armen Vater; man sprach in abträglichen Worten von ihm."

Diese Kritik von innen und außen berührt vor allem Theresia. Mutter Agnès gibt davon zweifaches Zeugnis: „Wenig taktvolle Menschen sagten sogar vor Schwester Theresia, daß der Eintritt seiner Töchter und vor allem der jüngsten, die er besonders liebte, diese Vorfälle ausgelöst habe." „Draußen machten uns viele für dieses Unglück verantwortlich, das, wie sie behaupteten, durch das Übermaß des Kummers, vor allem beim Eintritt Theresias, verursacht sei."

Kann man sich vorstellen, was die junge, 15jährige Postulantin beim Gedanken, sie könnte die Hauptverantwortliche für die Krankheit und die Verirrung ihres Vaters sein, durchgemacht hat.

Dem Anfall vom 3. November folgte eine merkliche Besserung, und Herr Martin konnte an der Feier vom 10. Januar teilnehmen. Die heute sehr vereinfachte Einkleidung war damals eine große Feierlichkeit.

Theresia tritt aus der Klausur heraus; sie ist im Hochzeitskleid; sie geht zu ihrer Familie; dann betritt sie wie zu einer Hochzeit am Arm ihres Vaters die Kapelle; die Ihren folgen ihr paarweise als Ehrengeleit.

Die ganze Familie nimmt an der Messe teil. Dann formiert sich der Zug wieder und bewegt sich auf die Sakristei zu. Theresia umarmt ihren Vater und die Ihren und überschreitet dann für immer die Schwelle des Klosters.

Angeführt von allen Ordensfrauen, die brennende Kerzen in den Händen tragen, wird sie von der Priorin zum Chor geleitet, und hier spielen sich die eigentlichen Einkleidungszeremonien ab, denen die Familie vor dem Gitter beiwohnt. Der Offizial, Mgr. Hugonin, spricht die liturgischen Texte, während die Priorin Theresia das wollene Kleid und den weißen Mantel anlegt. Sie erhält ihren Namen: Theresia vom Kinde Jesus.

Am Ende der Zeremonie unterläuft dem Bischof ein Irrtum: er stimmt das Te Deum an, das der Profeß vorbehalten ist, aber es haben bereits alle in das Lied eingestimmt. Dann ist Theresia im Sprechzimmer des Karmel anzutreffen.

Eine kleine Winterblume

Theresia betritt das Kloster, nachdem sie ihren Vater ein letztes Mal umarmt hat.

Draußen schneit es. Theresia, die selbst im Winter geboren ist, die sich selbst den Namen „Kleine Winterblume" gegeben hat, ein Blümchen, dem es trotz Kälte und Prüfungen gelungen ist, zu wachsen, Theresia ist darüber sehr glücklich. Später äußert sie, daß Gott es ihr gewährt hat, „trotz des Schnees der Prüfung" zu wachsen.

Eine neue Prüfung zeigt sich einen Monat nach der Einkleidung in Gestalt eines wiederholten Rückfalls Herrn Martins. Dieser will immer wieder auf Reisen gehen, er verschwendet sein Geld, hat Anfälle von Delirium, in denen er für seine Umgebung gefährlich wird. Herr Guérin beschließt, seinen Schwager in die psychiatrische Klinik „Le Bon-Sauveur" in Caen zu bringen, in der Herr Martin drei Jahre verbleibt. Im Karmel von Lisieux setzen die Kommentare gegen die Schwestern Martin mit vermehrter Heftigkeit wieder ein. Die Guérins nehmen Céline und Léonie bei sich auf. Céline widmet sich weiterhin der Malerei, daneben aber auch der Photographie und der Galvanoplastik; sie hat häufig Streit mit dem Onkel Guérin: sie sind beide von der gleichen Impulsivität. Im Mai 1889 nimmt der Onkel seine Nichten

auf die Weltausstellung mit. Zerstreuungen und Empfänge folgen in
La Musse in kurzen Abständen aufeinander; am 1. Oktober 1890 hei-
ratet Jeanne Guérin, die Kusine Célines und Léonies, Dr. Francis La
Néele.

Marie Guérin ist viel schüchterner und zurückhaltender als ihre
Schwester Jeanne; Marie und Theresia schreiben einander, aber nur
ohne Wissen von Herrn Guérin, denn er mißtraut der zarten Konstitution seiner Tochter und will ihre Neigung zu dem, was er als den
„Mystizismus" bezeichnet, nicht noch begünstigen. Eines Tages, im
August 1895, wird Marie in den Karmel von Lisieux eintreten und dort
von Theresia willkommen geheißen werden.

Nun könnte man meinen, daß Theresia gut aufgehoben ist, daß sie
von dieser Gruppe von Frauen, wie es der Karmel ist, ganz eingehüllt,
eingebettet und verstanden wird. Tatsächlich aber ist ein Karmel zunächst eine Wüste, in der man in großem Schweigen und tiefer Einsamkeit Gott sucht. Theresia sollte diese Wirklichkeit schon in ihrem
Noviziat erleben; um so mehr, als die Novizenmeisterin eine zwar sehr
gute, aber wenig klarsichtige und keineswegs psychologisch vorge-
hende Ordensfrau ist; sie versteht nichts von den inneren Zuständen
Theresias und verströmt lediglich eine Flut von Worten.

Im übrigen möchte es Theresia vermeiden, sich zu sehr von ihrer
Schwester Pauline anziehen zu lassen, die sie ebenfalls schlecht versteht
und auf ihre Eröffnungen nur mit liebevollen Worten antworten
würde. Im Bereich der Liebe will Theresia die erste sein. Pauline hat
in ihr die Liebe wachgerufen, das anerkennt sie. Aber sie will sie überholen. Und das ist zweifellos ein Grund ihres Schweigens Pauline
gegenüber: Theresia will insgeheim dahin streben, die erste in der Liebe
zu werden. Und sie glaubt nicht, daß ihre Schwester Agnès sie auf dem
Weg der Liebe unterstützen kann, Agnès, die die erste im Bereich der
Autorität sein will. Die gleiche Zurückhaltung zeigt Theresia auch
Marie von Gonzaga gegenüber, weil diese eine zu faszinierende Persönlichkeit ist.

Die Beziehungen zwischen Mutter Marie von Gonzaga und Theresia sind nicht einfach, sie werden es nie sein. Auf der einen Seite diese
mehr als 50jährige Frau von extremer Erregbarkeit, die sich von sich
selbst und ihren Impulsen mitreißen läßt, die Bindungen an sich wach-
ruft und mittels dieser regiert. Und auf der anderen Seite dieses junge
Mädchen, von weniger als 20 Jahren, auch sie von einer außerge-

wöhnlichen Erregbarkeit des Gemüts, von der gleichen Glut, aber fest entschlossen, sich um keinen Preis von jemanden einnehmen zu lassen, ihr Herz von niemandem anderen als Jesus in Besitz nehmen zu lassen; eine junge Frau, die den Bindungen mißtraut, sie herausfordert und alles tut, um ihnen nicht zu erliegen, die über sie obsiegen will. Von Anfang an haben sich die beiden Frauen gemessen, daran besteht kein Zweifel, und es gab zwischen ihnen beständig einen einzigartigen Kampf – und zugleich eine um so lebhaftere gegenseitige Achtung. Diese beiden Frauen sind Menschen, die „alles" wollen. Marie Gonzaga hat versucht, „alles" von ihrer Gemeinschaft zu haben; Theresia verzichtet auf alles, um das zu haben, was für sie alles bedeutet: Jesus. Von der einen, wie von der anderen Seite gibt es keine Schonung. Der Karmel ist eine geschlossene Arena.

Die Beziehungen zwischen ihnen sind gespannt. Theresia macht es keine Freude, zu Marie von Gonzaga zu gehen und ihr zu begegnen: „Bei unserer Mutter" – so schreibt sie während der Exerzitien, mit denen sie sich auf die Einkleidung vorbereitet, am 9. Januar 1889 in einem Briefchen an Pauline – „bin ich immer verwirrt, und wenn ich wirklich einmal einen guten Augenblick habe, kann ich ihr nicht sagen, was in meiner Seele vorgeht. Ich gehe ohne Freude von ihr, nachdem ich ohne Freude zu ihr gekommen bin!" Und sie fügt hinzu: „Ich glaube, daß Jesus während dieser Exerzitientage mich von allem losgelöst hat, was nicht Er selbst ist."

Mutter Marie von Gonzaga ihrerseits hat beschlossen, Theresia sehr streng zu behandeln. Die Haltung, die sie ihr gegenüber einnimmt, ist wohlüberlegt. Ihrer Meinung nach hat Theresia nichts von einem Kind an sich, und deshalb muß man sie nicht schonen; daher gibt sie der Novizenmeisterin folgende Anweisung: „Das ist keine Seele von diesem Schlag, die man wie ein Kind behandeln muß und bei der man befürchten müßte, sie immer zu demütigen."

Mutter Marie von Gonzaga spielt bei Theresia alle Möglichkeiten aus, über die eine Priorin verfügt, um eine junge Ordensfrau zu prüfen. Bei jeder Begegnung muß Theresia vor Marie von Gonzaga die Erde küssen. Ermahnungen, Kälte, Strenge, nichts fehlt. Und wenn die Priorin ihr keine Erlaubnis verweigern muß, so nur deshalb, weil Theresia aus Gehorsam und auch aus Stolz nie darum bittet. „Es fehlte ihr nicht an Gelegenheit, die Demut zu praktizieren", bezeugte Schwester Agnès. „Die Mutter Priorin war gewissenhaft darauf bedacht, sie in diesem Punkt zu prüfen. Sie akzeptierte alles nicht nur mit Großmut, sondern mit Freude. Auf ihrem Totenbett sagte sie zu mir: ‚Ich ging aus den Demütigungen gestärkt hervor.'" Schwester Agnès litt sehr unter dieser Behandlung ihrer Schwester.

Aber mehr noch als die Demütigungen – diese sind immerhin noch eine Haltung, bei der man die Aufmerksamkeit einer Person spürt – ist es die Haltung der Indifferenz und Gleichgültigkeit der Priorin, die für Theresia unendlich schmerzlich ist: „Mutter Marie von Gonzaga hat mir anvertraut, daß sie, um die Tugend der Schwester Theresia auszubilden, diese dadurch erproben will, daß sie ihr gegenüber eine Art Gleichgültigkeit praktiziert." Der gleiche Zeuge führt noch näher aus: „(Die Priorin) hat mir bezeugt, daß diese offensichtliche Zurückweisung in den ersten Jahren für die Dienerin Gottes sehr schmerzlich war."

Man darf annehmen, daß diese gewollte Gleichgültigkeit – die schlimmste Art der Zurückweisung – bei der Priorin von einem hohen Bewußtsein ihrer Aufgabe diktiert war. Man kann vermuten, daß dazu aber auch eine gewisse Verärgerung kam. Es existiert ein Briefchen von 1888 – Theresia ist Postulantin –, in dem die Priorin an Theresia schreibt: „Mein Benjamin ... soll nur alles seiner Mutter sagen, sie versteht ihn." Nun haben wir aber gesehen, daß Theresia im Zimmer der Priorin nicht sprechen konnte. Die Priorin mit ihrem besitzergreifenden Wesen mußte von daher ein tiefes Ressentiment empfinden. Und so gebraucht sie Theresia gegenüber zwei Waffen: die eine, offensiv, ist die Demütigung, die das junge Mädchen aber nur noch stärker macht, da sie darin einen entschlossenen Willen erkennt und die Bestätigung für ihre Haltung des Widerstandes findet; die andere ist die Gleichgültigkeit, die für die übergroße Sensibilität Theresias eine viel größere Prüfung darstellt: denn hier ist nicht mehr ein Bereich, in dem man dem anderen gegenübertritt, sondern Leere, eine Art Abwesenheit, als ob Theresia ohne Bedeutung wäre und letztlich gar nicht existiere.

Theresia ist ein Solitär, ein einzeln gefaßter Diamant. Ihre Sensibilität wie auch ihr gesunder Menschenverstand, die beide gleich stark sind, ließen sie schon sehr früh sich nach einem Herzen sehnen, dem sie sich mit ihrer ganzen Begeisterung schenken könnte; im Zusammenhang mit ihrer Kindheit sagt sie: „Mein empfindsames und liebendes Herz hätte sich leicht geschenkt, wenn es ein Herz gefunden hätte, das fähig gewesen wäre, es zu verstehen." Aber sie findet dieses Herz nicht, und ihr Stolz läßt es nicht zu, daß sie sich erklärt, wenn sie nicht verstanden wird: „Meine Liebe wurde nicht verstanden, das fühlte ich, und ich *bettelte* nicht um eine Zuneigung, die man mir verweigerte." Als sie sich zurückzieht, dankt sie Jesus dafür, daß sie diese schwesterliche Seele nicht gefunden hat: „Mit einem Herzen wie dem meinen hätte ich mich nehmen und mir die Flügel beschneiden lassen." Theresia hat also nicht die geringste Angst vor der Liebe: ganz im Gegenteil, sie wünscht eine unendliche Liebe, sie will einen so weiten Raum umfassen – wie der Adler – diesen Vergleich gebraucht sie später. Gerade weil sie nicht will, daß man ihr die Flügel beschneidet, ist sie im Karmel hinsichtlich der Zuneigungen so wachsam.

Das ist es, was sie zu einer Einsamen macht. In der Welt wäre sie, das weiß sie – sie ist sehr frühreif –, versucht gewesen, entweder umherzuflattern oder unaufhörlich und vergeblich nach einem Herzen zu suchen, das dem ihren gleicht. In einem Kloster konnte sie sich – das weiß sie ebensogut – in enge Bindungen zurückziehen. Sie will aber weder das eine noch das andere. Und dadurch wird sie lebendig, klar und hart wie ein Diamant.

Sie war nicht sofort ein Diamant. Aber die Umstände haben ihr geholfen. Wie könnte sie mit Pauline noch tiefe Gespräche führen, wenn wir uns daran erinnern, daß sie sich einst in ihren Beziehungen zu ihr tatsächlich die Finger verbrannt hat? „Eines Tages hatte ich zu Pauline gesagt, daß ich Einsiedlerin werden und zusammen mit ihr in eine ferne Wüste ziehen wolle, sie hatte mir geantwortet, daß mein Wunsch auch der ihre sei und daß sie *warten* würde, bis ich groß genug sei, um fortzugehen. Das war zweifellos nicht ernst gemeint, aber die kleine Theresia hatte es ernst genommen; so war sie schmerzlich berührt, als sie eines Tages hörte, wie ihre liebe Pauline sich mit Marie über ihren Eintritt in den Karmel unterhielt". Jetzt will sie wirklich eine Einsiedlerin sein: in der Wüste; nicht mehr mit Pauline: ganz allein. Früher wollte sie Einsiedlerin sein, aber begleitet von einer schwesterlichen Seele, genau wie in dem „ganz neuen Spiel", das sie mit ihrer Kusine Marie erfindet. „Marie und Theresia wurden zwei *Einsiedlerinnen*, die nur eine arme Hütte, ein kleines Getreidefeld und einige Gemüsearten zu betreuen hatten. Ihr Leben vollzog sich in beständiger Kontemplation, d. h., wenn die eine der *Einsiedlerinnen* sich mit dem aktiven Leben beschäftigen mußte, dann vertrat die andere sie bei dem Gebet. Das alles geschah in einer Übereinstimmung, einem Schweigen und in einer derartigen religiösen Form, daß es vollkommen war."

Aber fortan will sie uneingeschränkt einsam sein. Der Karmel ist der Ort, der ihr dies ermöglichen wird. Als sie am 9. April 1888 dort ankommt und man ihr die Gebäude und Räumlichkeiten zeigt: „Ich glaubte mich in eine Wüste versetzt. Ich spürte, daß der Karmel jene *Wüste* ist, in der ich mich nach dem Willen Gottes verbergen sollte", führt sie näher zum Beginn ihrer Berufung aus. „Ich spürte es so machtvoll, daß in meinem Herzen nicht der geringste Zweifel war: dies war kein Kindertraum, der sich abschütteln läßt, sondern die Gewißheit eines göttlichen Rufes; ich wollte in den Karmel gehen nicht *Paulines* wegen, sondern für *Jesus allein*."

Man kann sagen, daß Theresia unter dem Tod ihrer Mutter und dann unter dem Weggang – einem Tod – Paulines, ihrer zweiten „Mutter", in den Karmel sehr gelitten hat und daß sie sich fortan, als Reaktion, an niemanden mehr binden will, weil sie nicht mehr leiden möchte. Das scheint schwerlich bestreitbar. Aber dieses psychologische Motiv rechtfertigt dennoch nicht die Bindung an „Jesus allein". In der Gnade von Weihnachten 1886 erfährt sie eine echte Begegnung mit der Kraft Christi, die sie umwandelt, und sie – die über einen ganz gesunden Menschenverstand verfügt – kann nicht anders, als zu erkennen, daß das kleine weinerliche Mädchen, das sie war, in einem Augenblick umgewandelt worden ist. Wir werden sehen, daß ihr zäher Wille zur Einsamkeit nichts zu tun hat mit einem schizophrenen Untertauchen; ganz im Gegenteil wird Theresia in der Gemeinschaft, obwohl sie ihre Zurückhaltung beibehält, ihre Geheimnisse wahrt, immer menschlicher und schlichter, voll von Zärtlichkeit und Humor.

Dieses junge Mädchen – Theresia ist soeben 16 Jahre alt geworden – ist eine glühende Frau, deren Herz danach verlangt, mit einer Kraft zu lieben, die selten ist. Und das ist das Erstaunliche dieser Situation: dieses brennende Herz, das nichts Sentimentales an sich hat, sondern in der Entschlossenheit der Liebe absolut unnachgiebig ist, dieses brennende Herz existiert zwischen den Mauern eines Karmel. Man könnte sagen, daß alles darauf angelegt war, diese Leidenschaft nicht zum Glühen zu bringen: Hätte sie nicht im täglichen Leben früher oder später die Nacht und den Nebel durchbrochen, die das Fehlen oder die Armut der Liebe schafft? Hier aber ist dieses Herz gleichsam der Möglichkeit, sich auszudrücken, aufzubrechen, seine Lebendigkeit zu zeigen, beraubt. Womit soll man dies vergleichen? Mit einem großen Künstler, der seine herrlichsten Bilder in absoluter Einsamkeit malt? Aber, so wird man einwenden, wozu soll das gut sein? Welcher Verlust für die Menschheit! Welche Traurigkeit liegt in einer solchen allzu zwecklosen Kreativität! Aber hier rühren wir an das Geheimnis von Theresias Herz: sie glaubt an die zweck-lose Liebe, sie glaubt an die Kraft einer Liebe, die nach außen hin nicht aufscheint, deren Macht, unterirdisch und dunkel geleitet, gerade von daher um so mehr Stärke und Wirksamkeit hat. Da „Jesus in Liebe zu uns brennt", muß man ihm zunächst antworten, das übrige kommt dann von selbst: es geht nicht darum, „den Geschöpfen himmlische Melodien" vorzusingen, sondern „ein klangvolles Lied für unseren Liebsten" zu intonieren! Sie ist sicher, daß ihre brennende Liebe, von der nur Jesus allein weiß und die nur ihn zum Gegenstand hat, durch die unendliche Liebe, die im Herzen Jesu wohnt, verwandelt werden und eine noch ungewöhnlichere Kraft gewinnen kann. Wir haben von einem geistlichen Kalkül gesprochen; es handelt sich hierbei in der Tat um die Perspektive eines Alchimisten: Theresia will nichts weniger, als das Blei ihrer Liebe in das Gold der Liebe Jesu umwandeln: „Bald werden wir aus dem Leben Jesu selbst leben", schreibt sie am 12. März 1889 an Céline. „... wir werden an der Quelle aller Freuden vergöttlicht sein...", und sie zitiert Johannes vom Kreuz: „Die Liebe ist nur durch Liebe zu stillen, und die *Wunden* der Liebe heilen nur durch die Liebe."

Leidenschaftlich der Liebe hingegeben, hat Theresia ein Gespür für Wartezeiten und Verzögerungen: die Liebe, die warten kann, sammelt explosive Kräfte und vermehrt die Differenzierungen, durch die sie sich um so stärker auszudrücken vermag. Als sie Céline Psalm 136 zitiert: „Unsere Zithern hängen an den Weiden, die an Babels Strömen wachsen", ruft sie aus: „aber am Tag unserer Befreiung, welche Harmonien werden wir dann hervorbringen ... mit welcher Freude werden wir alle Saiten unserer Instrumente zum Klingen bringen! ..."

Dieses 16jährige Mädchen zeigt hier eine bewundernswerte Kenntnis der Liebe. Man würde sich täuschen, sähe man darin Masochismus und Aszese. Theresia ist sehr klarsichtig: sie setzt aufs Ganze, sie will alles verlieren, was nicht zufriedenstellend ist, um das zu gewinnen, was ihr Verlangen in seiner ganzen Schärfe vorausgeahnt hat: die Wirklichkeit der Liebe dieses Jesus. Sie weiß, daß die Liebe im Verborgenen gewonnen wird.

Die große Vertraute Theresias ist Céline, die in der Welt geblieben ist. Sie versteht Theresias Herz. Diese erklärt ihr, wie man lieben muß. Das Wesentliche, sagt sie, die Liebende, ist, daß der andere sehen kann, daß ich ihn liebe; nicht aber, daß ich mich selbst an dem Gedanken, mit welcher Liebe ich ihn liebe, versichere oder erwärme. Und je weniger ich mir der Kraft meiner Liebe zu ihm bewußt werde, desto mehr ist diese Liebe zweck-los und desto mehr ist der andere geliebt, da keine Rückwendung an mich selbst möglich ist. Im Grunde dankt Theresia Jesus dafür, daß er sie davor bewahrt, sich in sich selbst zurückzuziehen. Was der Apostel Petrus erst nach der Auferstehung erreicht hatte, als er, in Beantwortung der Frage Jesu: „Petrus liebst du mich?", sich nicht mehr auf seine eigenen Kräfte verlassen, sondern auf Jesus vertraut hatte – „Du, der du alles weißt, du weißt auch, daß ich dich liebe" –, das erreicht Theresia schon hier und jetzt von Anfang an: sie vertraut nur Jesus, aber nicht sich selbst, da sie ihre Liebe zu ihm nur ganz gering einschätzt.

Aber warum liebt Jesus sie? Sie, die glühend liebt, fragt sich nach den Gründen, aus denen der andere sie liebt, aber sie antwortet sofort im Vertrauen auf ihn: „Ja, Jesus hat seine Vorlieben, es gibt in seinem Garten Früchte, die die Sonne seiner Liebe fast in einem Augenblick reifen läßt ... Warum gehören wir dazu? ... Eine Frage voller Rätsel ... Welchen Grund kann Jesus uns angeben? ..." Sie gibt die Antwort: „Sein Grund ist der, daß er keinen Grund hat! ... Céline! ... nutzen wir die Vorliebe Jesu, der uns innerhalb so weniger Jahre so viel gelehrt hat, vernachlässigen wir nichts, was ihm Freude machen kann ... Ach! Lassen wir uns von der Sonne seiner *Liebe* vergolden ... diese Sonne ist brennend ... verzehren wir uns in der *Liebe*! Der heilige Franz von Sales sagt: ,Wenn das Feuer der Liebe in einem Herzen ist, dann fliegen alle Möbel zum Fenster hinaus.'"

Dieser Brief zeigt zugleich auch Theresias extremen Realismus. Woraus schließt sie, daß sie geliebt wird? Aus dem Blitzstrahl, mit dem sie umgewandelt worden ist. Die Liebe ist jenes Feuer, das alles in einem Augenblick verwüstet –. In diesem Abschnitt des Briefes an Céline ist die Progression der Bilder zu beachten: zunächst das Bild der Früchte, die an der Sonne *reifen*, aber hier ist es statt der üblichen langen Zeit ein schlagartiges Reifen „fast in einem Augenblick"; Theresia schreitet vom Bild der Sonne, die reifen läßt und *vergoldet,* weiter zum Bild der Sonne, die *verbrennt:* „diese Sonne ist brennend" und ein Anruf, sich selbst zu „verzehren": dann kommt sie mit dem Zitat des heiligen Franz von Sales zum Bild des *Feuers.* Jesus, dieser Jesus, der sie „so vieles in so wenigen Jahren gelehrt hat", ist ein verzehrendes Feuer, das sie mit einer Plötzlichkeit erfaßt hat, über die sie noch immer erstaunt ist: die Gründe seines Liebens sind ein Geheimnis; seine Art, mit dieser umwandelnden Lebendigkeit zu lieben, ist ein Geheimnis.

Wenn man von diesem Blitzstrahl getroffen ist, dann kann die Antwort nicht eine einmalige Hingabe des eigenen Lebens sein, sondern muß in einem allmählichen Sterben bestehen. Als Céline ihrer Schwester gesteht, daß sie einen Traum gehabt habe, in dem sie gemartert wurde, zeigt Theresia, die Realistin, ihr, daß es darum geht, „in der Zwischenzeit" ein anderes, viel wahreres Martyrium zu leben: „Das ist eine große Liebe, wenn man Jesus liebt, ohne die Süßigkeit dieser Liebe zu spüren ... Das ist ein Martyrium ... das verborgene, nur von Gott erkannte Martyrium ... ein Martyrium ohne Ehren, ohne Triumph ... Das ist die bis zum Heroismus vorangetriebene Liebe." Wenn man Jesus liebt, „ohne die Süßigkeit dieser Liebe zu spüren", und wenn man dieses „verborgene, nur von Gott erkannte Martyrium" erleidet, ein „Martyrium ohne Ehren, ohne Triumph", dann ist die Liebe am höchsten, und es wird eine Antwort Gottes geben.

Niemand wird leugnen, daß Theresia eine große Liebe lebt; nun lebt sie aber diese Liebe für Jesus, ohne zu spüren, daß der Geliebte da ist. Es folgt die Frage: „Wo ist er? Warum kommt er nicht, um uns zu trösten, wenn wir doch nur ihn zum Freund haben?" Die Antwort: „Er ist nicht fern." Er verlangt von ihr diesen Schmerz, seine Gegenwart nicht zu spüren, ausdrücklich: „Er, der uns anschaut, der von uns diese Traurigkeit erbettelt, ist ganz nah."

Dann eine weitere Frage: Warum sollen ihm seine Gegenwart-Abwesenheit, warum soll dieser Schmerz ihm dargebracht werden? Antwort: die Sicherheit, daß dieses dargebrachte Leiden einen bestimmten Widerhall im Herzen und im Leben der anderen hat.

Schlußfolgerung: „Es bleibt uns also nichts anderes, als zu kämpfen; wenn wir nicht die Kraft dazu haben, dann kämpft Jesus für uns ... Legen wir gemeinsam Hand an die Wurzel des Baumes."

Die Größe Theresias besteht unter anderem darin, daß sie verstanden hat, daß ihr Leid zu stark gewesen ist, als daß sie sich jemals wirklich davon befreien könnte – so könnte man sich z. B. schlecht vorstellen, wie sie die Freuden des Lebens, die der Ehe hätte in Frieden erleben können, der Anfangsschock war zu stark gewesen. Aber diesem faktischen Zustand hätte sie entfliehen können, indem sie sich in intensive Vergnügen gestürzt hätte, wie Charles de Foucauld, der mit fünf Jahren Vollwaise war und der ab seinem 16. Lebensjahr in der Suche nach dem Vergessen und in Kompensationen aufging. Oder aber, sie hätte ihm entfliehen können, indem sie sich in die Psychose verloren hätte. Beide Wege waren möglich. Sie hat einen dritten Weg gesucht: nämlich den, sich ihrem Leben, so wie es war, zu stellen und sich unverkürzt den anderen zu öffnen. Sie hat verstanden, daß wenn sie begänne, von der „verzauberten Quelle" des menschlichen Glücks zu trinken, jener Quelle, nach der ihr Herz, wie sie zugibt, „einen brennenden Durst" hat, ihr Durst nur stärker und brennender würde. Aber es genügte ihr auch nicht, zu sehen, daß ihr Leid von ihrer Umgebung anerkannt und sie getröstet wird; sie muß dieses Leiden im Gegenteil den Ihren verbergen und darf es nur Jesus allein zeigen.

Die Tatsache, daß sie zugibt, daß ihr Leben damit zum Teil verpfuscht, daß es ein Leben ist, das für immer vom Leid geprägt sein wird und daß sie daraus einen Ausbruch der Liebe macht, das impliziert eine außerordentliche Klarsicht. Für sie ist dieses Leben eine Nacht – „die Nacht" dieses Lebens, schreibt sie –, aber als Realistin sieht sie auch, daß diese Nacht nur eine *bestimmte* Zeit dauert „die einzige Nacht, die *nur einmal* kommt". Von nun an will sie die Augenblicke dieser Nacht so weit wie möglich nützen, um sie zur Liebe umzugestalten, und in diesem Sinne schreibt sie: „Ja, das Leben ist ein Schatzkästchen, jeder Augenblick ist eine *Ewigkeit*."

Theresia hat eine Gabe: nämlich die Situationen umzudrehen und sich ihrer zu bedienen. Diese Gabe erfordert große Geistesgegenwart: es geht darum, das Leiden, sobald es sich einstellt, sofort zu ergreifen und keine Zeit zu verlieren, um daraus eine aktive Handlung zu machen, statt es eine Last sein zu lassen, die man nur erduldet.

Theresia besitzt in hohem Maße gesunden Menschenverstand: sie hat begriffen, daß das spirituelle Leben nicht heroische Taten erfordert, sondern daß die kleinste Situation einfach in der Liebe gelebt werden muß. Sie zitiert Léonie ein Wort der Teresa von Ávila: „Jesus schaut nicht so sehr auf die Größe der Taten oder gar auf ihre Schwierigkeit als auf die Liebe, die diese Taten bewirkt." Ist sie „ohne *Freude*, ohne *Mut*, ohne *Kraft*"? dann „will sie sich ans Werk machen", denn gerade diese drei Eigenschaften, „Titel", wie sie sie nennt, werden ihr „das Unternehmen erleichtern". Wie das? Weil sie zeigen, daß sie das Werk nicht aus Freude daran, aus Heroismus oder aus Kraft beginnt, sondern daß sie „durch die Liebe arbeiten" will. Die Liebe allein ist es, die ihre Taten leitet. Das mystische Leben ist für sie in der Liebe und in der täglichen Liebe gegenwärtig: „Ich habe keine Lust, nach Lourdes zu fahren, um Ekstasen zu erleben. Ich ziehe die Monotonie des Opfers vor!"

Aber wer ist Jesus für Theresia? Er ist wesenhaft lebendig in dem Augenblick, da sie mit ihm spricht oder an ihn denkt. Aber er befindet sich selbst in einem Zustand des Wartens, wie man es von einem Ding sagt, das da ist, aber nicht verwendet wird; „dieses Paket ist unzustellbar, es wartet darauf, abgeholt zu werden". Jesus wird von Theresia immer wieder geschildert als einer, der arm ist, weil er wartet, weil er bettelt. Sie schreibt ihrer Kusine Marie Guérin: „Jesus ist krank vor Liebe." Und sie fügt sogleich hinzu, indem sie den heiligen Johannes vom Kreuz zitiert: „Und man muß wissen, daß die Krankheit der Liebe nur durch die Liebe wieder heilt. Marie, gib Dein ganzes Herz an Jesus, er dürstet danach, er hungert danach." Die Armut Christi ist die Armut dessen, der um die Liebe der anderen bettelt. Jesus erwartet, daß man ihn liebt: „er *bedarf* dessen". Es ist zu beachten, daß es sich immer um eine Gegenwart, um ein Heute handelt.

Als Hilfe in ihrem geistlichen Leben hat Theresia einen ihr sehr nahestehenden Vater: den heiligen Johannes vom Kreuz; sie liest oft im *Geistlichen Gesang* oder der *Lebendigen Liebesflamme* des großen spanischen Mystikers. Weil er für sie der „Heilige der Liebe" ist, füllt Johannes vom Kreuz das Nicht-Fühlen und das Fühlen, das Nicht-Sehen und das Sehen mit unermeßlicher Bedeutung. *Nada* und *todo*: ein Rhythmus extremer Abwesenheit und extremer Gegenwart, Teilhaben an Jesus in seinem Antlitz des Schweigens, des Schlafens, des Todeskampfes und des Todes und Teilhaben an der Vergöttlichung. Dieser Rhythmus schließt eine Dialektik ein: die Negativität ist eine notwendige Bedingung für diese Vergöttlichung. Johannes vom Kreuz zeigt, wie der Tod Christi jeden Lebensakt eines Menschen durchdringen kann, „*wie* das menschliche Wesen diesen Tod in jedem Augenblick zu dem seinen machen kann, *wie* schließlich der negative Weg nicht nur ein Weg unter anderen ist, um zum Wirklichen zu gelangen, sondern der einzige Weg, da es nur über den Tod einen Zugang zum Leben gibt".

Damit schlägt Johannes vom Kreuz einen Rhythmus vor, der vom verzweifelten und zweifelnden Nichts des Menschen zur Freude voranschreitet. In seinen *Maximen* finden wir z. B. das „Gebet der liebenden Seele", das „gleichsam eine Synthese des Werks des Johannes vom Kreuz" ist und in dem sich eine präzise Vorstellung von der Allmacht Gottes findet: „Diese tritt nicht an die Stelle unserer Ohnmacht, sondern belebt sie von innen heraus, damit sie das hervorbringen kann, was sie, nur ihren eigenen Hilfsquellen überlassen, nicht verwirklichen könnte" (P. Lucien-Marie).

Theresia – und das wird in jeder Regung ihres Lebens in den folgenden Jahren deutlich – begreift, daß das Denken des Johannes vom Kreuz sich nicht auf die Nacht noch auf die Verneinung beschränkt: Johannes vom Kreuz spricht vom „reinen Besitz Gottes", den der Mensch gerade durch den Tod gewinnt. Seine Auffassung des *nada* (des „Nichts") ist eine Fülle, die nicht von sich weiß. Er ist nicht der Prophet des Nichts, sondern der Mystiker des Alles. Theresia begreift, daß diese Verneinung, von der Johannes vom Kreuz spricht, eine tiefere Bejahung voraussetzt. Ihre mystische Erfahrung ist wie jene des Johannes vom Kreuz wesentlich bejahend: sie verneint nie etwas außer die Verneinungen. Denn sie strebt unaufhörlich nach der Umwandlung durch das „Feuer": wie Johannes vom Kreuz, so beschreibt auch Theresia, wie der Heilige Geist ein Sein ergreift und es zu einer göttlichen Art des Handelns, Denkens und Liebens führt, wie dieses Sein in das trinitarische Feuer hineingezogen wird. Johannes vom Kreuz drückt diese Umwandlung durch das Bild eines vom Feuer umspielten Holzscheits aus. Theresia wird auf einer der letzten Seiten ihres Lebensberichtes von einem Stück Eisen, also einer schwereren, widerstandsfähigeren Materie als das Holz, sprechen, das „identisch werden möchte mit dem Feuer, und zwar so, daß dieses es mit seiner brennenden Substanz durchdringt und durchtränkt und ganz eins mit ihm zu sein scheint". Beide streben mit ihrer ganzen Armut nach dieser liebenden Vereinigung, die ihr einziges Verlangen ist.

Theresia hat Johannes vom Kreuz zu einer Zeit, da er noch wenig gelesen und oft falsch verstanden wurde, von sich aus gewählt. Mit dem sehr sicheren Instinkt der großen spirituellen Begabungen hat sie sich hier das Mehl geholt, das sie brauchte, um daraus ihr eigenes Brot zu backen. Sie hat den Mystiker des *Geistlichen Gesangs* und der *Lebendigen Liebesflamme* zu ihrem Führer gewählt, sie, die keinen geistlichen Vater hatte. Und mit der Kühnheit einer wahren Tochter hat sie auf ihre Weise das Wesentliche dessen, was sie von ihm empfangen hatte, zum Ausdruck gebracht; man kann sagen, daß Theresia uns – im zweifachen Sinne des Wortes – den heiligen Johannes vom Kreuz „zurückgibt": daß sie ihn unserer Zeit vermittelt und zugleich doch in jedem Augenblick sie selbst bleibt. Dies geschieht auf zweifache Weise. Zunächst, indem sie die Lehre des Johannes vom Kreuz gewissermaßen in die Umgangssprache überträgt: Theresia sagt dasselbe wie er, aber in allgemeinverständlicheren Begriffen: für unser Jahrhundert bedurfte es dieser einfachen Lektüre, wie wir sie in den *Autobiographischen Schriften* oder der *Korrespondenz* Theresias vor uns haben. Aber diese Vermittlung geschieht noch auf andere Weise. Johannes vom Kreuz lebte in einer Zeit, da alle an Gott glaubten. Theresia hat in den achtzehn letzten Monaten ihres Lebens durch die Gnade Jesu erkannt, daß ihre Zeit – wie auch die unsere – eine neue Wirklichkeit erfahren muß: zahlreiche Menschen, für die es keinen Gott gibt. Und wir werden sehen, daß sie einen Zusammenhang – eine radikale Verbindung – herstellt zwischen sich selbst in ihrer Prüfung – ihrer Nacht des Glaubens – und diesen Ungläubigen, daß sie vor Christus mit ihnen solidarisch sein wollte. Sie, die also keinen geistlichen Vater hatte, stützt sich auf diesen geistlichen Vater, um auf dem Weg der Liebe schneller voranzukommen – sie stirbt mit 24 Jahren, Johannes vom Kreuz mit 49 Jahren, also doppelt so alt wie sie –, und sie stirbt einen Tod der gewöhnlichen Liebe, nachdem sie ihr Schicksal an das der Menschen ihrer Zeit gebunden und sich in dieser Epoche des 19. Jahrhunderts verwurzelt hat, in der Gott in Frage gestellt, angezweifelt und für tot erklärt werden sollte.

Wie könnte man sich nicht daran erinnern, daß Nietzsche 1881–1882 *Die fröhliche Wissenschaft* niederschreibt, in der sich die Szene mit dem Narren findet, der auf dem Marktplatz am hellichten Tag Gott mit der Laterne sucht; der Narr fragt die Menge: „Wo ist Gott hingegangen? Ich werde es euch sagen. Wir haben ihn getötet, ihr und ich!" Wenig später, im 5. Buch der *Fröhlichen Wissenschaft*, erklärt Nietzsche, das größte Ereignis der jüngsten Zeit sei, daß der Glaube an den christlichen Gott in Mißkredit geraten und unglaubwürdig geworden sei. Theresia erlebt diese Zeit, als Nietzsche die Feststellung formuliert, daß der christliche Glaube an Gott fortan einer anderen Zeit und einer anderen Welt anzugehören scheint. Und der Narr der *Fröhlichen Wissenschaft* weiß, was dieser Mißkredit bedeutet: Was wird aus den Menschen dieser neuen Ära, der des Nihilismus, werden? Nietzsche hat die Auflösung des Christentums, das im Sterben liegt, protokolliert; aber er stellt nicht nur fest: er hält diese Auflösung des Christentums für begrüßenswert, weil das Christentum ihm als eine negative menschliche Einstellung erscheint. In den Augen Nietzsches ist das Christentum Platonismus für das Volk; das Christentum hat drei Momente eines morbiden Vorgangs bis ins Extrem getrieben: das Ressentiment, das schlechte Gewissen, die Aszetik; es hat die Idee durchgesetzt, Welt, Leben und Existenz seien durch einen unauslöschlichen Makel gezeichnet, und daher steht der Christ den menschlichen Wirklichkeiten, wie etwa Sexualität oder Politik, stets ängstlich gegenüber. Für Nietzsche vertritt das Christentum letztlich nicht den Weg der schöpferischen Aktivität, sondern führt zu einem negativen Verhalten, das vom Gefühl des Scheiterns bestimmt und stets von Gedanken der Verfehlung und Wiedergutmachung, der Schuld und der Pflicht geleitet ist. „Wie Nietzsche wiederholt, scheinen die Christen immer das Bedürfnis zu haben, ihr Leben und das Leben schlechthin zu rechtfertigen; ein solches *Bedürfnis* aber ist bereits das Anzeichen eines Schuldgefühls, denn das Leben bedarf keiner Rechtfertigung. Kurz, zwischen dem bedingungslosen Ja, das vielleicht eines Tages ein lachendes Kind sagen wird, und dem klug unter dem Schein des Ja verborgenen Nein des Christen gibt es keinen Zusammenhang: aus dem Nein wird nie das Ja hervorgehen." Das Leben und die Reaktion Theresias sind ein entschiedener Protest gegen eine bestimmte aszetische Auffassung, die, wie wir noch sehen werden, im Karmel hoch in Ansehen stand; eine Haltung, die auf einer irrigen Ansicht über die Gerechtigkeit Gottes beruht. In Gegensatz dazu stellt Theresia den Gott der Güte.

Wir erinnern uns, daß Theresia bei ihrer Romreise von zwei Erfahrungen betroffen war: zum einen erlebte sie die Nichtigkeit der Großen dieser Welt, zum anderen aber lernte sie hier zum ersten Male die Wirklichkeit der Priester kennen: „Die zweite Erfahrung, die ich gemacht habe, betrifft die Priester. Da ich nie näher mit ihnen vertraut war, konnte ich den Hauptzweck der karmelitischen Reform nicht verstehen. Für die Sünder zu beten, das begeisterte mich, aber für die Seelen der Priester zu beten, die ich für reiner als Kristall hielt, das kam mir sonderbar vor!...

Ja! In Italien habe ich *meine Berufung* verstehen gelernt, das war nicht zu weit gereist, um eine so nützliche Erfahrung zu machen...

Einen Monat lang habe ich mit vielen *heiligmäßigen Priestern* gelebt, und ich habe gesehen – wenn ihre erhabene Würde sie auch über die Engel erhebt, sind sie deshalb doch nicht weniger schwache und gebrechliche Menschen... Wenn also *heiligmäßige Priester,* die Jesus in seinem Evangelium *‚das Salz der Erde‘* nennt, in ihrem Verhalten zeigen, daß sie der Gebete dringend bedürfen, was ist dann von den lauen zu halten? Hat Jesus nicht weiter gesagt: *‚Wenn aber das Salz schal wird, womit soll man es würzen?‘‘‘*

In ihren Briefen an Céline spricht Theresia sehr oft von den Priestern: „Wir müssen viele Priester bekommen, die Jesus zu lieben wissen." Ja, Priester bekommen, wie eine Frau Kinder bekommt. Theresia selbst wäre gern ein Junge gewesen, um Priester werden zu können, vor allem aber wollte sie Missionspriester sein, um Jesus an den vier Enden der Welt zu verkünden.

Diese Leidenschaft, zum Wissen um die Liebe beizutragen, ist bei Theresia so stark ausgeprägt, daß sie sich insbesondere für die Kriminellen und die Sünder einerseits und andererseits für die Priester, für jene, deren Sendung es ist, „Apostel" zu sein, interessiert. Schwester Agnès hatte diese Intention sehr schlecht verstanden, als sie im Kanonisationsprozeß sagte: „Sie hatte eine sehr hohe Vorstellung von der priesterlichen Würde und Aufgabe; daher wollte sie sich ihr ganzes Leben lang vor allem für die Priester aufopfern." Es handelte sich nicht um die „Würde"!

Céline dagegen hatte verstanden, daß Theresia Missionar zweiten Grades sein wollte: daß sie, da sie nicht selbst Priester und Missionar sein konnte, im wahren Sinn des Wortes missionarische Berufungen gebären wollte: „den Handel im großen betreiben", wie sie sagte. „Unsere Sendung als Karmelitinnen ist es, Arbeiter im Sinne des Evangeliums heranzubilden, die Millionen von Seelen retten werden, deren Mütter wir dann sind", sagt sie zu Céline und fügt hinzu: „Ich finde, daß unser Anteil daran wirklich schön ist!... Was haben wir den Priestern zu neiden?"

Diese Leidenschaft, zur Liebe Jesu hinzuführen, die sich in genauer

Entsprechung durch ihr Hingezogensein zu den Sündern und den Priestern ausdrückt, findet im Leben Theresias ihren konkreten Ausdruck. Man könnte sagen, daß es in ihrem Leben vier Männer gab: zwei Sünder und zwei Missionare. Die beiden Missionare werden erst am Ende ihres Lebens für sie bedeutsam: Abbé Bellière im Oktober 1895 und Pater Roulland im Mai 1896; überdies hat sie diese nicht selbst zu ihren geistlichen Brüdern erwählt, sondern von Mutter Marie von Gonzaga erhalten. Die beiden Sünder dagegen wird Theresia selbst wählen. Der erste, wir kennen ihn bereits, ist Pranzini. Der zweite ist, wie wir noch sehen werden, Loyson.

Es war beschlossen, daß Theresia am 8. September 1890 ihre Profeß ablegen sollte.

Was geschieht nun am Vorabend der Profeß, am Sonntag, dem 7. September? In ihrer Autobiographie berichtet Theresia, daß ihre Exerzitien zwar von einer „großen Dürre" waren, daß Jesus sie aber doch neun Tage hindurch „in jedem Augenblick" genährt und ihr „deutlich, ohne daß ich dessen gewahr geworden wäre, das Mittel, ihm zu gefallen" gezeigt habe. Der letzte Tag dagegen verlief ganz anders. „In meiner Seele erhob sich ein Sturm, wie ich noch keinen erlebt hatte ... Bis jetzt war mir nicht ein einziger Zweifel über meine Berufung gekommen, ich mußte diese Prüfung kennenlernen. Am Abend, als ich nach dem Magnifikat meinen Kreuzweg betete, erschien mir meine Berufung wie ein *Traum*, ein Trugbild, ich fand das Leben des Karmels wirklich schön, aber der Dämon suggerierte mir die *Sicherheit*, daß es nicht für mich gemacht sei, daß ich die Oberen täuschen würde, wenn ich diesen Weg weiter gehen würde, zu dem ich nicht berufen bin ... Die Dunkelheit in mir war so groß, daß ich nur eines sah und begriff: Ich hatte keine *Berufung*! ... Wie soll ich die Angst meiner Seele schildern? ... Mir schien, daß meine Novizenmeisterin, würde ich ihr meine Ängste sagen, mich daran hindern würde, die heiligen Gelübde abzulegen (das war absurd und zeigt, daß diese Versuchung vom Teufel kam); aber ich wollte den Willen Gottes tun und lieber in die Welt zurückkehren, als durch ein Verbleiben im Karmel meinen Willen zu suchen; ich ließ meine Novizenmeisterin aus der Kirche herauskommen und schilderte ihr *völlig verwirrt* meine seelische Verfassung ... Glücklicherweise sah sie klarer als ich und beruhigte mich völlig; überdies hatte der Akt der Demut, den ich vollbracht hatte, den Teufel, der vielleicht gedacht hatte, ich würde es nicht wagen, meine

Versuchung einzugestehen, in die Flucht geschlagen. Sobald ich zu Ende gesprochen hatte, verschwanden auch meine Zweifel. Um aber meinen Akt der Demut noch vollständiger zu machen, wollte ich meine seltsame Versuchung auch unserer Mutter anvertrauen, die sich aber darauf beschränkte, mich auszulachen."

Man muß sich die Szene vorstellen: die Schwestern der Kommunität bleiben, wie es am Vorabend einer Profeß üblich ist, bis Mitternacht im Chor der Kapelle beim Gebet. Theresia betet gerade einen Kreuzweg und geht von Station zu Station, als der Zweifel sie überfällt, ein Zweifel, den sie bis jetzt noch nicht gekannt hat: über ihre Berufung selbst. Sie gibt ihrer Novizenmeisterin ein Zeichen, die daraufhin mit ihr die Kapelle verläßt; das gleiche dann mit Mutter Marie von Gonzaga; die beiden Ordensfrauen beruhigen sie, eine nach der anderen. Der 8. September wird ein Fest ohne Schatten sein: Theresia wird „von einer Flut des *Friedens überschwemmt*" sein.

Die Zurückweisung krankhafter Leiden

Theresia spricht oft vom heiligen Antlitz Jesu. Nicht in schmerzbetonter Weise, sondern stets wie eine Liebende. Das heilige Antlitz ist nach ihren eigenen Worten das „verborgene Gesicht" Jesu.

Das „verborgene" Gesicht Jesu: dies muß ganz wörtlich verstanden werden: viele Menschen erkennen es nicht. Sie zitiert das Hohelied: „Tu mir auf, meine Schwester, meine Braut, denn voll von Tau ist mein Haupt, von Tropfen der Nacht meine Locken!" Und sie fügt hinzu: „Das ist es, was Jesus zur Seele sagt, wenn er verlassen und vergessen ist!... Céline, das *Vergessensein* ist es, was ihm, wie mir scheint, den größten Schmerz bereitet." Für Theresia ist Jesus allzuoft gewissermaßen abgeschoben in ein Gefängnis, verloren. Wie in jenem zerstörten Tabernakel, den Marie Guérin im Sommer in einem Dorf entdeckte – Theresia reagiert sofort und sagt zu ihrer Kusine: „... Dein Herz, das ist es, wonach er so sehr trachtet, daß er, um es zu besitzen, sogar bereit ist, in einem schmutzigen und dunklen Versteck Wohnung zu nehmen!... Wie könnte man einen Freund nicht lieben, der sich in eine so extreme Bedürftigkeit begibt..." An Céline schreibt sie: „Errichten wir in unserem Herzen einen kleinen Tabernakel, in den Jesus sich flüchten kann, dann wird Er getröstet sein, und Er wird vergessen, was wir nicht vergessen können: den Undank der Seelen, die Ihn in einem einsamen Tabernakel allein lassen!"

Sie will eintauchen „in die *verborgenen Schönheiten* Jesu", und in ihren Profeßexerzitien bekennt sie – eine kostbare Erläuterung –, daß in Christus gerade seine verkannten Leiden sie angerührt haben. Gerade das Verborgene zieht sie an: „Die arme kleine Braut Jesu spürt, daß sie Jesus *nur um seiner selbst* willen liebt, und sie will das Gesicht ihres Geliebten nur betrachten, um darauf die Tränen zu entdecken, die von seinen Augen rinnen und die sie durch ihren *verborgenen Reiz* bezaubert haben!" Am Vorabend ihrer Profeß sagt sie mit einem Jesajawort, sie werde „morgen die Vermählte Jesu" sein, „die Vermählte dessen, dessen Gesicht verborgen war und den niemand erkannt hat". Sie will „das unbekannte und geliebte Gesicht, das uns durch seine Tränen bezaubert", sehen.

Wir erinnern uns, daß ihre Einkehrtage ein wirklicher Tunnel waren: „Ich verstehe nicht, was meine Einkehrtage bedeuten sollen. Ich denke an nichts, in einem Wort, ich befinde mich in einem ganz dunklen unterirdischen Gewölbe!" Aber das Wesentliche sind nicht diese Nacht und dieser Tunnel, sondern der, der sich darin findet: „Wenn er es will, so würde ich mein ganzes Leben lang auf dieser dunklen Straße, auf der ich mich jetzt befinde, weitergehen, vorausgesetzt, daß ich eines Tages am Ausgang des Berges der Liebe ankomme. Aber ich glaube nicht, daß dies hier auf Erden geschehen wird." Entscheidend ist für Theresia dies: „Jesus hat mich an die Hand genommen, und er ließ mich in ein unterirdisches Land eintreten, in dem es weder kalt noch warm ist – in dem die Sonne nicht scheint und wo Regen und Wind keinen Zutritt haben, in einen Tunnel, in dem ich nichts als einen halbverschleierten Schein sehe, den die gesenkten Augen im Antlitz meines Bräutigams um sich verbreiten!"

In einem Abschnitt eines Briefes vom Mai 1890 an Schwester Agnès hatte Theresia einen ähnlichen Vergleich gebracht. In Anspielung auf ein symbolisches Gebet, in dem das Antlitz Christi mit einem Blumenstrauß verglichen wird, hatte Theresia die Namen der Blumen aufgegriffen, die in diesem Gebet die Augen Christi bezeichnen: die „Nachtblumen" – die sich bekanntlich erst am Abend nach Sonnenuntergang zu voller Blüte entfalten. „Sagt Jesus, er solle mich anschauen, wie die ‚Nachtblumen' mit ihren leuchtenden Strahlen das Herz des Sandkorns durchdringen." Ein erstaunliches Para-

166

dox: Christi Augen öffnen sich und schauen in der Nacht; sie geben „niedergeschlagen" ihr Licht und werden verständlich ... Auch hier finden wir wieder die Art Theresias, schwierige Situationen umzudrehen, spirituellen Nutzen aus ihnen zu ziehen und sie in eine Glaubenslehre umzuformen. Ihre unmittelbare Reaktion auf jene schmerzliche Erfahrung des Jahres 1893 ist folgende: „Der Schleier, den Jesus über diesen Tag geworfen hat, macht ihn in meinen Augen noch leuchtender, das Gepräge des anbetungswürdigen Antlitzes, der Duft des ‚geheimnisvollen Straußes' ist über mich gebreitet."

Wenn Theresia häufig einen Text aus Jesaja 53 zitiert, so nicht, um mit Wohlgefallen bei irgendwelchen Einseitigkeiten zu verweilen, sondern nur wegen des einen Satzes: „Sein Antlitz war wie verhüllt". Das heilige Antlitz ist für Theresia vor allem das Gesicht Jesu, das heute noch verborgen ist, das aber eines Tages erkannt werden wird. Das ist genau das Gegenteil einer Spiritualität des Blutes und des Todes.

Theresia hat sich ihr ganzes Leben lang gegen eine solche Spiritualität gestellt. Dennoch wird ihr immer wieder ein Gott gezeigt, der Opfer verlangt, ein Jesus als leidender Knecht und unter dem Zorn Gottes stehend, eine Spiritualität des Opfers, die im Grunde jedem wirklichen Glück des Menschen entgegensteht. Einige Minuten vor ihrem Tod entspinnt sich folgender Dialog zwischen Mutter Marie von Gonzaga und Theresia: „Meine Mutter! Ist das noch nicht die Agonie? ... werde ich noch nicht sterben? ... – „Ja, meine arme Kleine, das ist die Agonie, aber der liebe Gott will sie vielleicht noch um einige Stunden verlängern."

Man zeigt ihr, man zeigt uns einen Gott, der die Leiden eines unschuldigen Kindes, das ihn innig liebte, verlängern will. Es ist natürlich verständlich, daß ein gewisses Gefallen am Scheitern und am Unglück, dem der Mensch von Natur aus zuneigt, auch Mutter Agnès und ihre Parteigänger dazu geführt hat, die Leiden und den Tod eines vierundzwanzigjährigen jungen Mädchens zu verherrlichen. Außerdem wird hier eine bestimmte Spiritualität unmittelbar bestätigt. Theresia dagegen versenkt sich nicht in eine Agonie ohne Horizont, ohne österliches Licht: gerade als ihre Nacht am dunkelsten ist, sagt sie, Gott habe sie niemals verlassen und er werde sie auch nie verlassen. Und sie verwirft auch jene Krämerrechnung, nach der das Blut Christi Austausch und Lösegeld zwischen Gott und Satan ist. Niemals wurde das Blut dieses jungen Mädchens, das mit vierundzwanzig Jahren stirbt, von Gott gefordert. Der Satz: „Die die Götter lieben, sterben jung", ist nicht ein christlicher, sondern ein heidnischer Satz.

Wir dürfen nicht vergessen, daß die Karmelitin Theresia von Lisieux in einer ganz bestimmten Zeit und Geistesströmung lebt: der karmelitischen Spiritualität des 19. Jahrhunderts. Statt sich für das Wesentliche des Lebens und der Schriften der Gründerin Teresa von Ávila zu interessieren, wandte man sich vor allem den nebensächlichsten und anfechtbarsten Aspekten zu. Denn diese zweite Hälfte des 19. Jahrhunderts liebte in ihrer dekadenten Romantik außerordentliche Phänomene – die Entstehung des Spiritismus in Lyon fällt in diese Zeit. So kommt es in gewissen Klöstern zu Irrungen, wie sie aus dem Leben einer Priorin eines Karmels, Mutter Élisabeth, sichtbar werden. Der Biograph berichtet:

„Sie hatte ein intensives Verlangen nach äußeren Demütigungen und körperlichen Leiden. Die übertriebenen und unerhörten Bußen, die sie sich schon seit langem, vor allem aber seit einigen Monaten auferlegte, genügten ihr nicht mehr. Es bedurfte der äußeren Schmach. Ihr Ehrgeiz mußte mit Füßen getreten und mit Verachtung gestraft werden, wie man es mit einem Lasttier tut. Aber wie sollte man dazu gelangen? Der Heilige Geist gab ihr ein, ihren Titel als Oberin für eine bestimmte Zeit, die sie *Sitzungen* nannte, abzulegen. Während dieser Sitzungen mußte sie eine ihrer Töchter mit Vorwürfen überhäufen, ja sie sogar beleidigen, mißhandeln und geißeln."

Sie hält diese Sitzungen mehrere Jahre hindurch ab: „Der Stolz", so sagte sie, „muß zerstört werden, sonst bin ich in Ewigkeit verdammt." In einer Niederschrift vom 17. Mai 1868 zeigt sich deutlich ihre dualistische Konzeption: „Klare, eindeutige Trennung der beiden Teile meines Seins. Was ich bin: Hochmut, Nichts, Niederträchtigkeit, so tief es nur immer möglich ist vor Gott und seiner Kreatur. Was in mir von Gott ist: Unsterblichkeit, Freiheit, Erhabenheit, höchstmögliche Einheit mit Gott ... Heute habe ich mich zweimal gefragt, ob ich nicht unmittelbar vor dem Tod stünde, so intensiv empfand ich die Trennung zwischen meiner Seele und meinem Leib. Unser Herr hat mir gesagt: ‚Ich will, daß du bis zum Tod in Schande, Beschämung und Schmach stehst.'"

21. Juni: „Köstlicher Duft der heiligen Hostie in der Gemeinschaft. Jesus sagt mir: ‚Koste meine Süßigkeit und meine Liebe.' Ich fiel nieder, von tiefster Verehrung ergriffen. Der Geschmack der heiligen Hostie

behielt mehrere Stunden lang eine intensive Stärke." „Die Versuchungen wider den Glauben unterhöhlen mein geistliches Leben in seinem Ursprung, und meine Seele stirbt! Die Hölle ist unter meinen Füßen offen, *ich sehe sie* ... Über diesem Abgrund hängend, höre ich die satanischen Rufer, die mich hinabziehen wollen."

Die Oberen sind von einem Eingriff des Teufels bei Mutter Élisabeth überzeugt, und P. Fessard, der Almosenier des Klosters, exorziert sie mehrmals: „Am Nachmittag sah ich den Teufel ganz nahe. Er versprach mir *den Frieden, wenn ich mich ihm uneingeschränkt ausliefern würde* ... Er sagte mir auch, daß ich mich jeder Tröstung und Zufriedenheit beraubt habe und daß er bereit sei, sie mir zurückzugeben. Diese Vision war intellektueller Natur ... aber ich bin darüber sicherer als über irgend etwas anderes in der Welt ..." – „Ich empfinde über meinen Zustand und meine Ohnmacht eine kalte und bittere Ruhe ... zuzeiten, vor allem wenn ich die höllischen Umarmungen spüre, überfällt mich ein Schauer der Angst, der mir das Blut in den Adern erstarren läßt ... Ich führe getreu die Übungen des Gehorsams aus, aber das geschieht alles mechanisch ... jeder Akt bringt eine Verstärkung der Leiden! Die Besessenheit wird zum Besessensein ... und ich bin Priorin! ... und ich bin allein: niemand, der mir beistehen will, niemand der mich befreien kann."

Der Almosenier drängt Mutter Élisabeth, ihre *Sitzungen* mehr denn je weiterzuführen, und weist zwei Ordensfrauen an, wie sie zu gestalten seien. Der Biograph berichtet über mehrere dieser Sitzungen, deren Schilderung von den beiden Ordensfrauen selbst gegeben wurde. Hier zwei Auszüge: „Sie bat mich, sie um Mitternacht im Chor den Kreuzweg beten zu lassen und sie bei jeder Station mehr oder weniger stark zu geißeln und überdies noch ein oder zweimal sie zu ohrfeigen. Sie hatte den Habit abgelegt: sie war also im Rock (im Unterrock) mit ihrem Nachtschleier; mir schien, als hätte sie unter ihrem Schleier am Hinterkopf Dornen, zumindest ein kleines Bündel; obschon ich oft daran gedacht habe, habe ich doch ihr Geheimnis respektiert. Das zweite Mal war sie im gleichen Kleid, sie hatte außerdem ihre große Eselshaube auf. Sie legte den Kreuzweg auf allen vieren zurück. Als sie ihn beendet hatte, führte ich sie an einem Strick wie ein Lasttier. Zweifellos erwartete sie von mir, daß ich sie auch wieder zurückführe: bei diesen Sitzungen, die ja von ihr selbst angeregt wurden, stand ich unter ihrem Einfluß, war aber von etwas Unbestimmtem geleitet oder, besser gesagt, ich fühlte, wie die Gegenwart Unseres Herrn mich bestimmte: er schien zufrieden zu sein. Ich wartete unbeweglich auf der Höhe des Chors, noch immer den Strick in der Hand, als Mutter Élisabeth plötzlich mit sehr bewegter, fast erschreckter Stimme zu mir sagte: ,Gehen wir, gehen wir weg.' Und dann krabbelte sie schnell davon. Was ging in ihr vor? Wir kamen nie mehr darauf zu sprechen." „Am Vorabend des ersten Freitags im Monat mußte die schon genannte Schwester in die Zelle der Mutter Élisabeth kommen, und diese leckte ihr die Füße; nicht nur teilweise, sondern überall, und diese Schwester stellte fest, daß ihr so abgeleckter Fuß lange Zeit erstaunlich weiß blieb. Die gleiche Schwester wusch Mutter Élisabeths Zunge mit einem Lappen ab, der zum Geschirrspülen benutzt wird. Ein andermal brachte sie ihr einen Topf voll Unrat, damit die demütige Mutter ihr Gesicht hineintauche. So konnte man auf sie das Wort der Schrift anwenden: ,Er hat den Demütigen aus einem Unrat gezogen, um ihn unter die Großen seines Volkes einzureihen. Die gleiche Schwester berichtet, daß in den Sitzungen, in denen sie Mutter Élisabeth demütigte oder geißelte, diese sich völlig erniedrigte: in solchen Augenblicken schien ihre Würde, die durch ihr stattliches Aussehen noch verstärkt war, zu verschwinden. Die überlegene, erleuchtete, zu allem befähigte und gewissermaßen zum Befehlen geborene Frau war zerstört. Es blieb nur noch eine Seele, die, auf den Zustand eines Erdenwurms reduziert, begierig darauf war, Jesus Christus nachzufolgen. Deshalb wurden die Schwestern nun angehalten, sie wie ein Insekt mit Füßen zu treten, ihr ins Gesicht zu spucken – gleichsam eine Taufe der Liebe –, sie mit Ohrfeigen wundzuschlagen – Ohrfeigen der Ehre, denn dies war für sie gleichsam ein neuer Schleier der Veronika. In Lumpen gekleidet, ließ sie sich von dieser Schwester geißeln, die sie auch mit moralischen Demütigungen nicht verschonte. Diese Schwester bearbeitete sie mit Bußwerkzeugen; daneben schrieb sie ihr täglich ein Briefchen, in dem sie ihr eine Buße aufgab und diesem Briefchen einige verächtliche Worte beifügte."

Man sieht, zu welchem Grad an Verirrung eine bestimmte Spiritualität führen kann. Nun war dies aber gar nicht so selten: solche Praktiken standen zu jener Zeit in hohem Ansehen: „Diese ungewöhnliche Priorin, um die uns so viele Klöster beneideten", so sagen ihre Ordensfrauen, für welche Demütigungen dieser Art ein Zeichen von Heiligkeit waren. Sie wird übrigens im Oktober 1869 erneut zur Priorin gewählt.

Für Theresia sind solche Praktiken nicht tragbar. Das geistliche

Leben ist ein Kampf, in dem es gilt, mit allen seinen Kräften Jesus dort zu erkennen, zu suchen, wo er sich verbirgt, und zwar aus Liebe. Es bedeutet nicht, sich in krankhafte Leiden zu verlieren, in denen man nur sich selbst sucht und findet, in denen man beim fragwürdigsten Teil seiner selbst verweilt.

Fragen über die Ehe

Am 1. Oktober, eine Woche nach der Schleiernahme Theresias, findet die Hochzeit ihrer Kusine, Jeanne Guérin mit dem Arzt Dr. Francis La Néele statt. Theresia macht sich das Vergnügen, für sich selbst eine Einladung, ähnlich den Hochzeitsanzeigen, zu verfassen: „Einladung zur Vermählung der Schwester Theresia vom Kinde Jesus mit dem heiligen Antlitz". Die Jungvermählten hatten sie im Sprechzimmer des Karmel besucht und hatten ihre Zuneigung und Zärtlichkeit füreinander nicht vor ihr verborgen. Theresia behält die Haltung Jeannes in Erinnerung: „Ihr Beispiel belehrte mich über die Wonnen, die eine Frau ihrem Mann schenkt", schreibt sie in ihrer Autobiographie. „Ich lauschte begierig auf alles, was ich daraus lernen konnte, denn ich wollte nicht weniger für meinen geliebten Jesus tun als Jeanne für Francis."

Céline fühlt sich zur Ehe hingezogen. Mit neunzehn Jahren hat sie einen Heiratsantrag erhalten. Der junge Mann entstammt einer sehr angesehenen Familie. Nach langem Zögern weist Céline ihn schließlich doch zurück. Kurze Zeit darauf, am 15. Juni 1888, gesteht sie ihrem Vater ihren Wunsch, ihren Schwestern nachzufolgen. Herr Martin gibt diese vertrauliche Mitteilung umgehend an seine drei Töchter im Karmel weiter.

Theresia ist darüber unendlich glücklich und schreibt in diesem Sinne an Céline. Aber diese wird erneut von dem Wunsch erfaßt zu heiraten. Sie wird am 28. April 1889 20 Jahre alt. Lebendig, phantasiebegabt, angenehm und verführerisch, übt sie auf ihre Umgebung eine Anziehungskraft aus, die nicht unbemerkt bleibt: „Sie war mehr als zwei Jahre lang heftigsten Versuchungen ausgesetzt, die vor allem die Phantasie und den Geist quälten und ihr keine Ruhe ließen. Es kam vor, daß sie sich auf die Kommode ihres Zimmers setzte und die Marienstatue, die Theresia zugelächelt hatte, mit den Armen um-

schlang." Céline ist in solchem Maß gemartert, daß sie Herzbe-
schwerden bekommt und Dr. Notta konsultiert. Das Keuschheitsge-
lübde, das sie am 8. Dezember 1888 abgelegt hat und das sie jedes Jahr
erneuert, gibt ihr keinen Frieden, im Gegenteil. Theresia drängt sie
immer wieder, von der Ehe abzulassen.

Am 20. April 1892 ist Céline zu einem Hochzeitsempfang eingeladen. Theresia ist alarmiert. Bei diesem Empfang ist Céline „von
einem jungen Kavalier im wahrsten Sinne des Wortes hingerissen",
aber zu ihrer Überraschung ist sie unfähig, auch nur den kleinsten Tanz
zu beginnen und in den Takt zu finden. Der junge Mann schleicht sich
beschämt davon. Theresia sieht hierin eine Antwort Gottes auf ihre
Gebete. Man kann sich angesichts dieser nicht ganz angebrachten
Exklusivität und dieser Beschlagnahme der Schwester durch Theresia
zweifellos einige Fragen stellen. Es ist sicher, daß Theresia von dem,
was Ehe ist, nur wenig weiß – das zeigt sich auch in ihrem Wunsch,
über diesen Stand das Zeugnis ihrer Kusine Jeanne zu erhalten. – Aber
die Ehe wurde zu dieser Zeit den Mädchen auch kaum als anziehende
Wirklichkeit dargestellt: so steht beispielsweise in dem damals von
allen Autoritäten wegen seines moralischen Anspruchs warm empfoh-
lenen Traktat über das Eheleben, *La vie à deux* (Das Leben zu zweit)
(1896) von Dr. Surbled folgendes: „Die Ehe ist ein Stand der Entsagung und des Opfers. Ihr verlaßt die Obhut eurer Mutter, aber nur,
um in jene eures Gatten zu kommen. Ihr entkommt der Vormund-
schaft der Eltern, aber nur, um euch unter den Schutz und in die
Abhängigkeit des Gatten zu begeben."

1891 erscheint ein sehr erfolgreiches Buch von Abbé Bolo: *Du ma-
riage au divorce* (Von der Hochzeit zur Scheidung). Es handelt sich
hierbei um eine Art Handbuch für Verlobte, das sie gerade davor bewahren soll, schließlich in der Scheidung zu enden. Das erste Kapitel
stellt der Braut den *Zukünftigen*, also den Bräutigam, dar; es ist eine
Reihe von Warnungen. „Zutiefst in seinem Inneren leben gleich wilden
Tieren unbezähmbare Leidenschaften. Weckt sie durch ein Zeichen
oder ein Wort, und ihr werdet sie knurren hören; reizt sie, und ihr
werdet sehen, was aus der Schicklichkeit wird." Nur ein Christ wird
seine Leidenschaften bis zu einem gewissen Grad überwinden können:
„Wenn er keinen Glauben hat, dann stößt ihn zurück, wie man eine
Plage zurückweist", denn dann ist er ein „Wilder, der seine Frau, die
zu schwach ist, sich selbst zu verteidigen, zermalmt." Zweites Kapitel:

Die Zukunft. Ohne Glauben kann man sie schwerlich verstehen, jene „verschiedenen Elemente, die in diesem wechselhaften und subtilen Sein, in dieser schwankenden und flüchtigen ... Seele, in diesem Blick, von dem man sich oft fragt, ob daraus eine Seele oder eine Leidenschaft spricht, ob ein Erzengel, der vorübergeht, oder ein Satan, der die Flammen schürt, zusammenwirken." – „Die Frau kehrt dadurch, daß sie der Natur nähersteht, leichter zu den ursprünglichen Lastern zurück." Ein weiteres Kapitel spricht von der „Berufung" zur Ehe und schließlich von der Ehe selbst: „Die Schönheit des Fleisches ist nur ein Köder, dessen Anziehungskraft verblaßt, sobald es besessen wird."

Man sieht, wie niedrig das Buch die irdische Lage einschätzt – ohne das Sakrament kann die Ehe nur eine „Infamie sein: schändlicher Austausch, abscheuliche Mischung von Korruption und Nichts."

Hat Theresia eine gewisse Verachtung der Ehe gegenüber? Keineswegs: „*Die Blumen des Weges,* das sind die *reinen Freuden* des Lebens, es ist nichts Böses daran, sich ihrer zu erfreuen"; und sie wird sehr ausführlich: „Die Blumen, die am Rand des Weges wachsen", „wir betrachten sie, wir lieben sie", „sie erzählen uns von Jesus, von seiner Macht, seiner Liebe", „*Die Blumen des Weges* führen zum Geliebten." Aber Theresia hat auf den Anruf Jesu hin nicht diesen Weg gewählt, diesen indirekten Weg, der zum Geliebten führt: sie hat den direkten Weg gewählt; nicht „den Spiegel, der die Sonne reflektiert", sondern „die Sonne selbst".

Man kann von diesem Beharren Theresias auf der Jungfräulichkeit nicht reden, ohne zugleich zu sagen, daß hier die Jungfräulichkeit nicht um ihrer selbst willen gepriesen wird, sondern als ein Zustand der Brautschaft mit Jesus. Theresia ist eine leidenschaftlich liebende Frau, für die nur der Geliebte allein zählt. Wir haben gesehen, mit welch leidenschaftlichem Ton sie von Jesus spricht; diese Liebe ist kein sentimentaler Herzenserguß: sie erweist sich in den Taten, die sie setzt, und durch die Art, wie sie die Liebe lebt, zu der sie jener, den sie liebt, auffordert: eine anhaltende, innerliche und verborgene Leidenschaft. Wenn die höfische Liebe den Ritter aufforderte, der Dame seines Herzens eine rein platonische Ehrerweisung zu bieten, so haben wir hier, umgekehrt, eine leidenschaftlich liebende Frau, die es akzeptiert, den Geliebten zu erwarten, lange in der Nacht nach ihm zu suchen. Als sie am 24. September 1890 ihre Vermählung mit ihm begeht, lädt sie ihre Verwandten und Freunde in ihrer „Hochzeits"-Anzeige ein, „sich zum

Nachhochzeitsmahl zu begeben, das morgen, am Tag der Ewigkeit, stattfinden wird", und sie fügt hinzu: „Da die genaue Stunde noch ungewiß ist, sind Sie eingeladen, sich bereitzuhalten und zu wachen." Es ist dies eine tatsächliche Vermählung, aber eine Vermählung, die erst später vollzogen wird. Man muß schon wahnsinnig verliebt sein, um die Ehe unter diesen Bedingungen zu akzeptieren.

Gerade in diesem Zusammenhang müssen wir von Loyson sprechen, der im Leben Theresias einen Platz eingenommen hat, der jenem Pranzinis vergleichbar ist. Hyacinthe Loyson, geboren 1827, tritt zu dem Zeitpunkt im Seminar Saint-Sulpice ein, als Renan es verläßt, und wird 1851 zum Priester geweiht. Da das Ordensleben ihn anzieht, wird er 1859 Novize bei den Karmeliten, am 22. April 1860 legt er die Gelübde ab. Sein rednerisches Talent wird zum erstenmal im April 1862 in Lyon offenbar. 1863 hält er in der Kathedrale von Bordeaux die Fastenpredigten mit dem Thema *Die christliche Ehe*. 1864 predigt er in der Madeleine in Paris. Daraufhin bietet ihm der Erzbischof von Paris, Mgr. Darboy, an, für die Adventszeit Prediger in Notre-Dame zu werden. Von dieser Zeit an werden seine Predigten liberal, übernimmt er die Prinzipien der französischen Revolution und wird daraufhin denunziert und angegriffen. Der *Syllabus* trifft ihn zutiefst.

Zum Thema seiner Vorträge in Notre-Dame wählt er: *Der persönliche und lebendige Gott*, da er diese Frage für den „religiösen Knotenpunkt des 19. Jahrhunderts" hielt. 4000 Menschen hörten seine erste Predigt am 3. Dezember 1864. Im Advent der Jahre 1865, 1866, 1867 hält er seine Predigten über *Die unabhängige Moral, Die Familie, Die Gesellschaft in ihrer Beziehung zum Christentum*. Von den Karmeliten 1867 zum Superior des Pariser Hauses gewählt, werden die Glaubenszweifel, die er seit seiner Jugend spürte, immer deutlicher. Seine Adventspredigten von 1866 und 1867 haben einen äußerst großen Erfolg. 1868 hält er in der Kirche San Luigi dei Francesi (St. Ludwig der Franzosen) in Rom die Fastenpredigten. Der Papst empfängt und beglückwünscht ihn. Aber P. Hyacinthe ist innerlich zerrissen; am 9. Mai 1868 schreibt er in sein Tagebuch: „Ich stelle mir folgende Frage: Könnte nicht ein Augenblick kommen, in dem ich unter bestimmten inneren und äußeren Umständen legitim aus den sichtbaren Grenzen der katholischen Kirche, wie das Mittelalter sie geschaffen hat, ausbrechen könnte, ja müßte, um in einer freien Gemeinschaft die

Wiederherstellung der Stadt Gottes, die Neuerbauung der katholischen Kirche der Zukunft zu erwarten?" Und am 27. März: „In der Enge der gegenwärtigen Kirche und unter der Unvollkommenheit des Buchstabens muß die Weite und Höhe, müssen die erhabenen Dimensionen der künftigen Kirche vorbereitet werden. Wir müssen den Protestanten wie den Katholiken Jesus Christus predigen wie Paulus, nicht wie der Papst, wie die Ultramontanen von heute."

Unter seinen Zuhörern in Rom befindet sich eine 35jährige Amerikanerin, Frau Emily Meriman, die im vergangenen Oktober ihren Mann verloren hat. Sie ist Protestantin; zutiefst bewegt von den Predigten P. Hyacinthes, vertraut sie ihm ihre „Seelenkrisen" an; er empfiehlt ihr Exerzitien im Kloster der Heimsuchung in Paris, unterrichtet sie und nimmt sie am 14. Juli in die katholische Kirche auf. Nach einem langen Gespräch mit P. Hyacinthe kehrt sie in die Vereinigten Staaten zurück. P. Hyacinthe notiert am 29. Juli in seinem Tagebuch: „Wir haben vor Gott unsere mystische Verbindung für das Leben geschlossen: als Zeichen dafür gilt uns dieser geweihte Ring, der das Kreuz und den Namen Jesu trägt. Sie sagte mir, unsere Freundschaft sei der Beginn des Millenniums – ein noch ferner, aber wirklicher Anfang, der das Verschwinden unreiner Zuneigungen in dieser glücklichen Zeit verkündet. Seit gestern abend, nach meinem Besuch, der ihr so gut getan hat (es war ihr bester Tag hier) fühlt sie sich wie eine Jungfrau."

Von seinem Orden nach London gesandt, begegnet er Newman. Von dem soeben angekündigten Vatikanischen Konzil erwartet er nicht viel. Am 23. September 1868 schreibt er hinsichtlich des Karmeliterordens: „Die Reformen der Orden beseitigen nicht deren Dekadenz. Man halte mir nicht bestimmte Reformen entgegen. Die Reformatoren verließen ihren Orden, um daneben einen anderen Orden oder zumindest eine andere Observanz zu gründen. Sie verließen ihn teilweise, wie die Karmeliter der Provinz Touraine, oder ganz, wie die heilige Teresa. Die ersten Karmeliten und Karmelitinnen wurden als Apostaten betrachtet und von ihrem Orden verfolgt. Das ist also ein Gesetz. Ich glaube nicht, daß man die römische Kirche reformieren kann, wenn man in ihrem Schoß verbleibt."

Er bekehrt eine Schauspielerin der Comédie Française, eine Freundin George Sands; diese ist darüber erbost und schreibt an ihre Freundin, sie bedaure es, daß diese sich einer Kirche anschließe, die einen „Gott verkündet, der sich rächt, der sich im Bösen gefällt, der Stumpfsinn und Erniedrigung zur Pflicht mache". Es folgt ein Briefwechsel zwischen P. Hyacinthe und George Sand. Diese schreibt ihm am 6. Oktober 1868: „Sie glauben an einen Gott, der nicht verzeiht: Sie sind grausam ... Sie sind nur fanatisch."

Zu seinen Adventspredigten 1868 strömt eine riesige Zuhörermenge. Aber seine Ausführungen über das Pharisäertum entfesseln die Angriffe der Ultramontanen, die sich angesprochen fühlen: „Das Pharisäertum, genau besehen, ist also die religiöse Verblendung, die Verblendung der Priester, die den Buchstaben verwalten und ihn um so besser zu bewahren meinen, je weniger sie ihn erklären. Für sie gilt: Verblendung in Fragen der Moral, Vorherrschaft des äußeren Werkes vor der inneren Gerechtigkeit, Verblendung im Kult, Vorherrschaft der äußeren Frömmigkeit über das religiöse Empfinden."

Im Juni 1869 tagt in Paris der Kongreß der *Ligue internationale et permanente de la Paix* (Internationale Friedensliga). P. Hyacinthe ergreift das Wort und stellt das Wirken des Katholizismus, des Protestantismus und des Judentums als ein historisches Faktum dar. Die Ultramontanen sind empört. Louis Veuillot erklärt in diesem Zusammenhang im *Univers* vom 26. Juni: „Es ist leichter, eine Brücke zu erstellen, ein Haus zu errichten, einen Weingarten zu pflanzen, als ein Hurenhaus zu zerstören. Was die Menschen betrifft, sie wachsen von selber wieder, und der Krieg tötet weniger Menschen als der Friede. Im *Syllabus* steht keineswegs ein positiver Artikel gegen den Krieg. Es ist vor allem der Friede, der Gott den Krieg erklärt." Die Karmeliten als glühende Ultramontanisten greifen P. Hyacinthe an, und dieser erhält vom General seines Ordens die Aufforderung, seine Aussagen zurückzunehmen. Man denkt daran, „um ihn aus seinen Schwierigkeiten mit dem Karmel zu ziehen, ihn durch die Türe des Episkopats hinausgehen zu lassen". Montalembert will der Academie française die Kandidatur Loysons vorschlagen. Am 20. September 1869 kündet P. Hyacinthe durch einen öffentlichen Brief an, daß er seinen Orden verläßt. „Warum mußte ich dazu verurteilt sein, zweimal in meinem zu langen Leben, und noch dazu aus so unmittelbarer Nähe, Katastrophen miterleben, wie es jene von Lamennais und die Ihre sind?" schreibt ihm Montalembert.

Der Brief P. Hyacinthes bewirkt in Frankreich eine „Explosion". Man spricht von einem zweiten Luther. Am 18. Oktober erklärt ihn der Karmel für exkommuniziert. Montalembert stirbt am 13. März 1870. Am 31. Juli erscheint in der Zeitung *Les Débats* der Protest P. Hyacinthes „gegen das angebliche Dogma der Unfehlbarkeit des Papstes", das soeben auf dem Konzil definiert worden war. Am 3. September 1872 heiratet er im Alter von 45 Jahren in England Frau Meriman, und diese Heirat wird von vielen seiner Zeitgenossen, auch Skeptikern und Ungläubigen, als skandalös beurteilt. Er schließt sich den Altkatholiken an und bemüht sich um die Gründung einer nicht-römischen katholischen Kirche. 1873 wird ihm ein Sohn geboren; er unternimmt eine Vortragsreise in die Schweiz, nach Holland und Belgien; er begründet eine freie Religion in Genf. Als großer Idealist und sehr religiöser Mensch hatte er bei seiner Ankunft in Genf gesagt: „Den Sieg wird der erringen, der am wenigsten Haß und am meisten Liebe hat." Dieser Mensch leidet, ist gespalten. Nach einer Begegnung mit Gambetta schreibt er: „Welch schreckliche Situation! Auf der einen Seite Rom und auf der anderen die Freidenkerei... die beiden Kräfte an zwei entgegengesetzten Seiten. Zwischen ihnen ist man mehr oder weniger ausgelöscht oder zerrieben." Er ist die Zielscheibe sowohl der Katholiken als auch der Freidenker. Er kehrt nach Paris zurück, um eine *Gallikanisch-katholische Kirche* zu gründen. Die Hauptpunkte seines Programms sind: Zurückweisung der Unfehlbarkeit des Papstes; Wahl der Bischöfe durch den Klerus und das christliche Volk; Feier der Eucharistie in der Landessprache; Freiheit der Priesterehe; vollkommene Freiheit von Kirchensteuer und Gebühren. Er unternimmt Reisen in die Provinz: diese sind für ihn jedesmal ein Triumph und zugleich auch Manifestationen des Protests.

1902 sagt Loyson, er befinde sich „in der letzten Phase" seines Lebens und diese habe 1890 begonnen. Am 9. April 1893 hatte Loyson aufgehört, sein priesterliches Amt auszuüben. Der *Figaro* vom 24. Juni 1893 veröffentlicht Loysons *Testament*: Loyson gibt nicht auf, sondern bereitet eine „neue Religion" vor: „Die Kirche", so sagte er, „konnte Frankreich und die Welt retten, weil sie das Evangelium und folglich die Verheißungen des gegenwärtigen wie auch des künftigen Lebens hat. Aber was hat sie statt dessen getan? Sie hat nicht aufgehört, von der zeitlichen Macht und von klerikalen Reaktionen zu träumen, einschließlich jener Macht, die sie zu dieser Stunde recht ungeschickt unter der Maske der katholischen Republik und des christlichen Sozialismus verbreitet. Sie hat in den Seelen die Anbetung im Geist und in der Wahrheit erstickt, die ihr ihr göttlicher Gründer als den eigentlichen Kern ihrer Religion anvertraut hat, und sie war nur darum bemüht, an ihre Stelle kindische Praktiken, groteske Legenden und Wallfahrten zu setzen, die bedauerlicherweise um so beliebter sind, je heidnischer sie sich gebärden.

Rettet Rom und Frankreich
Im Namen des Heiligsten Herzens!

Auf diese Weise wurde nichts gerettet, man hat vielmehr schließlich alles verloren, indem man in wahrhaft unerhörtem Ausmaß jene beiden Plagen entwickelte, die sich gegenseitig zeugen und die uns verschlingen: den Fanatismus und die Gottlosigkeit." Am 2. Dezember 1893 schreibt er in sein Tagebuch: „Wenn ich mich nicht täusche, dann wird die nächste religiöse Erneuerung aus dem Schoß des römischen Katholizismus hervorgehen." Am 7. Mai 1895: „Das beste ist, in der religiösen oder, besser gesagt, *kirchlichen* Isolierung zu bleiben, bis Gott durch Menschen und Ereignisse späterer Zeiten, denen zuvorzukommen wir uns nicht fähig fühlen, die neue Kirche, die große religiöse Gemeinschaft erwecken wird, in der wir zu leben wünschen!

Sein Sohn Paul heiratet 1896. Er spricht nicht mehr von Gott, und dies ist für seinen Vater ein großer Schmerz. Loyson schreibt 1909: „Mein armer lieber Sohn befindet sich im Lager der Gottlosen ... Er denkt nicht mehr an den lebendigen Gott und spricht auch nicht mehr von ihm, wie er es tun sollte. Er kennt das Christentum nur sehr schlecht und liebt die Kirche nicht. Ich, ich liebe die Kirche, auch wenn ich sie bekämpfe, und ich bekämpfe sie, weil ich sie liebe."

Am 28. Juni 1806 veröffentlicht er nach Rückkehr von einer Reise nach Jerusalem einen *Anhang zu meinem Testament:* „Ich persönlich bleibe Christ. Ich glaube, daß das Christentum unendlich mehr wert ist als sein gegenwärtiger Zustand und seine vergangene Geschichte." Am 16. April 1897 versucht man in Rom, Loyson zum Übertritt in einen mit Rom unierten Ritus zu bewegen, um ihn so mit der Kirche zu versöhnen. Die Verhandlungen scheitern, und Loyson verläßt Rom am 10. Mai. Er geht auf seinen Tod zu.

„Vierzig Jahre lang, seit er seinen Orden verlassen hatte", sagt sein Biograph, „haben die Karmeliten und Karmelitinnen nicht aufgehört, um seine Rückkehr zu Gott zu bitten. Es gab vielleicht noch nie einen Abtrünnigen, für dessen Bekehrung so viele Gebete, Fasten und

Kasteiungen aufgeopfert wurden." Houtin spricht von der Schwester Theresia vom Kinde Jesus und berichtet, der Karmel habe nach ihrem Tod Loyson ihre Autobiographie zugesandt und dieser habe sie „verrückt und rührend" gefunden. Er stirbt am 9. Februar 1912. Seine letzten Worte: „Mein lieber Jesus." Jedes Jahr am 16. Juli feierte er das Fest Unserer lieben Frau vom Berge Karmel.

Er ist Priester, und er wird als öffentlicher Sünder betrachtet; aus diesem zweifachen Grund ist Theresia von Loyson angezogen. Er ist für sie eine Art Prototyp aller Priester, die die Kirche ablehnen. Genauso wie Pranzini vor seinem Tod der Prototyp der Menschen war, die einen Mord an einem Menschen begangen haben und zugleich den Tod Gottes verkünden.

Loyson, also der Prototyp des Sünders – und des priesterlichen Sünders –, Loyson sollte in ihrem Leben einen sehr großen Raum einnehmen – so groß, daß Theresia die letzte Kommunion am 19. August 1897 für ihn aufopfert. Dennoch spricht sie in ihrer Autobiographie nicht von ihm. Auch keine Erwähnung in den *Letzten Gesprächen*. Ebenso sehen wir, daß Theresia in den beiden Briefen an Céline, in denen sie von ihm spricht, ihn nicht mit Namen nennt. Der Grund dafür liegt darin, daß der Fall Loyson den Karmelitinnen so erschreckend schien, daß selbst sein Name nicht ausgesprochen wurde und über ihn geschwiegen werden mußte. Theresia will hier um jeden Preis Genaueres erfahren, wie sie einst die Zeitung *La Croix* lesen wollte, um die Reaktionen Pranzinis kennenzulernen.

Diese Haltung ist ungewöhnlich, denn abgefallene Priester sind damals Gegenstand allgemeiner Mißbilligung.

6

Leibliche und geistliche Familie

Bei den Jahresexerzitien im Oktober 1891 kann Theresia einen neuen Schritt nach vorn vollziehen. Sie will lieben, aber sie fühlt sich auf den abgesteckten Pfaden, die man sie lehrt und die von den anderen begangen werden, unerträglich eingeengt. „Laß uns Jesus grenzenlos lieben", schreibt sie an Céline. Vor allem aber schreibt sie jenen lebensvollen Satz: „Ach, nichts ist so leicht zu beflecken wie die Lilie… wenn aber Jesus von Magdalena sagt, daß derjenige mehr liebt, dem mehr vergeben wurde, so kann man dies meiner Meinung nach mit um so größerem Recht sagen, wenn Jesus die Sünden schon im voraus vergeben hat." Die gängigen Vorstellungen ergaben folgendes Schema: Der Mensch fällt in Sünde, Jesus hebt ihn wieder empor, er fällt erneut, usw. Dieser Teufelskreis, der – durch die Vergebung lediglich unterbrochen – von Sünde zu Sünde schreitet, wird von Theresia durchbrochen. Sie hatte bereits gezeigt, daß Gott es nicht nötig hat, ein Herz lange seinen eigenen Bemühungen zu überlassen, um es umzuwandeln, sondern daß ihm dazu ein „Augenblick" genügt: „Mir scheint, daß der liebe Gott nicht Jahre braucht, um sein Liebeswerk in einer Seele zu vollbringen, ein Strahl aus seinem Herzen kann seine Blume in einem Augenblick für die Ewigkeit erblühen lassen." Damit hatte sie sich dem Kampf gegen den unerquicklichen Voluntarismus des Rigorismus angeschlossen.

Hier jedoch geht sie noch viel weiter: Sie dreht die Situation kurzerhand um. Die spirituelle Leistung bestand gewöhnlich darin, alles zu tun, um das weiße Taufgewand nicht zu beflecken. Von daher rührt eine negative Haltung des „auf der Hut Seins", ängstlich wie ein schlechter Soldat, der zitternd seine Nachtwache antritt. In der Heiligkeit erblickte man das ruhmvolle Siegel, das bestätigt, daß man es fertiggebracht hat, sich vor jedem Fehler zu bewahren. Theresia kann sich diesem Weg nur schwer anschließen, denn ihr Verlangen nach dem Unendlichen verwirft diese kleinliche Aufrechnung. Sie ist geschaffen zu fliegen, und nicht, sich mühselig auf diese Art voranzuschleppen. Vor allem aber eines beunruhigt sie: sie liest im Evangelium, daß „der am meisten liebt, dem am meisten vergeben wurde". Dies widerspricht ihr zutiefst, da man ihr doch gesagt hatte, sie habe keine Todsünde begangen. Ihr persönliches Ziel ist es, so viel wie möglich zu lieben. So sagt sie sich in einem sehr logischen Gedankengang, daß sie deshalb so viel liebt und lieben will, weil Jesus ihr schon *im voraus* ihre Sünden vergeben hat, und daß sie eine Sünderin sei, der er *im voraus* schon viel vergeben hat.

So beruft sich Theresia nicht auf ihren Zustand der Reinheit, sondern auf ihren Zustand der Sünde. Sie ist nicht eine Reine unter den Sündern, keine von jenen – den Ordensfrauen von Port Royal –, von denen Sainte-Beuve gesagt hat: „Rein wie Engel, hochmütig wie Teufel." Sie sitzt schon jetzt – was sie erst sehr viel später formulieren wird – „am Tisch der Sünder."

Diese Umkehrung, die Theresia vornimmt, ist auf menschlicher Ebene jener vergleichbar, die Nietzsche in den gleichen Jahren vollzieht, wenn er sagt: „Wer sich selbst mißtraut, ehrt sich zumindest als Verächter." Der Weg des Sich-nicht-Befleckens und des Gefühls der Demut ist eine Sackgasse: wer sich selbst als rein bestätigt und demütig weiß, der ist es schon nicht mehr. Die Unschuld des Kindes ist nicht absolute Reinheit, sondern Ahnungslosigkeit. Theresia verfügt über ein bemerkenswertes Maß an Klugheit und gesundem Menschenverstand: dieses Mädchen aus der Normandie mit weniger als zwanzig Jahren überlistet die Fallen des Purismus. Theresia bricht mit den üblichen Wegen, denen alle Welt folgt: dem Bedauern über das verlorene Paradies und die verlorene Reinheit. Wie viele Philosophen wurden – bewußt oder unbewußt – von dieser Besessenheit geleitet, die unerreichbare Reinheit zu entdecken. Wie viele haben sie hier oder dort zu erkennen vermeint, diese verlorene Reinheit, haben geglaubt, sie sei nur beschmutzt oder verborgen und es genüge, diese oder jene Regel anzuwenden, um sie wiederzufinden. Von Platon bis zu Simone Weil haben sie den Leib als ein Grab betrachtet, dem es zu entkommen gilt, und die Philosophie als Aszese verstanden, um sich vom Unreinen zu lösen. Immer wieder diese Suche nach dem ersten Element, dem reinen und einfachen, dem substantiellen Element, das in uns verborgen ist, diese Suche nach diesem Etwas in uns, diesem letzten, noch nicht vergewaltigten, unberührten Punkt, den es durch ein verdorbenes Ganzes hindurch herauszufinden gilt. Der Purismus ist eine Nostalgie und letztlich eine Nicht-Annahme, eine Verweigerung der menschlichen Bedingtheit.

Wir müssen auf Theresias „Gesundheit" hinweisen. Sie ist eine leidenschaftlich Besessene, gewiß; aber für sie handelt es sich gerade nicht darum, das Unreine zu zerstören, um zur Reinheit zu gelangen: solche Gewalt gegen sich selbst und andere bringt nichts, sie zerstört vielmehr; sie ist eine Kraft, die nichts als Schwäche ist. Theresia will nicht zu diesen Besessenen der Reinheit, des beständigen Aufpolierens gehören: denn es gibt Professionelle der krankhaften Reinheit, wie es Professionelle der käuflichen Liebe gibt – die Extreme berühren sich vielleicht.

Der Mensch ist für Theresia nicht wie für Lamartine, den ihr Vater so oft zitierte, „ein gefallener Gott, der sich an den Himmel erinnert", ein reines Wesen, das sich nur zufällig in die Geschichte verloren hat. Er ist vielmehr ein Wesen in der Zeit, jener Zeit, die der Ort seiner Erfüllung ist. Was wir an Theresia bewundern müssen, sind ihr Zeitbewußtsein, ihre Geduld und ihre Demut, die alle zusammen Tugenden der Erwartung sind. Bewundernswert auch ihre Ausgeglichenheit inmitten der Spannung zwischen ihren unendlichen Sehnsüchten, die sie verzehren, und der realistischen Klarsicht bezüglich ihrer eigenen Grenzen. Theresia wird in ihren Auffassungen vom Exerzitienmeister bestätigt, dem sie sich eröffnet und der sie „mit vollen Segeln über die Fluten des Vertrauens und der Liebe" leitet. Damals begreift sie, daß „Gott zärtlicher als eine Mutter ist".

In ihrer Freude erzählt sie sofort, wie wunderbar der Pater sei, der ihr einen solchen Horizont und eine solche Weite erschlossen habe. Mutter Marie von Gonzaga hört davon und untersagt ihr, unter Mißachtung des elementarsten Rechtes, den Pater noch einmal aufzusuchen.

Theresia gehorcht schweigend. Aber das beruhigt den Aufruhr in ihrem Inneren nicht! Doch nur wenige Schwestern des Karmel von

Lisieux erkennen, was hier vor sich geht. Es besteht ein großes Mißverhältnis zwischen dem, was sich in ihrem Inneren abspielt – jener „Geschichte der Seelen", von der die Theresia spricht –, und dem, was nach außen hin sichtbar wird. Theresia weiß jedenfalls, daß es unmöglich ist, sich der ganzen Kommunität klar verständlich zu machen: die Schwestern würden sie nicht verstehen; die meisten würden sowohl über die äußerste Verlassenheit Theresias als auch über ihre übergroße Kühnheit erschrecken. Wir müssen sie uns also als junge Karmelitin vorstellen, als den Benjamin – die weitaus Jüngste – der Gemeinschaft, die ihr religiöses Leben geführt hat, ohne nach außen merken zu lassen, was sich in ihr abspielte. Die anderen haben sich aus Mittelmäßigkeit oder auch mangelnder Unterscheidungskraft über sie getäuscht; sie aber hat sie insgeheim durch einen gewissen Scharfblick und durch die Tatsache überholt, daß sie zu allem bereit war: „*Illusionen!* Der liebe Gott hat mir die Gnade gewährt, daß ich bei meinem Eintritt in den Karmel *keine hatte.* Ich fand das Klosterleben so, wie ich es mir vorgestellt habe." Theresia ist eine realistische Erwachsene geworden: „Nachdem dem jüngsten Vogel Flügel gewachsen waren, ist er dem süßen Nest seiner Kindheit entflogen, und alle Illusionen haben sich aufgelöst! Der Sommer ist dem Frühling gefolgt, den Jugendträumen die Wirklichkeit des Lebens."

Im übrigen hat sie eine Art geheimer Gewißheit, daß ihr Weg der richtige oder zumindest vorzüglich sei. Hierüber hat sie keinerlei Skrupel und bleibt mit jener gelassenen Dreistigkeit, wie sie nur die Jugend kennt – etwa ein Rimbaud –, unangefochten von jedem Zweifel. „Jesus hat uns gemeinsam angezogen", schreibt sie an Céline, „wenngleich auf verschiedenen Wegen. Gemeinsam hat er uns über alle vergänglichen Dinge *dieser* Welt erhoben, *deren Bild vergeht.* Er hat uns gewissermaßen *alles* zu Füßen gelegt. Wie Zachäus *sind wir auf einen Baum gestiegen, um Jesus zu sehen* ... Nun können wir mit Johannes vom Kreuz sagen: ,Alles *gehört mir, alles ist für mich; die Erde gehört mir, der Himmel mir, Gott gehört mir und die Mutter Gottes gehört mir!*'"

Theresia ist sich also ihres Weges nun sicherer denn je. Die Einkehrtage vom Oktober 1892 bestärken sie in dieser Sicherheit. Unmittelbar danach schreibt sie an Céline jene jubilierenden und triumphierenden Zeilen, in denen sie sich, selbst voller Freude, auf das Gebet des Johannes vom Kreuz bezog. Am Ende des Briefes nimmt sie das gleiche

Thema noch einmal auf; das Paradox des Sieges und der Armut: „Céline, welches Geheimnis ist unsere Größe in Jesus! All dies hat Jesus uns gezeigt, als er uns den symbolischen Baum besteigen ließ, von dem ich Dir vorhin sprach! Und jetzt, welche Wissenschaft wird er uns lehren? Hat er uns nicht schon alles gelehrt? Hören wir, was er uns sagt: ‚Steige schnell herab, denn ich will heute bei dir bleiben.‘"

Der Streit um den Vorrang

Am 2. Januar 1893 wird Theresia zwanzig Jahre alt. Am 30. Dezember hatte sie ihrem Onkel und ihrer Tante einen Neujahrsbrief geschrieben, in dem sie an Kindheitserlebnisse erinnert und hinzugefügt hatte: „Sie sehen, mein lieber Onkel und meine liebe Tante, daß die Last der Jahre ihrem Töchterchen noch nicht die Erinnerung geraubt hat, im Gegenteil, sie ist nun in einem Alter, in dem die Jugenderinnerungen einen besonderen Reiz haben." Und sie unterschreibt „Ihre *alte* Nichte, die Sie von ganzem Herzen liebt".

Theresia ist nun zu einer gediegenen Reife gelangt. Sie hat mehr Humor denn je sowie eine klare Sicht der Wirklichkeiten des menschlichen und religiösen Lebens. Seit dem 1. Januar 1891 ist sie dem Tod konfrontiert, hat sich intensiv mit Johannes vom Kreuz und dem Evangelium beschäftigt und hat jene unerwartete Hilfe empfangen, die sie in ihrem Weg bestätigte. 1891 ist für sie ein sehr gutes Jahr.

Der Vorfall bei den Exerzitien vom Oktober 1891, als Mutter Marie von Gonzaga Theresia verbot, den Pater noch einmal zu besuchen, zeigt deutlich den Mißbrauch der Autorität, wie er bei der Priorin an der Tagesordnung war. 1892 wäre normalerweise die Wahl der neuen Priorin fällig gewesen. Mutter Marie von Gonzaga war 1886 und 1889 gewählt worden, eine Wiederwahl war deshalb nicht mehr möglich. Dennoch gelingt es ihr, Ende 1891 eine einjährige Verlängerung zu erhalten – aus nicht geklärten Gründen. Das Jahr 1892 ist für die Kommunität also ein Jahr der Spannung, ein Jahr vor der Wahl: es steht fest, daß Mutter Marie von Gonzaga Anfang 1893 den Platz wird räumen müssen, es sei denn, es würde eine neuerliche Ausnahme gemacht. Das aber ist wenig wahrscheinlich. Theresia weiß also, daß Mutter Marie von Gonzaga sich bald zurückziehen muß, und sie wartet darauf. Es ist undenkbar, daß sie nicht im Herzen eine neue

Priorin wünscht. Wir erinnern uns der rüden Methoden, die Mutter Marie von Gonzaga ihr gegenüber anwendet: jene Art der Gleichgültigkeit und der Zurückweisung, die für Theresia in den ersten Jahren so schmerzlich waren – wie es die Priorin selbst bezeugt. Doch Theresia war nicht einmal darüber gestrauchelt: „Dann (seit jenem Jahr 1892) war sie völlig Herr ihrer Empfindungen, und sie nimmt sie freudig zu einem Anlaß für ein Opfer. Im übrigen hat der Schmerz, den sie empfand, sie auch in den ersten Jahren niemals in irgendeiner Weise vom vollkommenen Gehorsam abgehalten." Daher dürfen wir die Gefühle, die sie ihrer Priorin gegenüber äußert, nur mit Vorbehalt als solche anerkennen und nicht daraus schließen, „sie habe Mutter Marie von Gonzaga sehr geliebt". Selbst P. Philipon, der es sich zur Aufgabe gemacht hat, die Priorin zu verteidigen, mußte wohl oder übel schreiben:

„Die hohe Sensibilität Theresias hat, wenn nicht unmittelbar, so doch zumindest indirekt unter der eifersüchtigen Unbeständigkeit Mutter Maries von Gonzaga gelitten, ebenso wie auch unter den zu femininen Unregelmäßigkeiten und dem Klatsch, die durch deren Reizbarkeit und launisches Wesen hervorgerufen wurden." Wir können P. Philipon jedoch nicht mehr folgen, wenn er die Priorin dadurch rechtfertigt, daß er dies alles nur als „kleine Vorfälle eines Klosterlebens" bezeichnet, „die Außenstehenden unerhört vorkommen mögen, die aber, auf ihre richtige Proportion zurückgeführt, in Wirklichkeit zu Belanglosigkeiten zusammenschrumpfen". Ist es denn wirklich eine „Belanglosigkeit", wenn man dadurch an die Gewissensfreiheit rührt, daß man einer jungen Nonne verbietet, einen bestimmten Beichtvater ein zweites Mal aufzusuchen?

Später stellt Marie von Gonzaga fest: „Wäre eine Priorin zu wählen, so würde ich ohne Zögern Schwester Theresia vom Kinde Jesus wählen, ungeachtet ihres jugendlichen Alters. Sie ist in allem vollkommen; ihr einziger Fehler ist, daß sie ihre drei Schwestern bei sich hat." Aber dies wurde erst an Theresias Lebensende geschrieben. In den ersten Jahren wird Mutter Marie von Gonzaga vor allem durch die Tatsache der „Partei Martin" abgestoßen und besonders durch die indiskrete Art, in der „die Kleine" nach vorne geschoben wird. Schwester Agnès hielt die Kränkungen, die Mutter Marie von Gonzaga Theresia zufügte, für übertrieben, und so hatte sie der Priorin gegenüber eine entsprechende Bemerkung gemacht. Diese antwortet ihr:

„Sie möchten Schwester Theresia natürlich herausgestellt sehen; ich muß aber genau das Gegenteil tun. Sie ist sehr viel hochmütiger, als Sie meinen. Sie hat es nötig, beständig gedemütigt zu werden." Es ist richtig, daß Mutter Marie von Gonzaga Theresia im Lauf der Zeit immer höher einschätzte. Der Anfang jedoch war schmerzlich. Doch müssen wir zur Entlastung der Priorin sagen, daß sie zweifellos Anlaß hatte, über die Aufdringlichkeit von Schwester Agnès erbost zu sein.

Im Karmel bereitet man also zu Beginn des Jahres 1893 die Wahl der Priorin vor. Wir erfahren, daß „Mutter Marie von Gonzaga vor der Niederlegung ihres Amtes am 20. Februar 1893 mit großer Loyalität die Wahl von Mutter Agnès von Jesus betrieb, die sie aufrichtig schätzte und liebte". In Wirklichkeit aber verlief die Wahl unter dramatischen Umschwüngen, und man muß, wenn auch nur ganz nebenbei in einer kleinen Fußnote zugeben: „Gewisse Umstände hatten die Wahl der Ehrwürdigen Mutter Agnès von Jesus getrübt." Und Theresia spricht in einem Brief an Mutter Agnès, den sie ihr am Tag ihrer Wahl schreibt – denn sie ist schließlich doch gewählt worden –, vom „Schleier, den Jesus über diesen Tag gebreitet hat". Um welche Umstände handelt es sich? Sie sind uns nicht bekannt geworden. Aber wir verfügen über den Bericht, den Theresia über die Wahl von Schwester Agnès gibt. Der Brief, den sie ihr schreibt, ist wahrhaft eine Art Programm: Theresia verweist Schwester Agnès auf Mutter Geneviève.

Schon Abbé Delatroëtte, der Superior des Klosters, hatte Mutter Agnès unmittelbar nach der Wahl folgenden Hinweis gegeben: „Ihre heilige Mutter Geneviève wird Ihnen beistehen. Sie werden sich bemühen, die kostbaren Beispiele, die sie Ihnen gegeben hat, nachzuahmen. Ich kann Ihnen, ohne indiskret zu sein, sagen, daß die Mehrzahl der Schwestern Ihnen ihre Stimme deshalb gegeben hat, weil sie bemerkt haben, daß Sie sich darum bemühen, jenen Tugenden nachzueifern, die sie an ihr gesehen haben." Theresia aber stellt sich nicht auf diese Ebene der Tugenden und Beispiele.

Nach dem Tod einer Schwester will es, wie wir schon gesagt haben, der Brauch, daß über die Verstorbene ein Totenbrief verfaßt wird, der dann an alle Konvente sowie an Personen geht, die die Schwester gekannt haben oder Beziehungen zu dem Kloster hatten, in dem sie lebte. Schwester Agnès war von Mutter Marie von Gonzaga damit beauftragt worden, den Totenbrief für Mutter Geneviève zu verfassen. Sie erwähnt darin ausdrücklich die Verehrung der Gründerin für das heilige Antlitz. Im Jahr 1892 wird dieser von Schwester Angnès verfaßte, aber von der Priorin unterzeichnete Totenbrief „an alle Klöster und an viele fromme Seelen" verschickt. Theresia betont in ihrem Brief vom 20. Februar, daß es das Verdienst von Schwester Agnès sei, die Verehrung der Mutter Geneviève für das heilige Antlitz bekannt gemacht zu haben. Und sie spricht die Hoffnung aus, daß Mutter Agnès in ihrer Funktion als Priorin der „Apostel" dieser Verehrung sein möge. Sie möchte auch, daß Mutter Agnès aus ihrem Priorat eine demütige Aufgabe macht: sie wünscht, Christus möge einen „Schleier" über sie breiten, „den nur Er durchdringen kann". Wenn sie über die Wahl von Schwester Agnès eine große Freude empfindet, so ist es in dieser Hoffnung – und auch in der Hoffnung, daß der Weg, den sie, Theresia, zu fördern versucht, anerkannt wird.

Diese letztere Hoffnung scheint sehr schnell erfüllt zu werden: bereits Ende Februar 1893 wird Theresia von Mutter Agnès zur Gehilfin der Novizenmeisterin ernannt. Wir müssen allerdings sofort hinzufügen, daß die Novizenmeisterin niemand anderer ist als Mutter Marie von Gonzaga. Und wir müssen auch festhalten, daß Theresia nach wie vor Novizin ist und daher im Wahlkapitel für die Priorin keine Stimme hatte. Den Satzungen gemäß verläßt eine Schwester drei Jahre nach ihrer Profeß das Noviziat: für Theresia wäre dies also der September 1893. Tatsächlich aber bleibt Theresia bis zu ihrem Tod „Novizin": nach einer gängigen Interpretation des kanonischen Rechts ließ man nicht mehr als zwei leibliche Schwestern zum Kapitel zu, und da bereits Marie und Pauline in ihm vertreten sind, bleibt Theresia zeit ihres Lebens außerhalb des Kapitels und hat nie das Recht, an ihm teilzunehmen oder auch nur zu wählen. Sie bleibt also wirklich die Letzte – wir haben gesehen, daß sie sich im Oktober 1895 scherzhaft als „die alte Älteste des Noviziats" bezeichnet.

Sie verliert ihren Humor auch dann keinen Augenblick, wenn sie auf diese Weise wieder einmal die „kleine Letzte" ist. Denn wenn ihre leiblichen Schwestern sie immer „kleine Theresia" nennen, so bezieht sich dies nicht etwa auf ihren kleinen Wuchs – sie ist genauso groß wie ihre Schwestern –, sondern auf ihren Platz in der Familie: sie ist die „Kleine", die kleine Letzte. Da sie Novizin bleibt, ist sie auch die kleine Letzte des Konvents. Aber dieser letzte Platz interessiert sie. Wie er auch Charles de Foucauld interessiert, der 1886 konvertierte: dieser hörte in einer Predigt des Abbé Huvelin ein Wort, das fortan sein ganzes Leben bestimmen sollte: „Jesus hat sich so nachdrücklich auf den letzten Platz gestellt, daß ihn niemand davon zu verdrängen vermochte." Auf dieses Wort hin gestaltet Charles de Foucauld sein Leben zu einer einzigen Suche nach diesem letzten Platz.

Theresia ist sich der Neuheit ihres Weges, der mit den schmerzbetonten und voluntaristischen Wegen bricht und die Liebe in den Mittelpunkt jeder Tat stellt, klar bewußt. Es ist ein Weg der Hingabe, wie eine wahrhaft Liebende sich in den Armen des Geliebten hingibt: „Es ist leicht, Jesus zu gefallen, sein Herz zu entzücken! Man muß ihn nur lieben, ohne auf sich selbst zu schauen, ohne seine eigenen Fehler allzu genau zu untersuchen." Sich hingeben, Jesus gewähren lassen: an Ihm ist es, zu handeln. Theresia setzt ihr ganzes Leben auf die Liebe.

Hier trennt sich Theresia von der Frömmigkeit ihres Jahrhunderts; oder vielmehr, sie verwirft die Richtung, die man dieser gegeben hatte. Diese Frömmigkeit wollte, in Übereinstimmung mit der Botschaft einer Salesianerin aus Paray-le-Monial, der 1864 heiliggesprochenen Schwester Margareta Maria, Ausdruck einer Kompensation für den Verrat und die Frevel der Sünder sein, sie wollte teilhaben am Erlösertum Christi, indem sie sich gemeinsam mit ihm für das Heil der Welt verantwortlich fühlte. Die der Sühne und dem Apostolat des Opfers gewidmeten Anstalten werden zahlreicher. Man will für die Sünden der Menschen büßen und so das Herz Christi trösten.

Diese „reparationistische" Strömung erhält ihre Nahrung aus einer bestimmten Betrachtung der Ereignisse um 1870: das Ende des Kirchenstaates wird weithin als großes Unglück und eine Strafe Gottes betrachtet. Auch in der Niederlage von 1870 sehen die französischen Katholiken ein Zeichen Gottes, der jene züchtigt, die sich von ihm abgewandt haben. Damals entsteht „ein Bedürfnis nach nationaler Buße und Sühne, um das göttliche Wohlwollen wiederzuerlangen". Damals auch beginnt man mit dem Bau der Basilika auf dem Montmartre, die dem Herzen Jesu geweiht wird.

Im Jahr 1872 wird Frankreich in der Hoffnung auf eine unmittelbar bevorstehende Restauration der Monarchie – von der man die religiöse Wiedererstehung des Landes erwartete – dem heiligen Herzen geweiht. Wir müssen uns daran erinnern, daß zu dieser Zeit das heilige Herz auch politische Bedeutung hatte: Ludwig XVI. hatte im Gefängnis des Temple gelobt, Frankreich dem heiligen Herzen zu weihen, und die Vendéer trugen in ihrem Kampf für die Bourbonen dieses Zeichen –

das Herz und darüber ein Kreuz – auf der Brust. 1873 nehmen die Royalisten im katholischen Leben eine sehr bedeutende Stellung ein. Die meisten halten treu am „Märtyrerkönig" und am Geist der Vendéer fest. Die Wallfahrten nach Paray-le-Monial mobilisieren die Massen und tragen zu einer vermehrten Politisierung der Frömmigkeit bei. Man muß die Reaktion der rationalistischen Seite lesen, wie sie z. B. in dem 1875 veröffentlichten Artikel *Sacré-Cœur* (Heiliges Herz) des „Großen Wörterbuchs von Larousse" ihren Niederschlag findet. Hier wird zunächst betont, daß „der Kult des heiligen Herzens eine ganz neue Praxis" sei, dem man in der katholischen Hierarchie selbst anfänglich mit großer Zurückhaltung gegenüberstand. Sodann wird die Rolle der Jesuiten bei der Entstehung und Verbreitung dieser Verehrung betont. Nach Ansicht des Verfassers wäre dieser Kult zu Beginn des 19. Jahrhunderts wieder erloschen: „Aber die religiöse Reaktion der Restauration hat ihn gerettet." Hier der Schluß des Artikels: „Der Kult des heiligen Herzens hat unter dem Konvent von 1871 eine neue Ausweitung erfahren. Der Klerus organisierte auf breitester Basis Wallfahrten nach Paray-le-Monial, wo Margareta Maria nach eigener Aussage ihre Liebesgespräche mit Christus hatte, in denen dieser ihr Herz geforderte und in seines gelegt hatte und wo die Selige eine Vielzahl von Visionen der gleichen Art erlebte. Das ist aber noch nicht alles: die Nationalversammlung hat den Bau einer Kirche zu Ehren dieses Kultes, den Papst Benedikt XIV. als Idolatrie bezeichnet hatte, auf dem Montmartre als gemeinnützig erklärt. Die Grundsteinlegung zur Kirche vom heiligen Herzen, die von der Bevölkerung von Montmartre wegen der alten Mühle von la Galette ‚Kirche unserer Lieben Frau von la Galette' genannt wird, fand in großer Feierlichkeit statt (16. Juni 1875). Bei dieser Gelegenheit wurde natürlich das bekannte Lied vom heiligen Herzen gesungen, das die Pilger von Lourdes, von La Salette, von Puy, von Boulogne usw. seit einigen Jahren berühmt gemacht haben. Frankreichs Heil ist erst die zweite Sorge der Herz-Jesu-Verehrer – an erster Stelle steht Rom:

> Gütiger Gott
> Siegreicher Gott
> Dein heiliges Herz
> Rom und Frankreich
> Rett' aus der Not."

Als Theresia im November 1887 mit ihrem Vater und Céline nach Rom reist, findet die offizielle Feier zur Eröffnung der Wallfahrt in der Krypta der Basilika vom heiligen Herzen auf dem Montmartre statt: „Nachdem wir uns in der Basilika von Montmartre dem heiligen Herzen geweiht hatten, reisten wir ab", berichtet Theresia. Dies ist aber der *einzige* Hinweis auf den Namen des heiligen Herzens in den autobiographischen Schriften.

Dennoch hatte einer, der in Theresias geistlichem Leben einen bedeutenden Platz einnahm, diesen Kult besonders gepflegt: P. Pichon – er erhielt in Kanada den Namen „Apostel des heiligen Herzens". Marie Martin, die erste geistliche Tochter P. Pichons, hatte sich Schwester Marie vom Heiligen Herzen zum Klosternamen gewählt.

Im Oktober 1890, einige Tage vor Theresias Profeß, unternehmen Céline und Léonie anläßlich des zweihundertsten Todestages der seligen Margareta Maria eine Wallfahrt nach Paray-le-Monial. Großartige Feierlichkeiten rollen in einer überschwenglichen und allgemeinen Begeisterung ab, und Céline berichtet darüber Theresia. Diese gibt ihr folgende knappe Antwort: „Du weißt, daß ich das heilige Herz nicht wie alle sehe. Ich denke, daß das Herz meines Bräutigams mir allein gehört, wie auch das meine nur Ihm gehört, und so spreche ich in der Einsamkeit dieses köstlichen Beieinanders der Herzen zu ihm und warte, bis ich Ihn eines Tages von Angesicht zu Angesicht sehen werde." Theresia, die sich in einem Beieinander der Herzen mit Christus verbergen will, ist allergisch gegen diese allzu sichtbar zur Schau getragenen Kundgebungen von Paray-le-Monial. Für sie besteht die Liebe im wesentlichen in Verinnerlichung. Sie bringt in Erinnerung an ihren Eintritt in den Karmel das Bild der Taube im Hohenlied: „Er hat mich ... in den Felsspalten verborgen." Theresias Spiritualität des „Herzens" inspiriert sich nicht an den Offenbarungen der Margareta Maria, sondern nährt sich vor allem aus zwei Texten: dem Evangelium, wie wir später sehen werden, und einem Buch des Alten Testaments, dem Hohenlied der Liebe.

Vor allem seit 1893 bezieht sich Theresia auf dieses Liebeslied: in den dreizehn 1893 geschriebenen Briefen finden sich neun Zitate aus dem Hohenlied. Es ist offenkundig, daß sie dieses Buch des Alten Testaments besonders anzieht, daß sie es fast auswendig kann und oft darüber meditiert.

In dieser Bezugnahme finden wir drei Pole: den Liebenden, die

Geliebte, die Prüfung. Der Liebende scheint bisweilen schweigsam zu sein und zu schlafen, und doch, *„sein Herz wacht* immer". Der Liebende ist im Herzen ergriffen von der Geliebten: „Du hast mein Herz verwundet, meine Schwester, meine Braut, durch eines deiner Augen, durch ein einziges deiner Haare, die auf deinen Hals herabfließen." Der Liebende ist da, er ruft nach ihr: „Vorbei ist der Winter, der Regen verschwunden, vergangen. Erhebe dich, meine Geliebte, meine Taube und komm…" Er steht vor ihrer Tür und bettelt: „Ich bin an der Tür, tu mir auf, meine Schwester, meine Freundin, denn voll von Tau ist mein Gesicht, meine Locken von den Tropfen der Nacht."

Die Geliebte antwortet auf den Ruf des Liebenden, sie möchte ihm begegnen: „Wäre es möglich, mein Geliebter, dich allein auf freier Flur zu treffen, um dich zu küssen." Um ihn zu finden, macht sie sich voll Eifer auf die Suche: „Die Braut des Hohenliedes sagt, da sie den Geliebten nicht in seinem Bett vorgefunden habe, sei sie aufgestanden, um ihn in der Stadt zu suchen. Aber vergebens. *Erst als sie aus der Stadt herausgegangen war,* fand sie Den, den ihre Seele liebte!… Jesus will nicht, daß wir Seine anbetungswürdige Gegenwart in der Ruhe finden. Er verbirgt sich, Er hüllt sich in Finsternis ein." Diese glühende Suche ist zugleich auch Ruhe, denn die Geliebte ruht bei dem wiedergefundenen Geliebten aus: „Die Ruhe im Schatten dessen, den ich ersehnt hatte." Die Geliebte hat den Geliebten schon gefunden, aber sie wartet noch auf die letzte Begegnung: „Die Schatten schwinden", „bald werden wir auf heimatlichem Boden sein", „wenn die Schatten sich aufgelöst haben", „Er wird sich keiner Vermittlung mehr bedienen, sondern eines ewigen Von-Angesicht-zu-Angesicht."

Aber die Zeit des Von-Angesicht-zu-Angesicht ist noch nicht gekommen; noch beherrscht die Prüfung die Begegnungen zwischen den Liebenden. Unser armes Herz ist ein Schlachtfeld: *„Was erblicket ihr an der Braut wenn nicht die Musikchöre in einem Armeelager?"* Diese Situation wird in einem Brief vom 7. Juli 1894 an Céline zusammenfassend beschrieben, einem Brief, der uns später noch einmal begegnen wird: „Gleich der Braut kennen auch wir die Ursache unserer Prüfung… Wir sind noch nicht in unserem Vaterland und müssen durch die *Prüfung* gereinigt werden, wie das Gold im Feuerofen." – „Auch die Braut des Hohenliedes sagt, daß *,ihr Geliebter ein Myrrhensträußchen ist und auf ihrer Brust ruht'.* Die Myrrhe ist *das Leiden."* – „Der Morgen unseres Lebens ist vorbei", schreibt sie an Céline.

„Wir haben den duftenden Hauch der Morgenröte genossen. Damals lächelte uns alles zu. Jesus ließ uns seine beglückende Gegenwart fühlen. Als aber die Sonne stärker wurde, hat der Geliebte ,uns in seinen Garten geführt, er ließ uns die *Myrrhe* der Prüfung pflücken', indem er uns von *allem* und von sich selbst trennte. Der Hügel der Myrrhe hat uns durch seine herben Düfte gestärkt, so hat Jesus uns wieder herabsteigen lassen, und nun befinden wir uns im Tal."

„Denn", so sagt sie an anderer Stelle, „wenn Er sie auf den Berg Tabor führt, so geschieht dies nur für wenige Augenblicke. Der Ort seiner Ruhe sind häufiger die Täler, *hier hält er seine Mittagsruhe*'." Mittag, brennende Sonne, Prüfung des Durstes für die Geliebte. Vier Monate vor ihrem Tod zeigt Theresia noch einmal durch einen Text des Hohenliedes ihr Verständnis für die Prüfung, jene Prüfung, durch die man auch dann weiterleben kann, wenn das Herz nicht überströmt: „Jesus tut gut daran, sich zu verbergen, nur von Zeit zu Zeit mit mir zu sprechen, und auch dann nur *durch die Gitter* (Hoheslied). Denn ich fühle wohl, daß ich nicht mehr zu ertragen vermöchte, mein Herz würde brechen, unfähig, so viel Glück zu ertragen."

Das Versteckspiel des Geliebten

Wie übersetzen sich nun solche Intuitionen in den Alltag eines Karmel? „Diese Erfahrung habe ich gemacht: Wenn ich *nichts empfinde,* wenn ich *unfähig* bin, zu beten und Tugend zu üben, dann ist der Augenblick gekommen, die kleinen Gelegenheiten zu suchen, *Nichtigkeiten,* die Jesus mehr Freude machen als alle Macht der Welt oder sogar als das großmütig erlittene Martyrium. Beispielsweise ein Lächeln, ein liebenswertes Wort, wenn ich lieber nichts sagen oder gar eine verdrießliche Miene aufsetzen möchte usw. Meine geliebte Céline, verstehst Du mich? Es geschieht nicht, um meine Krone zu flechten, um mir Verdienste zu erwerben, sondern um Jesus Freude zu machen." Theresia rühmt sich nicht: „Céline, ich fürchte, nicht das Richtige gesagt zu haben. Vielleicht meinst Du nun, ich würde stets das tun, was ich sage. O nein, ich bin nicht immer treu, aber ich verliere nie den Mut, ich werfe mich in die Arme Jesu." Für sie gilt das Prinzip des Austauschs: „Wenn Du Ihm getreulich in den kleinen Dingen Freude machst, dann wird Er *verpflichtet* sein, Dir in den *großen* beizustehen."

Wir sind hier also meilenweit entfernt von den vielgenannten „Übungen", einer nach Belohnungen heischenden Praxis, die Frau Martin ihren Töchtern beigebracht hatte, weit entfernt auch von den aszetischen Gewohnheiten des spirituellen Lebens, wie es zu jener Zeit praktiziert wurde. Man könnte einwenden, Theresias Haltung sei zu einfach. Aber ist es tatsächlich so leicht, in diesem Miteinander von Sorglosigkeit und Beharrlichkeit zu leben? Beständig auf der Lauer nach den „Nichtigkeiten" zu liegen und sich zugleich hinzugeben? Der Stachel dieses karmelitischen Alltagslebens liegt darin, daß Theresia, die doch weit entfernt von aufgerechneten aszetischen Praktiken ist, sich dennoch in diesen Bereich begeben muß, weil sie Gehilfin der Novizenmeisterin ist und weil eine ihrer Noviziatsgefährtinnen, Marthe von Jesus, durch solche Methoden unterstützt werden möchte: „Ich bin sogar gezwungen, eine kleine Perlenschnur bei mir zu tragen, um die Tugendübungen zu zählen. Ich tue das aus Liebe zu einer meiner Gefährtinnen. Ich berichte Dir alle Einzelheiten. Es ist gar zu drollig... Ich bin in Netzen gefangen, die mir ganz und gar nicht gefallen, aber die im gegenwärtigen Zustand meiner Seele sich als sehr nützlich erweisen."

Dieses zwanzigjährige Mädchen besitzt eine Kraft der radikalen Bestreitung. „Alle die schönsten Reden der größten Heiligen vermöchten es nicht, einen *einzigen* Liebesakt in einem Herzen zu bewirken, das nicht Jesus gehört." „Ohne die Liebe sind alle, selbst die spektakulärsten Werke, wie die Auferweckung der Toten oder die Bekehrung der Völker, nichts." Woraus erhält eine solche Bestreitung ihre Nahrung? Aus einer genauen Vorstellung von Jesus. Er ist für Theresia nun mehr denn je derjenige, der „sich verbirgt", der „sich in Finsternis hüllt", der schweigt („welche Melodie ist doch dieses Schweigen Jesu für mein Herz!"), der „nicht will, daß wir ihn seiner Gaben wegen lieben", der „sich arm macht", der „sich uns gewissermaßen ausliefert", der „nichts wegnehmen will, ohne daß wir es ihm freiwillig geben". Viele gehen an Jesus vorbei, weil er „ein *verborgener* Schatz ist, ein unschätzbares Gut, das nur wenige Seelen zu finden vermögen, weil er *verborgen* ist, die Welt aber das Glänzende liebt". Theresia verachtet das Leuchtende, allen falschen Glanz, auch und vor allem, wenn er geistlicher Art ist. Sie verachtet allen Tand. Es interessiert sie nur das Wesentliche, nämlich den zu finden, der sich verborgen hat – „aber Er verbirgt sich nicht so sehr, als daß Er sich nicht erraten ließe". Es ist ein Spiel der Liebe, dieses Verstecken; es ist ein Spiel der Liebe, den anderen, der sich versteckt hat – der sich aber nicht so gut versteckt hat, als daß man ihn nicht finden könnte –, zu finden. Es ist das Glück der Liebe, zu wissen, daß der andere, je mehr er sich versteckt, um so näher ist. Es ist das Glück der Liebe, zu wissen, daß unser Gesicht den anderen verborgen ist und allein vom Geliebten gesehen wird.

Aus der Korrespondenz ersehen wir klar, daß sich Theresia in den Jahren 1892–1893–1894 in besonderem Maß mit den Evangelien befaßt: 14 Zitate aus den Evangelien von 1888 bis 1891 (28 Briefe); 37 Zitate von 1892–1894 (17 Briefe). 1892–1894 also fast dreimal soviel Zitate als vorher. „Das Jahr 1892 bezeichnet eine Wende in ihrem geistlichen Leben durch eine intensivere Beschäftigung mit der Heiligen Schrift." Im folgenden zitieren wir zwei Bemerkungen von J. Courtès. Erstere betrifft den Inhalt: „Wie wir in einer aufmerksamen Lektüre erkennen konnten, scheint gerade in den zuinnerst geistlichen Briefen die Häufigkeit der Zitate aus dem Evangelium am größten zu sein." Die zweite Bemerkung bezieht sich auf die Zitate selbst: „Aus den vier Evangelien begegnet uns mit Ausnahme des befriedeten Sturms – und auch dieser nur in symbolischer Verwendung – kein Wunderzitat. Das mag eigenartig erscheinen, immerhin ist es erhellend: Theresias Spiritualität ist keine Spiritualität des Außerordentlichen, sondern des geheiligten Alltags."

Seit 1892 also bezieht sich Theresia vor allem auf das Evangelium, das weithin zur Quelle ihres Gebetes wird. Gleichzeitig spricht sie zu ihren Briefpartnern von ihren Entdeckungen der Texte des Evangeliums beim Gebet; Texte, die sie dann in den meisten Fällen auswendig zitiert.

Hier möchten wir etwas näher auf Theresias Art und Weise eingehen, das Evangelium ohne exegetische Vorbildung, gleichsam auf den ersten Ansatz, in einer Art gesundem Menschenverstand, der der Intuition eines liebenden Herzens entspringt, zu durchforschen. Ihre Vorgangsweise ist die gleiche, ob sie nun das Antlitz des schlafenden Jesus erforscht – sei es der kindliche Jesus, der erwachsene Jesus, bei den Aposteln im Boot oder der im Tod schlafende Jesus: das heilige Antlitz –, oder ob sie das äußere Erscheinungsbild der Evangelien, den Buchstaben des Textes untersucht, um darin das dahinter Verborgene zu entdecken: „Vor allem ist es das gesamte *Evangelium,* das mich während meiner Betrachtungen beschäftigt. In ihm finde ich alles, was meine arme kleine Seele braucht. Da entdecke ich immer wieder neue Erleuchtungen, verborgene und geheimnisvolle Bedeutungen."

Theresia entdeckt: ihre Haltung zum Evangelium ist die eines Forschers; aber keines gewöhnlichen Forschers: ihr ist alles gewissermaßen schon vorgegeben, und sie entdeckt gleichsam nur nebenbei: „Er, der in den Tagen seines irdischen Lebens jubelnd ausgerufen hatte: ,Ich preise dich, Vater, daß du dies alles den Weisen und Klugen verborgen, den Kleinen aber geoffenbart hast', wollte in mir seine Barmherzigkeit aufleuchten lassen. Weil ich klein und schwach war, neigte er sich zu mir herab, lehrte er mich im Verborgenen die *Dinge* seiner *Liebe.*" Wenn das erste Thema, das in der Auswahl der Zitate aus dem Evangelium durchscheint, jenes der Demut ist, so hat dies seinen Grund darin, daß Theresia ein außerordentlich starkes Empfinden dafür hat, daß Gott sich selbst als Geschenk gibt. Theresia ist sich in jedem Augenblick bewußt, daß der Glaube empfangen und nicht erworben oder besessen wird. Gott hat ihn ihr gewährt, er gewährt ihr also zu entdecken, wer er ist: der Führer auf diesem Weg ist Jesus: „Mein Herz wandte sich schon bald dem Seelenführer vor allen anderen zu. Und Er war es, der mich in diese Wissenschaft einwies, die den Klugen und Weisen verborgen bleibt und die er den *Kleinsten* in seiner Güte offenbart." Eine Entdeckung, die sie immer wieder macht und durch die sie zu einer beständigen, freudigen Demut gelangt.

Diese Entdeckung ist eine Vorstufe zur letzten Entdeckung: nämlich zum Thema des Lichtes der Herrlichkeit, das häufig wiederkehrt und das zusammen mit jenem der Nacht der Prüfung seinen Ausdruck findet: jene, die in die Nacht einwilligen, werden das Licht schauen. Aber diese Entdeckung wird in erster Linie im Alltag gemacht, sie ist wie das von Gott gegebene Brot, das für einen Tag genügt: „Gerade dann, wenn ich ihrer bedarf, gewinne ich Einsichten, die ich vorher noch nicht hatte. Sie sind nicht während des Gebets am häufigsten, sondern vielmehr bei meinen Alltagsbeschäftigungen." Theresia entdeckt nach ihren eigenen Worten „verborgene und geheimnisvolle Bedeutungen". Dieser Begriff „verborgen" kehrt bei Theresia so oft wieder, daß wir ihn hier näher untersuchen müssen.

Beim Tod ihrer Mutter versucht Theresia zu erfassen, was man ihr verbergen will: „Ich entsinne mich nicht, viel geweint zu haben, ich

sprach mit niemandem über die tiefen Gefühle, die mich bewegten...
Schweigend schaute und hörte ich zu... niemand hatte Zeit, sich mit
mir zu befassen; so sah ich viele Dinge, die man mir verbergen wollte;
einmal stand ich vor dem Sarg... ich betrachtete ihn lange, ich hatte
so etwas noch nie gesehen, und doch begriff ich, um was es ging." Gott
will, daß sie in den Karmel eintritt, um sich dort zu verbergen: „Ich
fühlte, daß der Karmel jene *Wüste* sei, in der der liebe Gott wollte, daß
auch ich mich verberge." – „Jesus wußte, wie schwach ich war, und
daher hat Er mich als erste in den Felsspalten verborgen." Er will sie
dahin führen, daß sie „das verborgene Leben" liebt.

Theresia will dieser Aufforderung Gottes und dieser Gnade Jesu zutiefst treu bleiben. Das Glück übrigens findet sie nicht im Besitz, sondern in der Entäußerung: „Ich weiß aus *Erfahrung*, daß das Glück nur
darin besteht, sich zu verbergen."

Dieser Wunsch, sich zu verbergen, kommt aus ihrem Ausgerich-
tetsein auf Jesus hin, der sich ebenfalls verborgen hat: „Ich möchte,
daß auch mein Gesicht wie das Antlitz Jesu ‚wirklich verborgen sei'."
Im Himmel „werden wir Ihn nicht mehr unter der Erscheinung eines
Kindes oder einer weißen Hostie verborgen sehen", aber hier auf
Erden, hier müssen wir ihn dort suchen, wo er sich verbirgt.

So verbirgt sich Jesus auch hinter einem „verschleierten" Antlitz: es
handelt sich darum, „die Tiefe der im heiligen Antlitz verborgenen
Schätze", „die im Antlitz unseres Bräutigams verborgenen Geheimnisse der Liebe" zu erforschen.

Jesus ist sogar bereit, sich mitten in unserem Herzen zu verbergen
und dort zu wirken: „Ich habe oft bemerkt, daß Jesus mir keinen
Vorrat geben will. Er nährt mich jeden Augenblick mit einer ganz
neuen Nahrung. Ich finde sie in mir, ohne zu wissen, in welcher Weise
sie dort ist... Ich glaube ganz einfach, daß Jesus selber sich zutiefst in
meinem armen kleinen Herzen verbirgt und mir die Gnade erweist, in
mir zu handeln, und daß Er mich all das denken läßt, was Er will, daß
ich es gerade tue."

Es gab also eine Zeit, in der Theresia „die im Evangelium verborgenen Schätze noch nicht gefunden" hatte, so wie es auch eine Zeit gab,
in der sie „die Tiefe der im heiligen Antlitz verborgenen Schätze noch
nicht ausgelotet" hatte.

Vor allem seit Ende 1893 erforscht sie das Evangelium, die Kindheit
und das heilige Antlitz Jesu: „Ja, seit zwei Jahren habe ich viele

Geheimnisse, die bisher für mich verborgen waren, verstanden." Es geht angesichts der Seinsweise Jesu – verhüllt, verborgen – immer darum, alles zu tun, um aufzudecken, um zu entdecken. Eine Liebende will wissen, was sich hinter dem Gesicht, den Augen, den Worten ihres Geliebten verbirgt. Sie kann sich nicht mit dem bloßen Anschein zufriedengeben; sie macht sich auf den Weg, um zu verstehen; und je weiter sie vorankommt, je mehr sie entdeckt, um so mehr verbirgt der Geliebte sich, ein unergründliches Geheimnis.

Die vier Martin-Mädchen

Am 29. Juli 1894 stirbt Herr Martin in Lisieux, wohin er zwei Jahre zuvor wieder gebracht worden war. Theresia ist darüber sehr traurig, auch wenn Herr Martin kaum noch Herr seines Verstandes ist, auch wenn er, wie sie sagte, gewissermaßen schon tot war.

Céline, die Herrn Martins Pflegerin war, ist nun frei, ebenfalls in den Karmel einzutreten. Aber es gibt ein Hindernis: die Tatsache, daß sich im Karmel von Lisieux bereits drei Mädchen aus der Familie Martin befinden. Der kirchliche Superior, Abbé Delatroëtte, legt sein amtliches Veto ein. Desgleichen auch einige Klosterfrauen. Nun sucht Céline den Kanonikus auf, um ihn von der Echtheit ihrer Berufung und ihrem festen Wunsch, in den Karmel von Lisieux einzutreten, zu überzeugen. Der Superior des Klosters sieht ihre Argumente ein, er übergibt den Fall Mgr. Hugonin, der seine Zustimmung gibt.

Céline und Theresia haben das gleiche Blut in ihren Adern, die gleiche Beharrlichkeit. Wenn eine Entscheidung einmal getroffen ist, dann handelt man so, daß nichts mehr widersteht. Es ist verständlich, daß einige Klosterfrauen die Ankunft einer vierten Martin im Karmel fürchten konnten. Da sie die aktive Dynamik einer Schwester Agnès und die Vitalität Theresias kannten, da sie wußten, wer Céline war, führten sie als Argumente gegen den Eintritt Célines an, der Karmel brauche keine Künstler. Zweifellos hatten sie aber mehr oder weniger bewußt einen anderen Grund für ihre Zurückhaltung oder Gegnerschaft. Jedenfalls hatte Kanonikus Delatroëtte stets offen die weise Befürchtung ausgesprochen, die Familie Martin könnte im Kloster, für das er verantwortlich war, einen zu großen Platz einnehmen. Und seine Stellungnahme ging aus von der Kenntnis der Situation.

197

In dem Augenblick, da der Vater tot ist, da sich die vier Schwestern im Karmel wiederfinden und ihre Familie neu bilden, scheint eine mehr denn je vergessen zu sein: Léonie. Wir erinnern uns, daß Frau Martin vor allem über den unsteten Charakter Léonies entsetzt war; sie sah, daß sie nicht klug war; sie meinte, Léonie würde ihr keine Ehre machen, mit einem Wort, Léonie war Frau Martins Kreuz gewesen.

Nach Frau Martins Tod kommt Léonie als Pensionatsschülerin zu den Benediktinerinnen der Abtei von Lisieux. Sie bleibt verschlossen, in sich selbst gekehrt, mit unerwarteten Explosionen. Als Pauline am 2. Oktober 1882 in den Karmel eintritt, will ihr Léonie, die gerade 19 geworden ist, nachfolgen. Aber man deutet ihr an, daß dies nicht ihr Platz sei; desgleichen, als Marie am 15. Oktober 1886 in den Karmel eintritt.

Anfang Oktober 1886 fährt Herr Martin in Begleitung von Marie, Léonie, Céline und Theresia nach Alençon, damit Marie ein letztes Mal am Grab der Mutter beten kann. Die Familie macht bei den Klarissinnen von Alençon in der Rue de la Demi-Lune einen Besuch, und Léonie erklärt, sie wolle persönlich mit der Äbtissin sprechen; man läßt sie im Sprechzimmer. Als aber Herr Martin und seine Töchter zurückkommen, trauen sie ihren Augen nicht: Léonie befindet sich jenseits des Gitters, bereits als Postulantin. Marie wird zornig. Aber die Äbtissin hat beschlossen, Léonie aufzunehmen, und Herr Martin beugt sich diesem Beschluß. Nach einigen Wochen jedoch bekommt Léonie einen Hautausschlag, wie sie ihn schon öfters hatte, und am 9. Dezember kehrt sie wieder nach Lisieux zurück.

In Buissonnets hätte nach dem Weggang Maries Léonie, die ja älter ist als Céline, das Hauswesen übernehmen müssen. Aber man hält sie für unfähig, und so wird Céline die Verantwortung übertragen. Léonie hilft im Haushalt, sie zieht sich oft in ihr Zimmer zurück – man nennt sie „die Einsiedlerin" – sie ruht sich aus und widmet sich auch Werken der Barmherzigkeit, wie etwa „der Einkleidung der Toten der benachbarten armen Familien".

Als Herr Martin am 29. Mai 1887 Theresia die Erlaubnis gibt, ebenfalls in den Karmel einzutreten, flammt in Léonie ein neues Feuer auf: Léonie will um jeden Preis Klosterfrau werden. Sie denkt dabei an ihre Tante, die Salesianerin in Le Mans war, an die selige Margareta Maria, die Salesianerin aus Paray-le-Monial. Ende Juni 1887 besucht Léonie die Salesianerinnen in Caen und tritt dort am 16. Juli 1887 im

198

Alter von vierundzwanzig Jahren ein. Wieder wird sie von einem Hautausschlag befallen, sie leidet unter Schüttelfrost. Am Ende ihrer Kräfte angelangt, verläßt sie das Kloster am 6. Januar 1888 wieder.

Als ein Jahr später, am 12. Februar 1889, Herr Martin schwerkrank in die Heilanstalt „Bon Sauveur" in Caen eingeliefert wird, wohnen Céline und Léonie in der Nähe der Anstalt. Léonie geht hin und wieder zu den Salesianerinnen von Caen.

Nach Lisieux zurückgekehrt, beginnt eine Reihe von Reisen mit den Guérins: zur Weltausstellung von Paris, nach Tours, nach Lourdes – dort fleht Léonie um die Heilung von ihrem Hautausschlag –, nach Paray-le-Monial. Es folgt ein Aufenthalt im Schloß de La Musse, wo sich Léonie sehr entwurzelt vorkommt und von hier aus bisweilen zu den Salesianerinnen nach Caen entflieht: „Jeder holt sich sein Vergnügen, wo er es findet", schrieb Céline an Jeanne Guérin, „ich finde es in La Musse, Léonie bei den Salesianerinnen."

Die Familie – das heißt besonders Schwester Agnès, die, vor allem seit sie Priorin im Karmel geworden ist, das eigentliche Familienoberhaupt ist – widersetzt sich dem Weggang Léonies, solange Herr Martin noch lebt. Léonie hält sich nicht daran: am 24. Juni 1893 tritt sie, nun dreißigjährig, erneut bei den Salesianerinnen von Caen ein. Am 6. April 1894 nimmt sie den Habit und wird Schwester Thérèse-Dosithéa. Durch diese Namenswahl bringt sie ihre besondere Zuneigung zu Theresia und die Erinnerung an ihre Tante zum Ausdruck. Aber die Schwierigkeiten setzen von neuem ein: ein Hautausschlag. Die Haube – Tag und Nacht getragen – wird für sie unerträglich. Das Chorgebet belastet sie; sie hat Zweifel an der Realpräsenz.

Die Ankündigung des Eintritts Célines in den Karmel ist für sie ein neuer Schock. Die vier Schwestern vereint und sie allein in Caen! Theresia versteht diesen Schock und schreibt sofort an Léonie: „Liebes Schwesterchen, sind wir jetzt nicht noch inniger miteinander verbunden, wenn wir jetzt zum Himmel emporblicken, wo wir einen Vater und eine Mutter entdecken, die uns Jesus aufgeopfert haben? ... Bald werden ihre Wünsche erfüllt und alle ihre Kinder, die der liebe Gott ihnen geschenkt hat, auf ewig mit Ihm verbunden sein ... Ich verstehe die Leere, die der Weggang Célines in Dir zurücklassen wird, aber ich weiß auch, wie großmütig Du unserem Herrn gegenüber bist. Aber bedenke, wie schnell geht das Leben vorüber ... Danach werden wir miteinander vereint sein und uns nie mehr trennen, und wir werden glücklich sein, für Jesus gelitten zu haben … Liebes Schwesterchen, verzeih mir diesen unangenehmen Brief, schau nur auf das Herz Deiner Theresia, das Dir so vieles sagen möchte, was sie nicht auszudrücken vermag …" Theresia ist ihr in ihren Schwierigkeiten sehr nahe: „Ich habe große Zuversicht, daß meine liebe kleine Salesianerin aus all ihren *großen Prüfungen* siegreich hervorgehen und eines Tages eine vorbildliche Ordensfrau sein wird. Der liebe Gott hat ihr schon so viele Gnade gewährt. Wie könnte er sie jetzt verlassen, da sie im Hafen angekommen zu sein scheint? Nein, Jesus schläft, während seine arme Braut gegen die Fluten der Versuchung ankämpft. Aber wir werden Ihn so zärtlich rufen, *,daß er alsbald aufwachen und dem Wind und Sturm gebieten wird, und dann wird die Stille wiederhergestellt sein…'* Liebes Schwesterchen, Du wirst sehen, daß der Prüfung die Freude folgt." Theresia weiß, was es heißt, als die kleine Letzte betrachtet zu werden; sie läßt Léonie spüren, daß sie ihr zur Seite steht. Anfang 1895 schreibt sie ihr: „Mein liebes Schwesterchen, vergiß nicht die letzte, die *ärmste* Deiner Schwestern, bitte Jesus, daß sie *ganz treu* sei; daß sie, gleich Dir, glücklich darüber sei, überall die Kleinste, die Letzte zu sein!…"

Léonie hätte normalerweise am 6. April 1895 ihre Profeß ablegen sollen, aber man stellt sie zurück. Nun ersucht sie, in das Kloster von Le Mans überstellt zu werden. Theresia schreibt ihr am 28. April: „Ich bin im Innersten davon überzeugt, daß dies Deine Berufung ist, nicht nur als Salesianerin, sondern auch als Salesianerin von *Caen.* Der liebe Gott hat uns dafür schon so viele Beweise gegeben, daß wir nicht daran zweifeln dürfen. Ich halte diesen Deinen Gedanken, nach Le Mans zu gehen, für eine Versuchung, und ich bitte Jesus, Dich davon zu befreien. Wie gut ich verstehe, daß die Verzögerung Deiner Profeß eine Prüfung für Dich sein muß." Und sie ruft ihr ihre eigene Erfahrung ins Gedächtnis: „Noch erinnere ich mich freudig dessen, was einige Monate vor meiner Profeß in meiner Seele vorging. Mein Noviziatsjahr war zu Ende, und niemand kümmerte sich um mich (weil unser Pater Superior mich für zu jung hielt). Ich versichere Dir, daß ich viel gelitten habe, aber eines Tages ließ der liebe Gott mich erkennen, daß in diesem Verlangen, meine heiligen Gelübde abzulegen, nur ein großes Stück Selbstsucht lag, und da habe ich mir gesagt: Bei meiner Einkleidung wurde ich mit einem schönen weißen Kleid angetan, das mit Spitzen und Blumen verziert war. Wer aber hat daran gedacht, mir für die Hochzeit ein gleiches zu geben? Dieses Kleid muß ich *ganz allein* anfertigen. Jesus will, daß niemand außer *Er* selbst mir dabei helfe. So werde ich mich also mit seiner Hilfe ans Werk machen und eifrig arbeiten. Die Geschöpfe werden meine Bemühungen nicht sehen, denn sie sind in meinem Herzen verborgen." Am 18. Juli beschwört Herr Guérin seine Nichte, es noch drei Monate lang zu versuchen, und er schreibt mit unverhüllter Offenheit an Mutter Agnès, die seine Meinung im übrigen durchaus teilt: „Sie ist eine arme Natur, unfähig zu reagieren." Am 20. kehrt Léonie nach Lisieux zurück. Theresia verliert nie das Vertrauen in Léonie. Zehn Wochen vor ihrem Tod schreibt sie ihrer Schwester: „Du willst, daß ich im Himmel das heilige Herz für Dich bitte, sei gewiß, daß ich nicht vergessen werde, ihm Deine Aufträge zu übermitteln und um all das zu bitten, dessen Du bedarfst, um eine *große Heilige* zu werden."

Auf der Anzeige, in der der Familie und den Freunden der Tod Theresias mitgeteilt wird, steht Léonie – Léonie, die Vergessene, die Letzte – an erster Stelle. Und als man am 4. Oktober 1897 Theresias Leichnam zum Friedhof von Lisieux geleitet, führt Léonie – Herr Guérin ist durch Krankheit verhindert – den Trauerzug an.

In dem Augenblick, da Léonie ganz allein ist, sind also Marie, Pauline, Céline und Theresia im Karmel vereint. Und eine der vier Martin-Mädchen, Pauline, ist Priorin des Konvents. Pauline besitzt – gelinde ausgedrückt – Familiensinn, und sie will diese Familie, als deren geistliches Haupt sie sich um so mehr fühlt, als sie Priorin des Karmel ist, in den Vordergrund rücken. Gleichzeitig unterstützt der Onkel Guérin Paulines Bemühen, das Kloster finanziell wieder zu sanieren und lebensfähig zu machen; so wird Herr Guérin zum Wohltäter des Karmel und kann daher auch seine Meinung äußern.

Aus diesem Wunsch, das Andenken der Familie Martin zu bewahren, gibt Pauline eines Januarabends 1895 Theresia den Auftrag, ihre Kindheitserinnerungen niederzuschreiben. Die Priorin hatte eine genaue Vorstellung: Theresia sollte die wunderbare Geschichte von Herrn und Frau Martin, die Geschichte ihrer Familie erzählen. Herr Martin ist vor kurzem gestorben, die vier Martin-Mädchen sind im Karmel vereint: beschreiben wir also das Tun und Lassen dieser Familie, löschen wir die Verleumdungen aus, die um die Krankheit Herrn Martins entstanden sind.

Das erste Manuskript Theresias, das von Schwester Agnès später

Geschichte einer Seele genannt wird, ist also in den Augen der Priorin zunächst alles andere als eine religiöse Autobiographie. In diesem Mikrokosmos, wie ihn ein Karmel darstellt, macht sich ein anderer Mikrokosmos – bestehend aus vier leiblichen Ordensschwestern, deren eine die Priorin des Klosters ist – daran, eine kleine Familiengeschichte und einen Bericht über die familiären Ereignisse zu verfassen, die diese vier Schwestern dazu geführt haben, erneut vereint zu werden und diese neue kleine familiäre Zelle zu bilden. Der Adressat des Dokuments ist letztlich diese kleine Gruppe, die sich in ihre vergangene und gegenwärtige Geschichte versenkt. Es ist eine Familienchronik, und zwar in solchem Maß, daß Herr Guérin das Recht auf Einblicknahme hat: Mutter Agnès schickt ihm den ersten Teil des Manuskripts, um seine Kritik und Zustimmung einzuholen. Es werden Änderungen vorgenommen, um der Familie Freude zu machen: „Die Anmerkung in Folio 29 r°: ,Der einzige Besuch, den ich haben wollte, war der meines Onkels und meiner Tante...' mit der Ergänzung am unteren Rand der Seite ist nach Meinung der Experten zweifellos nachträglich hinzugefügt. Sie ist von Theresias Hand geschrieben, und zwar mit dem Ziel, Onkel und Tante durch ein Gedenken an ihre Hingabe während der Kinderkrankheit zufriedenzustellen. In den Folios 51 v° und 52 r° war eine andere Anmerkung dazu bestimmt, den etwas unangenehmen Eindruck wieder aufzuheben, den die kategorische Weigerung des Onkels hinsichtlich Theresias Berufung gemacht hatte."

Verwirrung stiften

Theresia aber scheint das allzu familiäre Verlangen ihrer drei Schwestern geradezu zu hintertreiben. Zunächst einmal feiert sie nicht den Ruhm der Familie, sondern die Güte Gottes ihr selbst und den Ihren gegenüber, die sich ohne ihr eigenes Verdienst gezeigt hat. Sie sind wirklich durchwegs nur alltägliche Erscheinungen, diese Mitglieder der Familie Martin. Theresia hält sie nicht für Genies. Was Theresia interessiert, ist die Tatsache, daß Gott gerade in die Geschichte einer Familie eingetreten ist, die wie alle anderen ist: Durchschnittsmenschen, die nichts Außergewöhnliches an sich haben.

Sodann geht sie ohne Zögern daran, mehr ihre eigene geistliche Geschichte denn die Geschichte ihrer Familie zu schreiben; ihr Manuskript bringt eine *geistliche* Geschichte: „Ich werde … nicht eigentlich mein Leben schreiben, es sind vielmehr meine *Gedanken* über die Gnaden, die der liebe Gott mir gewährt hat." Es handelt sich um eine ganz bewußte „Deutung" der Ereignisse und nicht um eine einfache Beschreibung.

Als Theresia zu schreiben beginnt, hat sie einen Grad der Reife erlangt, der es ihr ermöglicht, das seit acht Jahren und vor allem seit ihrer Bekehrung von Weihnachten 1886 Geschehene aus genügender Distanz zu sehen. Theresia weiß, daß sie in geistlicher Hinsicht eine erwachsene Frau geworden ist: „Ich stehe jetzt in einem Lebensabschnitt, in dem ich auf die Vergangenheit zurückblicken kann. Meine Seele ist im Schmelztiegel äußerer und innerer Prüfungen herangereift. Gleich der im Sturm gefestigten Blume hebe ich den Kopf wieder empor."

Gleichzeitig hat sie in hohem Grad eine gewisse Sorglosigkeit erlangt. Wir haben gesehen, daß sie seit 1893 immer stärker von der Liebe erfaßt und gerade dadurch immer freier, gelöster, entspannter, fast ungezwungener wurde. Wenn in einem solchen Klima von „Gehorsam" im engen Sinn des Wortes gesprochen wird, so drückt sich darin ein gewisses Mißverstehen Theresias aus: sie hat keinerlei Schwierigkeiten, der Aufforderung von Mutter Agnès nachzukommen. Ganz sicher hätte sie nicht von sich aus daran gedacht, ihr Leben niederzuschreiben, wie dies etwa bei Schwester Marie von der Dreifaltigkeit der Fall war, einer jungen, naiven Novizin, die in ihrer Berufung etwas sehr Außergewöhnliches erblickte und meinte, nun schriftlich darüber berichten zu müssen: Theresia redet es ihr aus und fordert sie sogar auf, nicht einmal um die Erlaubnis dafür nachzusuchen: „Die großen Gnaden des Lebens wie auch jene der Berufung können nicht vergessen werden. Sie werden für Sie heilsamer sein, wenn sie vor Ihrem Gedächtnis vorbeiziehen, als wenn Sie sie auf dem Papier nachlesen."

Mutter Agnès hatte ihr gesagt, sie solle „ganz zwanglos schreiben", und Theresia hält sich daran: „Ich werde ganz ungezwungen sprechen, ohne mich um den Stil oder die zahlreichen Abschweifungen zu kümmern, die mir unterlaufen werden." Theresia wird ihre Erinnerungen demnach so niederschreiben, wie sie ihr in den Sinn kommen, ohne sich um den thematischen Aufbau zu kümmern. Sie hat übrigens ein ausgezeichnetes Gedächtnis affektiver Art, so daß sie die Spur der frühen

Ereignisse sehr lebendig bewahrt hat. Wenn sie sagt: „Der liebe Gott hat mir die Gnade gewährt, meinen Verstand schon sehr früh zu öffnen und die Erinnerungen meiner Kindheit so tief in mein Gedächtnis einzuprägen, daß es mir scheint, die Dinge, die ich erzähle, seien erst gestern geschehen", so hat sie ganz recht. Dazu ein Test: Als sie am 3. April einer Salesianerin von Le Mans schreibt, sagt sie: „Ich erinnere mich genau an meine Reise in das Kloster der Heimsuchung von Le Mans im Alter von drei Jahren"; in Wirklichkeit war sie erst zwei Jahre und drei Monate alt – die Reise fand am Ostermontag, dem 29. März 1875, statt.

So geht Theresia also daran, ihre Kindheitserinnerungen niederzuschreiben. Vor allem aber schreibt sie über „*die Liebe*", „mit der (sie) zu umfangen es Gott gefallen hat". Wir vermuten, daß zunächst nur von einigen Seiten die Rede war, daß aber aus Zeitmangel seitens Theresias oder auch aufgrund des Umfangs, den der begonnene Bericht angenommen hatte, ihr Mutter Agnès die Weiterführung erlaubt hat. Theresia schreibt das ganze Jahr 1895 hindurch, meist in den Abendstunden: sie sitzt auf ihrer kleinen Bank, auf den Knien ein Schreibpult, das sie auf dem Speicher gefunden hat. Sie schreibt also etappen- und stückchenweise, ohne jemals eine längere Zeitspanne zur Verfügung zu haben, in der sie alles zu einem Ganzen zusammenfügen könnte. Insgesamt schreibt sie im Zeitraum eines Jahres 95 doppelseitig beschriebene Blätter; angenommen, sie hat jeden Tag geschrieben, ergibt das etwa 180 Wörter täglich.

Theresia schreibt, was ihr in den Sinn kommt, schlicht und ohne Schwierigkeit. Aber wir dürfen nicht vergessen, daß sie nicht schreibt wie einer, der am Ende seines Lebens, jenseits aller Kämpfe, seine Memoiren zu Papier bringt, sondern in einem bestimmten Kontext, in dem sich Kämpfe abspielen, die sie ganz persönlich betreffen – sie ist wohlgemerkt zweite Novizenmeisterin unter der Leitung von Mutter Marie von Gonzaga. Wird sie im Kapitel des Karmels von Lisieux eine Stimme erhalten? Theresia lebt in einem spirituellen Kampf, einem Drama, und ihre „Geschichte einer Seele" ist als Drama gestaltet.

Die Akteure dieses Dramas – dieser „Handlung" – stehen zueinander in einem Dreiecksverhältnis: zunächst Theresia, daneben derjenige, der Theresia hilft, der ihr zur Seite steht und schließlich wiederum sie selbst in ihrer Suche nach Gott. Derjenige, der ihr hilft, ist Gott allein, und Theresia ist bemüht, zu zeigen, daß die anderen Helfer nur

Werkzeuge in seinen Händen sind. Der Helfer, das ist Gott oder Jesus; aber Theresia spricht hier nicht in gleichen Begriffen: „Häufig wendet sich Theresia an Jesus: dieser tritt dann in ein Gegenüber, das mit der Erzählerin in einer Ich-Du-Beziehung steht. Es ist auffallend, daß Jesus im Text auf diese Weise zu einem Du wird, daß dies aber nicht für den ‚lieben Gott‘ gilt, der immer in der Kategorie des ‚Er‘, des Abwesenden, der Nicht-Person verbleibt ... Sie kennt Gott nicht; denn jede geistliche ‚Erkenntnis‘ nimmt in einem vorgegebenen Bild Gestalt an.“ Jesus ist der Mittler, durch ihn kann man Gott erkennen.

In diesem Kampf gibt es drei untereinander verbundene Pole: Angriff, Sieg, Niederlage. Die Niederlage ist niemals ausgeschlossen. P. Pichon hatte ihr gesagt, daß sie ebensogut auch ein Teufel hätte sein können, diese Eventualität bleibt immer möglich. Gäbe es nicht den Helfer, „mit einer Natur wie der meinen ... wäre ich sehr böse geworden und hätte mich vielleicht verloren“, sagt sie im Zusammenhang mit ihrer Kindheit. Wenn sie für Sünder wie Pranzini und Loyson ein inneres Verständnis hat, so deshalb, weil sie mit echtem Realismus weiß, daß die Niederlage eine immer gegenwärtige Möglichkeit ist.

Der Sieg in seiner letzten Komponente „ist die Tat eines anderen, und so steht Theresia hier im Bereich der Passivität“.

Wir wollen hier aber den Pol „Angriff“ hervorheben, der uns typisch theresianisch erscheint. Es gibt den Angriff der Nacht, wenn das ganze Sein die „Bitterkeit“ oder die „Angst“ erfährt, wenn es sich in „der Dürre“ befindet. Aber es gibt vor allem den Angriff des Lichtes – wie für Paulus, der von den „Waffen des Lichtes“ spricht. Theresia hat, wie wir gesehen haben, ein Gespür für die Umkehrung der Situation, weil sie den Schwierigkeiten eindeutig entgegentritt, weil sie es versteht, sie richtig anzufassen.

Die Lektüre dieses Manuskripts, das zwischen Januar 1895 und Januar 1896 verfaßt und Mutter Agnès gewidmet wurde, besagt nicht einfach einen Eintritt in eine fortlaufende Erzählung, sondern Teilnahme an einem „Geheimnis“. Hier wird noch einmal der fundamentale Abstand sichtbar, der Theresia zu dieser Zeit (Januar 1895) von ihren beiden Schwestern Pauline und Marie trennt. Diese wollen die Erinnerung an ihre Kindheit auf dem Papier festhalten. Theresia aber kann von Anfang an nichts anderes wollen, als ein „Geheimnis“ mitzuteilen. Ein „Geheimnis“, das sie zu Beginn ihres Manuskripts zusammenfaßt und dann immer wieder aufgreift; Variationen zum gleichen Thema. Ein „Geheimnis", das beim ersten Durchlesen nicht wahrnehmbar ist; in der Tat hat Mutter Agnès, die das Manuskript als erste las, die darin enthaltene Botschaft nicht erkannt. Der Beweis dafür ist ihr eigenes Zeugnis. Dieses Zeugnis muß zunächst in seinen Kontext gestellt werden: Theresia übergibt am 20. Januar 1896 ihr Manuskript der Priorin, Mutter Agnès. Zwei Monate später, am 21. März, übernimmt Mutter Marie von Gonzaga wieder das Priorat. Mutter Agnès erzählt ihr nicht von Theresias Manuskript, was sie eigentlich hätte tun müssen. Erst vierzehn Monate später, am 2. Juni 1897, berichtet sie ihr davon. Hier nun das Zeugnis von Mutter Agnès als der ersten Leserin des Manuskripts: „Ich fand ihre Berichte unvollständig. Schwester Theresia vom Kinde Jesus hatte vor allem ihre Kindheit und erste Jugend behandelt, wie ich es von ihr verlangt hatte. Ihr religiöses Leben war dabei kaum skizziert ... Ich dachte, es sei sehr schade, daß sie nicht mit der gleichen Ausführlichkeit das beschrieben hat, was sich auf ihr Leben im Karmel bezog. Mittlerweile war ich jedoch nicht mehr Priorin, und Mutter Marie von Gonzaga hatte diese Aufgabe wieder übernommen. Da ich befürchtete, sie würde dieser Schrift nicht das gleiche Interesse entgegenbringen wie ich, wagte ich nicht, ihr davon zu erzählen. Als aber Schwester Theresia vom Kinde Jesus schwer erkrankte, wollte ich das Unmögliche versuchen. Am Abend des 2. Juni 1897, vier Monate vor dem Tod von Schwester Theresia, ging ich gegen Mitternacht zu unserer Mutter Priorin: ‚Meine Mutter', sagte ich zu ihr, ‚ich kann nicht schlafen, ehe ich Ihnen nicht ein Geheimnis anvertraut habe: als ich Priorin war, schrieb Schwester Theresia, um mir Freude zu machen und aus Gehorsam einige Kindheitserinnerungen für mich nieder. Ich habe sie jüngst wieder durchgelesen; sie sind recht nett, aber Sie werden für den Rundbrief nach ihrem Tod nicht viel daraus entnehmen können, da sie fast nichts über ihr religiöses Leben enthalten. Wenn Sie es ihr befehlen, könnte sie etwas Ernsthafteres schreiben, und ich bin sicher, daß das, was Sie erhalten werden, unvergleichlich besser ist als das, was ich habe."

„Sie sind nett", man bräuchte „etwas Ernsthafteres", „sie enthalten fast nichts über ihr religiöses Leben", diese Ausdrücke zeigen klar, daß Mutter Agnès den Bericht gelesen hat, ohne zu erkennen, daß er bereits Theresias Botschaft enthielt.

Aber hat Theresia nicht unbewußt selbst diese Verwirrung gestiftet?

Ihr Manuskript erscheint außerordentlich durchsichtig, es ist klar wie ein Bergquell, lesbar wie ein Roman oder eine kleine Geschichte – und schon kurze Zeit nach ihrem Tod werden Millionen es leicht und ohne Schwierigkeiten lesen. Aber dieses Adjektiv „nett" im Mund Paulines! Theresia ist das nette kleine Mädchen, das einige nette Kleinigkeiten hingekritzelt hat. Man kann nicht umhin, zu denken, Theresia habe gleichsam unbewußt alles getan, um ihre erste Leserin zu täuschen. Da sind zunächst die zahlreichen Beteuerungen ihrer töchterlichen Zuneigung zu Mutter Agnès, die in zweifacher Weise ihre Mutter ist: leiblich, da sie es war, die nach Frau Martins Tod für Theresia die Mutter ersetzte, und im religiösen Leben, da Schwester Agnès Theresias „Mutter Priorin" ist. „Ihnen, meiner vielgeliebten Mutter, die Sie in zweifacher Hinsicht meine Mutter sind, vertraue ich die Geschichte meiner Seele an", so beginnt das Manuskript... Den Ausdruck „Mutter" verwendet Theresia aber auch gegenüber Frau Guérin oder ihrer Schwester Marie, und diese Beteuerungen erscheinen uns zu gehäuft und zu betont, als daß sie nicht etwas verbergen würden. Warum wird Pauline so sehr hervorgehoben?

Besonders eine dieser Beteuerungen bestätigt uns in unserem Zögern: Theresia betont gegenüber Mutter Agnès immer wieder, daß ihr Bericht unnütz und unbedeutend sei, da Mutter Agnès ja bereits alles kenne, was sie berichte. Wie oft kehrt der eingeschaltete Satz „Sie wissen es, meine Mutter" wieder! Wenn es Mutter Agnès aber schon weiß, warum dann schreiben? Aus Gehorsam? Warum dann aber in dieser Weise schreiben, warum nicht in einem neutralen und trockenen Ton, nur in der Form eines Berichtes? Wir meinen, daß Theresia im Grunde sehr gewissenhaft darauf bedacht ist, von dem Geschehenen einen genauen Bericht zu geben, daß sie aber gerade deshalb die Aufmerksamkeit auf diese Genauigkeit im Bericht der Fakten lenkt, um das grundlegend Neue in ihrem Verständnis der Ereignisse zu verbergen, denn dies soll in ihrem Bericht erst entdeckt werden. Sie hat gespürt, daß sie in dem traditionellen Rahmen, wie es der Karmel von Lisieux war, die revolutionäre Botschaft, die sie in sich trug, nicht anders als verborgen ausdrücken konnte. Als ihr daher Mutter Agnès in der Darstellung ihrer Kindheitserinnerungen ein Thema anbietet: ein Gebiet, auf das sie ihre Botschaft übertragen konnte, steckt sie das Terrain um so genauer ab, da sie gerade will, daß man nicht sofort bemerke, wie sie dieses Gebiet völlig umkehrt und es gerade entgegensetzt der üblichen Art und Weise, nämlich jener ihrer Mütter, deutet. Sie ist ihren Müttern eine ungetreue Tochter, weil sie mit deren Deutung der Ereignisse bricht, aber gerade deshalb beteuert sie desto nachdrücklicher ihre töchterlichen Gefühle. Hier zeigt Theresia ihre Meisterschaft, die Neuheit ihrer Botschaft jenseits aller heftigen und wirkungslosen Auflehnung einzutragen in den Rahmen der Tradition.

Aber es gibt noch einen anderen Grund für diese Vorgangsweise. Wir haben gesehen, daß Theresia hinter dem schlafenden Gesicht des Jesuskindes oder dem toten Gesicht des heiligen Antlitzes, im Schlummer Jesu im Boot oder im Buchstaben der Evangelien eine *verborgene* Bedeutung entdeckt. In eben dieser Verbindung schreibt sie außerordentlich schlichte Seiten und erwartet, daß der Leser das dahinter Verborgene entdeckt: das nämlich, was Jesus in ihr gewirkt hat. Theresias ganzes Leben – und ihre Schriften – sind die Parabel einer Wirklichkeit, die so schlicht ist, daß man nicht vermuten möchte, es könnte dahinter eine so erstaunliche Wirklichkeit verborgen sein.

Die Güte Gottes

Diese verborgene Wirklichkeit ist, wie wir gesehen haben und noch sehen werden, die wirkende Güte Gottes. Theresia weiß um den Abstand zwischen dem, was sie sagen kann, und dem, was sie darüber eigentlich ausdrücken möchte. Spricht sie doch schon hinsichtlich der „zärtlichen Liebesbeweise" ihres Vaters von ihrem Unvermögen, sie „auszudrücken" – „es gibt Dinge, die das Herz empfindet, die aber das Wort und nicht einmal der Gedanke wiederzugeben vermögen", wieviel mehr gilt dies dann für die Güte Gottes!

Um diese zu formulieren, verwendet Theresia eine genau festgelegte Skala von Ausdrücken. Für sie geht es nicht darum – das ist nicht ihr Charisma –, von der Transzendenz Gottes in begrifflichen Termini zu sprechen, sondern darum, von der Güte Gottes zu reden, die sich in ihrem Leben als solche gezeigt hat. Dazu schöpft sie ihre Ausdrucksmöglichkeit bis ins letzte aus: ihre Gabe, das Geschehene, die Ereignisse, die sie berichtet, zu beobachten und zu erzählen. Nur – es gibt ein „nur" – dieser Bericht täuscht insofern, als er bei erster Lektüre durchwegs schlicht und unproblematisch erscheint, bei nochmaligem Lesen aber ein verborgenes Geheimnis andeutet, das verwirrt. In jedem einzelnen Bericht findet sich irgendwo eine kleine Wendung, eine Einzelheit, die den Lauf der Erzählung unterbricht; diese Abweichung kann stilistischer Art sein oder auch nur in einer unverfänglichen Bemerkung bestehen. So versteht es Theresia beispielsweise, die Disproportion zwischen der äußeren Belanglosigkeit der Geschichte von Weihnachten 1886 und der verblüffenden Bedeutung, die diese kleine Episode für ihr ganzes Leben gewann, faßbar zu machen. Es hätte nur einer Kleinigkeit bedurft, und dieses Ereignis hätte nicht stattgefunden. Wäre Theresia ein wenig länger im unteren Zimmer geblieben, in dem sich ihr Vater aufhielt, so hätte dieser sie gesehen und nicht jene Worte gesprochen, die ihr „das Herz durchbohrten". Wäre sie einige Sekunden früher in sein Zimmer gekommen, hätte sie diese Worte des Vaters nicht gehört. Aber da ist dieses Nichts, dieses Dazwischen, diese Treppe: das kleine Mädchen mußte seinen Hut auf sein Zimmer bringen; es war im Begriff, die Treppe hinaufzusteigen: „Ich stieg gerade die Treppe hinauf, um meinen Hut abzulegen."

Theresia ist eine gute Erzählerin, vor allem aber versteht sie es, in ihren Bericht das „Nichts", das einen Abstand einbringt, einzuführen: so etwa eine kleine originelle Anmerkung, die den Leser mit einemmal von einem glatten und schlichten Bericht wegführt, ihn buchstäblich verwirrt, ihn in Frage stellt. Oder auch jener Abstand, der typisch ist für Theresia: sie hält uns keine hochtrabende und nichtssagende Rede über die Güte Gottes, sondern sie läßt uns teilhaben an der Güte Gottes, die in ihrem Leben faktisch über den Umweg einer alltäglichen Handlung, eben eines „Nichts", wirksam wurde.

Diesen Abstand finden wir beispielsweise auch in dem Bericht über einen Traum, den sie im Alter von sechs Jahren hatte und an den sie sich im Juli 1894 im Verlauf einer Unterhaltung mit ihrer Schwester Marie im Karmel erinnert: sie hat im Traum ihren Vater mit verschleiertem Gesicht gesehen. Es ist ein widersprüchliches Hin und Her zwischen zwei Wahrscheinlichkeiten: das verschleierte Gesicht ihres Vaters und das verborgene Antlitz Gottes. Dies ist typisch für Theresia: Was sie sagt, klingt mit dem Unaussprechbaren zusammen, und wir können das Gesagte und das Unsagbare nicht auf den einen oder anderen dieser beiden Pole zurückführen. Sie existieren gemeinsam, sprechen uns einer durch den anderen an, durchbrechen den engen Kreis der Erklärungen, in dem wir das Wirkliche eingeschlossen hielten, erneuern unaufhörlich die Kommunikation.

Theresia besingt diese Güte Gottes immer wieder in ihren

Gedichten. Schon lange bevor sie ihre Erinnerungen verfaßte, hatte Theresia zu schreiben begonnen: im Kloster entdeckt man bei ihr ein gewisses Talent zum Dichten. Dichtung? Wir dürfen in den Versen Theresias nicht eigentliche Dichtung suchen. Sie selbst hat gesagt, es gehe ihr nicht darum, „Gedichte zu machen": „Als ich sie verfaßte, achtete ich mehr auf den Inhalt als auf die Form, daher sind die Regeln der Dichtkunst nicht immer beachtet. Mein Ziel war es, meine Empfindungen (oder vielmehr die Empfindungen der Karmelitin) wiederzugeben, um den Wünschen meiner Schwestern zu entsprechen." Diese Gedichte sind also zum größten Teil Gelegenheitsgedichte. Sie stützen sich außerdem auf die Musik, die an erster Stelle steht: die meisten Verse sind als Liedtexte gedichtet; ein Beispiel: am 5. Februar 1895 singt Marie Guérin in der Karmelkapelle bei Célines Einkleidung das Lied: „Er ist mein"; drei Wochen später verfaßt Theresia zu dieser Melodie ein Gedicht. Es ist bekannt, daß Theresia unbeschwert Kirchenlieder und profane Lieder vermischt: Die *Klage des Moses* und *Mignon* von Ambroise Thomas stehen neben *Erbarmen, mein Gott*.

Als Allerweltsstücke, die geschrieben wurden, um ihren Schwestern Freude zu bereiten und ihre Empfindungen als Karmelitinnen auszudrücken, scheinen diese liebenswerten Klosterstückchen bei erstem Hinsehen ganz belanglos zu sein. Nun bewirken sie aber häufig eine Entfremdung, werfen eine Frage auf: An der Wende eines Vierzeilers hat ein bestimmter Vers einen Akzent, der diesem oder jenem Aufschrei ähnelt, den wir in den Briefen an Céline gefunden haben, oder der aus noch größerer Tiefe aufsteigt. Wer bereit ist, die Geziertheit des Grau in Grau dieser recht flachen Verse zu übergehen, wird in ihnen eine revolutionäre Spiritualität verborgen finden. So etwa in einem für Weihnachten 1894 verfaßten Stück, einem Stück von 300 Versen mit dem Titel *Die Engel an der Krippe*. Es handelt sich um eine Art Dialog-Gedicht, in dem das Jesuskind umgeben von verschiedenen Engeln erscheint, die nacheinander sprechen – oder vielmehr singen –, jeder nach einer anderen Melodie. Es treten auf: der Engel vom heiligen Antlitz, der Engel der Auferstehung, der Engel der Eucharistie und der Engel des Gerichts. Das Jesuskind antwortet ihnen. Das Wesentliche dieses Stücks liegt im Gegensatz zwischen der Darstellung eines Gottes des Zorns und der Darstellung eines Gottes des Friedens. Theresia verwirft erstere und betont letztere. Diese Orientierung stand kaum in der Tradition der Karmelklöster dieser Zeit.

Die höchste Großmut einer Karmelitin bestand nach damaliger Auffassung darin, der Gerechtigkeit Gottes Genüge zu tun, indem man sich selbst als freiwilliges Opfer für die göttliche Strafe anbot, welche die Sünder verdient haben. Dies führte zu großen geistlichen wie auch körperlichen Kasteiungen; und da die geistlichen Kasteiungen sich den Blicken und der Würdigung der anderen entziehen, wandte man sich mehr den körperlichen Kasteiungen zu. „Dies war das Ideal des Karmel von Lisieux unter der Leitung der Mutter Marie von Gonzaga. Eisenkreuz und Geißelungen mit Brennesseln standen in hohem Ansehen. Man glaubte, damit Gott die nötigen Opfer darzubringen." Theresia dagegen rechnet der göttlichen Gerechtigkeit nicht eine ungeheure Summe von Kasteiungen auf, in denen sich die Nonnen zermürben und ängstigen. In ihren Augen ist „ein einfacher Blick der Liebe" ausreichend, um diese Gerechtigkeit auszugleichen. Und das kann jeder tun: die Klosterfrauen, aber auch die Laien. So sagte sie einen Monat früher, am 17. November 1895, zu Frau Guérin über Jeanne Guérin und deren Mann, sie seien „zwei Rosen" und so „könne Gott auch hier auf Erden einige Blumen finden, die ihn entzücken und die seinen Arm zurückhalten, der die Bösen bestrafen wollte". Ein Nichts genügt, um die Gerechtigkeit Gottes aufzuhalten und den Schmerz Christi zu lindern.

Wenn nun Theresia der Gemeinschaft zu Weihnachten 1894 den Engel des Jüngsten Gerichts vorstellt, so können wir sicher sein, daß eine Anzahl von Nonnen des Karmel von Lisieux – und Mutter Marie von Gonzaga an der Spitze – sich in ihm wiedererkennt. Denn wenn die verhärteten Sünder nicht bestraft werden, dann würde die Karmelitin nur ihre Zeit vergeuden, wenn sie sich als Sühneopfer der rächenden Hand Gottes ausliefert. Unauffällig und indem sie einmal mehr die gewohnten Gegebenheiten umkehrt und im Gegensatz zur göttlichen Strafe für die Umwandlung der Sünder eintritt, berührt Theresia ihre geistlichen Schwestern am Lebensnerv: der Motivation ihrer Berufung. Sie, die kleine Letzte, bei weitem die Jüngste der Kommunität, bestreitet offen eine bestimmte Tradition des Karmel, bringt die Berufung der Karmelitinnen ins Spiel, stellt deren gutes Gewissen in Frage, nachdem sie sich aufgrund ihrer Bemühungen und Kasteiungen wie der Pharisäer des Gleichnisses unter die „Gerechten" einordnen und über die Sünder erheben wollten.

Hier wird wieder einmal Theresias Vorgangsweise deutlich: diese schlichten Verse zu bekannten Melodien können die Schwestern nicht allzu sehr erschreckt haben, denn dieses „Pastorale" bewegte sich durchaus in ihrer gewohnten Sphäre. Und doch trugen diese Verse ein wirklich neues geistliches Lied in sich. Neu wie das Magnificat Mariens, in dem die Schwachen gepriesen und die Mächtigen ihrer Macht entkleidet werden.

Ein Gott der Liebe und des Friedens und nicht ein Gott des Zornes und der Rache, das ist der Gott, den Theresia ihren Schwestern im Karmel vorstellt. Und da dieser Gott ein Gott des Friedens ist, will er konsequenterweise keine gequälten und zerrissenen Herzen, sondern vertrauensvolle Herzen. Da er Liebe ist, verlangt er nach Liebe. Nicht heroische Taten erwartet er, sondern schlichte Blicke der Liebe, die auf ihn gerichtet sind – was gibt es Einfacheres als einen Blick, der noch weniger ist als ein Wort. Der Beweis für dieses Nicht-Fordern Gottes, der Beweis, daß er kein Rächer mit der Waagschale in der Hand ist? Es sind die Armen, die Stillen, die Demütigen, die zarten Mädchen, die seine Macht offenbaren: „Jeanne", fragten die Richter von Rouen, „als dir der Heilige Michael erschien, war er da nackt?" – „Glauben Sie, Gott ist so arm, daß er seinen Engeln keine Kleider geben kann?" antwortet Jeanne. Hier verweist Theresia mit Nachdruck darauf, daß Gott gerade in der Schwäche und Blöße des Kindes seine Kraft und Schönheit zeigt.

> Du, sieh, mein Lieb, mich meine Schwachheit klagen!...

sagt sie in ihrem Gedicht *Aus Liebe leben,* das sie drei Wochen nach Célines Einkleidung, am 26. Februar 1895, verfaßt. Dieses Gedicht, das sie nur für sich selbst, ohne eine Widmung an eine bestimmte Person schreibt, hat fünfzehn achtversige Strophen. Es ist ein Kommentar zu „Wenn einer mich liebt..." des heiligen Johannes vom Kreuz. Wie der berühmte Brief an Céline vom 7. Juli 1894 ist auch dieses Gedicht ein einziger Aufschrei der Liebe:

> Du hast, Herr Jesus, meine Lieb' erfahren.
> Der Liebe Geist entflammt mich immerzu.
> Ich liebe Dich, den Vater zu erlangen,
> Daß er für immer mir im Herzen blieb'.
> Dreifaltigkeit, nun halt' ich Dich gefangen
> mit meiner Lieb'!

Aus Liebe leben bedeutet also zunächst, die Dreifaltigkeit an sich zu ziehen und in sich zu bewahren, so schwach man auch immer sein mag. Es bedeutet auch, sich wie der eucharistische Christus zu verbergen:

> So berg' auch ich mein Haupt an Deiner Brust
> Dem Liebenden ist Einsamkeit Entzücken.

Es bedeutet nicht mehr, auf dem Berg Tabor, sondern auf Golgotha zu leben und die Prüfung zu erfahren:

> Laß mich Leiden tragen.
> Aus Liebe lebe ich.

Es bedeutet: „ohne Maß zu schenken":

> Dir gab ich alles, keine Bürde blieb.
> Nun sieh, wie Dich mein letzter Reichtum grüßt:
> Aus Liebe lebe ich.

Es bedeutet:

> Aus Liebe leben heißt die Furcht verbannen,
> Vom frühen Übel abgewandt den Sinn.
> All meiner Sünden Spuren, sie zerrannen.
> Im Feuer schmolzen sie dahin.

Dann folgt eine Art Synthese von Theresias Auffassung der Liebe: Wenn ich falle, hebt Gott mich wieder auf und umarmt mich; man muß „Freude und Frieden in die Herzen" säen; man darf es nicht wie die Apostel machen, die Jesus im Sturm aufgeweckt haben, man muß ihn schlafen lassen: „Ich warte in Frieden"; man muß Jesus bitten, die Priester zu heiligen und die Bekehrung der Sünder zu erlangen.

Die zwölfte Strophe befaßt sich mit dem Bericht des Evangeliums über Maria von Magdala. Die vier ersten Verse beschreiben, was nach Johannes vor sich gegangen ist: das über Jesu Füße ausgegossene Salböl. Die vier folgenden Verse greifen den Bericht von Mattäus und Markus auf: das über Jesu Haupt ausgegossene Salböl. Hier nun tritt Theresia, die so sehr vom heiligen Antlitz angezogen ist, selbst auf:

> Dann stand sie auf und goß mit kühnen Händen
> Aufs liebe Haupt Dir Narde köstlich rein.
> Ich kann nur einen Wohlgeruch Dir spenden:
> Die Liebe mein!

Die folgende Strophe nimmt das Thema des ausgegossenen Salböls wieder auf, und zwar auf dem Hintergrund der Reaktion jener, die einen solchen Verlust für bedauerlich halten:

> Laßt ohne Nutzen nicht das Leben fahren!
> Verschwende nicht den Duft, der bald entflieht!

Theresia antwortet darauf:

> Dich lieben, Jesus, heißt im Verlust gewinnen!

Und sie führt nun als Gegensatz zum *Aus Liebe leben*, das der Titel dieses Gedichts ist und das bis zu dieser Strophe zwanzigmal aufschien, den Ausdruck „Aus Liebe sterben" ein, der Mittelpunkt der beiden letzten Strophen ist. Dieses Thema hat Theresia bereits in den Dichtungen von 1894 mehrmals angesprochen: dort ging es darum, für den Geliebten zu sterben:

> Aus Liebe sterben ist des Herzens Wunsch allein!
> So schreite ich zum Tod, mein Leben anzufangen,
> So schreite ich zum Tod, mit Jesus eins zu sein.

Hier nun ist das Thema aber klar ausgedrückt:

> Wie will ich singen, zieh' ich erst von hinnen:
> Aus Liebe sterb' ich.

Das Verlangen danach wird unüberhörbar:

> Aus Liebe sterben, süße Todesfeier,
> Dich zu erdulden ist des Herzens Flehn.

Theresia hat eine Vorahnung:

> Ich war verbannt, nun soll es heimwärts gehn.

Wenn sie stirbt, so wird es aus Liebe geschehen:

> Du, Jesus, erfülle Du mein Träumen:
> Aus Liebe sterben!

Die letzte Strophe:

> Aus Liebe sterben ist mein ganzes Sinnen,
> Und wenn dereinst des Lebens Kette bricht,
> Will ich nur Gott als reichsten Lohn gewinnen,

Nach andern Schätzen geht mein Sehnen nicht.
Nach seiner Liebe hebe ich die Hände.
Käm' er doch bald, daß ich stets bei ihm bliebe.
Hier ist mein Himmel, hier mein Ziel und Ende:
Aus Liebe leb' ich!

Diese letzte Strophe birgt bei aufmerksamer Betrachtung etwas Außergewöhnliches: zwanzigmal hat Theresia gesagt: „Aus Liebe lebe ich." Nun bringt sie angesichts der Liebe den Tod ins Spiel und spricht von Liebe und Tod als zwei untrennbar miteinander verbundenen Größen. Das letzte Wort jedoch kommt nicht mehr auf den Tod zurück. „Tod, wo ist dein Sieg", sagte der Apostel Paulus. Theresia spottet dem Tod im Tod der Liebe, und wenn sie aus Liebe stirbt, so nur, um ewig in der Liebe zu leben: der letzte Vers heißt nicht, „aus Liebe sterben", sondern „aus Liebe leben". Auf den Ruf der Teresa von Ávila: „Ich sterbe, weil ich nicht sterbe", antwortet kontrapunktisch der Ruf der Theresia von Lisieux: „Ich will aus Liebe sterben, um aus Liebe zu leben."

Wir erinnern uns, daß Theresia am 18. Juli 1894 einen Brief an Céline geschrieben hatte, in dem bereits eine Todesahnung erkennbar ist: „Dann aber wird Jesus kommen, er wird eine von uns hinwegnehmen, und die anderen werden noch für kurze Zeit in der Verbannung bleiben ... Wenn ich vor Dir sterbe, dann mußt Du nicht glauben, ich würde mich von Deiner Seele entfernen ... Vor allem aber, mache Dir keinen Kummer. Ich bin nicht krank. Im Gegenteil, ich habe eine eiserne Gesundheit, nur kann der liebe Gott das Eisen wie Ton zerbrechen. Aber das alles sind Kindereien, denken wir nicht an die Zukunft."

Der Gedanke des Todes taucht hier wieder auf: „Ich war verbannt, nun soll es heimwärts gehen." Was wir aber hier finden, ist nicht der Wunsch nach dem Tod, sondern etwas ganz anderes, nämlich das Verlangen, „aus Liebe zu sterben".

Hier wird dieses Verlangen zum erstenmal in dieser Weise ausgedrückt: Am Tag ihrer Profeß – 8. September 1890 – hatte sie ein Gebet niedergeschrieben: „Jesus, möge ich für Dich als Martyrerin sterben! Gib mir das Martyrium des Herzens oder das des Leibes, oder gib mir am besten alle beide", ein Gebet, das sie auch auf ihrer Romreise, im Kolosseum, gesprochen hatte.

Vom 28. April datiert ein weiteres Gedicht, das auf Bitten Célines, zweifellos zu deren Geburtstag, verfaßt wurde: Céline wird an diesem Tag 26 Jahre alt, und sie begeht dieses Fest zum erstenmal im Karmel. Das Gedicht trägt den Titel *Was ich liebte* und wird gesungen nach der Romanze von Chateaubriand *Wie lieb ist meine Erinnerung,* einer Melodie, die Herr Martin oft vor sich hingesummt hatte.

Wie in einem Abschnitt eines Gedichts über Jeanne d'Arc greift Theresia auch hier den Text des heiligen Johannes vom Kreuz auf, aber sie stellt ihn jetzt in den Kontext ihres Gedichts:

> In meinem Geliebten besitz' ich die Berge
> Einsame Täler und Haine sanft.

Über 55 fünfzeilige Strophen hinweg legt Theresia Céline eine Art Lebensbericht in den Mund: ihre Kindheit, Buissonnets, die Romreise, ihre Liebe zu den Blumen und den Sternen. In einem zweiten Teil wird dann das *Jetzt* entwickelt, ihr Leben als Karmelitin, und hier findet sich der Kommentar zu Johannes vom Kreuz. Jetzt, da sie „Gefangene" ist, besitzt sie wirklich alles nur durch ihren Geliebten:

> In Dir hab' ich alles, die Erde, den Himmel ...
> In Dir die Wälder, das weite Land
> Das Schilf und das ferne Gebirge.

Und immer wieder ertönt der Ruf der Liebenden:

> Ich habe Dein Herz, Dein angebetetes Antlitz
> *Verwundet bin ich von Deinem Pfeil...*
> Ich habe den Kuß Deines heiligen Mundes,
> Dich lieb' ich, Herr Jesus,
> und verlange nicht mehr.

7

Gott, die Freiheit und der Unglaube

Am 9. Juni 1895, am Dreifaltigkeitssonntag, fühlt Theresia sich während der Messe innerlich dazu angetrieben, sich mit ihrem ganzen Herzen Gott – dem Gott der Güte – hinzugeben. Theresias Plan ist sehr klar: sie vergleicht sich mit jenen Klosterfrauen und auserwählten Seelen, die sich der göttlichen Gerechtigkeit als Sühneopfer darbringen, und sie setzt sich von ihnen ab. Ende dieses Jahres 1895 sagt sie: „Ich dachte an die Seelen, die sich der göttlichen Gerechtigkeit als Opfer darbringen, um das Strafgericht von den Sündern abzuwenden, indem sie dasselbe auf sich selbst herabrufen. Diese Aufopferung fand ich erhaben und großmütig, aber ich war weit davon entfernt, mich selbst dazu angetrieben zu fühlen."

Um den radikalen Unterschied in der Geisteshaltung, der den Hingabeakt Theresias von der üblichen Selbstaufopferung zahlreicher religiöser Seelen in dieser Epoche abhebt, besser verstehen zu können, legt sich die Betrachtung eines zeitgenössischen Textes nahe.

Im Oktober 1897 vollzieht eine zweiundvierzigjährige Karmelitin, Schwester Marie Thérèse, unmittelbar nach ihrer Wahl zur Priorin des Karmel von Épernay eine „Opferweihe" an Gott.

„Herr, Du willst, daß der ganze Schrecken der Furcht auf meiner Seele laste. Ich benedeie Dich mit Jesus, und ich lerne hierin auch die Ängste der ‚geistlichen Mutterschaft' kennen.

Jesus, ich vollziehe nun meine Berufung als Opfer, die Du mich annehmen ließest, als ich im März 1881 krank war, und ich schreibe die Worte nieder, die Du damals zu mir gesprochen hast: ‚Ich erwähle dich zu meiner Braut und zu meinem Opfer; ich will, daß du mir so sehr ergeben seist, daß ich mich dann, wenn ich einer leidenden und betenden Seele bedarf, an dich wenden kann, ohne befürchten zu müssen, du würdest dich weigern oder nach dem Grund fragen.'

Heute nun, Herr, bestätige ich mein Opfer und flehe zu dir, es für die *Zerstörung der Freimaurerei* anzunehmen. In dieser Intention nehme ich alle Opfer auf mich. Vor allem aber gelobe ich, mit aller Kraft an dem zu arbeiten, was du von mir verlangt hast: *der Reinigung der vom Hochmut kranken Fundamente unseres armen Frankreich durch die fortwährende Übung der Tugenden von Nazareth.*

Heiliger Joseph! Als ich zu dir flehte, mich von dieser Aufgabe zu entbinden, hast du zu mir gesagt: ,Ich selbst war ein Oberer, und du wirst es nach meinem Vorbild sein.' Da habe ich erkannt, daß ich mich beugen muß, denn von dir hatte ich den Vorübergang dieses bitteren Kelchs erhofft.

Jesus, Maria und Joseph, steht mir in meiner Schwachheit bei. Mein Vater Johannes vom Kreuz, heilige Teresa, mein Schutzengel, helft mir, sofern es nötig sein sollte, nach Ägypten zu ziehen, mutig und ein wahres Opfer der Liebe zu sein."

Theresia versteht den spirituellen Weg, dem diese heroischen Seelen folgen, durchaus, sie bewundert sie, aber ihr Vorschlag zielt auf anderes. Aus dem Text der Priorin von Épernay – und anderen Texten, die in diesem gleichen Sinne noch sehr viel weiter gehen – wird deutlich, daß diese Seelen sich als Mittlerinnen anbieten, um die Beleidigung, die der absoluten Gerechtigkeit zugefügt wurde, auszulöschen und wiedergutzumachen. Dies ist nicht Theresias Absicht.

Im Herzen dieses *Hingabeakts* brennt das Feuer. Im Januar hatte Theresia Jeanne d'Arc besungen, deren Leib auf dem Scheiterhaufen von Rouen verglüht war:

> In dir erblick' ich stets...
> der Liebe Flammen.

Gott war es, der Jeanne „ein flammendes Herz" und „flammende Worte" eingegeben hat. Und Theresia bittet Jeanne, den Karmelitinnen

> ... Deine Flammen
> des Apostels und Märtyrers

zu geben.

Gleich Jeanne sehnt sich auch Theresia nach dem Feuer, will auch sie ein Brandopfer sein. Dieser Begriff des Brandopfers hat im menschlichen Geist eine faszinierende Resonanz. Drückt er nicht die absolute Gabe aus – das Opfer wird vollkommen verbrannt und dient nicht als Nahrung für die Priester: das Feuer ist das Zeichen dafür, daß die von ihm verzehrten Leiber eine Nahrung für Gott sein können – eine absolute Hingabe an Gott, der die absolute Souveränität über den Menschen besitzt? Löst so beispielsweise nicht der Akt der buddhistischen Bonzen, die sich verbrennen lassen, in unseren Tagen einen Schock aus auf die Menschen? Die Hingabe als Opfer für die göttliche Gerechtigkeit bedeutete für die Betroffenen eine fortwährende Todesdrohung: die Seelen, die sich der Gerechtigkeit als Opfer anboten, schulden es sich selbst, Kasteiungen anzuhäufen und die grausamsten Unfälle oder Krankheiten für sich zu erwarten: dies ist ein häufig angesprochenes Thema in der Klosterliteratur des 19. Jahrhunderts.

Theresia verläßt diesen Bereich des heiligen Schreckens. Sie spricht vom *Opfer* nicht schon im Titel, sondern erst im Untertitel – der geschrieben wurde, damit sich die Priorin und andere darin erkennen sollten: Das Wesentliche für Theresia ist nicht der Zustand des Menschen als Opfer, sondern die Kraft des göttlichen Feuers, das ein Herz verzehrt; und wenn sie den Begriff des *Brand- und Sühneopfers* wieder aufnimmt, so will sie ihn mit der *barmherzigen Liebe* und nicht mit der Gerechtigkeit in Zusammenhang bringen; und sie fügt, an Gott gewandt, hinzu: „Ich flehe Dich an, mich unablässig zu verzehren."

Am 28. April 1895, fünf Wochen früher, standen in einem für Céline bestimmten Gedicht jene an Jesus gerichteten Verse:

Wie lockend die Helle des Lichtes
Der Fliege Flug zu sich lenkt,
So ist in Deiner Liebe
Hoffnung mir geschenkt.
In ihr will ich fliegen,
verbrennen.

Und am 25. Februar in *Aus Liebe leben*, von Gott:

Käm' er doch, mich ewig zu entflammen!

Die liebende Theresia möchte von ihrem Geliebten vollkommen aufgenommen, verbrannt und verzehrt werden. Das Bild des Feuers, das reinigt und alles, was es berührt, ebenfalls in Feuer verwandelt, bezaubert eine Liebende. Was sie verlangt, ist buchstäblich „aus Liebe sterben". Ein Mensch, der liebt, ist ein mit sich einiges Wesen, zugleich aber sieht er auch die anderen in ihrer Einheit.

Theresia, die genau weiß, daß ihre Kraft der Liebe von Gott herrührt, sieht Gott unter dem Aspekt der Einheit. Sie spricht aber sogleich von der Dreifaltigkeit: „Mein Gott! Glückselige Dreifaltigkeit." Gott ist für sie nicht nur Gerechtigkeit: er ist Glück. Dies drückt sie sehr klar im Kommentar zu ihrem Hingabeakt aus, den sie Ende 1895 für Schwester Agnès in Begriffe faßt, die diese verstehen kann: „‚Mein Gott', so rief ich aus tiefstem Herzensgrund, ‚empfängt denn nur deine Gerechtigkeit Seelen, die sich selbst zum Opfer darbringen?... Hat deine barmherzige *Liebe* sie nicht ebenso nötig?'" Theresias einende Sicht führt sie also zu der Feststellung, daß man Gott so auf seine Gerechtigkeit allein reduziert, währenddessen jene, die Gott als der Liebe begegnen möchten, von der univoken Vorstellung Gottes ausschließlich als Gerechtigkeit vor den Kopf gestoßen sind. „Die barmherzige Liebe... wird allenthalben verkannt, zurückgewiesen; die Herzen, an die du sie verschwenden möchtest, wenden sich den Geschöpfen zu, suchen bei ihnen das Glück durch ihre armselige Zuneigung zu erlangen, statt sich in deine Arme zu werfen und deine unendliche *Liebe* anzunehmen..."

Für Theresia steht die Liebe über der Gerechtigkeit; und der Kern der christlichen Offenbarung besagt, daß Gott nicht in erster Linie Gerechtigkeit, sondern Liebe ist: Gott ist gerecht, aber er ist die Liebe. Für sie „erstreckt" sich die Gerechtigkeit Gottes in der Tat nur „auf die Erde", während seine „Barmherzigkeit *bis zum Himmel reicht.*" Die Gerechtigkeit Gottes betrifft den Sünder, sie findet also nur begrenzte Anwendung; seine Liebe aber wird auf Erden und im Himmel gelebt. Gottes erster Plan ist die Liebe.

Vergißt Theresia die Gerechtigkeit Gottes? Sie schließt sie durchaus mit ein, aber an dem ihr gemäßen Platz: in Abhängigkeit von der Liebe; und ihre theologische Perspektive ist klar und einfach: die Gerechtigkeit Gottes hat sich ein für allemal verwirklicht in Jesus, dem Erlöser. Es geht also nicht darum, mit der göttlichen Gerechtigkeit nach unseren Verdiensten und Rechtfertigungen zu rechten, sondern sich an der Liebe zu orientieren, indem wir uns mit den Verdiensten Jesu zudecken. Mit erstaunlicher Kühnheit läßt Theresia die Gedankengänge der heroischen Seelen, die die Gerechtigkeit rühmen, hinter sich: „Am Abend dieses Lebens werde ich mit leeren Händen vor Dir stehen, denn, Herr, ich bitte Dich nicht, meine Werke zu zählen. All unsere Werke der Gerechtigkeit sind in Deinen Augen befleckt. Ich will mich also mit Deiner eigenen *Gerechtigkeit* bekleiden und von Deiner *Liebe* den ewigen Besitz *Deiner selbst* empfangen." Theresia will von Gott nicht – nach dem Maß der Gerechtigkeit – einen Schatz, ein Eigentum, ein *Haben* erhalten. Sie möchte von Gott vielmehr sein eigenes *Sein* erlangen: „Ich möchte eine Heilige sein, aber ich spüre mein Unvermögen, und ich bitte Dich, mein Gott, sei Du meine Heiligkeit."

Damit durchbricht Theresia jenen Dualismus, der sich unter den Christen allzusehr einzunisten drohte: auf der einen Seite der unversöhnliche Gott, der das ihm Geschuldete erwartet, und auf der anderen Seite die armen Gläubigen, die nach Vollkommenheit streben, indem sie sich ihrer Kräfte bedienen, sich gleich den Weisen Indiens buchstäblich aufzehren, oder wie Simone Weil eine Lehre der „décréation" (Aufhebung der Schöpfung) vertreten, kurz, die sich töten, um endlich zu Gott zu gelangen. In dieser Perspektive sind Gott und Mensch unvereinbar; dann hätte Sartre recht: wenn Gott existiert, existiert der Mensch nicht; und wenn der Mensch existiert, dann existiert Gott nicht. Theresia verwirft diese Konzeption der Zerstörung des Menschen und des Menschlichen: sie selbst hat diese Auffassung gelebt: „Weit davon entfernt, jenen schönen Seelen zu gleichen, die schon von Kindheit an alle Arten von Abtötung betrieben haben, fühlte ich mich zu ihnen in keiner Weise hingezogen."

Wie aber ist diese Vereinigung zu verwirklichen? Hier ist wieder Theresias geniale Intuition wirksam. Für sie bedeutet Haben Teilung; Sein teilt mit und vereinigt: das Merkmal einer großen Liebe liegt darin, den anderen nicht um irgend etwas, sondern um sein Sein zu bitten; und es liegt darin, zu wissen, daß man sich den anderen nicht aneignen, sondern ihn nur demütig bitten kann, sein Sein mitzuteilen. Die eigene „Ohnmacht", den anderen anzunehmen, zu erkennen, das ist der erste Schritt; der zweite besteht darin, den anderen darum zu bitten, sich selbst nach eigenem Ermessen zu schenken.

Die Frage, die sich nun stellt, ist erschütternd: Will sich denn der andere mitteilen? Hier steht für Theresia die Antwort außer Zweifel: Sie wird von Gott geliebt. Hat Gott ihr das gesagt? Wie hätte er es ihr bestätigt? Nein, keineswegs. Jesus ist der Beweis dafür, Jesus, Gottes

Sohn, den er den Menschen und ihr, Theresia, geschenkt hat, Jesus, der ihr „Bräutigam" ist.

Das Wagnis der Liebenden, nämlich Theresias, besteht nun darin, mit der Ahnungslosigkeit eines Kinderherzens, das an nichts zweifelt, und zugleich mit dem Überbewußtsein der Liebenden nicht nur ihre eigenen Verdienste auf die Waagschale zu werfen – sie ist realistisch genug, um zu wissen, wie gering sie wiegen –, sondern auch alle Verdienste Christi und der Heiligen, d.h. „deren Akte der Liebe". Es ist eine Art Herausforderung Gottes, wenn sie zu ihm sagt: Was habe ich anzubieten? Mein armes Herz und nichts anderes? Nein, nicht nur dies, sondern das Herz Christi selbst und aller jener, die geliebt haben. Hier wird deutlich, daß Theresia sich geradezu in einem Gegensatz zu den falschen Mystikern stellt, die sich mit Gott isolieren und in einem individuellen Von-Angesicht-zu-Angesicht ihren eigenen Kräften entsprechend in ihm aufgehen wollen. Theresia schiebt die Liebe Christi und aller Menschen vor: sie macht sich selbst zur kleinen Letzten, die Gott die Liebe jener darbringt, die ihr vorausgegangen sind. Vor allem aber begreift Theresia in höchstem Maße die Rolle Christi, seine Stellung als alleiniger Mittler. Aber diese Rolle Christi ängstigt sie nicht, sie zieht vielmehr daraus die Konsequenzen: da Christus sich hingegeben hat, „gehören die unendlichen Schätze seiner Verdienste mir". Nicht um sie sich anzueignen, sondern um sich hinter ihnen, hinter Christus, zu verbergen: damit Gott sie nur durch das Antlitz seines Sohnes hindurch sehe: „Ich flehe dich an, mich nur durch das Antlitz Jesu hindurch zu betrachten."

So eint sie die Kirche, den Leib Christi. Sie taucht ein in die Gesamtheit der „Akte der Liebe" Christi und der Heiligen und bietet sie „glücklich" Gott an. Dieser ganze Vorgang ist nur von einem außerordentlichen Akt der Hoffnung her möglich: sie vertraut dem Vater, der sie zu Weihnachten 1886 befreit hat; von ihm wagt sie alles zu erbitten. Das einzige Wort des Evangeliums, das sie in ihrem Hingabeakt zitiert, ist gerade dieses: „Alles, um was ihr den Vater in meinem Namen bitten werdet, wird er euch geben!" Theresia ist sich durch Jesus des Vaters sicher, aber von ihm, dem Vater, weiß sie, daß sie alles erhalten wird, von ihm erwartet sie alles. Der *Akt* ihrer Aufopferung ist zuallererst ein Akt der Hoffnung.

Die Liebe „lieben lehren": ausgehend von dieser Sicht kann man die Menschen nicht mehr, wie in der Spiritualität der opferfordernden Gerechtigkeit Gottes in Reine und Unreine einteilen: auf der einen Seite jene Seelen, die heilig genug sind, um zu einer Selbsthingabe als Brandopfer berechtigt zu sein, und auf der anderen Seite die Sünder, die für eine solche Hingabe zu unwürdig sind. Theresia will sich vom Feuer der Liebe verzehren lassen, und nach ihrer Meinung können auch die Sünder von diesem Feuer verzehrt werden. Das bedeutet, daß sie die Barrieren niederreißt, die zwischen den Menschen errichtet wurden: die spirituellen, also die spitzfindigsten Barrieren, nach denen bestimmte Menschen von Gott auserwählt, die anderen aber verworfen wären. Für Theresia sind alle dazu berufen und bestimmt, sich im Feuerofen der Liebe verzehren zu lassen. Sie verwirft den spirituellen Rassismus. Hier kann es keine Gutgläubigen mehr geben. In diesem Punkt wird sie Ostern 1896 noch weitergehen.

„Die Gnade", die sie am 9. Juni 1895 empfangen hat, definiert sie als „die Gnade, mehr denn je zu verstehen, wie sehr Jesus danach verlangt, geliebt zu werden". Es handelt sich nicht um subjektive Wünsche Theresias. Der gesamte *Hingabeakt* spricht von Jesus. Sie ist eine Liebende, die wie im *Hohenlied* vom Geliebten spricht, eine Liebende, die ihre „unendlichen Schätze" verkündet, die darunter leidet, daß „die in ihm beschlossenen Ströme unendlicher Zärtlichkeit" nicht erkannt werden, eine Liebende, die möchte, daß wenigstens ihre eigene Seele von diesen Fluten überströmt wird: sie bittet Gott, in ihrer Seele diese Fluten „*unendlicher Zärtlichkeit*" zu verströmen. Dieser Geliebte ist also das Wasser, in dem man untertaucht und badet, und er ist „das Feuer, das alles in sich selbst umwandelt". Sie möchte nichts anderes tun, als sich vom Wasser und vom Feuer erfassen zu lassen.

Theresia ist ein Wesen voll Verlangen: allein in den neun Zeilen des ersten Abschnitts des *Hingabeakts* steht dreimal „ich möchte". Ihr ganzes Verlangen hat sich in Jesus, in Jesus allein, kristallisiert. Aber es ist dies keine passive Vereinigung, kein unbestimmtes Untertauchen: der *Hingabeakt* ist nur der Anfang einer Reihe von *Akten*. Von beiden Seiten her: Zum einen soll Gott sie unaufhörlich verbrennen: „Ich flehe Dich an, mich unablässig zu verzehren", und sie wird erhört, in jedem Augenblick: „Seit jenem glücklichen Tag ist mir, als ob die *Liebe* mich durchdringe und umgebe, als ob diese *barmherzige Liebe* mich jeden Augenblick erneuere, meine Seele reinige und in ihr jede Spur der Sünde tilge; daher kann ich das Fegfeuer nicht fürchten ... Ich weiß, daß ich von mir aus nicht einmal verdiente, in diesen Ort der Sühne einzugehen, zu dem nur die heiligen Seelen Zugang haben können. Aber ich weiß auch, daß das Feuer der Liebe heiligender ist als das des Fegfeuers, ich weiß, daß Jesus keine unnötigen Leiden für uns wollen kann und daß Er mir die Wünsche, die ich verspüre, nicht eingeben würde, wenn Er sie mir nicht überreich erfüllen wollte ... Wie süß ist doch der Weg der Liebe!..." Zum anderen will auch sie ihre Liebe immer wieder neu verwirklichen: „Ich möchte Dir, mein *Geliebter,* mit jedem Herzschlag diese Weihe unzählige Male wiederholen." Diesen Text bearbeitet Schwester Agnès für die *Geschichte einer Seele* folgendermaßen: „Seit diesem Tag (sie läßt *glücklich* weg) durchdringt und umgibt mich die Liebe. Jeden Augenblick reinigt, erneuert mich diese barmherzige Liebe und läßt in meinem Herzen keine Spur von Sünde zurück. Nein, ich kann das Fegfeuer nicht fürchten. Ich weiß, daß ich nicht einmal verdiente, mit den heiligen Seelen in diesen Ort der Sühne einzugehen. Aber ich weiß auch, daß das Feuer der Liebe mächtiger und heiligender ist als das des Fegfeuers. Ich weiß, daß Jesus keine unnötigen Leiden für uns wollen kann und daß er mir die Wünsche, die ich verspüre, nicht eingeben würde, wenn Er sie nicht überreich erfüllen wollte ..." Schwester Agnès lag wirklich daran, Theresia als ein Vorbild der Tugend hinzustellen: Der Abschnitt des *Hingabeakts,* in dem es heißt: „Wenn ich bisweilen aus Schwäche falle, möge dann sogleich Dein *göttlicher Blick* ..." wurde von Schwester Agnès umgeändert in „Wenn ich aus Schwäche dennoch falle ..."

Wieder stoßen wir auf das Wort *unendlich:* Um ihre Liebe zum Ausdruck zu bringen, prägt sie sie in eine Vielfalt um, in eine Unendlichkeit einzelner Liebesakte; sie „verunendlicht" die Zeit, indem sie sie in tausend kleinste Liebesakte „explodieren" läßt. Dieser *Hingabeakt* führt sie nicht zu einem subjektiven Sich-Verlieren in Gott, sondern läßt sie im Gegenteil sehr viel menschlicher werden: Sie läßt nun ihre ganze Liebe im Alltag des Lebens und in den einzelnen Begegnungen im Karmel wirksam werden. Diese zweiundzwanzigjährige Frau, die Gott darum bittet: „Möge ich zur *Märtyrerin* Deiner *Liebe* werden", lebt ein Martyrium auf kleiner Flamme: eine Reihe einfacher und verborgener Liebesakte.

Das zweite entscheidende Ereignis auf ihrem geistlichen Weg – das erste war die Bekehrung von Weihnachten 1886 – ist also eingetreten. Im ersten war sie einem Gott begegnet, der sie aus zehnjähriger Nacht befreit und diese Befreiung innerhalb eines Augenblicks bewirkt hat. Hier nun empfängt sie den entscheidenden Impuls, sich der Liebe hinzugeben. Zu Weihnachten 1886 war das Wort ihres Vaters das Instrument gewesen, um sie aus sich selbst heraustreten zu lassen; hier ist das Vertrauen in den göttlichen Vater der Schlußstein ihrer Selbsthingabe. Äußerlich ist nichts Außerordentliches zu erkennen, weder nach der einen noch nach der anderen Seite hin: beide Ereignisse sind von so unscheinbarer Zartheit, daß sie ganz unbeachtet hätten bleiben können; sie wurden nur bekannt, weil Theresia davon gesprochen hat, und vor allem deshalb, weil sie wahrnehmbare Wirkungen zeitigten. Wir müssen noch einmal betonen, daß im Vergleich zu den früheren Heiligenbiographien, die in erster Linie Berichte über außergewöhnliche Phänomene waren, welche diese Heiligen erlebt hatten, Theresias Biographie kein Wunder zu ihren Lebzeiten enthält, keine Vision im eigentlichen Sinn, keine Ekstase. Und dabei haben einige Schwestern von Lisieux während der letzten Monate ihres Lebens wahrlich darauf gehofft, daß sie Erlebnisse dieser Art haben möge! Aber nichts dergleichen. Statt eines Lebens, das durch die großen Paukenschläge außerordentlicher Dinge markiert ist, sehen wir hier ein ganz gewöhnliches Leben, dem zwei verborgene und von Stille umgebene große Ereignisse ihren Stempel aufprägten.

Am 15. Oktober 1895 wendet sich ein junger Seminarist der Diözese Bayeux an die Priorin des Karmel von Lisieux. Abbé Bellière ist einundzwanzig Jahre alt – also ein Jahr jünger als Theresia – und möchte Missionar werden: „Ich möchte Sie darum bitten, daß eine Klosterfrau sich besonders um das Heil meiner Seele bemühen und es mir erwirken möge, daß ich der Berufung zum Priester und Missionar, die Gott mir geschenkt hat, treu bleibe." Schwester Agnès wählt hierfür sofort Theresia aus, die ein Gebet in der Intention des Abbé verfaßt. Schwester Agnès fügt ihrem Antwortschreiben dieses Gebet bei. Am 23. Oktober bedankt sich der Abbé: „Ich möchte auch gern meiner Schwester Theresia vom Kinde Jesu sagen, wie sehr mich ihre Barmherzigkeit, ihre Hingabe bewegt haben, die sie aus der reinsten Quelle göttlicher Liebe schöpft ... Sagen Sie ihr bitte, meine gute Mutter, daß ich gerührt der göttlichen Güte gedankt habe, die für mich diese Schwester ausgewählt hat, um mir im Werk Jesu Christi beizustehen – daß ich dieses von ihr verfaßte, inspirierte Gebet mit tiefer Bewegung gelesen habe." Dieses Gebet findet sich in der Ausgabe von 1953 der *Histoire d'une âme*. Am 12. November schickt Bellière eine kurze Karte an „die Mutter des Karmel und ihre Schwester Theresia von Jesus". Erst im darauffolgenden Juli gibt er wieder ein Lebenszeichen, und ab Oktober 1896 beginnt zwischen ihm und Theresia ein bedeutender Briefwechsel. Am 29. September 1897 schließlich, dem Tag vor Theresias Tod, schifft sich Abbé Bellière in Marseille ein, um das Noviziat der Weißen Väter in Algier anzutreten.

Theresia bringt ihren *Hingabeakt* durch die alltäglichsten und schlichtesten Gedichte und Gesten zum Ausdruck. Am 9. November stirbt im Alter von 75 Jahren Schwester Saint-Pierre. Sie war eine Schwester mit weißem Schleier – eine Laienschwester –, und sie hatte im Karmel ein Leben unermüdlicher Aufopferung geführt. In ihren letzten Lebensjahren litt sie unter sehr schmerzhaftem Rheumatismus mit verunstaltenden Auswirkungen. Mit unerschütterlichem Willen schleppte sie sich auf ihren Krücken zum Chor und setzte sich dort auf eine Bank. Sie bedurfte fremder Hilfe; aber sie war nicht leicht zu behandeln. Theresia berichtet:

„Bei der Abendanbetung saß sie vor mir: zehn Minuten vor sechs Uhr mußte eine Schwester ihre Andacht unterbrechen, um sie in den Speisesaal zu führen, denn die Krankenschwestern hatten damals zu viele Kranke zu betreuen, um sie holen zu können. Es kostete mich viel, mich für diesen kleinen Dienst anzubieten, denn ich wußte, daß es nicht leicht war, diese arme Schwester Saint-Pierre zufriedenzustellen. Sie litt nämlich so sehr, daß sie nicht gerne die Führerin wechselte. Dennoch wollte ich eine so schöne Gelegenheit zur tätigen Liebe nicht vorbeigehen lassen, da ich mich an die Worte Jesu erinnerte: *Was ihr dem geringsten meiner Brüder tut, das habt ihr mir getan* (Mt 25, 40). Ich bot mich also ganz demütig an, sie zu führen: es gelang mir nicht ohne Mühe, die Annahme meiner Dienste zu erreichen! Schließlich also ging ich ans Werk, und ich hatte so viel guten Willen, daß ich einen vollen Erfolg erzielte.

Jeden Abend, wenn ich sah, daß meine Schwester Saint-Pierre ihre Sanduhr schüttelte, wußte ich, daß dies bedeuten sollte: Gehen wir! Es ist unglaublich, wieviel mich dieser Aufbruch kostete, besonders in der ersten Zeit... Trotzdem stand ich sofort auf, und dann begann ein

ganzes Zeremoniell. Zunächst mußte ich die Bank auf eine ganz bestimmte Art und Weise wegschieben und tragen, vor allem aber durfte
nichts zu schnell gemacht werden. Dann konnte unser Marsch beginnen. Hierbei hatte ich hinter der armen Kranken herzugehen und
sie am Gürtel festzuhalten. Ich tat dies mit der größtmöglichen Behut-
samkeit. Aber wenn sie unglücklicherweise einen falschen Schritt
machte, dann meinte sie sofort, ich hielte sie schlecht und sie würde
fallen. – ‚Mein Gott, Sie gehen zu schnell. Ich werd' einknicken.' Versuchte ich, vorsichtiger zu gehen – ‚So kommen Sie doch! Ich spür' Ihre
Hand nicht mehr, Sie haben mich losgelassen, ich werd' fallen! Ich
hatte schon recht, wenn ich sagte, Sie seien zu jung, um mich zu
führen.' Endlich kamen wir heil im Refektorium an. Aber hier traten
neue Schwierigkeiten auf. Ich mußte Schwester Saint-Pierre beim Sich-
Hinsetzen behilflich sein und dabei sehr geschickt vorgehen, um ihr
nicht weh zu tun. Dann mußte ich ihr die Ärmel zurückschlagen
(wieder auf eine ganz bestimmte Art), danach war meine Aufgabe erfüllt, und ich konnte gehen. Mit ihren armen verkrüppelten Händen
schnitt sie in ihrem Napf mit großer Mühe ihr Brot. Dies fiel mir schon
bald auf, und so verließ ich sie jeden Abend erst, nachdem ich ihr auch
diesen kleinen Dienst erwiesen hatte. Da sie mich nicht darum gebeten
hatte, war sie über meine Aufmerksamkeit sehr gerührt, und durch
dieses Mittel, das ich gar nicht eigens gesucht hatte, gewann ich ihr
Vertrauen, besonders auch (wie ich später erfuhr), weil ich ihr beim
Weggehen mein schönstes Lächeln zeigte.‟

Am Montag morgen, dem 17. März, nimmt Céline den Schleier. Am
Nachmittag des gleichen Tages kommt Marie Guérin im bräutlichen
Kleid am Arm ihres Vaters zur Klausur: es ist der Tag ihrer Einklei-
dung. Ein Freudentag für Theresia: Céline und Marie sind ihr so nahe,
und sie sind ihre Novizinnen. Ein Freudentag, dem alsbald Monate der
Prüfungen folgen – bis zu ihrem Tod.

Isidore Guérin berichtet selbst im *Normand,* dessen Chefredakteur
er geworden ist, über die Doppelzeremonie:

„Lisieux. Im Karmel
Zwei seltene und sehr bewegende Zeremonien fanden heute in der ehrwürdigen und einladenden Kapelle des Karmel statt. Zwei liebens-
werte junge Mädchen, die durch die Bande des Blutes miteinander verbunden sind, zwei Kusinen, gehen mit Gott eine neue Verbindung ein:

sie wollen sich ihm ganz weihen, ihm rückhaltlos angehören. Und hier, ihnen ganz nahestehend, bringen ein Vater und eine Mutter, die zugleich Onkel und Tante sind, bringen Schwestern mit der bewundernswürdigsten Entsagung das schmerzliche Opfer, das der Himmel von ihnen verlangt. Für sie ist die Trennung grausam und die Erschütterung tief; aber ihre Seele erhebt sich über das rein irdische Trachten und Wollen und unterwirft sich großmütig dem göttlichen Willen. Fortan wird ihr Herz zu einem großen Teil jenem heiligen Haus des Karmel gehören, das sich hinter dem Liebsten schließt, was sie auf der Welt besitzen.

Heute vormittag um 8.30 Uhr hat Fräulein Céline Martin in Anwesenheit ihrer drei Schwestern, die schon vor ihr das Klosterleben gewählt haben, ihre ewigen Gelübde abgelegt und den Schleier der Profeßschwestern genommen.

Der Bischof von Bayeux und Lisieux hat diese erhabene Zeremonie mit seinem Vorsitz beehrt, und der Dekan von Trivière, Abbé Ducellier, hat in einer bewegenden und beredten Ansprache die hohe und religiöse Bedeutung derselben aufgezeigt.

Heute am Nachmittag um 15 Uhr hat Fräulein Marie Guérin den ersten Teil ihres Noviziats abgeschlossen und das Kleid des Karmel angelegt. In wenigen Monaten wird auch sie am gleichen Ort die endgültigen und feierlichen Verpflichtungen eingehen.

Der hochwürdige Bischof hat auch diese zweite Zeremonie geleitet, bei der ein Freund Herrn Guérins, Abbé Levasseur, Pfarrer von Saint-Germain de Navarre-lès-Évreux, durch eine fromme und gelehrte Ansprache mitwirkte.

Sowohl am Vormittag wie auch am Nachmittag war die Kapelle voll von Menschen, die gekommen waren, um jenen beiden Mädchen, um jener ehrenwerten Familie, über die Gott so große und zahlreiche Gnaden ausgießt, ihre lebhafte Sympathie zu bezeugen.

Keiner der Anwesenden konnte seine tiefe Bewegung verbergen. Wie sollte man auch nicht bewegt sein, wenn man inmitten all der Traurigkeit unserer Tage sieht, welch hohe Beispiele und wohltuende Tröstungen die Religion noch für uns bereithält! Und wie sollte man da nicht hoffen, daß Gott sich eines Tages doch noch dieses Frankreichs erbarmen werde, in dem trotz so vieler Revolten und Gotteslästerungen immer noch – erhaben in ihrer Stille und Schlichtheit – so großmütige und heroische Entsagungen möglich sind."

Die Monate Januar/Februar 1896 sind in der Gemeinschaft von unerquicklichen Schwierigkeiten gekennzeichnet. Zwei Novizinnen sollten normalerweise am 24. Februar gemeinsam ihre Profeß ablegen: Schwester Geneviève von der heiligen Teresa (Céline) und Schwester Marie von der heiligen Dreifaltigkeit. Mutter Marie von Gonzaga aber wünscht im Hinblick auf ihre wahrscheinliche Wiederwahl zur Priorin – die Wahlen sollen am 21. März stattfinden – eine Verschiebung der Profeß der beiden Schwestern: dadurch hätte nicht die gegenwärtige Priorin, Schwester Agnès, sondern sie, Marie von Gonzaga, die Ehre, ihre Gelübde entgegenzunehmen. Als Novizenmeisterin kann Marie von Gonzaga immer einen Grund finden, die Profeß einer Novizin zu verschieben, und sie hat auch das Recht dazu. Aber es gibt auch einen Mißbrauch der Amtsgewalt, und ein solcher liegt in diesem Fall offensichtlich vor. Die Gemeinschaft spaltet sich in zwei Lager: die einen sind empört über die Anmaßung der Novizenmeisterin, die anderen argumentieren mit deren Rechten. Von einigen Zeugen wissen wir, daß Theresia, damals Gehilfin der Novizenmeisterin, in diesem Streit eine sehr eindeutige Position bezog: „Es gibt Prüfungen, die ihren Novizinnen aufzuerlegen eine Novizenmeisterin nicht das Recht hat." Schließlich entscheidet man sich für einen Kompromiß: Céline, die Schwester der Priorin, wird am vorgesehenen Tag, dem 24. Februar, die Profeß ablegen; die Profeß von Schwester Marie von der heiligen Dreifaltigkeit wird auf einen von der künftigen Priorin zu bestimmenden Tag verschoben.

Am 21. März tritt das Kapitel zur Wahl der Priorin zusammen. Die Stimmung zwischen den Anhängern von Mutter Marie von Gonzaga und von Mutter Agnès ist äußerst gespannt. Erst im siebten Wahlgang entscheidet sich endlich eine Mehrheit für Mutter Marie von Gonzaga. Diese ist über diese Wahl sehr erbittert. Und statt der vorherigen Priorin der Tradition gemäß die Aufgabe des Noviziats zu übertragen, kumuliert sie die Ämter: sie behält die Verantwortung für die Novizinnen. Zwar bestätigt sie Theresia in ihrer Rolle als Gehilfin der Novizenmeisterin, aber dieser Titel ist in Wirklichkeit nur nominell; Theresia, die noch immer im Noviziat steht, ist nur die Älteste der Novizinnen und eine Art Beraterin, jedoch ohne Mandat und offizielle Funktionen.

Als Novizin nimmt Theresia an jenem stürmischen Kapitel nicht teil. Mutter Agnès berichtet: „Schwester Theresia vom Kinde Jesus erwartete ängstlich und betend draußen das Resultat. Als die Glocke jene Schwestern, die weder Stimme noch Sitz hatten, in den Chor rief, damit sie dort der ernannten Priorin ihren Gehorsam bekannten, und als sie sah, daß es Mutter Marie von Gonzaga war, da war sie wie vor den Kopf gestoßen."

Daß diese Wahl für Theresia ein Schlag war, wie sollte man daran zweifeln oder die Tatsache herabmindern? Nun ist der Karmel also erneut in den Händen einer Priorin, die keinen Augenblick zögert, ihre Autorität zu gebrauchen und zu mißbrauchen.

Dennoch ist Theresias Reaktion von Geduld und Offenheit für die neue Priorin gekennzeichnet. Sie ist Zeuge der Bitterkeit und der Tränen von Mutter Marie von Gonzaga, die darunter leidet, daß sie bei der Wahl erfahren mußte, daß die Karmelitinnen von Lisieux nicht mehr einstimmig hinter ihr stehen; sie, die so sehr der Zuneigung bedarf, sieht sich nun verlassen. Am 29. Juni, drei Monate nach der Wahl, schreibt Theresia für ihre Priorin *Die Legende vom kleinen Lämmlein* – ein Meisterwerk an Einfühlungsvermögen und Klarheit und zugleich ein echtes Psychodrama. Die *Legende* führt zunächst eine Schäferin vor – Mutter Marie von Gonzaga –, die ihre Herde liebt und von dieser wiedergeliebt wird. Es ziehen Wolken auf: die Schäferin „fand keine Freude mehr daran, ihre Herde zu weiden, und – muß es gesagt sein? – der Gedanke, sich von ihr für immer zu trennen, kam ihr in den Sinn." In diesem Leid vertraut die Schäferin sich einem „kleinen Lämmlein" an – Theresia. Als dieses „Lamm" „seine Schäferin weinen sah", „suchte es in seinem kleinen Herzen vergeblich nach Mitteln, um jene zu trösten, die sie *mehr als sich selbst*" liebte. Hier mag man über diese Liebesbezeugung Theresias der Priorin gegenüber erstaunt sein, aber Theresia hat nach und nach gelernt – und ist nun zur Vollkommenheit auf diesem Weg gelangt –, die affektive Liebe von der effektiven Liebe zu trennen: selbst wenn sie gegenüber einer Schwester Saint-Pierre kaum eine affektive Liebe empfand, so hatte sie doch, wie wir gesehen haben, der nie zufriedenen Kranken gegenüber eine effektive Liebe. Das gleiche gilt für die Priorin, um so mehr, als Theresia sich zu Mutter Marie von Gonzaga hingezogen fühlt.

Das Lamm, das die Schäferin zu beruhigen sucht, hat nun einen Traum. Es befindet sich auf einer wunderbaren Weide und bemerkt einen strahlenden Hirten – natürlich Jesus. Das Lamm erzählt ihm den Grund für die Tränen der Hirtin: „Einst glaubte sie sich von ihrer lieben Herde geliebt, sie hätte ihr Leben hingegeben, um sie glücklich zu machen; durch Eure Weisung aber mußte sie sich für einige Jahre von ihr entfernen; als sie zurückkehrte, vermeinte sie den Geist, den sie so sehr geliebt hatte, in ihren Schafen nicht mehr vorzufinden. Herr, Ihr wißt, daß Ihr der Herde die Macht und die Freiheit gegeben habt, sich ihre Hirtin selbst zu wählen. Statt nun, wie einst, einstimmig gewählt zu werden, wurde ihr der Hirtenstab erst nach siebenmaliger Beratung in die Hände gelegt..."

Die Tatsache der Wahl wird also in der Verkleidung eines Traumes sehr realistisch und genau berichtet. Mit einem entscheidenden Einschub: Mutter Marie von Gonzaga mußte im Februar 1893 auf die „Weisung" Jesu hin ihren Platz einer anderen überlassen, da nämlich die Kirche eine dritte Wiederwahl ohne Unterbrechung nicht gestattet.

Interessant die Antwort des Hirten: „Ich war es, der die große Prüfung, die ihr so viel Leid bereitet hat, *nicht nur erlaubt,* sondern *gewollt* hat."

Dieses Argument muß Theresia Mutter Marie von Gonzaga wohl bereits vorgetragen haben, allerdings ohne Erfolg. Denn Theresia entwickelt durch den Mund des Lammes die Einwände der Priorin: „Ich hielt Euch für so gut, so sanft ... hättet Ihr den Hirtenstab nicht einer anderen geben können, wie es meine liebe Mutter wollte? Wenn Ihr ihn aber unbedingt wieder in ihre Hände legen wolltet, warum dann nicht schon nach dem *ersten* Wahlgang?"

Mutter Marie von Gonzaga hätte gewünscht, daß die Wahl schon beim ersten Wahlgang entschieden sei: entweder sie selbst oder eine andere. Sie empfindet einen unerträglichen Unwillen, auf solche Weise sechsmal nacheinander in die Waagschale geworfen zu werden.

Der Hirte antwortet, die der Priorin geschickte Prüfung sei die „*Prüfung der Wahl*", die er ihr bereitet habe. Hier könnte die *Legende* zu Ende sein. Sie wird aber fortgesetzt durch eine Frage des Lammes, das noch einmal auf die Sache zurückkommt und dem Hirten die tiefen Gründe für das Leid der Schäferin erklärt: „Herr, ich sehe nun deutlich, daß Ihr den größten Kummer meiner Hirtin nicht kennt ... oder aber Ihr wollt es mir nicht anvertrauen! Auch Ihr meint, der ursprüngliche Geist unserer Herde sei nicht mehr vorhanden ... Ach! wie sollte meine Hirtin nicht das gleiche denken? Es gibt so viele Schäferinnen, die das gleiche Unglück in ihren Schäfereien beklagen …“

Hier haben wir das entscheidende Argument, das Mutter Marie von Gonzaga zugunsten ihrer Wahl vorbrachte: ihrer Meinung nach war die Tradition angetastet worden, und daher mußte wieder sie selbst Priorin werden, um die alten Zustände wiederherzustellen. Ein Beispiel dafür: Mutter Agnès hat als Priorin erlaubt, daß im Karmel ein Photoapparat – eine 13 × 18-Kamera, Objektiv Darlot – mit dem kompletten Entwicklungszubehör verwendet wurde. Der Apparat gehörte Céline, die sich für das Photographieren begeistert hatte, und gerade dieser Erlaubnis verdanken wir die Photos von Theresia im Karmel. Aber die damals gültigen Vorschriften des Karmel verboten im Namen des Klausurgeistes einen Photoapparat. Für Mutter Marie von Gonzaga handelt es sich hier um eine Lockerung der Sitten sowie um eine aus übertriebenem Familiensinn begangene Schwäche.

Der Hirte – und durch ihn Theresia – verurteilt diese Position der Mutter Marie von Gonzaga: Wohl „schleicht sich der Geist der Welt in die besten Weiden ein, aber man kann sich leicht in der Unterscheidung der Absichten täuschen“. Es ist verständlich, daß Theresia hier Mutter Agnès verteidigt: dem Argument von Mutter Marie von Gonzaga zuzustimmen würde bedeuten, daß sie zugäbe, Mutter Agnès habe während ihres Priorats die Regel nicht hinreichend beachtet und zu einem gewissen Verfall der Tradition beigetragen: dieser Meinung ist die neue Priorin, die ihrer Vorgängerin sogar das Amt der Novizenmeisterin verweigert. Theresia lehnt diesen Gesichtspunkt ab und sagt, man könne sich leicht über die Intentionen täuschen.

Kaum hat Theresia jedoch ihre Schwester verteidigt, da verteidigt sie auch schon in einem sehr feinfühligen Ausgleich Mutter Marie von Gonzaga selbst: sie verteidigt sie gegen jene Karmelitinnen, „die meiner Hirtin mit ihren *hausbackenen* Argumenten großes Unrecht tun“. Mit anderen Worten: das Argument der Mutter Marie von Gonzaga, die Verteidigung der Tradition, ist auf hausbackene Argumente gestoßen, auf welche? Zweifellos wollte Mutter Marie von Gonzaga aus Freude an der Autorität wieder Priorin werden. Der Hirte nun antwortet, das Kreuz der Schäferin „komme vom Himmel und nicht von der Erde“. Antwort des Lammes: „Jesus, ich werde den Auftrag ausführen, aber es wäre mir lieber, wenn Du ihn einem jener Schafe übergeben wolltest, deren Urteil *hausbacken* ist … ich bin so klein... meine Stimme ist so schwach, wie soll meine Hirtin mir glauben?..."

„Sie wird dir glauben", antwortet der Hirte. Das Lamm aber läßt nicht nach, geht der Sache bis auf den Grund: „Ich verstehe Dich, Jesus, aber ich möchte noch ein Geheimnis ergründen: Sage mir, ich flehe Dich an, warum hast Du die *liebsten Schafe* meiner Hirtin dazu auserwählt, sie zu prüfen? Hättest Du fremde genommen, so wäre die Prüfung weit weniger hart gewesen."

Welches sind diese „liebsten Schafe"? Wir wissen es nicht. Aber wir wissen, daß Mutter Marie von Gonzaga mehr als unter jedem anderen Angriff darunter gelitten hat, daß sie von Karmelitinnen im Stich gelassen wurde, die sie besonders liebte.

Ein letztes, persönliches Argument des Hirten: „Nun zeigte der Gute Hirte dem Lamm seine Füße, seine Hände und sein Herz, die leuchtende Wundmale zierten, und antwortete: ‚Sieh diese Wundmale, ich habe sie im *Haus derer, die mich liebten*, empfangen!' (Zach 13, 6) ... Deshalb sind sie so schön, so ruhmreich, und ihr Leuchten wird die ganze Ewigkeit lang die Engel und Heiligen mit Freude erfüllen.

Deine Hirtin fragt sich, wodurch sie sich ihre Schafe entfremdet hat – und ich, *was habe ich meinem Volk getan! Wodurch habe ich es gekränkt!* Daher soll sich deine geliebte Mutter freuen, an meinen Schmerzen teilzuhaben ... Wenn ich ihr die menschliche Unterstützung entziehe, so allein, um ihr so *liebendes* Herz zu erfüllen!"

Ist es dem Lamm gelungen, die Hirtin zu beschwichtigen? Die Antwort auf diese Frage ist nicht leicht. Hier jedenfalls sehen wir Theresia, eine dreiundzwanzigjährige Nonne, noch immer Novizin, im Kampf mit einer zweiundsechzigjährigen Nonne, die bereits zweimal Subpriorin war – 1866 und 1869 – und die soeben zum fünften Mal zur Priorin gewählt wurde. Theresia sieht, wie diese Priorin wegen einiger Anfechtungen ihrer Person vor Zorn weint – es ist wahr, daß Mutter Marie von Gonzaga auch die Regel mit ihrer Person identifiziert hatte! Theresia regt sich weder auf, noch ist sie erstaunt. Sie beschwichtigt sanft, ohne allerdings die Ansichten der Priorin zu teilen. Theresia erscheint uns hier in dieser Mischung von Sanftheit und Entschlossenheit im höchsten Maß menschlich: würdig und stark, klarsichtig, realistisch und gemütvoll. Und menschlich vielleicht auch darin, daß sie versteht, in welch erstickendem Zirkel das Herz der Mutter Marie von Gonzaga eingeschlossen ist: diese Frau, die von ihrer Verantwortung eine so hohe Auffassung hat, ist in ihrem Machtdenken gleichsam eingesperrt. Theresia muß angesichts des Leides dieser Frau, die nach Theresias Worten „erneut die Last der Führung" aufgebürdet erhalten hat, echtes Mitleid empfunden haben. Sie, Theresia, die sich entäußert hat und ihren eigenen Platz vorzieht, sie, die Letzte, würde diesen Platz nicht mit dem der Priorin tauschen. Aber sie versteht die Wünsche und Umwege des menschlichen Herzens, seine Bitterkeiten und seine Verlockungen.

Theresia erlebt diese Konflikte der Gemeinschaft zutiefst in ihrem Herzen; sie erlebt sie körperlich in solchem Maß, daß sie zu einem nicht unerheblichen Teil auf ihre Gesundheit zurückwirken.

Wir erinnern uns, daß Theresia am 18. Juli 1894 an Céline geschrieben hatte: „Ich habe eine eiserne Gesundheit." Dennoch hatte sie im Juni 1894 eine hartnäckige Halsentzündung befallen. Der konsultierte Arzt schreibt Ätzungen mit Silbernitrat vor. Als Céline im September in den Karmel kommt, ist sie es, die diese Ätzungen vornimmt. Einige in der Gemeinschaft meinen, diese Halsentzündung rühre von den zu zahlreichen Gesprächen Theresias mit den Novizinnen her. Für den Winter 1894/1895 schreibt der Arzt vor, Theresia müsse gepflegt werden, und so stellt man ihr einen Fußwärmer zur Verfügung.

Die Ätzungen werden fortgesetzt. In der Fastenzeit 1896 fühlt sich Theresia, die das Fasten des Karmels in seiner ganzen Härte beachtet, kräftiger denn je. Am Ende der Fastenzeit aber kommt es zu einem dramatischen Ereignis: „Noch nie hatte ich mich so kräftig gefühlt, und diese Kraft hielt bis Ostern an. Aber am Karfreitag wollte Jesus mir die Hoffnung geben, ihn bald im Himmel zu sehen ... Oh, wie beglückend ist diese Erinnerung für mich! ... Nachdem ich bis Mitternacht am Heiligen Grab geblieben war, kehrte ich in unsere Zelle zurück, aber kaum hatte ich den Kopf auf das Kissen gelegt, da spürte ich, wie eine Welle in mir aufstieg, bis an die Lippen heraufsprudelte. Ich wußte nicht, was das war, aber ich dachte, ich würde vielleicht sterben, und meine Seele war von Freude überflutet ... Da aber unsere Lampe schon ausgeblasen war, sagte ich mir, ich müsse bis zum Morgen warten, um mich meines Glückes zu vergewissern, denn mir schien, als hätte ich Blut gebrochen. Der Morgen ließ nicht lang auf sich warten, und als ich aufwachte, dachte ich sofort, daß ich nun etwas sehr Fröhliches erfahren würde. Ich ging ans Fenster und konnte sehen, daß ich mich nicht getäuscht hatte ... Meine Seele wurde mit einer großen Tröstung erfüllt, ich war in meinem Innersten davon überzeugt, daß Jesus mich am Gedächtnistag seines Todes einen ersten Anruf vernehmen ließ."

Theresia kommt also am Gründonnerstag, dem 2. April, nachdem sie vor dem ausgesetzten Allerheiligsten gebetet hat, um Mitternacht in ihre Zelle zurück. Unmittelbar darauf, in der ersten Stunde des Karfreitags hat sie ihren ersten Bluthusten, den sie um fünf Uhr morgens beim Aufstehen effektiv als solchen feststellt.

In der Nacht vom Karfreitag zum Karsamstag erneutes Blutspucken. Diesmal ruft die Priorin Dr. La Néele, Theresias Verwandten, und läßt sie untersuchen. Mutter Agnès berichtet 1909 – dreizehn Jahre später –, daß dem Kusin nur gestattet war, „den Kopf durch das kleine Gitter des Oratoriums zu stecken, um sie zu untersuchen". Natürlich war unter solchen Bedingungen die Untersuchung nicht leicht durchzuführen. Aber wie war es möglich, daß Dr. Néele die beiden Blutauswürfe nicht ernst nahm und zu der Auffassung gelangte, diese seien durch die Nase erfolgt? Mutter Agnès will den Kusin entschuldigen; das ändert aber nichts daran, daß er keine gute Diagnose gestellt hat. Ein anderer Arzt, Dr. de Cornière, besuchte Theresia häufig: „Wenn seine Diagnose lange Zeit falsch war", so wurde geschrieben, „und wenn die Behandlungen, die er bei der Heiligen anwandte, verspätet, schmerzhaft und wenig wirksam waren, so liegt die Ursache dafür ausschließlich im Stand der ärztlichen Wissenschaft jener Zeit." Wir erfahren darüber hinaus, daß dieser Arzt „ein sehr gewissenhafter Mann, ein beispielhafter Christ und ein guter Arzt war. Er war um die Karmelitinnen, die er unentgeltlich behandelte, sehr bemüht." Dennoch hat der gute Doktor sich ebenfalls geirrt, schwer geirrt: Alle medizinischen Handbücher der Zeit bezeichnen das Blutspeien als das gewöhnliche Symptom für Lungentuberkulose. Warum also hat man das wahre Übel so lange nicht entdeckt?

Im übrigen zeigen schon die Mittel, die der Arzt verschreibt, seinen Irrtum: reines Kreosot, mit dem Löffel einzunehmen; verschiedene Pulver; Einreibungen mit kampferhaltigem Alkohol und Terpentinessenz; Jodtinkturen; kampferhaltige Zugpflaster, Schröpfköpfe, Ignipunktur. Das Kreosot ist ein farbloses Öl mit brennendem, unangenehmen Geschmack und abstoßendem Geruch; es findet damals gewöhnlich bei Zahnreißen Anwendung. Kampfer wird bei Entzündungen, wie etwa Rippenfellentzündung, angewendet.

Theresia ist nun also in den Händen der Medizin. Jeden Morgen nach dem Erwachen reibt Céline ihr den ganzen Körper mit einem härenen Tuch ab. „Diese Prozedur tat ihr keineswegs gut, sondern erschöpfte sie im Gegenteil vollends." Dennoch erinnert Theresia selbst Céline daran, ihr diese Abreibungen zu machen: „Kommen Sie morgen, um diesen armen Herrn zu striegeln." – „Ich fürchte, unsere Mutter könnte nicht zufrieden sein: sie hält viel auf Abreibungen, vor allem am Rücken." Besonders aber leidet Theresia unter der Ignipunktur. „Noch immer sehe ich sie vor mir", berichtet Céline, „wie sie nach einer Sitzung beim Arzt, in der sie mehr als fünfhundert Ignipunkturen (ich habe sie selbst gezählt) in die Hüfte bekommen hatte, zu ihrer Zelle hinaufstieg und auf ihrem harten Strohsack ausruhte."

Die Schröpfköpfe und vor allem die Zugpflaster sind sehr unangenehm. Theresia erträgt alle diese Heilmittel, so gut es geht. Die Priorin hat sie ihrer Pflicht als Sakristanin enthoben, sie ist Gehilfin in der Wäscherei geworden. Aber sie nimmt nach wie vor an den normalen Veranstaltungen der Gemeinschaft teil. Im Juni/Juli 1896 befällt sie ein leichter, trockener Husten. Dr. de Corrière untersucht sie am 15. Juli und kommt zu dem Schluß, daß es nichts Ernsthaftes sei. Er verschreibt stärkende Nahrung, und im August erhält Theresia fette Speisen und stärkende Weine... Warum aber schreibt Theresia am 12. Juli an Léonie: „Ich huste überhaupt nicht mehr", wenn nicht in der Absicht, sie zu beruhigen? Und am 16. bestätigt sie in einem Brief an ihre Tante, daß es ihr „ausgezeichnet gehe". Dazu ist allerdings zu sagen, daß sie am Vortag Dr. de Corrière „vorgeführt" wurde. „Nachdem dieser werte Herr mich mit einem Blick *beehrt* hatte, erklärte er, daß ich ‚gut aussehe'." Es ist verständlich, daß diese Art, die Kranken zu untersuchen, zu einem Irrtum führen konnte. Der Husten setzt, stärker denn je, im September wieder ein.

Der Teufel im 19. Jahrhundert

Einige Tage vor der *Legende eines kleinen Lämmleins,* am 21. Juni 1896, dem Tag des heiligen Ludwig von Gonzaga, wurde das Namensfest der Mutter Priorin gefeiert. Theresia hat zu diesem Fest, gewissermaßen im Namen von Schwester Agnès, eine kleine „fromme Erbauung" verfaßt. Das in Prosa und Versen geschriebene Stück trägt den Titel *Triumph der Demut*. Schauplatz der Aufführung ist der Erholungsraum, in dem drei Novizinnen, Theresia und zwei weitere, versammelt sind. Im Textbuch erscheinen der heilige Michael und einige Engel einerseits und andererseits die Teufel Luzifer, Asmodäus und Beelzebub. Die Siege der Demut – und die Siege des heiligen Michael über Luzifer – versinnbildlichen die Bekehrung der Diana Vaughan, „der neuen Jeanne d'Arc".

Genau ein Jahr zuvor, am 21. Juni 1895, hatte *La Croix* über die Bekehrung von Diana Vaughan berichtet. Wer ist Diana Vaughan? Ein junges Mädchen, Tochter eines Amerikaners und einer Französin. Sie gehört dem „Palladismus" an, einem Geheimbund, der 1870 von einem gewissen Albert Pike gegründet wurde und der „die Herrschaft des Antichrist" vorbereiten soll. Der „Palladismus" erklärt sich selbst als eine luziferische Freimaurerei, die den Satanskult betreibt. Diana Vaughan kommt Anfang März 1885 nach Frankreich. Sie ist einundzwanzig Jahre alt und wird am 25. März, dem Tag der Verkündigung Mariens, in einer Zeremonie, bei der eine Reihe von Sakrilegien begangen werden und die Anwesenheit von Teufeln, wie etwa Asmodäus, Beelzebub und Astarot, offenkundig ist, zur „Tempelmeisterin" ernannt. Dann kehrt Diana Vaughan wieder in die Vereinigten Staaten zurück.

Ende 1892 verbreitet sich in der katholischen Welt das Gerücht, ein Anhänger einer Santansreligion habe, von Gewissensbissen geplagt, Enthüllungen über eine bislang noch nicht bekannte Sekte gemacht. Zu dieser Zeit sprach man viel über teuflische Besessenheit und über Verschwörungen, die Teufelskult und Freimaurerei im Verborgenen gegen die Kirche planten. Man verurteilte die modernen Ideen als Erfindungen des Teufels. Außerdem interessiert sich diese Zeit für das Mysteriöse und den Okkultismus – es sei hier nur auf Léon Bloy und Huysmans verwiesen. Des Positivismus überdrüssig, wendet man sich „dem Unbekannten" zu – 1886 wird das *Symbolistische Manifest* verfaßt.

Aber nach Auffassung der Katholiken wird es zu einer Verbindung von Antisatanismus und Antisemitismus kommen. Im März 1892 berichtet eine Zeitung von einem Ritualmord, der von Juden in Châtellerault begangen wurde. Im April gründet Drumont seine Zeitung *Libre Parole,* und diese läßt es sich im Dezember 1894 angelegen sein, die christlichen Mütter in Schrecken zu versetzen, deren Kinder angeblich für diese Opfer entführt werden sollen. Anfang 1894 hatte ein gewisser Abbé Garnier ein antisemitisches Blatt, *Le Peuple Français* (Das Französische Volk), gegründet. Hauptmann Dreyfus wird am 1. November 1894 verhaftet. 1891 bezeichnet Georges Romain in seinem Buch *Die freimaurerische und die jüdische Gefahr* diese als satanisch.

Von daher wird der Erfolg der Enthüllungen eines Mannes verständlich, der sich unter dem Pseudonym Dr. Bataille verbarg und Ende 1892 das Erscheinen von Memoiren unter dem Titel *Le Diable au XIXᵉ siècle* (Der Teufel im 19. Jahrhundert) ankündigte. Die Enthüllungen erscheinen zwei Jahre hindurch in wöchentlichen Broschüren und werden von Leo Taxil, einem ehemaligen Freimaurer, herausgebracht; sie sind verwirrend; überall Dämonen, eigenartige Phänomene, Talismane aller Art, geheime Laboratorien, in denen Drogen und Gifte gemischt werden. Die ganze katholische Öffentlichkeit ist bestürzt; Ordensleute beginnen, über den Satanskult Vorträge zu halten, und stützen sich dabei auf die von Bataille berichteten Fakten. So nimmt etwa am 5. Januar 1894 die von Kanonikus Mustel geleitete *Revue catholique de Coutances* zugunsten des Dr. Bataille Stellung und zitiert eine kurz zuvor im *Osservatore Romano* erschienene Erklärung: „Die Freimaurerei ist in allem *satanisch:* in ihrem Ursprung, ihrer Organisation, ihrem Wirken, ihrem Ziel, ihren Mitteln, ihren Satzungen und in ihrer Leitung. Sie ist satanisch, da sie heute gemeinsame Sache mit dem Judentum macht. Die Freimaurerei ist in der Tat die Hauptkraft und die unerläßliche Waffe, deren sich das Judentum bedient, um die Herrschaft Jesu Christi aus dieser Welt zu verbannen und sie durch die Herrschaft Satans zu ersetzen." In einem Rundbrief vom 5. September 1894 schreibt der Bischof von Coutances, Mgr. Germain, im Zusammenhang mit Batailles Enthüllungen, daß diese Dinge „die wahrhaft christlichen Seelen vor Entsetzen erschaudern lassen". Er ruft aus: „Und angesichts dieser Tatsachen sollte man es noch wagen, die Wirklichkeit des Teufels zu leugnen!"

Die gleiche *Revue catholique de Coutances* gibt bekannt, daß Diana Vaughan nicht jene bedingungslose Anhängerin des „Palladismus" sei, als die sie Bataille dargestellt hat. Wird sie sich bekehren? Ein Jahr lang betet man überall um diese Bekehrung. Und die Bekehrung trifft ein: auf wunderbare Weise durch das direkte Eingreifen einer kleinen Statue der Jeanne d'Arc, die jene vier Dämonen, mit denen Diana im Kampfe stand – Beelzebub, Astarot, Moloch und Asmodäus – besiegt und das junge Mädchen befreit. Der Kommentar katholischer Zeitungen: „Ein ungeheueres Ereignis der Gnade". Im *Univers* vom 27. April 1896 schreibt ein angesehener Theologe, P. Pègues: „Man muß im Text von Fräulein Diana selbst den Bericht über das Drama der Befreiung dieses armen Opfers Satans lesen; man muß dort auch den Ausbruch von Dankbarkeit, die Freudenausbrüche der aus so weiter Ferne heimgefundenen Bekehrten lesen. Da sind Akzente von rührender Frische und Lebhaftigkeit, deren Ernsthaftigkeit von keinem gutgesinnten Leser bezweifelt werden kann." Für ihn handelt es sich hier um „eine Tatsache, die das Ausmaß eines echten Ereignisses annimmt und die in philosophischer, historischer und politischer Hinsicht die schwerwiegendsten Konsequenzen nach sich zieht".

Am 24. August 1895 begeht Diana Vaughan ihre Erstkommunion, und bald darauf beginnt sie mit der Veröffentlichung ihrer *Mémoires d'une ex-palladiste* (Memoiren einer Ex-Palladistin) sowie einer *Neuvaine eucharistique* (Eucharistische Novene). Ein Buch erregt großes Aufsehen: *La Vérité sur la conversion de Miss Diana Vaughan* (Die Wahrheit über Fräulein Diana Vaughans Bekehrung) von Viator (1896), der auf Seite 24 die Gedanken eines Priesters und Seelenführers verschiedener Ordenskongregationen zu dem von Diana Vaughan verfaßten Erbauungsbuch wiedergibt: „Wenn alle mir anvertrauten Seelen die kostbare Novene von Fräulein Diana Vaughan aufmerksam lesen würden, dann bräuchte ich ihnen keine Glaubensunterweisungen mehr zu geben."...

Dennoch zweifeln einige Katholiken an der Glaubwürdigkeit der Enthüllungen des Dr. Bataille und der Diana Vaughan. So z. B. der Jesuitenpater Portalié, der in der Novemberausgabe 1896 der *Études* von einer „kolossalen Mystifikation" spricht und diese widerlegt. Aber diese Zweifel bringen die Anhänger Diana Vaughans nur in Zorn. Der Bischof von Grenoble gehört zu diesen letzteren; er warnt seine Gläubigen vor jenen, die diesen schönen Akt der Bekehrung von Diana Vaughan nicht wahrhaben wollen. Sie selbst habe ihm übrigens einen sechs Seiten langen, bewundernswerten Brief geschrieben. Um alle Polemiken zu widerlegen, werde der Journalist Leo Taxil, der Bataille und Fräulein Vaughan stets verteidigt hat, Diana Vaughan bei einem Vortrag, in dem er die ganze Geschichte noch einmal zurückverfolgen wird, selbst vorstellen.

Dieser Vortrag findet am Ostermontag, dem 19. April 1897, im Saal der Geographischen Gesellschaft in Paris statt. Das Publikum setzt sich zusammen aus Ordensleuten, Priestern und überzeugten Katholiken. Nun läßt Leo Taxil die Schleier fallen: es war alles Täuschung. Er ist nach wie vor Freimaurer und hat sich lediglich über seine allzu gutgläubigen Gegner lustig gemacht. Und er erklärt ausführlich, wie er das aufgebaut hat, was er „die großartigste Posse seines Lebens", „die zugleich amüsant und lehrreich war", nennt.

Le Temps vom 21. April bringt dazu einen Kommentar: „Die Naivität einfacher Gemüter zu mißbrauchen ist nicht eben ein sehr leuchtendes Unternehmen. Nicht einmal die Tatsache, daß es geglückt ist, führt uns irgendwie weiter. Im Gegenteil, wir sind verwirrt, entdecken zu müssen, daß ausgerechnet einer derer sich über andere lustig macht, deren Aufgabe es doch gerade wäre, die Öffentlichkeit vor Betrügern zu warnen. Kann man sich vorstellen, Bossuet hätte ähnliche Teufeleien ernst genommen?"...

Unbelehrbar behauptet Kanonikus Mustel noch am 7. Mai in der *Revue catholique de Coutances,* daß damit die Gewißheit über den freimaurerischen Satanismus und die Zwitterlogen nicht geringer werde, „die durch authentische Dokumente, die ebenso zahlreich wie unanfechtbar sind, hinreichend bewiesen wurden".

Der Karmel von Lisieux war in besonderer Weise in die Affäre Diana Vaughan hineingezogen: er hatte es sich zur Herzensaufgabe gemacht, um die Bekehrung Dianas zu beten. Eine der Nonnen hatte sogar die Erlaubnis erhalten, Diana Vaughan zu schreiben, und hatte auch eine Antwort erhalten: Schwester Theresia vom Kinde Jesus! Als sie im April 1897 erfuhr, daß Diana Vaughan in allen Stücken eine von Leo Taxil erfundene Person und alles nur Betrug gewesen war, war sie zutiefst betroffen und gedemütigt. Sie strich aus ihrem Text „Triumph der Demut" sofort jene zwei Abschnitte, die sich auf Diana Vaughan bezogen. Die drei Dämonen aber, die sie aus *Diable au XIXᵉ siècle* entlehnt hatte: Luzifer, Beelzebub und Asmodäus, blieben. Die Originalhandschrift jedenfalls zeigt, daß die beiden Abschnitte mit Vehemenz weggekratzt wurden: das Papier ist weggeschabt, und dadurch ist auch ein Teil des Textes auf der Rückseite verschwunden.

Einer jedoch trägt in dieser Geschichte schwere Verantwortung: wenn der Karmel von Lisieux – und besonders Theresia – mißbraucht wurden, so deshalb, weil sie einem Mann vertrauten, der, genau wie Kanonikus Mustel, sich zutiefst für diese „Teufeleien" engagiert hat:

der Onkel Guérin. Fünf Jahre vorher, 1891, hatte Céline ihn gedrängt, die monarchistische Zeitung von Lisieux, *Le Normand,* die in Schwierigkeiten geraten war, finanziell zu unterstützen. *Le Normand* verteidigte gegenüber der anderen Zeitung von Lisieux, dem anitklerikalen und republikanischen *Le Progrès lexovien,* die katholischen Ideen. Herr Guérin hatte sich nicht damit zufriedengegeben, der Zeitung mit seinem Geld zu helfen: er fühlte sich zum Journalisten berufen. Und streitbar wie er ist, wird er zum Polemiker. Er verfolgt vor allem die Juden und die Freimaurer, die in seinen Augen für alle Übel in Frankreich verantwortlich sind.

Der Onkel Guérin, der die Feinde der Kirche bekämpft, gilt im Karmel als großer Mann. Auch Theresia bewundert ihn, „der nicht müde wird, meisterhafte Artikel zu verfassen, die die Seelen retten und die Dämonen erzittern lassen müssen“. Herr Guérin hat nicht seinesgleichen, wenn es darum geht, das Schreckgespenst der Revolution und der antiklerikalen Verfolgungen vor Augen zu führen – so z. B. im Oktober 1894; oder wieder 1896. Aber er ist nicht der einzige. Im Juli 1896 hält ein gewisser Abbé Lechêne einen Vortrag in der Kapelle des Karmel: „Nachdem er uns die erhabenen Ursprünge unseres Ordens vor Augen geführt und uns mit dem Propheten Elias verglichen hatte, der gegen die Priester Baals kämpfte, hat er *erklärt,* daß ‚ähnliche Zeiten wie jene der Verfolgung Achabs sich von neuem anbahnen‘. Es schien uns, als eilten wir bereits dem Martyrium entgegen ... Welch ein Glück, mein liebes Tantchen, wenn unsere ganze Familie an ein und demselben Tag in den Himmel eingehen würde. Ich meine Sie nun schon lächeln zu sehen, vielleicht denken Sie, diese Ehre wird uns nicht zuteil ...“

Zur Verteidigung Isidore Guérins läßt sich anführen, daß er keineswegs der einzige ist, der sich mißbrauchen ließ, und daß er selbst ein Opfer jenes Klimas war, das durch Drumont, *La Croix* und vieles andere geschaffen wurde. Entscheidend für uns ist die Tatsache, daß Theresia, obwohl sie sich selbst täuschen ließ, doch niemals den kämpferischen Geist Isidore Guérins gezeigt hat. Sie war keineswegs der Meinung, man müsse die – echten oder falschen – Feinde der Kirche niederschmettern. Sie sprach nur vom „Triumph der Demut“, und vor allem sah sie in diesen Gegnern ihre Brüder und nicht ihre Feinde.

Ein anderes Ereignis wird für Theresia in diesem zweiten Trimester des Jahres 1896 wichtig: Am Samstag, dem 30. Mai, bestellt Mutter Marie von Gonzaga Theresia zu sich: „Mein Herz klopfte laut, als ich bei Ihnen, geliebte Mutter, eintrat; ich fragte mich, was Sie mir wohl zu sagen haben könnten, da es das erstemal war, daß Sie mich auf diese Weise rufen ließen. Nachdem Sie mich setzen ließen, machten Sie mir folgenden Vorschlag: ‚Wollen Sie die geistlichen Interessen eines Missionars auf sich nehmen, der demnächst geweiht und dann abreisen wird?‘ Und dann, meine Mutter, haben Sie mir den Brief dieses jungen Paters vorgelesen, damit ich genau wisse, worum er bat. Mein erstes Gefühl war Freude, die aber bald der Furcht wich. Ich erklärte Ihnen, meine geliebte Mutter, daß ich meine armseligen Verdienste bereits für einen künftigen Apostel aufgeopfert habe und daher glaube, dies nicht auch noch in der Intention eines anderen tun zu dürfen, und überdies gebe es genug Schwestern, die besser seien als ich und seinem Wunsch entsprechen könnten. Alle meine Einwände waren vergeblich. Sie antworteten mir, man könne mehrere Brüder haben. Dann fragte ich Sie, ob der Gehorsam meine Verdienste verdoppeln könne. Sie bejahten und sagten mir einiges, aus dem mir klar wurde, daß ich ohne Gewissensbisse einen neuen Bruder annehmen dürfe. Im Grunde, meine Mutter, dachte ich wie Sie, und da *‚der Eifer einer Karmelitin die ganze Welt umspannen soll‘*, hoffe ich mit der Gnade Gottes sogar mehr als zwei Missionaren nützlich sein zu können. Ich werde nicht vergessen, für alle zu beten, ohne die einfachen Priester zu vernachlässigen, deren Sendung mitunter ebenso schwer ist wie die der Apostel, die den Ungläubigen predigen."

Theresia erhält also von der Priorin einen neuen geistlichen Bruder. Er heißt P. Roulland, ist Normanne wie Abbé Bellière, fünfundzwanzig Jahre alt und gehört der Gesellschaft der Auswärtigen Missionen von Paris an; einige Wochen später, am 28. Juni 1896, wird er zum Priester geweiht und schifft sich am 2. August nach China ein.

Mutter Marie von Gonzaga gibt Theresia einen geistlichen Bruder, wie es Schwester Agnès vor ihr getan hatte. Das Eigenartige daran ist, daß die Priorin Theresia verpflichtet, über diesen neuen geistlichen Bruder zu schweigen, und zwar vor allem Schwester Agnès gegenüber. Die Priorin fordert sie auf, ein Bild auf Pergament zu malen, um es

P. Roulland zu schicken; Theresia macht sich an die Arbeit, aber sie braucht dazu Pinsel, Farben und anderes von Schwester Agnès. So versteckt sie sich mit ihrer Malarbeit in der Bibliothek und arbeitet aus Gehorsam nur dann weiter, wenn Mutter Agnès, die sich wundern würde, wozu Theresia ihre Werkzeuge braucht, nicht da ist. Wenn die Priorin in der Rekreation Auszüge aus Briefen P. Roullands an Theresia vorliest, dann verschweigt sie, an wen sie gerichtet sind. Man spürt, daß Mutter Marie von Gonzaga entschlossen war, Mutter Agnès um jeden Preis von den Vorgängen in der Gemeinschaft, von dem, was sie befahl, fernzuhalten. Theresia schweigt, aber sie leidet sehr unter dieser Situation.

Am 23. Juni schreibt Theresia zum erstenmal an P. Roulland: sie hatte eine Palla, ein Korporale und ein Purifikatorium gefertigt und diese am 21. Juni Mutter Marie von Gonzaga zum Namenstag geschenkt: die Priorin will sie P. Roulland zu seiner Weihe am 29. Juni schicken. Theresia übermittelt P. Roulland ihren Wunsch: „Ich bin wirklich glücklich, mit Ihnen am Heil der Seelen zu arbeiten. Aus diesem Grund wurde ich Karmelitin. Da ich nicht durch die Tat als Missionarin zu wirken vermag, wollte ich es durch die Liebe und die Buße tun, gleich der heiligen Teresa."

Am 29. Juni ist sie überaus glücklich: „Schon lange hegte ich den Wunsch, einen *Apostel* zu kennen, der gerne bereit ist, *am Tage seines ersten heiligen Meßopfers meinen Namen auszusprechen.*" Für diesen Tag trägt sie ihm eine Bitte vor: „Bitten Sie Jesus für mich ...bitten Sie ihn, mich mit dem *Feuer seiner Liebe* zu entflammen, damit ich dann Ihnen helfen kann, es in den Herzen zu entzünden."

Am 3. Juli zelebriert P. Roulland die Messe im Karmel. Am 30. Juli, unmittelbar vor seiner Abreise nach China – am 2. August in Marseille – schreibt sie ihm, Mutter Marie von Gonzaga habe ihr sein Photo gegeben mit der Erlaubnis, es zu behalten. Und Theresia zitiert ihm lange Abschnitte aus Jesaia über die Universalität der Botschaft; sie fügt hinzu: „Wenn ich bald in den Himmel eingehe, bitte ich Jesus um die Erlaubnis, Sie in Su-Tchuen zu besuchen, und dann werden wir gemeinsam fortfahren, unser Apostolat auszuüben."

An diesem Sonntag, dem 2. August, an dem P. Roulland nach China abreist, erlebt Theresia einen sehr großen Kummer: an diesem Tag – sie selbst brachte die beiden Ereignisse in einen Zusammenhang – wurde die Abreise von Mutter Agnès nach Saigon „ernsthaft diskutiert". Der Karmel von Saigon war von einer Schwester aus Lisieux gegründet worden. Als Theresia ins Kloster eintrat, gehörte eine Profeßschwester des Karmels von Saigon, Schwester Anne vom heiligen Herzen, der Gemeinschaft an. Sie war als Tochter eines portugiesischen Vaters und einer annamitischen Mutter 1850 in Indochina geboren und hatte 1876 im Karmel von Saigon die Profeß abgelegt. Auf ihren Wunsch wurde sie 1883 in den Karmel von Lisieux aufgenommen. 1895 mußte Schwester Anne jedoch wieder nach Saigon zurückkehren, da dieser Karmel inzwischen in Hanoi ein Kloster gegründet hatte und dadurch die Zahl seiner Schwestern vermindert war. Saigon ersuchte Lisieux außerdem um Unterstützung durch die Überstellung einiger Schwestern.

Die Möglichkeit einer Abreise von Mutter Agnès bewirkt in Theresia einen „Sturm": „Ich hätte nichts unternommen, um ihre Abreise zu verhindern, obschon mein Herz voll Traurigkeit war. Ich fand, daß ihre so sensible und empfindsame Seele nicht dazu geschaffen war, inmitten von Menschen zu leben, die sie nicht verstehen würden. Tausend andere Gedanken bestürmten mich, und Jesus schwieg, er gebot dem Sturm nicht ... Ich sagte zu ihm: ‚Mein Gott, für Deine Liebe nehme ich alles an: wenn Du es so willst, dann will ich gerne leiden, bis ich vor Kummer sterbe.' Jesus gab sich damit zufrieden. Wenige Monate später aber war von der Abreise der Schwestern Geneviève und Marie von der heiligen Dreifaltigkeit die Rede; dies war für mich eine andere Art des Leidens, ganz verborgen, ganz tief. Ich stellte mir alle Prüfungen und Enttäuschungen vor, unter denen sie zu leiden haben würden, kurz, mein Himmel war von Wolken verdüstert ... nur der Grund meines Herzens blieb in Ruhe und Frieden."

Die Frage der Abreise von Mutter Agnès darf nicht in Zusammenhang mit jener der beiden Novizinnen gebracht werden. Nicht nur deshalb, weil „einige Monate" dazwischen liegen, sondern weil Mutter Marie von Gonzaga sich schon sehr bald gegen die entsprechende Bitte stellte, die von den Novizinnen selbst an sie herangetragen wurde.

Wie aber liegt der Fall bei Mutter Agnès? Hat sie selbst diese Abreise gewünscht? Oder hat Mutter Marie von Gonzaga – die Wahlen sind wieder einmal sehr nahe: vier Monate noch – die Abreise der früheren Priorin gewollt? Oder aber ist Mutter Agnès, zutiefst verletzt über ihre völlige Ausschaltung, am Ende ihrer Kräfte und wünscht daher, in ein anderes Kloster überzutreten? Wir können diese Frage nicht beantworten, da uns entsprechende Dokumente fehlen. Die 1953 vom Karmel von Lisieux herausgegebene Biographie über *Mutter Agnès* erwähnt diese Möglichkeit einer Abreise mit keinem Wort. Jedenfalls bestätigt diese Möglichkeit, sei sie nun der Wille der Priorin oder eine Bitte von Mutter Agnès gewesen, daß das Zusammenleben der beiden Priorinnen schwierig war und daß eine Abreise nach Saigon als eine Lösung erschien, um Reibungen zu vermeiden.

Schwester Marie vom heiligen Herzen hat über die Haltung Theresias bei diesem Anlaß berichtet: „1896 waren Mutter Agnès von Jesus und Schwester Geneviève nahe daran, nach Saigon zu gehen. Schwester Theresia vom Kinde Jesu gestand mir, daß diese Abreise für sie sehr schmerzlich wäre, ,weil dies', wie sie mir sagte, ,nicht der Wille Gottes ist, ich weiß es bestimmt'. Dennoch versuchte sie mit keinem Wort, sie von diesem Plan abzubringen."

Osternacht

Drei entscheidende Ereignisse bestimmten den geistlichen Weg der Theresia von Lisieux: Weihnachten 1886 oder der Eintritt in das Stadium des Erwachsenseins; der 9. Juni 1895, das Dreifaltigkeitsfest oder die völlige Selbsthingabe an den Gott der Güte. Das dritte Ereignis ist zweifellos das bedeutendste: Theresias „Osternacht 1896", der wir uns nun zuwenden. Dieses Ereignis ist nicht auf einen genauen Zeitpunkt beschränkt, der innerhalb der Karwoche 1896 liegen würde; das Ereignis währte ohne Unterbrechung achtzehn Monate lang: von Ostern 1896 bis zu ihrem Tod. Das erste Ereignis ist die Inkarnation; das zweite die Dreifaltigkeit, das dritte Ostern. Aber in einem Paradox: die Begegnung mit Jesus zu Weihnachten 1886 läßt sie menschlich und geistlich erwachsen und um so mehr zum Kind des Vaters werden – aus freiem Entschluß. Die Begegnung mit Jesus am Dreifaltigkeitsfest führt sie ein in das Feuer der trinitarischen Liebe. Das dritte Ereignis, das des auferstandenen Jesus, erlebt sie – ein letztes Paradox – in der Nacht. Die letzten achtzehn Lebensmonate der Theresia von Lisieux sind im wahrsten Sinn des Wortes eine Osternacht.

Die meisten Biographen und Theologen haben dieses Ereignis entweder stillschweigend übergangen oder entstellt. Warum? Weil dieses Ereignis auf den ersten Blick skandalös erscheint: Wie ist es in der Tat möglich, daß der letzte Lebensabschnitt einer der größten Mystikerinnen eine Periode der Nacht, der Krise, ungeheurer Schwierigkeiten sein konnte? Hätte dieses junge, vierundzwanzigjährige Mädchen, dieses so reine Kind, das kurz vor seinem Tode stand, nicht ein friedliches und glückliches Ende verdient? Konnte der Gott der Sanftheit und des Friedens, zu dessen leidenschaftlichem Verkünder sie sich gemacht hatte, sie nicht gerade deshalb in einen Zustand ruhiger Gewißheit versetzen, statt den Eindruck zu erwecken, er quäle sie?

Dieses entscheidende Ereignis wurde also oft übergangen oder in seiner Bedeutung abgeschwächt. Aber dies war auch schon zu Theresias Zeit so gewesen. Sie wollte selbst nicht davon sprechen, aus Angst, ihre Schwestern zu beunruhigen – und hatte darin völlig recht: die Mehrzahl der Karmelitinnen von Lisieux wäre unfähig gewesen, die Enthüllung ihres inneren Lebens zu ertragen, und hätte sie für von Gott verworfen und verurteilt gehalten. Nur in Erfüllung der Gehorsamspflicht gibt Theresia preis, was sie zutiefst in ihrem Inneren erlebt: andeutungsweise im September 1896 in einem Brief an ihre Schwester Marie, einem Brief, zu dem ihr die Priorin die Erlaubnis gab; und klar und eindeutig am 9. Juni 1897, sechzehn Wochen vor ihrem Tod. Dieses entscheidende Ereignis blieb also nach außen hin verborgen: Theresia von Lisieux hat Ekstasen weder erlebt noch gewollt; sie kannte auch keine mehr oder weniger hysterischen Zustände ihrer Seele, die sich durch Schreie und äußerliche, auffällige Krisen gezeigt hätten. So müssen wir also besonders aufmerksam sein, um das wahrzunehmen, was sich in Theresia vollzog und was ebenso verhalten und verborgen vor sich geht wie die beiden anderen großen spirituellen Augenblicke: die Bekehrung von Weihnachten 1886 und die Hingabe an die Liebe am 9. Juni 1895.

Wie sieht Theresias Glaubensleben bis 1896 aus? Es ist ein Leben, das wahrhaftig nicht vom Gefühl bestimmt wird: Theresia sagt immer wieder, daß sie die liebende Gegenwart Jesu nicht „fühlt", daß er „verborgen" ist; aber sie versteht diese Abwesenheit, wenn sie sagt, der Geliebte handle deshalb so, damit sie ihn sucht, ihn findet und dann um so mehr liebt. Sie akzeptiert das Glaubensleben als einen Weg in der Wüste voll und ganz.

Wenn aber das Gefühl ein sanftes Ufer ist, das sie bereitwillig verlassen hat, so hat Theresia dennoch bis Ostern 1896 eine wirkliche

Glaubenserfahrung, eine Erfahrung, die sie durch das Bild des lebhaften Glanzes ausdrückt: „Ich hatte damals einen so lebendigen, so klaren *Glauben*, daß der Gedanke an den Himmel mein ganzes Glück ausmachte." Dieses Wort „Himmel" verwendet Theresia vor allem, um ihre Hoffnung auszudrücken. Für sie ist der Mensch ein unvollendetes Wesen, das seinen eigentlichen Sinn nicht in sich selbst hat. Er ist Offensein auf einen anderen hin – durch den er einen neuen Sinn empfängt. Theresia, die eine außerordentliche Vitalität besitzt, die unendliches Vertrauen in die menschlichen Fähigkeiten setzt, sie zeigt in der Betreuung ihrer Novizinnen, in welchem Maß sie davon überzeugt ist, daß jedes Wesen immer noch einen Schritt mehr zu tun imstande ist – sie, die realistisch und mit gesundem Menschenverstand begabt ist, sie, die jene im Karmel nur allzuoft angenommenen Ideen verwirft, nach denen man nur durch Leiden und Ergebung Verdienste erwerben und den Himmel erlangen kann, sie betrachtet den Himmel als die Vision der reinen Gnade Gottes, als die strahlende Manifestation der Güte Gottes. Das Wesentliche der Spiritualität Theresias von Lisieux ist der „Himmel", d. h. nicht der unreife Wunsch nach einer späteren Belohnung, sondern die Erfahrung des Glaubens auf Erden, schon hier und jetzt. Der Himmel ist zunächst auf Erden.

So lebt Theresia also bis Ostern 1896 im wesentlichen nicht in einem Gefühl des Glaubens, sondern im Licht des Glaubens. Das ganze 1895 verfaßte Manuskript A strahlt dieses Glück, schon hier auf Erden im Glauben zu leben, wider: es ist bereits der „Himmel", wenn man in seinem Leben alle Zeichen der Güte Gottes feststellen kann; es ist der „Himmel", wenn man die Freude erlebt, auch das kleinste, alltäglichste Ereignis umzuwandeln, in der Gewißheit, daß Gott, der in die Geschichte der Menschen eingetreten ist, mit ihnen – und auch mit einer kleinen Klosterfrau, die zutiefst in einem Provinzkarmel verborgen lebt – alle ihre Freuden und Verwirrungen, ihre Leiden und ihr schöpferisches Tun erlebt. Das ist es, was Theresia die „Freude des Glaubens" haben nennt, oder „sich dieses schönen Himmels auf Erden erfreuen".

„Wie Christoph Columbus durch seinen Genius ahnte, daß es eine neue Welt gibt", so besteht Theresias Genie darin, auf diese Weise den Glauben in der Hoffnung auf eine „neue Welt" zu leben, und vor allem, diese Hoffnung in dieser Welt zu leben. Theresias Glaube ist unveränderlich auf das Nachher und Vorher des Todes ausgerichtet: „andernorts" ist nur ein Alibi, sofern es nicht ein „jetzt" ist.

Aber es zeigen sich auch Nebel. So z. B. 1891 – sie selbst berichtet davon 1895, also noch vor Ostern 1896: „Damals unterlag ich schweren inneren Prüfungen aller Art (das ging sogar so weit, daß ich mich mitunter fragte, ob es denn überhaupt einen Himmel gebe)." Bis Ostern 1896 sind solche Fragen aber nur vorübergehend und verdrängen das Licht nicht. Ab Ostern 1896 dagegen ist dieses Fragen ein Dauerzustand.

Was ist an Ostern 1896 geschehen? Theresia drückt es in Bildern aus. In ihrem Manuskript B, das im September entstand, spricht sie von einem „dunklen Sturm", in dem sie seit „dem strahlenden Osterfest" lebt. Sie sieht, wie sehr die „Wolken ihren Himmel" bedecken. Im Juni 1897, im Bericht des Manuskripts C, kehren die gleichen Bilder wieder: ihre Seele ist „in dunkelste Finsternis gehüllt". Sie spricht von dem dunklen Tunnel, und sie möchte ihr „Herz, das von der Finsternis, die es umgibt, von den Nebeln, ermüdet ist", ausruhen lassen. Aber alle diese Vergleiche erscheinen ihr im Verhältnis zur Wirklichkeit noch schwach: „Das Bild, das ich Ihnen von der Finsternis geben wollte, die meine Seele verdunkelt, ist ebenso unvollkommen wie eine Skizze im Vergleich zum Vorbild."

Vorher lebte Theresia im Licht des Glaubens, die Perspektive des Glaubens erhellte das jetzige und das künftige Leben mit ihrem Licht. Jetzt aber ist dieses Licht des Glaubens buchstäblich „vernebelt", gleichsam von einer Wolkenwand verdunkelt: Theresia ist blind. Und für einen Erblindeten wird der Gedanke an das früher geschaute Licht zum Schmerz: „Der so beglückende Gedanke an den Himmel" ist für sie „nur noch Kampf und Qual". Theresia hat diese Situation klar erfaßt. Von jetzt an besteht gewissermaßen ein Widerspruch zwischen den beiden Positionen, sie scheinen einander gegenseitig auszuschließen. Wenn Theresia z. B. versucht, von all ihren Kämpfen und „der Finsternis, die sie umgibt", dadurch auszuruhen, daß sie sich sagt, es werde einst ein „anderes Land" geben, das ihr „eines schönen Tages eine feste Bleibe sein wird", so werden im Gegenteil ihre Leiden und die Nacht, in der sie lebt, noch intensiver und undurchdringlicher: „Wenn ich meinem Herzen, das wegen der Finsternis, die es einschließt, ermüdet ist, Ruhe gönnen will und an das helle Land, nach dem ich mich sehne, denke, so verdoppelt sich meine Qual."

Es bietet sich ihr kein Ausweg mehr, keine Hilfe. Sie steckt tatsächlich im Nebel. Hier handelt es sich nicht um eine Art gefühlsmäßiger Blockierung, die sie nicht zu durchbrechen vermöchte: Theresia weiß zu deutlich um das Glück des Glaubens auf dieser Welt, um auch nur die geringste Neigung zu falschen, morbiden Leiden zu verspüren oder von sich aus kindische Krisen heraufzubeschwören, in denen sich die Seele aus ihren krankhaften Zuständen nährt. Dieses Mädchen aus der Normandie geht bewußt von einer konkreten Tatsache aus: sie hat ein Glück erlebt, das sie nun nicht mehr erfährt. Sie, die nie jene Abtötungen und Kasteiungen gesucht hatte, die sich die meisten Karmelitinnen ihrer Zeit auferlegten, hatte sich auch nicht jene mehr oder weniger erschreckenden geistlichen Prüfungen geschaffen, in denen man sich selbst eine große Bedeutung beimißt, da man sich von Gott verworfen und in eine äußere Finsternis verbannt sieht. Und nun erlebt sie die Prüfung der Nacht an sich selbst in ihrer ganzen Schärfe: man lese in ihrem Bericht vom Juni 1897 den Abschnitt, in dem „die Dunkelheit" gleichsam menschliche Gestalt annimmt und zu ihr spricht – eine erstaunliche Personifikation: „Du glaubst, eines Tages aus den Nebeln, die dich umgeben, herauszutreten! Nur immer zu! Freue dich auf den Tod, der dir nicht das geben wird, was du erhoffst, sondern eine noch viel tiefere Nacht, die Nacht des Nichts." Man beachte die beiden letzten Worte, gedämpft, düster, die den Tod als endgültigen Schlußpunkt bezeichnen. Dies ist nicht einmal mehr der Tod, dem man romantische Empfindung, Farbe und lyrische Lieder abgewinnen kann, es ist nicht das „purpurne Leichentuch, unter dem die toten Götter schlafen", sondern das totale Vergehen im Nebel, ein Begrabenwerden im Nichts und in der Bedeutungslosigkeit: „die Nacht des Nichts". An diesem Punkt unterbricht Theresia sich selbst: „Ich möchte nicht länger darüber schreiben, ich würde fürchten, Lästerungen auszustoßen ... ich fürchte sogar, schon zuviel gesagt zu haben."

Wir müssen den tatsächlichen Zustand Theresias hervorheben, so wie sie ihn selbst mit einer verblüffenden Offenheit und doch ohne jeden Exhibitionismus zu beschreiben wagt. Wir müssen die Dichte der Dunkelheit betonen, die sie umgibt: sie gab sich nicht mit Worten allein zufrieden. Aber wir müssen sogleich auch zeigen, daß dieser Zustand nicht ein Zustand des Unglaubens war. Zwar erlebte sie nicht mehr jene Freude, die normalerweise mit der Glaubenserfahrung verbunden ist; zwar lebte sie nicht mehr in der Dynamik einer gefühlten Gewißheit, die den Glauben gewöhnlich begleitet, aber dennoch lebte sie nach wie vor im Glauben. Es ist ein schwerwiegender Widersinn, der Theresias letzte Lebensperiode völlig verfälscht, wenn behauptet wird, sie sei in ihrem Inneren von einem radikalen Atheismus erfaßt gewesen, oder aber, Theresia sei schlicht und einfach der Versuchung ausgesetzt gewesen, den Glauben zu verlieren.

Ist dieser Zustand als eine „Nacht des Glaubens" zu bezeichnen, wie sie Johannes vom Kreuz erlebt hat? Mutter Agnès, die schon das Ereignis vom 9. Juni 1895 verfälscht hatte und es zu einer Ekstase hochstilisieren wollte, ähnlich jener, in der Teresa von Ávila das Herz mit einem brennenden Dolch durchbohrt wurde, Mutter Agnès hat in den *Letzten Gesprächen* auch in diesem Fall alles getan, um die Version der „Nacht des Glaubens" zu verbreiten: dahinter steht ihr Wunsch, die Erfahrung ihrer kleinen Schwester mit dem mystischen Vorbild der spanischen Karmelitin identisch zu erweisen. Dies ist bei einer Karmelitin durchaus verständlich. Dennoch hat Theresia etwas anderes erlebt. Denn in Theresias Zustand bleibt doch die Liebe, und Theresia weiß es: es ist also nicht die dunkle Nacht der Seele. Was aber dann?

In Wirklichkeit enthält die mystische Erfahrung Theresias einen neuen, sehr bedeutenden Zug. Wer sie mit Johannes vom Kreuz vergleichen will, muß zwangsläufig enttäuscht werden. Theresia hat im Vergleich zu früheren Mystikern eine Originalität, die herauszufinden wir versuchen müssen. Dann wird ihre ganze Größe und Aktualität sichtbar werden.

Theresias Originalität muß in der Geschichte angesiedelt und gezeigt werden. Johannes vom Kreuz lebte zu einer Zeit, da praktisch alle Welt an Gott glaubte, und seine spirituelle Suche geschah in einer Art Gegenüber mit Gott, vor dem sich das menschliche Wesen unendlich arm, gering und nichtig erfährt. Die Erfahrung der Theresia von Lisieux geschieht zu einer Zeit, in der sich der Atheismus mit Nachdruck durchzusetzen beginnt, einer Zeit, in der Charles de Foucauld zwölf Jahre lang, zwischen 1874 und 1886, ungläubig bleibt, und zwar in erster Linie aus philosophischen Gründen, einer Zeit, in der Nietzsche – 1885 – seinen *Zarathustra* fertigstellt. Frankreich beginnt, sich dieses immer stärker verbreiteten Atheismus bewußt zu werden.

Theresias Erfahrung, die zu Ostern 1896 eingesetzt hat, ist unlöslich mit der Bewußtwerdung dieser Tatsache des Atheismus verbunden. In der Einleitung zu ihrem Bericht gibt Theresia zur Verdeutlichung das Vorher und Nachher der Prüfung von Ostern 1896 an. *Vorher:* „Ich konnte nicht glauben, daß es gottlose Menschen gibt, die den Glauben nicht haben. Ich glaubte, sie würden gegen ihre Überzeugung sprechen, wenn sie die Existenz des Himmels leugnen." *Nachher:* „In den so freudenvollen Tagen der Osterzeit ließ Jesus mich fühlen, daß es tatsächlich Seelen gibt, die den Glauben nicht haben." Vorher war sie der Auffassung, der Atheismus sei eine nur zur Schau getragene Position, ein falscher Schein. Nachher erkennt sie, daß es tatsächlich Ungläubige gibt. Nach ihrem Empfinden – und das ist entscheidend – rührt diese ihre neue Sicht der Ungläubigen von Jesus selbst her und ist es eine Gnade, die Augen offen und nun endlich gesehen zu haben, daß die Ungläubigen tatsächlich existieren. Unmittelbar nach dieser Bewußtwerdung und durch sie läßt Jesus es zu, daß Theresia „von der dichtesten Finsternis" überfallen wird.

Hier stehen wir also nicht mehr vor einer Nacht des Glaubens, in der das menschliche Wesen in einem einzigen Gegenüber mit Gott den Boden unter den Füßen verliert und sich als ein Nichts entdeckt, sondern vor einem Zustand, in dem der Unglaube der Zeitgenossen Theresias diese junge Karmelitin schlagartig in ihrem Innersten in Frage stellt. Es ist dies eine Infragestellung, aber keine Zerstörung ihres Glaubens. Es ist ein ambivalenter Zustand, in dem Theresia teilhat an der Finsternis – der „Finsternis", die „nicht verstanden hat, daß dieser göttliche König das Licht der Welt ist" – und in dem sie zugleich auch an diesem, von Jesus gegebenen Licht teilhat: „Herr, dein Kind hat dein göttliches Licht verstanden." Diese beiden Phasen folgen aufeinander, und man darf weder die eine noch die andere unterschlagen.

Theresias mystischer Zustand besteht also darin, daß sie sich in einer auf den ersten Blick absolut widersprüchlichen Situation befindet. Sie hat immer noch teil am Licht des Glaubens, und sie hat zugleich auch teil an der Finsternis, in der die Ungläubigen leben. Sie erlebt ein noch nie gekanntes Leid und eine Freude, die größer ist denn je: „Trotz dieser Prüfung, die mir jedes Gefühl des Genusses raubt, kann ich noch ausrufen: ‚Du, o Herr, erfüllst mich mit *Freude* durch *all* Dein Tun' (Ps 91, 4)." Aber wir müssen den Grund für diese Freude sehen: Wenn Jesus ihr die Wirklichkeit des Unglaubens sichtbar machte und sie selbst an der Nacht des Unglaubens teilhaben ließ, so geschah dies nach Meinung Theresias, damit sie die Situation umdrehe: damit sie diesen Zustand der Finsternis stellvertretend für die Ungläubigen lebe. Und darin liegt für sie eine neue Freude, die sie bislang noch nicht erlebt hatte – und zwar aus guten Gründen! – die Freude nämlich, die Freude des Glaubens nicht zu erleben, damit diese „anderen", eben jene Ungläubigen, die diese Freude nicht kennen, endlich ebenfalls zu ihr gelangen: „Ich sage ihm, daß ich glücklich bin, diesen herrlichen Himmel nicht schon auf Erden zu genießen, damit Er ihn für ewig den armen Ungläubigen erschließe."

Die Ungläubigen existieren...

Theresia gelangt also nicht auf dem Weg einer schwierigen begrifflichen Frage nach Gott zu dieser Nacht, sondern durch eine existentielle Tatsache: die klare Erkenntnis, daß es tatsächlich Ungläubige gibt. Und sie hat diese Nacht ohne Zögern als eine Lebensgemeinschaft mit Jesus und zugleich mit den Ungläubigen gesehen. Es ist in der Tat erstaunlich, wie Theresia sich zur „Gefährtin" der Ungläubigen macht: diese sind gleichsam „Kameraden", „Kumpel", also jene, die mit ihr das Brot teilen; sie will an ihrem Tische essen. Sobald ihr die Existenz der Ungläubigen bewußt wird, betrachtet Theresia diese letzteren nicht von oben herab, wie es bei der Mehrzahl der Ordensfrauen der Fall ist. Diese machten sich zum Opfer für die Sünder und wurden dadurch gleichsam zur Mutter, die sie zum Glaubensleben gebiert: Theresia betrachtet sie als ihre „Brüder", und ihr einziges Bemühen ist darauf gerichtet, mit ihnen am gleichen „Tisch" zu sitzen: „Herr, Dein Kind hat Dein göttliches Licht verstanden, es bittet Dich um Verzeihung für seine Brüder, es ist bereit, solange Du willst, das Schmerzensbrot zu essen." Sie ist bestrebt, bei jenen zu bleiben, die das Brot des Unglaubens essen: sie „will keineswegs von diesem mit Bitterkeit erfüllten Tisch aufstehen". Sie ist bereit, hier als letzte auszuharren, bis „alle jene, die nicht von der strahlenden Fackel des Glaubens erleuchtet sind, sie endlich aufflammen sehen". „Ich will hier gerne allein das Brot der Prüfung essen, bis es Dir gefällt, mich in Dein lichtumflossenes Reich einzuführen."

Diese Art und Weise, das Brot des Unglaubens zu teilen, ist zugleich auch eine Weise, mit Jesus das Brot zu brechen, am eucharistischen

Mahl teilzuhaben: denn sie ist davon überzeugt, daß es Jesus war, der sie an diesen Tisch der Ungläubigen geführt hat. Gerade hier, an diesem Tisch, ist sie im Glauben und in der Hoffnung einen Schritt vorangekommen. Im Zusammenhang mit dieser Prüfung sagt sie im Juni 1897: „Nun nimmt sie alles hinweg, was in meinem Verlangen nach dem Himmel noch an natürlicher Befriedigung gewesen sein könnte." Und an diesem Tisch der Ungläubigen erfährt sie auch die vollkommene Freude. Wir erinnern uns, daß Poverello in den *Fioretti* des heiligen Franz von Assisi die vollkommene Freude in dem Augenblick erfährt, als er durch Schnee und Wind in sein klösterliches Haus zurückkehrt, dort aber vom Pförtner nicht erkannt und daher von seinen Brüdern wieder nach draußen verwiesen wird. Für Theresia besteht die vollkommene Freude darin, sich unter den Ungläubigen zu befinden, beim gemeinsamen Mahl von ihren Fragen hin und her geworfen zu werden und bei alledem doch im Glauben zu bleiben. Sie vergleicht sich mit einem „kleinen Vogel", der vom Sturm angegriffen wird. „Da scheint ihm, er könne nicht glauben, daß es auch noch etwas anderes gebe als die Wolken, die ihn einhüllen. Dies ist der Augenblick der *vollkommenen Freude* für das arme und schwache *kleine Wesen*. Welches Glück, dennoch da zu *bleiben* und das unsichtbare Licht, das sich dem Glauben entzieht, festzuhalten."

Theresia erlebt eine außerordentliche Freude. Sie vergleicht ihre Erfahrung – die Hoffnung in der Nacht, inmitten der Begegnung mit den Ungläubigen – mit den Freuden des Jenseits, und sie zögert nicht, an Jesus selbst gerichtet, zu behaupten: „Wenn ich diese höchsten Regionen, nach denen ich gestrebt habe, nicht eines Tages erreichen kann, dann werde ich in meinem Martyrium, in meiner Torheit eine größere Süßigkeit verkostet haben, als ich sie im Schoße der *Freuden des Vaterhauses* genießen werde; es sei denn, Du nähmest mir durch ein Wunder die Erinnerung an meine irdische Hoffnung weg."

Wer dazu neigt, die Wirklichkeit zu vereinfachen und sie auf eine einzige Gegebenheit zu reduzieren, kann hier nur erstaunt sein und, all dies von oben herab betrachtend, nur sagen: „Das ist unverständlich." Versuchen wir, den Bereich der unmittelbaren Erfahrung mit seinen Widersprüchen nicht zu verlassen. Bis Ostern 1886 – und bis in diesen Karfreitag hinein, an dem sie erkennt, daß sie tuberkulös ist und sterben wird, daß der Himmel also nah ist – lebt Theresia aus dem Glauben und empfängt von hier aus erhellende Erklärungen. Daß ihr

Tod die Vorstufe des Himmels sein wird, daß ihr Leben einen Sinn hat, steht daher für sie außer Frage, diese Deutung ist in ihren Augen vollkommen klar. Hier muß der von Theresia verwendete Begriff richtig verstanden werden: Besitz, Genuß (jouissance), nämlich in der im 19. Jahrhundert hauptsächlich verbreiteten Wortbedeutung: im Genuß sein, frei über ein Gut verfügen. Bis Ostern 1896 ist der Glaube für Theresia ein Gut, von dem sie einen vorteilhaften Gebrauch macht, indem sie durch ihn alles leuchtend klar versteht.

Ab Ostern 1896 ist der Glaube für Theresia nicht mehr so klar und leicht zu handhaben. Das Gegenteil ist eingetreten: Theresia spricht mit Recht von einer „Finsternis". Sie liebt Gott auch weiterhin und glaubt sich von ihm geliebt, aber der Glaube gibt ihr nicht mehr wie einst die Antwort auf ihre Fragen. Die materialistischsten Gedankengänge drängen sich ihrem Geist mit einer gewissen Evidenz auf. Sie begreift, daß man wirklich, ohne zu lügen, ungläubig sein kann, daß viele Männer und Frauen durchaus guten Glaubens nicht an Gott glauben, nicht sehen, inwiefern der Glaube in sich selbst und für ihr Leben erhellend sein könnte, und überzeugt sind, daß es nach diesem Leben nichts anderes gibt als das Nichts.

Theresia begreift, was diese Menschen erleben. Sie hatte nichts Romantisches an sich, und sie hat nicht von der „Nacht des Nichts" gekostet, die vor ihr und über ihr lag wie „eine Mauer, die bis an den Himmel reicht und den Sternenhimmel verdeckt". Sie versuchte, mit Realismus nach besten Kräften zu kämpfen und den Boden nicht unter den Füßen zu verlieren.

Es ist auffallend, daß Theresia nie von der „Nacht des Glaubens" sprach: nur in den *Letzten Gesprächen* legt ihr die Deutung der Mutter Agnès diesen Begriff in den Mund. Theresia spricht, wie wir gesehen haben, von der „Nacht des Nichts" und zu Beginn des im September 1896 verfaßten Manuskripts B von der „Nacht dieses Lebens". Hier ist vor allem darauf zu achten, zu welchem Zeitpunkt dies geschieht: im Herzen ihrer Prüfung. So wurde sie, nach ihrer Auffassung, nachdem sie während so vieler Jahre in der Freude die Lichter des Glaubens völlig unverdient erhalten hatte, nun jäh Bedingungen unterworfen, die die Situiertheit aller Menschen bestimmen: der Nacht, in der man nicht deutlich sieht, in der jede Sicherheit verlorengeht, in der sich die Mauer des Todes mit seiner Perspektive des Nichts gewissermaßen unumgänglich vor den Menschen stellt. Als sie entdeckt, was alle Menschen erleben, zieht sie sich nicht in diesen oder jenen Idealismus zurück, sondern akzeptiert den Anprall dieser conditio humana, die man als „agnostisch" bezeichnen kann. Diese Heilige hat sich nicht in die mystische Nacht eines Alleinseins vor Gott gestürzt, sondern sie ging einen Weg der Solidarität mit den Menschen ihrer Zeit, unserer Zeit, mit jenen agnostischen, gleichgültigen Zeitgenossen, die in das „Nichts" ihrer Existenz einwilligen oder der „Nacht dieses Lebens" stoisch gegenüber stehen.

Vor dieser Erfahrung von Ostern 1896 hielt Theresia alle diese Menschen für „doppelzüngig": „Ich glaubte, sie sprächen gegen ihre Überzeugung, wenn sie die Existenz des Himmels leugneten." Nun wird ihr bewußt, daß sie keineswegs ein falsches Spiel spielen und daß es „wahrhaftig" Menschen gibt, die „keinen Glauben haben". Sie entdeckt den anderen in seiner Wahrheit, sie erlebt eine „Erkenntnis" des anderen in seiner eigentlichen Konsistenz, des anderen, den man nicht in eine verkürzte Sicht einzwängen darf, sondern zunächst so annehmen muß, wie er ist. Sie ist erschüttert, als sie – übrigens in einem Blick des Glaubens – feststellt, daß der Unglaube, gleichsam ein Geheimnis, jener extreme Punkt ist, an dem sich sowohl die Transzendenz Gottes (die für die Freiheit Gottes steht) als auch die Freiheit des Menschen selbst zeigt. Hier erkennt Theresia, in welchem Maß der Mensch frei ist und in welchem Maß Jesus gegen das Gesetz die extreme Autonomie des Menschen aufgezeigt hat, der niemandem Rechenschaft abzulegen hat, der niemandes, nicht einmal Gottes Eigentum ist. Im Gegensatz zu allen Christen ihrer Zeit, für die der Unglaube ein Zeichen intellektueller Schwäche oder ein Zeichen mehr oder weniger verborgener Unmoral ist, nimmt Theresia den Unglauben und die Ungläubigen ernst. Der Pseudojansenismus ihrer Zeit akzeptierte im günstigsten Falle, daß der Atheismus eine gewisse Größe haben kann, aber nicht mehr; mit anderen Worten, der Mensch hat eine gewisse Macht, vor allem jedoch hat er eine gewisse Schwäche, die von Gott ausgeglichen wird. Theresia erfaßt in ihrer letzten Lebensphase, bis zu welchem Punkt der Mensch frei ist: er hat im Zentrum seiner Vernunft die Macht, Gott zu leugnen, er hat die Macht, sich hinzugeben, wann er will, und sich zu verweigern, wann er will.

Es ist ein und dieselbe Bewegung, durch die Theresia die Größe des Menschen und seiner Freiheit erkennt und durch die sie sich in einer Art der Freiheit, die der Ungeschuldetheit Gottes genau entspricht, ungeschuldet Gott hingibt. Ihre Botschaft verkündet die Hoffnung, das Vertrauen in Gott und zugleich die Hoffnung auf den Menschen, den Sinn für die Größe des Menschen. Zu oft wurde in der Christenheit der Versuch unternommen, die Größe Gottes auf die Kleinheit und das Nichts des Menschen aufzubauen, so daß viele aus Reaktion ausgehend vom Untergang Gottes, die Überlegenheit des Menschen etablieren wollten. Theresia zeigt die Vergeblichkeit dieses zweifachen Unternehmens und bietet statt dessen die Annahme des Geheimnisses des „anderen" an.

Eine Schicksalsgemeinschaft

Theresia ist also seit Ostern 1896 nicht mehr im Besitz jenes Gutes, das der Glaube ist. Sie gibt sich damit zufrieden, nach dem „unsichtbaren Licht, das sich dem Glauben verbirgt, Ausschau zu halten". Theresias Glaube besteht in den letzten Monaten darin, friedvoll in der Nacht auszuharren. Diese Seinsweise müssen wir nun näher untersuchen.

Einerseits klammert sie sich an den Tisch der Ungläubigen und will um jeden Preis dort bleiben, und andererseits richtet sie ihre Augen auf ein „unsichtbares" Licht, „das sich verbirgt". Sie lebt auf dieser zweifachen Ebene, ohne eine der beiden zu verlassen, sie glaubt auch weiterhin und befindet sich doch inmitten der Ungläubigen, sie hofft mit unverminderter Kraft und läßt doch tausend Fragen auf sich einstürmen. Bei alledem weigert sie sich, sich durch eine Seinsweise zu befreien, in der sie sich selbst wiederfinden würde: indem sie sich beispielsweise in einer Art kindischem Voluntarismus aufspielen würde, der im Grunde doch nur eine Weise ist, dem wahren Kampf auszuweichen und in den eigenen Augen als mutig zu erscheinen.

Sie kämpft, aber nicht im aktiven Zugriff, sondern indem sie ausweicht, flieht und den unmittelbaren Zweikampf verweigert, der ihr – das spürt sie instinktiv – zweifellos eine Niederlage bringen würde: „Bei jeder neuen Gelegenheit zum Kampf, bei der mein Feind mich provozieren will, halte ich mich tapfer, da ich weiß, daß es Feigheit ist, sich im Zweikampf zu schlagen, und so wende ich meinem Gegner den Rücken zu, ohne ihn auch nur anzusehen." An anderer Stelle bestätigt sie diese gleiche Art des Vorgehens: „Es ist besser, sich dem Kampf nicht auszusetzen, wenn die Niederlage sicher ist." Schließlich noch eine weitere Erklärung, die immerhin erstaunlich ist, wenn man um den Mut weiß, den Theresia von Lisieux zu beweisen nie aufgehört hat: „Mein *letztes Mittel,* eine Niederlage in meinen Kämpfen zu vermeiden, ist die *Fahnenflucht.*" Dieses Wort „Fahnenflucht" kommt unerwartet, und wir müssen versuchen, zu verstehen, was Theresia damit sagen will. Wir haben gesehen, daß sie den Zweikampf als eine Feigheit bezeichnet hat. Wer einen Zweikampf ausschlägt, widersteht den Provokationen, hat die Kraft der Gewaltlosigkeit, hat den Mut, sich gegen die allgemeine Meinung zu stellen und als Feigling beurteilt zu werden. Theresia will den Zweikampf verweigern, in dem man seine Ehre daran setzt, seinem Gegner gegenüber um jeden Preis und auf der Stelle recht zu behalten. Aber sie geht noch weiter und spricht von „Fahnenflucht", bei der es sich nicht um einen einmaligen Kampf und die persönliche Ehre handelt, sondern um ein soziales Verhalten, das allgemein als „Feigheit" gilt. Flieht Theresia aus der Schlacht? Es ist dies eine letzte Zuflucht, aber Theresia zögert nicht, sie zu ergreifen. Der spirituelle Kampf ist in der Tat den menschlichen Kämpfen nicht genau vergleichbar. Diese wollen – wie auch der Zweikampf – zwischen Menschen, die eine grundlegende Unstimmigkeit trennt, mit Gewalt eine Entscheidung herbeiführen, einen entscheidenden Urteilsspruch fällen. Der spirituelle Kampf dagegen ist eine alltägliche Wirklichkeit, die immer wieder von vorne beginnt. Wer in diesem Kampf steht, wünscht bisweilen aus Überdruß an diesem endlosen Kampf, Weiß und Schwarz möchten endlich unterschieden und Spreu vom Weizen getrennt sein. Hier liegt, wie Theresia scharfsinnig erkennt, eine sehr große Versuchung, eine der gefährlichsten überhaupt. Hier will man klare Fronten schaffen, will nicht mehr im Unentschieden, im Ungewissen bleiben und will die Widersprüche beenden, in denen man gleichsam verloren ist. Manche stürzen sich in diesem Augenblick in einen kategorischen Atheismus, um eindeutige Klarheit zu schaffen. Andere wiederum wenden sich genauso kategorisch dem Fideismus zu und verdammen alle jene als Häretiker in die Hölle, die sich nicht in den Integrismus flüchten wollen. Theresia mit ihrem gesunden Menschenverstand weigert sich, auf diese Weise sich kopfüber in die Schlacht zu stürzen. Sie erkennt, daß die Entscheidung für die eine oder andere mit Gewalt herbeigeführte Bestätigung doch nur wieder ein Ausweichen vor dem spirituellen Kampf ist. Sie desertiert: sie verläßt das Terrain, auf dem es allzu leicht zu einer Entscheidung käme, die doch keine wäre.

Dieser Kampf der Nacht ist kontinuierlich: „Ich glaube, daß ich seit einem Jahr mehr Glaubensakte erweckt habe als während meines ganzen Lebens", so schreibt sie im Juni 1897. Er wird ausgetragen inmitten einer Gruppe guter Ordensfrauen, die meilenweit davon entfernt sind, auch nur zu ahnen, was in Theresia vorgeht, und die im höchsten Maß erschreckt wären, wenn sie von diesem Zustand ihrer jungen Mitschwester erführen. Gerade zu dem Zeitpunkt, als sie die Seiten über die Prüfung ihrer Hoffnung niederschreibt, warnt Abbé Youf, der Almosenier des Karmel, Theresia nachdrücklich vor dem, was er als ihre Versuchungen wider den Glauben bezeichnet: „Halten Sie sich hier nicht auf, das ist sehr gefährlich." Theresias Reaktion: „Ich werde mir meinen ‚kleinen' Kopf nicht darüber zerbrechen, wie ich mich quälen kann." Aber gerade dieser Kampf der Nacht ist ein Zeichen für Theresias Heiligkeit, so wie sie diese lebt und in ihrem Weg beschrieben hat. So vergleicht sie inmitten ihrer Nacht, als sie im September 1896 die wenigen Seiten des Manuskripts B schreibt – einen der schönsten spirituellen Texte überhaupt –, die Heiligkeit, die sie selbst zu verwirklichen sucht, mit jener der großen Heiligen: „Die Heiligen haben Torheiten begangen, sie haben große Dinge getan." – „Meine Torheit besteht darin, zu hoffen." Und da sie erkennt, daß Christus „bis zur Torheit" geliebt hat, ruft sie an Ihn gewandt aus: „Wie soll mein Herz angesichts dieser Torheit sich Dir nicht entgegenwerfen? Wie sollte mein Vertrauen Grenzen kennen?"

An Ostern 1896 hat Theresia es also gewagt, dem, was Jesus sie im Glauben erkennen ließ, ins Gesicht zu sehen: daß der Unglaube existiert. Von diesem Augenblick an befand sie sich in einem zwiespältigen Zustand, in dem sie einerseits das volle, schwere Ausmaß des Unglaubens wahrnahm und andererseits sich unaufhörlich auf den Gott der Güte bezog. Am 25. März 1897, sechs Monate vor ihrem Tod, schreibt sie in einem Gedicht:

Auf dem Schlachtfeld werde ich sterben,
Die Waffe in der Hand.

Was sie als ihre „irdischen Hoffnungen" bezeichnet, das ist eben jener alltägliche Kampf, der inmitten des Unglaubens geführt werden muß, ein Kampf, der sich keineswegs gegen die „Ungläubigen" wendet – diese bezeichnet sie als ihre Brüder –, sondern der nur den einen Sinn hat, Tag für Tag Gott gegenüber die Hoffnung zum Ausdruck zu bringen, die sie auch in ihrer Berührung mit dem Unglauben auf ihn setzt. Mit dem Kampf geht durch die Gnade ein Wachsen im Glauben einher: „Seit Er erlaubt hat, daß ich Versuchungen wider den *Glauben* unterliege, hat Er in meinem Herzen den *Geist des Glaubens* stark vermehrt." Eine solche Feststellung führt sie zu einer noch tieferen Dankbarkeit gegenüber Gott: „Niemals empfand ich so tief, wie sanft und barmherzig der Herr ist. Er hat mir diese Prüfung erst in dem Augenblick geschickt, als ich die Kraft hatte, sie zu ertragen."

Sie hat also einen Fortschritt gemacht, den sie selbst sehr genau definiert: Gott hat in ihr gerade inmitten ihrer Versuchungen gegen den Glauben den Geist des Glaubens vermehrt. Und dieses Wachstum des Glaubens gibt ihr eine Freude, die sie vorher nicht kannte. Seit Ostern lebt sie in der Freude, während sie, wie sie es ausdrückt, „das Brot der Prüfung" ißt. „Das Brot der Tränen" überträgt Schwester Agnès; welche Abschwächung! Weihnachten 1886 war eine Gnade der Kraft gewesen; Ostern 1896 ist Kampf, Prüfung. Die Begriffe *Prüfung, prüfen* kehren bei Theresia von Lisieux häufig wieder, und zwar in einer sehr aktiven Bedeutung: es ist dies ein Vorgang, durch den man erkennt, ob man sich auf jemanden verlassen kann. Wie die großen Abenteurer und die Entdecker hat sie ein angeborenes Gespür für die Prüfung: diese kann ein „Schmelztiegel" sein, ein Fortschritt – sie spricht von „Stürmen der Prüfung", die ins Weite führen. Je mehr der Glaube wächst, um so größer sind auch die Prüfungen: Jenen, deren Glaube *klein* ist, gewährt Gott Wunder, um ihren Glauben zu stärken. Seinen *Vertrauten* aber gewährt er keine Wunder, für sie läßt er *Prüfungen* zu. Theresia fühlt sich bei den Nicht-Gläubigen, die jene zu leichten Zeichen zurückweisen, an denen sich die wundersüchtigen Gläubigen berauschen, wohler als bei jenen Kleingläubigen, die unaufhörlich auf der Jagd nach Wundern sind. Theresia hat den Kampf des Glaubens als ein „Martyrium" dargestellt. Bekanntlich wurden in den Anfängen der Kirche die ersten Märtyrer, wie Justin uns berichtet, „wegen Atheismus" zum Tod verurteilt. Sie verkündeten den Gott Jesu Christi in einer Welt größter heidnischer Religiosität und erschienen so als Zerstörer der Götter und Idole. Die Kirche erlebte damals durch die Begegnung mit einer heidnisch-religiösen Welt eine Nacht der Hoffnung.

Vom 4. Jahrhundert bis in unsere Zeit haben viele Christen ein anderes „Martyrium" erlebt: jenes der Wüste, und vor allem der Wüste des kontemplativen Lebens, in dem die Seele in einem einzigartigen Kampf dem Geheimnis des Ganz-Anderen entgegentritt und in einer extrem gefühlsmäßigen Einsamkeit am Todeskampf Christi teilnimmt.

Theresia hebt diese beiden letzten Begegnungen, nämlich zum einen mit einer Welt voller religiöser Idole und zum anderen mit einer Leere, in der das Sein keinen adäquaten Begriff findet, um Gott auszudrücken, nicht auf, sondern eröffnet prophetisch eine dritte Periode des mystischen Lebens der Kirche und der Christen: die Konfrontation mit einer Art Abwesenheit Gottes in der zeitgenössischen Welt. Gott ist nicht mehr im Lärm der Feste und der religiösen Proklamationen, er ist nicht mehr im Schweigen der unendlichen Räume oder den Tiefen des menschlichen Herzens. Er muß im Dazwischen, im Hell-Dunkel gesucht werden, auf anderen Wegen als jenen eindeutigen, durch die man entweder seine Existenz beweist oder aber ihn als Täuschung aufdeckt. Er muß in der Nacht gesucht werden, weil er „verborgen" ist. Wie oft hat Theresia dieses Wort gebraucht, das für ihre Suche nach Gott so bezeichnend ist! Gott muß auch mit jenen gesucht werden, die zur „Nacht des Nichts" tendieren. Und wie oft muß der Gottsuchende den natürlichen Wahrnehmungen absterben, muß lernen, daß er nicht „natürlich" dazu geschaffen ist, Gott zu erkennen und die Prüfung der Distanz in dieser Gottsuche zu ertragen. Theresia stößt jeden Manichäismus um, der allzu oberflächlich Schwarz und Weiß, Gläubige und Ungläubige unterscheidet. Theresia schlägt eine Suche vor, in der der Heilige Geist, wie Paul VI. sagt, auch „Durch den Unglauben unserer Zeitgenossen" zu uns spricht. Diesen Weg bietet sie einer Kirche an, die heute in ihrer Gesamtheit in die Nacht, eine Nacht der Hoffnung, eingetaucht ist.

In unserer zeitgenössischen Welt, in der Theresia als Prophetin steht, einer Welt voller Elend und so vieler Todeskeime, soll nach Theresias Wunsch die Liebe zu Jesus gegenwärtig sein, eine Liebe, die von einem dunklen Glauben und einem Glauben ohne Stütze genährt wird und nicht von einem Glauben, der nach dem Wunder und dem Triumph verlangt. Diese Liebe wird nicht durch eine falsche äußere Evangelisierung, durch eine Kolonisierung, nicht durch eine Expedition oder einen Kreuzzug in diese Welt kommen. Diese Liebe zu Jesus wird vielmehr in der Brüderlichkeit eines Lebens entstehen und wachsen, das mit den Menschen geteilt wird: eben dies will Theresia, die Weggefährtin der Ungläubigen, ihre Schwester. In den Redeweisen des täglichen Lebens, durch das Teilhaben am Plural, der das Alltagsleben ausmacht, in den besonderen und kontrastierten Sprachen, in der Überfülle des Lebens und der Kämpfe des Menschen, dort müssen die Christen den auferstandenen Christus und seine Liebe in der Welt zum Leben erwecken, und nicht in den Exzessen einer selbstquälerischen Aszese oder in einer unzeitgemäßen Verkündigung.

In diesem Sinn spricht Theresia sechs Monate vor Ostern 1896 von der Kirche: sie möchte, daß die Kirche in einer neuen Weise in der Welt des Unglaubens gegenwärtig sei, nicht mehr durch Proselytismus und Kampf, sondern durch die Gemeinschaft des Lebens, in Liebe, Güte und Demut.

Im September 1896 hält Theresia ihren jährlichen Einkehrtag und schreibt auf Anordnung ihrer Priorin nieder, was ihr in dieser Zeit des Gebetes und der Reflexion klar geworden ist (dieser Text wird als Manuskript B bezeichnet).

Hier finden wir zunächst den großen Aufschrei einer Liebenden, die für den Geliebten alles tun möchte. Sie ist Karmelitin? Ja, aber sie möchte mehr. Sie äußert eine ganze Lawine von Wünschen: „Ich fühle noch andere *Berufungen* in mir. Ich fühle in mir die *Berufung* zum *Krieger, Priester, Apostel, Kirchenlehrer* und *Märtyrer*." Sie erklärt mit Ungestüm eine jede dieser Berufungen, indem sie diese auf sich selbst anwendet, um sich schließlich für besiegt zu erklären: „Jesus, Jesus, wenn ich alle meine Wünsche aufschreiben wollte, dann müßte ich eine Anleihe machen in *Deinem Buch des Lebens*. Dort sind die Taten aller Heiligen aufgezeichnet, und diese Taten möchte ich für Dich vollbracht haben ...“

Auffallend ist die Radikalität dieser Wünsche: „Ich spüre das Bedürfnis, das Verlangen, für *Dich, Jesus*, die heroischsten Werke zu vollbringen." – „Ich möchte die ganze Welt durcheilen." „Ich möchte Missionar sein, nicht nur während einiger Jahre, sondern ich möchte es seit der Schöpfung gewesen sein und fortfahren, es zu sein bis zur Vollendung der Zeiten", „mein Blut für Dich vergießen, bis zum letzten Tropfen." – „Ich möchte alle Qualen der Märtyrer erdulden." – „Ich beschränke mich nicht darauf, nur *eine* Art des Martyriums zu ersehnen ... Um meine diesbezüglichen Wünsche zu befriedigen, müßte ich *alle* Arten erdulden."

Durch diese Wünsche erleidet sie nach ihren eigenen Worten „ein wahres Martyrium". So wendet sie sich an Paulus, den großen Missionar, und liest hier über die verschiedenen Funktionen der Glieder der Kirche. Aber das genügt ihr nicht. Sie sucht. Und sie sagt sich, daß es im Leib ein Organ gibt, ohne das „die Glieder nicht handeln würden": das Herz. Das Wesentliche der Kirche muß also das Herz sein.

Einmal mehr dreht Theresia die überkommenen Ideen um. Damals betrachtete man die Mission im Hinblick auf ihre Objekte: es handelte sich darum, jenen, die in geistlicher Unwissenheit lebten, etwas zu bringen, die Botschaft zu bringen. In den Missionsberichten wurden immer wieder Beschreibungen über die Bedürftigkeit aller jener Menschen gegeben, die im Dunkel der Unwissenheit lebten; man ließ der väterlichen Herablassung freien Lauf, ebenso wie dem Exotismus und der Romantik: man interessierte sich für die Wilden und Heiden, wie man sich „für die Elenden" interessierte. Der Fremde war im Grunde ein Beweis für die Überlegenheit dessen, der dadurch, daß er sich mit ihm befaßte, sich selbst als gut erfuhr.

Theresia dreht die Perspektiven um: sie stellt sie richtig. Wenn die Kirche nur ein bevormundendes Werkzeug der Mission ist, dann ist sie nicht die Kirche. Die Kirche ist zuerst das Herz einer Braut, die in Liebe zu dem brennt, der ihr das Leben und sein Leben gegeben hat. Die Kirche übt keine Barmherzigkeit, sie muß in ihrem Herzen „Barmherzigkeit", Liebe sein. Der „missionarische Eifer", auf den man sich so oft berufen hat, um auf andere Druck auszuüben – politischen, psychologischen oder sozialen Druck –, dieser „Eifer" bedeutet, daß die Kirche nicht anders kann, als ihre Liebe auszudrücken. Besteht nicht die Tragödie unseres Jahrhunderts gerade darin, daß so viele Weisen unzeitgemäßen Eifers, die von allem anderen als einer wahren Liebe geleitet sind, den Menschen von außen her die Verkündigung des Evangeliums aufdrängen wollten?

Theresia ordnet den Eifer an seinem Platz ein. Wie für sie Leiden um des Leidens willen sinnlos ist – nur „vereint mit der Liebe" hat es Sinn –, so hat auch der Eifer um des Eifers willen keinerlei Sinn: der Eifer hat nur dann einen Sinn, wenn er mit der Liebe verbunden, aus der Liebe hervorgegangen ist. Die Proselytismen, in denen der Missionar sich selbst bestätigt findet und seine Macht ausübt, die spektakulären und aufrechenbaren Bekehrungen, durch die die Christen sich nur selbst versichern, all dies hat nichts zu tun mit dem Herzen der Kirche. Die Kirche ist als Braut gesandt. Der Vater hat seinen eigenen Sohn gesandt. Jesus Christus sendet den Menschen die Braut. Deren Kühnheit, ihre Suche, ihre Beharrlichkeit kann nichts anderes sein als die Kühnheit der Liebe, das Suchen und die Beharrlichkeit der Liebe. Und hier kann Theresia mit ihren dreiundzwanzig Jahren und ihrem Kinderherzen, mit ihrer Armut und ihren Schwächen zeigen, daß es nicht in erster Linie um Werke, Programmierungen und Strategien geht, sondern um Liebe, Ungeschuldetheit und Freiheit. Das ist es, was Theresia erfaßt: „Ich begriff, daß wenn die Kirche einen aus verschiedenen Gliedern zusammengesetzten Leib hat, das notwendigste, das edelste von allen Organen ihr nicht fehlt. Ich verstand, daß die Kirche *ein Herz hat und daß dieses Herz von Liebe glüht.* Ich verstand, daß die *Liebe allein* die Triebkraft der Glieder der Kirche ist, daß, wenn die Liebe erlöschen sollte, die Apostel das Evangelium nicht mehr verkündigen und die Märtyrer sich weigern würden, ihr Blut zu vergießen… Ich verstand, daß *die Liebe alle Berufungen in sich einschließt, daß die Liebe alles ist, daß sie alle Zeiten und Orte umfaßt… mit einem Wort, daß sie ewig ist!…*"

Man hat wiederholt festgestellt, Theresia sei eine große Theologin gewesen. Sie ist es hier in erstaunlicher Weise, wenn man bedenkt, daß sie als Karmelitin von dreiundzwanzig Jahren keine speziellen Kenntnisse der Ekklesiologie hatte. Sie versteht die Kirche als Braut. Diese Braut glüht in Liebe für Christus: und wie sollte einer, der liebt, nicht das Verlangen haben, den Geliebten auch anderen bekannt zu machen? Der Kirche muß es zwangsläufig darum gehen, von ihm zu „sprechen", zu allen Menschen von ihm zu reden. Hier wird deutlich, in welchem Maße Theresia eine wahre Revolution in der Kirche bewirkt. Ein Agnostiker, André Malraux, legt in *L'Espoir,* einem Werk, das er 1938 während des spanischen Bürgerkrieges schrieb, einer seiner Personen folgende Worte in den Mund: „Ich appelliere an die Seele der Kirche gegen den Leib der Kirche. Glaube, das besagt nicht Abwesenheit der Liebe." Theresia lebt den Glauben und die Liebe.

8

Die Brüderlichkeit

In ihrem letzten Lebensjahr – September 1896 bis September 1897 – läßt sich Theresia, die inmitten ihres Klosters als mystische Gefährtin der Ungläubigen lebt, von diesem Feuer der Liebe, welches das Herz der Kirche ist, verzehren. Sie zeigt es in einem Leben, das von zunehmender Mildherzigkeit ihren Mitschwestern gegenüber geprägt ist, auch wenn diese selbst oft ein hartes Herz haben, wenn sie sie schlecht verstehen und füreinander kein Verständnis zeigen. Dies ist ihr größter Schmerz. Theresias Herz ist voller Liebe, und sie bietet es jedermann an: ein Meer von Güte, einen Strom lebendigen Wassers. Doch das Herz der Klosterfrauen, die sie umgeben, ist eng, und sie verlangen so wenig danach, aus diesem Meer zu trinken. Sie sind oft ausgedorrt und wollen nicht einmal ein Glas Wasser annehmen. Es ist schmerzlich, jemandem zu trinken anzubieten, der keinen Durst hat.

Diese Herzensglut beweist sie Tag für Tag, in einem Gesundheitszustand, der zusehens schlechter wird, unter erschöpfenden Lebensbedingungen. Der größte Teil des Manuskripts C ist eine konkrete Untersuchung über die Beziehung der Brüderlichkeit.

Die Nächstenliebe ist kein Basar

Der 9. Juni 1895 brachte für Theresia ein Verstehen des Geheimnisses der Liebe in der Dreifaltigkeit selbst; der September 1896 war eine zweite Etappe auf diesem Weg: ein Verstehen der Kirche als brennendes Herz der Liebe. Nun folgt ein dritter Abschnitt, den Theresia genau in das Jahr 1897 situiert: „In diesem Jahr... hat der liebe Gott mir die Gnade gewährt, die Nächstenliebe zu verstehen."

Um Theresias Botschaft einzuordnen, ist es vielleicht interessant, ein Ereignis zu erwähnen: den Brand des *Basars der Nächstenliebe,* sowie eine Tatsache hervorzuheben: das Aufkommen des Antisemitismus am Ende des 19. Jahrhunderts. Sowohl das eine wie das andere ist bezeichnend für die „Belle Époque", jene Epoche, in der Theresia ihre Spiritualität entfaltet.

In diesen letzten Jahren des 19. Jahrhunderts befaßt sich die große Gesellschaft intensiv mit der *Nächstenliebe.* Die Damen aus diesen Kreisen veranstalten eine Vielzahl von „Wohltätigkeitsverkäufen". Jede Prinzessin oder Gräfin hat ihr Hospital oder ihr Waisenhaus. Eine Baronin hat in der Rue de l'Université sogar ein Geschäft für Parfümerie und Lederwaren eröffnet, dessen gesamter Erlös ihren Werken zugute kommt. Eine Herzogin gab einen Empfang: sie veranstaltet in ihren Salons ein Windhundrennen mit Einsatz zugunsten des *Œuvre de saint Michel pour la propagande des bons livres* (Michaelswerk zur Verbreitung guter Bücher). Der *Figaro* führt eine Rubrik *charité,* in der Verkäufe und große Feste angekündigt werden. Irgend jemand hat die Idee, einen „Verkauf der Verkäufe" zu veranstalten: es soll über mehrere Wochen hinweg ein riesiges „Kontor der Nächstenliebe" organisiert werden, bei dem alle Hilfsorganisationen und alle jene Damen vertreten sein sollten. Im April 1897 wird das Kontor in der Rue Jean-Goujon vorbereitet. Man richtet sich in einer riesigen Holzbaracke ein, in der vorher eine Theatergruppe *La Passion de Notre Seigneur* (Die Leidensgeschichte unseres Herrn) aufgeführt hatte. Über dem Eingang steht in roten Lettern: *Basar der Nächstenliebe.* Das Innere wird geschmückt: man rekonstruiert beispielsweise eine mittelalterliche Pariser Straße mit ihren Herbergen und Häuschen. Jedes „Werk" – es sind zweiundzwanzig – hat hier seinen eigenen Laden.

Am Montag, dem 3. Mai, öffnet der *Basar der Nächstenliebe* seine Pforten. Die Einnahmen des ersten Tages betragen vierzigtausend Franken. Am Nachmittag des 4. Mai werden bereits zwölfhundert Besucher gezählt. Die Geschäfte sind zu Salons geworden. Die Herzogin von Alençon hat dreiundzwanzig Verkäuferinnen. Im Laden Nr. 15 verkaufen drei junge Blinde Bürsten, die sie vor den Augen der Kunden anfertigen; eine von ihnen liest auf Wunsch Blindentexte. Um

16 Uhr bricht durch ein in der Nähe einer Ätherflasche leichtsinnig entzündetes Streichholz ein Brand aus. Das Feuer erfaßt Bänder, Tapeten, Spitzen, Täfelungen, und innerhalb von vier Minuten steht alles in Flammen. Hektisches Gedränge, Schreie, Schläge. In einer Viertelstunde ist alles vorbei. Es folgt die Identifizierung der Toten, die Sicherstellung des Schmucks. Die Bilanz: hundertfünfundzwanzig Tote, unter ihnen auch die Herzogin von Alençon, die Superiorin der Vinzentinerinnen. Zeitungen bringen unter der Schlagzeile „Gestorben auf dem Feld der Ehre der Nächstenliebe" die Liste der Opfer.

„Reiche Menschen in Gala und den Wagen vor der Tür! Ihre Wagen, die nun für immer unnötig sind! Und all dies aus Liebe zu den Armen. Ja, all dies. Ist man reich, dann liebt man die Armen. Die schönen Kleider sind die Belohnung für die Liebe zur Armut. Gerade das aber verurteilt das Evangelium. Der päpstliche Nuntius hatte einen Augenblick vor dem Ausbruch des Feuers dem Unternehmen seinen Segen erteilt. Er war kaum gegangen, als die Katastrophe ausbrach."

In Notre-Dame findet auf Anordnung des Präsidenten der Republik für die fünf Opfer des Brandes, die nicht identifiziert werden konnten, ein feierliches Requiem statt. Der Fastenprediger, P. Ollivaint, hält gegen diese leichtsinnige Gesellschaft eine strenge Predigt. Léon Bloy schreibt in seinem *Tagebuch:* „... Dieses Wort *Basar* in Verbindung mit dem Wort Nächstenliebe! Der schreckliche und brennende Name Gottes reduziert auf einen Genitiv dieser unreinen Vokabel!!!"...

Es wird betont, daß nur drei Tote männlichen Geschlechts waren: der General Munier, ein zwölfjähriger Gehilfe und ein Arzt, der sich in den Feuerherd gestürzt hatte, um seine Frau zu retten. Im *Basar* hielten sich zu dieser Zeit aber etwa hundert Männer der verschiedensten Altersgruppen auf: „Unter diesen Männern", so schreibt Séverin in *Le journal,* „werden ganze zwei genannt, die sich bewundernswert verhielten, und höchstens zehn, die ihre Pflicht taten. Alle anderen liefen davon, nicht nur ohne jemanden zu retten, sondern sie bahnten sich mit Fußtritten, Faustschlägen, mit ihren Absätzen und mit Stockschlägen den Weg durch die Frauen."

Dieses Ereignis muß auf zwei Ebenen verstanden werden. In der sogenannten Belle Époque wurde die Frau besungen wie nie zuvor. Es

gibt bestimmte Orte, an denen sich die Frau zeigt: die Wohltätigkeits-
verkäufe und die Oper, die Kostümbälle, aber auch der Gottesdienst.
A. Lanoux zitiert in seinem Werk *Amours 1900* Robert de Flers, der
ohne jede Beschönigung eine Messe in der Madeleine in Paris schildert:
„Hier begegnet man einer Reihe in Seidenkleidern staatmachender
kleiner Frauen, die während der Woche zu gesellschaftlichen Ereig-
nissen ‚gebeten‘ waren und die nun kommen, um zu ‚beten‘. Sie öffnen
dem Himmel ihre kleine Seele, die oft in reizenden Dessous steckt. Sie
kommen, um mit dem Herrn zu kokettieren. Sie stellen sich ihn gerne
als einen sehr höflichen, sehr guten und sehr reichen langjährigen
Abonnenten der Oper vor. Und sie sagen zu ihm: ‚Mein Gott, gib uns
unseren täglichen Luxus. Laß uns den Nächsten lieben, und laß uns
vor allem von ihm sehr geliebt werden. Und halte die Versuchungen
von uns nicht allzu fern.‘“

Aber hinter all diesem Flitterglanz und diesen Frivolitäten verbirgt
sich die beklagenswerte Lage der Frau. Sogar jene, die sich an diesem
Maitag im *Basar der Nächstenliebe* aufhielten, auch jene, die man für
glücklich hält, weil sie alles haben, was sie nur wünschen, sind allzuoft
nur ein Spielzeug der Männer. Sie müssen zur Verfügung stehen und
sich auf ihrem Platz halten, ohne eine wirkliche Verantwortung zu
haben. Daß die Gesamtheit der beim *Basar* anwesenden Männer die
Frauen mit Füßen getreten habe, kann als eine symbolische Geste verstanden werden.

Séverine, die diese Tatsache feststellt, hatte 1885 nach dem Tod von
Vallès die Leitung des *Cri du peuple* (Ruf des Volkes) übernommen.
Sie kämpft gemeinsam mit einigen Frauen für die bürgerlichen Rechte
der Französin. Zu diesen Frauen gehört auch Marie Deraisme, die erste
Frau bei den Freimaurern, die seit 1874 die Wiedereinführung der
Scheidung forderte – das Gesetz wird 1884 beschlossen. Sie fordert in
Le Droit des femmes (Das Recht der Frauen) immer wieder auch für
Frauen die Möglichkeit, das Abitur zu machen – ein entsprechendes
Gesetz wird erst 1880 erlassen – und Ärztin oder Rechtsanwältin zu
werden (die erste Rechtsanwältin wird erst im Jahr 1900 vereidigt).
Eine andere Frauenzeitung, *La Citoyenne* (Die Bürgerin), schreibt am
17. März 1881: „Durch die Männer vom politischen Leben, durch die
Päpste, die auch Männer sind, vom Priesteramt ausgeschlossen, sind
die Frauen weder für die Mentalität noch für die klerikale Organisation der Gesellschaft verantwortlich.“…

In den letzten dreißig Jahren des 19. Jahrhunderts, jenen Jahren, in denen Theresia lebt, beginnen also einige Frauen, das Problem der Stellung der Frau aufzuwerfen. Und gerade das Todesjahr Theresias ist für diese Frauenfrage von großer Bedeutung: Marguerite Durand gründet 1897 gemeinsam mit Séverine, Marcelle Tinayre und Clémence Royer eine Frauenzeitung mit dem Namen *La Fronde*. Es ist eine streitbare Tageszeitung, die häufigen Widerspruch hervorruft. In ihrer ersten Nummer verlangt *La Fronde* „gleiche Rechte, uneingeschränkte Entwicklung der Fähigkeiten der Frau, volle Verantwortung für ihre Handlungen, einen Platz in der Gesellschaft als freies Geschöpf". Katholiken gründen ihrerseits *Le Féminisme chrétien*, der am 25. August 1897 in seiner ersten Nummer erklärt: „Die Frau kann Feministin sein, ohne auch nur eine der Glaubensüberzeugungen ihres religiösen Lebens, eine der Vorschriften ihres moralischen Glaubens, ja ohne auch nur eine der Traditionen ihrer politischen Überzeugung aufgeben zu müssen." Die Zeitung zögert nicht, Freiheit der Arbeit und Gleichheit der Löhne, freie Verfügung über den Besitz für die verheiratete Frau, Nachforschung nach dem Vater eines ledigen Kindes zu fordern. *Le Féminisme chrétien* engagiert sich eindeutig ultra-nationalistisch und antisemitisch. Diese Zeitung organisiert die *Union nationale des femmes françaises* (Nationale Union der französischen Frauen), die vor der „jüdischen Gefahr" warnt. Sie fordert jedoch keine politischen Rechte für die Frau! Und schon bald reitet der *Féminisme chrétien* eine heftige Attacke gegen die *Fronde*.

Theresia hatte 1895 im Manuskript A festgehalten, wie erstaunt sie auf ihrer Romreise über die Verbote war, die sogar in den Kirchen gegen die Frauen gerichtet waren: Verbote, diesen oder jenen Ort zu betreten usw. Sie schrieb: „Ich kann noch immer nicht begreifen, warum die Frauen in Italien so leicht exkommuniziert werden. Alle Augenblicke hieß es: ‚Hier dürfen Sie nicht eintreten ... dort dürfen Sie nicht eintreten, sonst werden Sie exkommuniziert!...' Wie verachtet sind doch die armen Frauen! ... Und doch lieben viele von ihnen den lieben Gott mehr, als die Männer es tun, und während des Leidens unseres Herrn hatten die Frauen mehr Mut als die Apostel, da sie sich den Beleidigungen der Soldaten entgegenstellten und es wagten, das bewundernswürdige Antlitz Jesu abzutrocknen ... Das ist zweifellos der Grund dafür, daß er es zuläßt, daß auf Erden Verachtung ihr Teil ist, denn er selbst hat sie für sich auserwählt ... Im Himmel wird er dann zeigen, daß seine Gedanken nicht der Menschen Gedanken sind, denn dann werden die *Letzten* die *Ersten* sein ...‟

Es gibt eine erste „Nächstenliebe‟, die in diesem ausgehenden 19. Jahrhundert kaum existiert: die „Nächstenliebe‟ gegenüber der Frau. Gerade in dem Augenblick, da die Frau um ihrer selbst willen anerkannt zu werden sucht, zeigt Theresia durch die Macht und Intensität der Liebe, die sie lebt, daß die Frau – die Letzte – die Erste sein kann: eben in der Liebe.

Dieser kalten Welt der Belle Époque, dieser männlichen Welt, in der alles um Handel und Kauf geht, in der die Frauen so oft Objekte und nur selten Personen sind, stellt eine kleine Karmelitin ihre Wärme, ihre Zärtlichkeit, das Feuer ihrer Liebe entgegen. Und in dieser Kirche des ausgehenden 19. Jahrhunderts, einer zu sehr vom Klerus und zu wenig vom Evangelium bestimmten Kirche, die so maskulin ist, erhebt der Heilige Geist diese vierundzwanzigjährige Frau, die in Lisieux im Sterben liegt, zu größter Heiligkeit.

In den letzten fünf Lebensjahren Theresias – 1892–1897 – erlebt Frankreich ein ungewöhnliches Anwachsen des Antisemitismus. Theresia erfährt davon durch den Onkel Guérin, und daher scheint es uns unerläßlich, darauf einzugehen.

1892: In diesem Jahr gibt Édouard Drumont in Frankreich einen entscheidenden Impuls für den Antisemitismus und trägt gleichzeitig zur Entstehung einer neuen Rechten bei. Drumont, zutiefst konservativ, macht sich den Antisemitismus zunutze, um durch seine Verteidigung des Patriotismus – es sei nur an das Verlangen nach Revanche erinnert, das in diesen Jahrzehnten nach 1870 zum Ausdruck gelangt – bestimmte Kräfte der Arbeiterbewegung für sich zu gewinnen. Was unter der Bezeichnung „nationaler Antikapitalismus‟ den Antisemitismus Drumonts abschwächt, ist der Versuch einer Synthese von Nationalismus und Sozialismus. Tatsächlich jedoch hat Drumont aus dem Antisemitismus mehr als nur eine Methode gemacht, nämlich ein umfassendes Erklärungssystem. Drumont will zeigen, daß ein riesiges jüdisches Komplott gegen Frankreich im Gange ist, das vom Komplott der großen internationalen Banken bis zum Komplott der Sozialistischen Internationale reicht. Als er am 20. April 1892 die erste Nummer der *Libre Parole* (Freies Wort) herausbringt, legt er im Artikel des Herausgebers sein Programm vor: „Frankreich den Franzosen‟, das ist der

Untertitel der *Libre Parole*. Wir können uns heute kaum vorstellen, welchen Widerhall dieses Fünfgroschenblatt fand – ebenso wie auch Drumonts Buch *La France juive* (Das jüdische Frankreich), das 1886 erschien und 201 Auflagen erreichte.

Drumont hat den Juden tatsächlich zum Verantwortlichen für alles Unglück und alle Unordnung gemacht, die Frankreich seit der Revolution von 1789 heimgesucht haben.

Daneben hat Drumont in Frankreich stark zur skandalösen Angleichung von Katholizismus und Antisemitismus beigetragen. Natürlich gab es schon vor Drumont Bücher wie jenes von Gougenot des Mousseaux, *Le Juif, le Judaïsme et la Judaïsation des chrétiens* (Der Jude, das Judentum und die Judaisierung der Christen), ein Buch, das man als die „Bibel des modernen Antisemitismus" bezeichnet hat (Norman Cohn) und in dem bereits die später allgemein übernommene Vermengung von Juden und Freimaurern enthalten ist.

In dieser Zeit nach dem Ersten Vatikanum und dem Untergang der politischen Macht des Papstes, in der sich der moderne Atheismus ausbreitete – dessen Entstehen man für Frankreich in den Jahren zwischen 1860 und 1870 ansetzen kann – und in der die katholische Dogmatik und Exegese immer stärker angezweifelt wurden, suchte man nach Verantwortlichen. Zahlreiche katholische Autoren zogen, statt ihre eigenen Schwächen zu prüfen, den leichteren Weg einer Suche nach äußeren Gründen vor: Freimaurer und Juden wurden als die Verschwörer bezeichnet, die gemeinsam gegen die Kirche Ränke schmieden. Ein Buch, wie das 1867 erschienene *Les Francs-Maçons* (Die Freimaurer) von Mgr. de Ségur, erreicht innerhalb von fünf Jahren sechsunddreißig Auflagen. Louis Veuillot, der Vertreter der Katholizismus-Frankreich-Ideologie, schreibt im *Univers* vom 16. November 1870 zum Thema Juden und Freimaurer: „Renegaten oder Fremde, sie haben weder meinen Glauben noch mein Gebet, noch meine Erinnerungen, noch meine Erwartungen. Ich bin [für die Protestanten] der Häretiker gegenüber dem Juden, dem Atheisten oder bin eine Verbindung aller dieser Arten, die nicht weit davon entfernt ist, dem ‚Tier' zu ähneln." Im Verlauf der Jahre beginnen die Katholiken nach und nach von diesem „jüdisch-freimaurerischen Komplott" zu reden. 1884 entsteht eine katholische Wochenzeitschrift, *La Franc-Maçonnerie démasquée* (Die demaskierte Freimaurerei), die vier Jahre lang besteht. Seit 1886 tobt *La Croix* gegen die Juden.

Immer heftiger wird die Freimaurerei angegriffen: „Das ist die Kirche Satans. Es ist, liebe Freunde, unsere Pflicht, unter den inneren und äußeren Feinden des Vaterlandes die Freimaurer zu nennen, die nach einer Bemerkung von Mgr. de Ségur weder *frei* noch *Maurer* sind" (Abbé Barbier, *L'Ami de l'ouvrier*, 1893).

Als man 1896 in Reims den Jahrestag der Bekehrung Chlodwigs begeht, ist dies der Anlaß, „die christliche Berufung Frankreichs, der ältesten Tochter der Kirche", zu feiern (R. Rémond, *Les Deux Congrès ecclésiastiques de Reims et de Bourges*, Paris 1964, S. 4). Die zu diesem Jahrestag in Reims versammelten Priester aber, die sich demokratisch verstehen und geben und die der Aussöhnung anhängen, erliegen dennoch „der Idee der Konspiration der Feinde der Kirche, eines jüdisch-freimaurerischen Komplotts".

Die Katholiken schließen sich dem Antisemitismus Drumonts mehr als alle anderen an, jenem Antisemitismus, durch den ein Franzose – oder später ein Deutscher – klar sehen kann, wo seine französische – oder deutsche – Identität liegt. Indem man sich „dem Gegner" auf diese Weise gegenüberstellt, nämlich dem, der die eigene Integrität bedroht, kann man sein eigenes Wesen definieren…

Die revolutionäre Botschaft Theresias widersetzt sich gerade dieser pharisäischen Art, sich selbst durch die Negation des anderen und seines Unterschieds zu definieren: sie betrachtet die „Ungläubigen" und die „Sünder" als ihre Brüder. Oder vielmehr, sie betrachtet sich selbst als die Schwester dieser geschändeten, verachteten und verworfenen Menschen.

Die Kälte der Gefängnisse

Im Karmel herrscht Kälte, immer und überall Mauern. Von ihrem Eintritt in den Karmel von Lisieux bis zu ihrem Tod, also neuneinhalb Jahre, das sind fünfhundert Wochen, hat Theresia, „die Gefangene im Karmel", wie sie sich selbst nannte, diesen abgeschlossenen Ort nicht mehr verlassen.

In den letzten Jahren hat man die Strukturen der „Gruppe" sehr intensiv erforscht und insbesondere einen Vergleich zwischen dem Leben der Ordensfrauen in einer Kommunität und dem Leben von Hospitalisierten und Gefangenen durchgeführt. Simone Buffard, Autorin eines Buches über die Kälte im Strafvollzug *(Le Froid pénitentiaire)*, veröffentlichte in den *Cahiers Laënnec* einen Artikel über *Das Bild des Leibes beim Gefangenen.* Da ist zunächst die Promiskuität, dann eine gewisse „Begrenzung des Raums". Aber „noch frustrierender ist der Entzug eines Eigenraums, d. h. der Einbruch anderer in die Zone der unmittelbaren Umgebung des Leibs, den wir so lebhaft empfinden, sobald uns jemand zu nahe kommt". Der Leib verliert sich in der Anonymität der Uniform. Gefängnisärzte stellen fest, daß die Häftlinge häufig an ihren „inneren Organen: Magen, Herz, Lunge" erkranken, „während Arbeiter, vor allem Gastarbeiter, unter schmerzhaften Veränderungen leiden (Rheumatismus, Lendenschmerzen). Beim manuellen Arbeiter, dessen einziges Gut seine Arbeitskraft ist, berührt jede Veränderung des leiblichen Schemas den Körperbau und die Scharniere dieses Werkzeugs. Der Gefangene dagegen, der diese Möglichkeit der Beziehung zur Welt nicht hat, ist ganz seinem Inneren zugewandt. Seine inneren Organe werden ihn überleben lassen: „Durchleuchten Sie mich", „Horchen Sie mein Herz ab", mit anderen Worten, er will wissen, was in ihm vorgeht, will sicher sein, daß noch nicht alles verfällt, daß noch nicht alles zerstört ist. Man fürchtet sich weniger vor dem, was man sehen kann, vor äußeren Verletzungen – im Bereich der physischen Integrität –; auf innere Verletzungen dagegen, seien sie wirklich oder nur eingebildet, kann man nicht anders als durch Angst reagieren.

Dies führt gleichzeitig zur Selbstaggression wie zu einer Erschwerung der Beziehung zu anderen. Es kann zu Selbstzerstörung, infantiler Abhängigkeit von einem anderen führen oder aber, im Gegenteil, zu einem defensiven Sich-Zurückziehen auf sich selbst und einer Aggressivität dem anderen gegenüber, der als gefährlich angesehen wird.

Es wäre für uns zu einfach, die Konflikte aufzuzeigen, die zu Theresias Zeit in jenem abgeschlossenen Feld möglich sind, das dieser enge Raum des Karmels von Lisieux darstellt, in dem unter dem gleichen Gewand, aber eindeutig unterschieden nach Alter, Geburt und Bildung, zwei Dutzend Frauen zusammenleben. Aber wir müssen uns klarmachen, was das Leben in solchen Begrenzungen bedeuten kann. Dann wird verständlich, daß einige an einem übertrieben narzißtischen Heroismus scheitern oder andere in schweigender Mittelmäßigkeit versinken? daß einige nach Macht streben, andere dem Zynismus verfallen und wieder andere in eine schwärmerische Abhängigkeit geraten.

Theresia kannte diese Klippen ganz genau: „Illusionen – der liebe Gott hat mir die Gnade gewährt, daß ich *keinerlei* Illusionen hatte, als ich in den Karmel eintrat. Ich fand das Ordensleben so, wie ich es mir vorgestellt hatte." Eine Anekdote: Sechs Monate nachdem Céline in den Karmel gekommen ist, fragt Theresia sie in der Rekreation über eine jede der Klosterfrauen aus. Céline zeichnet ein eher graues Bild. Da antwortet ihr Theresia: „Ich wollte vorher nichts sagen, aber Sie sehen selbst, daß Sie sich inmitten einer schönen Kollektion alter Mädchen befinden. Da sehen Sie also, was Sie nicht sein sollen."

Im übrigen ist zu betonen, daß Theresia erst ab April 1897 gepflegt wird, also ein Jahr nach dem ersten Blutspeien vom Karfreitag 1896. Und welche Pflege! Sie war kaum ernsthaft und mitunter sogar genau das Gegenteil dessen, was nötig gewesen wäre. So z. B. die berüchtigten Abreibungen, die sie erschöpften. Auf ihrem Sterbebett bekennt sie, die sich nie beklagte: „,Gestriegelt' zu werden, wie ich es wurde, ist wohl schlimmer als alles andere!" Oder auch jene nutzlosen und groben Mittel wie etwa der „Schneckensirup", den sie im Mai/Juni 1897 einnehmen muß. Ein Autor wie P. Noché, der sich zum Verteidiger des Karmel macht, berichtet uns von einer anderen Patientin von Theresias Arzt, Dr. Cornière, die am 21. Oktober 1898 gestorben ist. Er sagt, der gute Doktor habe deren Lungenerkrankung erst zwei Monate vor ihrem Tod entdeckt. Schlußfolgerung P. Nochés: „Weit mehr begünstigt, wurde Theresia während der *sechs* letzten Monate ordentlich gepflegt." Eine Begünstigung!

Am 7. Juli 1897 erklärt Dr. de Cornière noch formell: „Es ist nicht Tuberkulose, es ist eine Lungenattacke, eine echte Lungenblutung." Warum spricht er von einer Blutung und nicht von Tuberkulose? Bezieht man sich auf das medizinische Denken der Zeit, so tritt die Lungenblutung „vor allem bei jungen und vollblütigen Personen sowie zur Schwindsucht veranlagten Menschen auf. Die organischen Krankheiten des Herzens und vor allem die Herzerweiterung sind bei der Entwicklung von Lungenblutungen von großem Einfluß ... Sobald die Krankheit festgestellt ist, sind die Betroffenen bedrückt. Sie empfinden Scham und einen Schmerz in der Brust, die von einem Hitzegefühl und einer bemerkenswerten Beschleunigung der Atembewegungen begleitet sind. Sie husten, und es kommt vereinzelt zu weißem, klebrigem und mit Blut durchzogenem Auswurf ... Die Behandlung besteht in einem Aderlaß, in der Anwendung von Brechmitteln, Abführmitteln,

273

Schröpfköpfen und Zugpflastern auf der Brust... Die Krankheit dauert immer mehrere Wochen und endet entweder in einer Auflösung der Geschwülste oder in einer Lungenentzündung" (Großes Wörterbuch von Larousse, 1874).

Die Lungenblutung ist eine seit langem bekannte Krankheit und eine Krankheit, die nicht so erschreckend ist. Die Tuberkulose dagegen ist die Krankheit des 19. Jahrhunderts. Sie „ist eine der schrecklichsten Krankheiten, die die Menschheit heimsuchen"... Nun führte man schon damals das Blutspeien und den häufig abends auftretenden trokkenen Husten als zwei wesentliche Symptome der Krankheit an, und darüber hinaus wertete man auch „einige Beschwerden der Verdauungsorgane" als Symptom. Die Gesamtheit der bei Theresia aufgetretenen Symptome war ausreichend für eine genaue Diagnose durch den Arzt. Überdies entdeckte Dr. Koch 1882 in Breslau den Tuberkulosebazillus und bewies, daß diese Krankheit infektiös und ansteckend ist. Herr de Cornière verfügte also über Erkenntnisse der Wissenschaft, die es ihm erlaubt hätten, eine wirkliche Diagnose zu stellen – und die Ansteckung zu vermeiden: auch Marie Guérin, Kusine und Novizin Theresias, stirbt 1905 im Alter von vierunddreißig Jahren an der Tuberkulose. Warum aber hat er es nicht getan? Es hat den Anschein, als wäre noch eine andere Hypothese möglich als nur die Mittelmäßigkeit des Arztes.

Die Tuberkulose ist in der Tat eine soziale Krankheit. Oder vielmehr, sie wird als eine Krankheit der Armen angesehen. Und wenn sie nicht als solche gilt, so betrachtet man sie als eine Krankheit der Randexistenzen, der Dichter und Künstler, und dann nennt man sie „Auszehrung". Die *Kameliendame* ist in dieser Zeit allen ein Begriff, und man wußte, daß diese Kurtisane von bewundernswerter Schönheit tatsächlich existiert hatte, daß sie Marie Duplessis hieß, daß sie die Geliebte von Alexandre Dumas' Sohn gewesen und 1847 mit dreiundzwanzig Jahren an der „galoppierenden Schwindsucht" gestorben war. 1837 verspürt Frédéric Chopin im Alter von 27 Jahren die ersten Attacken der Tuberkulose. George Sand bringt ihn nach Mallorca. Chopin schleppt sich zwischen Besserungen und Krisen hin; er stirbt im Oktober 1849. Als Krankheit der Armen oder „aristokratische Krankheit", als ein Elend, das man schamvoll verschweigt, oder ein Fieber, das man romantisch zur Schau stellt, sieht die Welt der mittleren, der bürgerlichen Klassen und der soliden Bauern in ihr etwas, demgegenüber man eine heftige Abscheu empfindet. Von hier aus wird verständlich, daß weder der Arzt noch die Priorin, noch auch die Familie Guérin von dieser Krankheit hören wollten – die Reaktion Marie Guérins, die am 8. Juli 1897 ihren Eltern versichert, daß „es nicht Tuberkulose ist", ist symptomatisch. Dies würde erklären, warum man 17 Monate (Ostern 1896 – Juli 1897) zögerte, die wirkliche Diagnose zu stellen.

Aber wir müssen über diese soziologischen Überlegungen noch hinausgehen. 1963 geben Henri Ey, P. Bernard und Ch. Brisset im *Manuel de psychiatrie* (Handbuch der Psychiatrie) einen zusammenfassenden Bericht über die Erforschung der psychosomatischen Leiden. Sie schreiben, daß die Forschungen bei der Lungentuberkulose „die Tatsache der Frustration in den ersten Lebensjahren hervorheben ... Der Tuberkulöse ‚hungert nach Liebe', er liefert sich dem Schutz, der Abhängigkeit, dem ‚parasitären' Leben aus. Will er gegen diese Neigung ankämpfen, so ‚verzehrt' er sich in einer maßlosen Hyperaktivität, einer Art ‚organischen Selbstmords'. Der Begriff des Verlusts der wichtigsten affektiven Stütze in den Monaten vor dem Ausbruch einer Lungentuberkulose ist den Fachleuten wohl bekannt. Diese Erkenntnisse sind von entscheidender Bedeutung für die Durchführung der Behandlung von Tuberkulösen, die nicht gesund werden können, wenn ihre ‚affektive Verletzung' nicht geheilt ist."

In der *Revue de médecine psychosomatique* erscheint 1966 ein Artikel von Dr. Bégoin über „Lungentuberkulose und psychosomatische Probleme". Dr. Bégoin untersucht vor allem im zweiten, theoretischen Teil die Zusammenhänge zwischen Lungentuberkulose und Depression. Bezugnehmend auf frühere Arbeiten zeigt er, daß die Tuberkulose sehr häufig „nach einem Bruch oder der Gefahr eines Bruchs einer im Leben des Betreffenden wesentlichen Bindung auftritt: Trauer, Auflösung der Verlobung oder Ehescheidung, Ortsveränderung, berufliche Veränderungen usw."

Aus allen früheren Arbeiten behält Dr. Bégoin zwei Punkte bei: Die Kranken haben die meiste Zeit „eine extrem starke Bindung an ein sehr ambivalentes Mutterbild, das zugleich idealisiert (es ist unmöglich, sich davon zu trennen) und sehr gefährlich ist (die Mutterfigur ist erdrückend, und man muß vor ihr fliehen)". Der zweite Punkt: Sie leiden stark unter Angstgefühlen und verfügen ihrer Angst gegenüber über keine organisierte Verteidigungsmöglichkeit, so daß die Krankheit zu einem Verteidigungsmechanismus gegen die Intensität ihrer Angst wird.

1969 erscheint in der *Revue française de psychanalyse* ein Artikel, der die Probleme untersucht, die ein von der Lungentuberkulose Befallener aufwirft. Diesen Artikel müssen wir näher betrachten. Der Verfasser, A. Crouzatier, verweist zunächst auf ganz bekannte klinische Fakten: daß die Lungentuberkulose am häufigsten zwischen zwanzig und fünfundzwanzig Jahren ausbricht, aber auf ein Wiederaufleben der Bazillen zurückzuführen ist, die seit dem Zeitpunkt der Erstinfektion, welche „in der Mehrzahl der Fälle im Verlauf der Kindheit oder im jugendlichen Alter" stattfindet, im Organismus vorhanden sind. Auf eine schematische Verkürzung gebracht:

„ – Der Bazillus (den Koch entdeckt hat) ist offenbar die notwendige Bedingung für das Auftreten der Lungentuberkulose, er ist aber sicher nicht die hinreichende Bedingung;

– Die Sterblichkeitskurve im Zusammenhang mit dem Alter bleibt ungeklärt, sie ähnelt keiner anderen, abgesehen von bestimmten Analogien mit der Kurve der Erscheinungshäufigkeit gewisser Geisteskrankheiten."

Dann bringt der Autor eine „statistische Biographie der Lungentuberkulosen". Die Ergebnisse bestätigen die vorausgegangenen Forschungen vor allem in zwei Punkten. Der erste ist ein prädisponierender Faktor: die Tatsache der Immunisierung in der Periode der Kindheit. Der zweite: „Veränderung der Umgebung", er ist „ein auslösender Faktor". Die „Veränderungen der Umgebung" sind in der Tat „in den der Krankheit vorangehenden Monaten besonders häufig"; eine „berufliche Veränderung, die Möglichkeit der Ehe oder einer Beförderung, ein neuer Wohnsitz, der Weggang eines Menschen aus der Umgebung". A. Crouzatier betont „die als beängstigend empfundene Neuheit der Situation", er spricht von einem „Bruch der Lebensgewohnheit". Der auslösende Faktor wird nun definiert als „Ausgesetztheit in eine äußere affektive Welt unter Bedingungen, unter denen es nicht mehr möglich ist, sie zu leugnen".

Wir dürfen nie vergessen, wieviel Theresia gelitten hat. Wohl lebte sie in einem behüteten Milieu, in dem es keine Geldsorgen gab. Aber sie hat andere Ängste. Schon sehr früh verliert sie ihre Mutter. Ihre zweiten „Mütter", Pauline und Marie, verlassen sie und gehen ins Kloster. Ihr Vater verfällt ins Delirium, er muß in eine Anstalt gebracht werden und siecht in einer langen mentalen Agonie dahin. Selbst ins Kloster eingetreten, wird sie von der Priorin, Mutter Marie von Gonzaga, schroff behandelt und von der zweiten Priorin, ihrer Blutsschwester Pauline, geistig eingeengt. Sie leidet innerlich unsagbar unter den gnadenlosen Kämpfen, die sich ihre beiden „Mütter", die beiden Priorinnen, liefern. Dieses dreiundzwanzigjährige Mädchen erlebt wahrhaftig am eigenen Fleisch den Dolchstoß dieses harten und kalten Herzens, das die Welt der Menschen von heute ist, und ihre schreckliche Unmenschlichkeit. Es ist nicht zu kühn, ihre Leiden mit jenen aller Parias, aller in Konzentrationslagern Gefangenen, aller Verachteten des 20. Jahrhunderts zu vergleichen. Daran kann man krank werden, daran sterben!

Vor Liebe brennen

Theresias Antwort mitten in einer Welt der Kälte ist eine Antwort der Liebesglut. Und der Karmel beginnt *ein wenig* zu ahnen, daß hier, in diesem vierundzwanzigjährigen Kind, das im Sterben liegt, eine Stätte erstaunlicher Liebe ist. Aber nur ein wenig!

An Theresias Sterbebett stehen Agnès und Marie von Gonzaga. Diese beiden Frauen fühlen in ihrer Intuition wohl die Größe und die mögliche Strahlkraft dieser Klosterfrau ihres Karmel. Doch zwischen den beiden Frauen herrscht Kampfstimmung. Wir sehen es bereits bei Mutter Agnès, und bei Mutter Marie von Gonzaga wird es in dem Augenblick deutlich, als es nach Theresias Tod um den Druck von Theresias „Leben" geht, eine Veröffentlichung, die anstelle des *Rundbriefs* tritt, jenes Totenbriefs, der beim Tod einer jeden Karmelitin verfaßt wird. Die Priorin stimmt der Veröffentlichung zu, allerdings unter der Bedingung, daß alle Texte an sie und nur an sie gerichtet erscheinen: Manifestation einer krankhaften Eifersucht auf Mutter Agnès. Es kommt zu einem Vorfall: eine Nonne bittet, Einsicht in das Manuskript nehmen zu dürfen. Aus Furcht, ihre Winkelzüge könnten entdeckt werden, beschließt die Priorin, das Manuskript zu verbrennen. Da schlägt Mutter Agnès vor, den Text mit dem Kratzmesser zu retuschieren, und läßt einen Prämonstratenserpater der Abtei Mondaye bei der Priorin intervenieren. Dieser Pater schreibt am 30. Januar 1898:

„Berauben Sie Mutter Agnès von Jesus (die, wie ich glaube, eine Schwester Theresias ist) nicht der Freude, letzte Hand an das Werk ihrer Schwester zu legen. Was sie gemacht hat, ist gut, und nur eine Frau und Karmelitin kann eine so schwierige Arbeit übernehmen."

So werden diese beiden Frauen innerlich zu Komplizinnen, um Theresias Texte zu retuschieren: die Priorin, damit sie recht gewürdigt und alles ausgelöscht werde, was ihrem Ruhm schaden könnte; Mutter Agnès, um den Text nach ihrer Spiritualität und ihren persönlichen Reaktionen zu modifizieren. Man wird sagen: „Es war aber erstere, die Mutter Agnès zur Veränderung verpflichtet hat." Das ist richtig, aber warum hat sich Mutter Agnès nicht damit zufriedengegeben, das zu ändern, was der Priorin nicht gefiel, und warum hat sie auch den Inhalt des Textes selbst angetastet? Und warum hat Mutter Agnès nicht nach dem Tod von Mutter Marie von Gonzaga – am 17. Dezember 1904 – Theresias Texte wieder in ihrer Authentizität hergestellt, um so mehr, als Mutter Agnès alle Autorität dazu besaß? Sie war 1902 erneut zur Priorin gewählt worden und dann wiederum im November 1909? Und Mutter Agnès blieb von nun an in ihrem Amt: sie wird wiedergewählt und dann zur Priorin auf Lebenszeit ernannt. Warum wurden Theresias Texte erst nach Mutter Agnès' Tod – am 28. Juli 1951 – in ihrer ursprünglichen Integrität veröffentlicht? Der Grund liegt darin, daß Mutter Agnès ihre eigene bestimmte Vorstellung besaß und diese mit einer Ausdauer verfolgte, die in ihrer Art jener Theresias gleicht. Diese Vorstellung war es, die sie am 2. Juni um Mitternacht zur Priorin geführt hat.

Und sie ist erfolgreich. Am 3. Juni 1897 spricht die Priorin mit Theresia und befiehlt ihr im Namen des Gehorsams, die Autobiographie, die sie 1895 geschrieben hatte, weiterzuführen, ohne daß jemand, außer Mutter Agnès, davon erfahren sollte. Sie gibt ihr ein schönes Heft. Theresia macht sich an die Arbeit. Sie schreibt den ganzen Monat Juni. Gegen den 2. Juli ist sie so erschöpft, daß sie nicht mehr weiterschreibt. Am 8. Juli wird sie auf einer Matratze in das Krankenzimmer hinuntergetragen. Mutter Agnès sagt ihr, sie sei sehr betrübt, daß das Manuskript nicht vollendet sei. Theresia macht daraufhin eine letzte Anstrengung und schreibt, diesmal mit Bleistift und in fiebriger Schrift, die letzten Zeilen ihres Manuskripts, d. h. von dem Satz an: „Alle Heiligen haben es verstanden ..." Am 11. Juli bittet sie Mutter Agnès, ihrem Text als Anhang „Die Geschichte der bekehrten und aus Liebe gestorbenen Sünderin" beizufügen, ein Auszug aus den *Leben der Väter in den Wüsten des Orients.* Dieses Manuskript C endet, wie auch Manuskript A und Manuskript B, mit dem Worte: *Liebe.* Theresia schreibt also in einem Zustand höchster Ermattung. Mutter Agnès schickt ihr in diesem Monat Juni ein kurzes Briefchen: „Es tut mir sehr leid, daß ich Sie zu Besagtem aufforderte, aber wenn Sie wüßten, wie sehr ich mich darüber freue! Die Heiligen im Himmel können noch bis ans Ende der Welt Ruhm empfangen, und sie beschützen jene, die sie ehren. Nun! Ich werde Ihr kleiner Herold sein, ich werde Ihre Waffengänge verkünden, ich werde versuchen, durch alle Erleuchtungen, die Gott Ihnen gegeben hat und die nie erlöschen werden, dazu beizutragen, daß Gott von allen geliebt wird und daß alle ihm dienen." Arme Theresia, die im Sterben liegt, deren ganzes Leben Bescheidenheit und Liebe war und die nun von „Ruhm" und „Ehre" reden hört!...

Theresia schreibt häufig nachmittags, in ihrem Krankenstuhl sitzend. Man stellt sie in die Kastanienallee, und sie setzt ihren Bericht inmitten des Kommens und Gehens der Schwestern, die gerade beim Heuen sind – es ist Juni – oder zufällig vorbeikommen, fort: Novizinnen, die mit ihr sprechen möchten, und Krankenschwestern; diese ganze kleine Welt, die sich um sie bemüht und doch störend ist: „Des ewigen Öffnens und Schließens dieses Heftes müde", so schreibt sie im Manuskript, „öffne ich ein Buch (das nicht offenbleiben will) und sage entschieden, ich kopiere die Gedanken der Psalmen und des Evangeliums für den Namenstag unserer Mutter. Das entspricht durchaus den Tatsachen, denn ich spare nicht mit Zitaten... Meine liebe Mutter, ich glaube, Sie würden lachen, wenn ich Ihnen alle meine Abenteuer im Wäldchen des Karmel erzählen würde. Ich weiß nicht, ob ich jemals zwei Zeilen schreiben konnte, ohne gestört zu werden. Für mich war dies eigentlich gar nicht zum Lachen oder erheiternd, aber aus Liebe zum lieben Gott und zu meinen Schwestern (die mir gegenüber zu liebevoll sind) versuche ich, zufrieden auszusehen, und vor allem, es auch zu *sein*..."

Und mit ihrem Talent zur – sprachlichen – Nachahmung berichtet sie über ein Erlebnis, das sie soeben hatte: „Gerade entfernt sich eine Spaziergängerin von mir, nachdem sie mir mitleidig gesagt hat: ‚Arm's klein's Schwesterchen, das muß ganz schön anstrengend sein, den ganzen Tag zu schreiben.' – ‚Keine Aufregung', war meine Ant-

wort, ‚es sieht nur so aus, als ob ich viel schriebe, in Wirklichkeit jedoch schreibe ich fast nichts.‘ – ‚Um so besser!‘ erwiderte sie ganz zufrieden. ‚Aber das ist egal. Ganz gut, daß wir hier spazieren gehn, das
lenkt Sie ein wenig ab.‘ Das ist in der Tat für mich eine so große Ablenkung (ohne die Besuche der Krankenschwestern zu zählen), daß ich
nicht einmal lüge, wenn ich sage, ich schriebe fast nichts.“ Und sie gibt
auf ihre Weise ein Bild der ganzen Situation: Als sie in ihrem Manuskript von der Nächstenliebe spricht: „Jetzt praktizieren die Krankenschwestern an mir, was ich soeben beschrieben habe. Sie scheuen nicht
davor zurück, zweitausend Schritte zu tun, wo zwanzig genügten. Ich
hatte also Gelegenheit, die Nächstenliebe in Aktion zu betrachten! Das
muß meiner Seele Wohlgeruch sein; was meinen Geist betrifft, so muß
ich gestehen, daß er von solcher Aufopferung ein wenig gelähmt ist,
und meine Feder hat ihre Leichtigkeit verloren. Um meine Gedanken
niederzuschreiben, müßte ich *wie der einsame Sperling* sein, und das
ist selten der Fall. Kaum nehme ich die Feder zur Hand, da kommt
schon wieder eine Schwester vorbei, die Gabel über der Schulter. Sie
glaubt mich abzulenken, wenn sie ein wenig mit mir plaudert: Heu,
Enten, Hühner, der Besuch des Arztes, alles wird aufgetischt. Es dauert
nicht lang, aber es gibt nicht nur eine barmherzige Schwester, und
plötzlich legt mir eine andere Spaziergängerin Blumen auf die Knie,
möglicherweise in der Meinung, mir damit poetische Inspirationen zu
vermitteln. Aber da ich in diesem Augenblick nicht nach solchen suche,
wäre es mir lieber, die Blumen würden noch auf ihren Stengeln
stehen.“

Wir erinnern uns, daß die Priorin ihr verboten hatte, Aufhebens von
ihrer Arbeit zu machen. Das erweckt Neugierde. Schwester Marie von
der Dreifaltigkeit neckt sie, um herauszubekommen, was sie macht.
Theresia antwortet ihr am 6. Juni: „Sie haben gut spötteln über mich!
Und wer hat Ihnen von *meinen Schriften* gesprochen! Auf welchen
Band spielen Sie an? Ich sehe wohl, daß Sie für das Falsche plädieren,
um das Richtige zu erfahren. Nun gut, Sie werden es eines Tages erfahren, wenn nicht auf dieser Erde, so im Himmel. Aber dann wird es
Sie gewiß kaum beunruhigen, denn dann haben wir an anderes zu
denken... Sie möchten wissen, ob ich mich darüber freue, in den
Himmel zu kommen? Ich würde mich sehr freuen, wenn ich dahin
käme, aber... ich zähle nicht auf die Krankheit, sie ist eine zu langsame
Führerin. Ich zähle einzig auf die Liebe. Bitten Sie den guten Jesus, daß

alle Gebete, die für mich verrichtet werden, nur dazu dienen mögen, das Feuer zu vermehren, das mich verzehren muß."

Und immer zur Nachahmung aufgelegt, schließt sie im normannischen Dialekt Victoire Pasquiers, des Kindermädchens von Buissonnets, einem Akzent, den sie, wie übrigens auch Céline, perfekt zu sprechen verstand: „Ich glaube, Sie werden es nicht lesen können: ‚ech bädaure‘, aber ich hatte nur einige Minuten Zeit."

Am Montag, dem 6. Juni, große Sitzung für ein Photo. Man hatte gedacht, es würde Mutter Marie von Gonzaga vielleicht Freude bereiten, zu ihrem Namenstag am 21. Juni ein Bild von Theresia zu bekommen: „Man", das ist Mutter Agnès. Als sie Theresia ihren Plan bekannt gibt, versteht diese sofort, daß es Mutter Agnès ist, die daran Freude hätte. Sie lächelt ihr spitzbübisch zu und ruft ihr im Akzent der Auvergne eine Geschichte aus dieser Gegend in Erinnerung, die Herr Martin einst erzählt hatte: die Geschichte des kleinen Jungen, der für seinen Kameraden eintrat, während er selbst der erste Nutznießer seiner Bitte sein wollte: „Kleiner Nordwind, höre auf zu wehen! Nicht für mich, sondern für meinen Kameraden, der keine Jacke hat."

So stellt man Theresia im Sakristeihof in Pose, Photographin ist Céline. Sie ist mit den beiden ersten Aufnahmen – die sie sofort im naheliegenden Keller entwickelt hat – unzufrieden und ordert eine neue Pose, aus der ersichtlich wird, wie Theresia sich gegen den Schmerz versteift. Die Novizinnen neckten sie – sie erzählt es Abbé Bellière, dem sie dieses Photo schickt: „Die Novizinnen riefen bei meinem Anblick, ich hätte mich in Pose gesetzt; anscheinend sehe ich sonst heiterer aus."

Am 9. Juni 1897 (Jahrestag des Hingabeaktes vom 9. Juni 1895) schreibt sie an Abbé Bellière: „Sie lieben den heiligen Augustinus, die heilige Magdalena, jene Seelen, denen viele Sünden vergeben wurden, weil sie viel geliebt haben‘. Auch ich liebe sie. Ich liebe ihre Reue und vor allem ... ihre Liebeskühnheit! Wenn ich sehe, wie Magdalena vor den Augen aller Eingeladenen die Füße ihres angebeteten Meisters benetzt, die sie damit zum ersten Male berührt, fühle ich, daß ihr *Herz* die Abgründe der Liebe und Barmherzigkeit des *Herzens Jesu* verstanden hat und daß, welch große Sünderin sie auch immer sei, dieses Herz der Liebe nicht nur bereit ist, ihr zu verzeihen, sondern ihr auch die Wohltaten seiner göttlichen Vertrautheit zuteil werden ließ, die sie bis zu den höchsten Gipfeln der Beschauung emporführte.

„Mein Brüderchen, seit es mir gegeben wurde, auch die Liebe des Herzens Jesu zu erfassen, gestehe ich, daß alle Furcht aus meinem Herzen vertrieben wurde! Die Erinnerung an meine Fehler demütigt mich und führt mich dazu, mich niemals auf meine eigene Kraft zu stützen, die nichts anderes als Schwäche ist. Aber mehr noch spricht diese Erinnerung mir von Barmherzigkeit und Liebe. Wie sollte auch, wenn man seine Fehler mit einem ganz kindlichen Vertrauen in den verzehrenden Glutofen der Liebe wirft – wie sollten sie darin nicht für immer aufgezehrt werden?

Ich weiß, daß es Heilige gibt, die ihr Leben mit außergewöhnlichen Bußübungen verbrachten, um ihre Sünden zu sühnen, aber was wollen Sie: ,Es gibt mehrere Wohnungen im Hause des himmlischen Vaters.' Jesus hat es gesagt, und deshalb folge ich dem Weg, den Er mir vorgezeichnet hat."

Mitte Juni ist sie bei der Hälfte ihres Manuskripts angelangt, bei Folio 17–18. Am Montag, dem 21. Juni, hat die Priorin Namenstag.

Ende Juni schickt sie ihren drei Schwestern im Karmel ein Bild vom Kinde Jesu, unter dem folgender Satz steht: „Ich sehe, was ich geglaubt habe. Ich besitze, was ich erhofft habe. Ich bin mit Dem vereinigt, den ich mit der ganzen Kraft meiner Liebe geliebt habe."

Der Humor und die Dinge des Lebens

Das erstaunlichste ist vielleicht die Tatsache, daß Theresia in diesem Monat Juni 1897 unendlich friedlich und freudig ist. Es wurde festgestellt, daß im Manuskript C häufig das Wort „jetzt" auftaucht. Dieses Adverb bezieht sich fast immer auf etwas, das zu „fürchten" war: vorher war Theresia noch in einem Zustand, in dem sie befürchten konnte, sich zu sehr von ihrem Gefühl leiten zu lassen, in dem sie den äußeren Dingen gegenüber noch zu sensibel und noch nicht genug in einer Verfassung der „Indifferenz" war. Jetzt ist sie zur vollen Reife gelangt. Sie sieht der Sonne – der Güte Gottes – wie auch dem Tod ins Angesicht. Sie empfindet eine übermäßige Freude, den Durchbruch erreicht und den Übergang vollzogen zu haben. Manuskript C ist voll vom Humor eines Menschen, der seine Schlacht gewonnen hat. Für sie sind die Würfel gefallen, sie weiß jetzt, daß sie sicherlich sterben wird. Nun kann nichts mehr sie anfechten. Sie zeigt eine Art zärtlichen und wunderbaren Humors, fast einen spöttischen Geist. Sie hat ihre ganze Spaßhaftigkeit zurückgewonnen. Wir haben schon festgestellt, daß sie in diesen Wochen ihrer Freude an der Nachahmung freien Lauf läßt. Und wie viele „ländliche" Vergleiche bringt sie, wie z. B. jene Antwort an Schwester Marie von der Dreifaltigkeit, die sie bittet, im Himmel an sie zu denken: „Bis jetzt haben Sie erst die Schale gesehen, aber bald werden Sie auch das Küken sehen!" Während sie an ihrem Heft arbeitet, das sie als ihre „kleine Pflicht" betrachtet: „Ich zerbreche mir nicht den Kopf, um mein ‚kleines' Leben zu schreiben. Ich mache es, als ob ich angeln würde: ich schreibe das, was aus dem Wasser auftaucht." Sie spielt mit dem Wort *voler*, das im Französischen „fliegen" und „stehlen" heißen kann: „Ja, ich werde fliegen (stehlen)... im Himmel werden viele Dinge verschwinden, die ich Euch bringe. Ich werde eine kleine Diebin sein, ich nehme alles, was mir gefällt." Eines Tages macht Mutter Agnès eine lächerliche Andeutung: „Wenn Sie tot sind, wird man Ihnen einen Palmzweig in die Hand legen." Sie antwortet, daß sie ihn nach Belieben loslassen können möchte, um mit vollen Händen Gnaden auszuteilen: „Ich möchte alles tun, was mir gefällt." Sie gebraucht Worte aus dem normannischen Dialekt: „Bis zu den Heiligen, die mich im Stich lassen! In der Matutin betete ich zum heiligen Antonius, er möge mich mein Taschentuch, das ich verloren hatte, wiederfinden lassen. Meinen Sie, er hat mich erhört? Er dachte nicht daran." („Er hat sich davor ‚gehütet'.") Sie verwendet das alte Wort *guetté* anstelle des gebräuchlichen *gardé*. Mutter Agnès bittet sie, Dr. de Cornière einige „erbauliche und liebenswürdige" Worte zu sagen. „Mein Mütterchen, das ist nicht meine Art ... Herr de Cornière soll denken, was er will. Ich liebe nur die Einfachheit, ich verabscheue die Heuchelei."

Daß sie nicht „heucheln" und doppelzüngig sein kann, wird im folgenden deutlich: es geht um die Krankensalbung. Der Superior des Karmel zögert. Nun liest Mutter Agnès Theresia die Leviten, sie solle sich beim bevorstehenden Besuch des Superiors entsprechend verhalten, um das zu erreichen, was sie wünschen. Der Superior kommt; Theresia ist sehr freundlich, liebenswürdig und heiter, so sehr, daß sie keineswegs mehr krank wirkt und der Superior es nicht für dringend hält, sie zu versehen. Nachdem er wieder gegangen ist, läßt Mutter Agnès Theresia spüren, daß sie sich recht schlecht angestellt hat: Theresias Antwort: „Ich verstehe mich nicht auf dieses Metier."

Sie nimmt sich vor, wenn sie einmal im Himmel ist, ihren Schwestern „Streiche" zu spielen.

Als sie ihre abgemagerten Hände betrachtet: „Sie werden immer mehr zum Skelett, das gefällt mir!"

Am 9. Juni und am 8. Juli geht es ihr sehr schlecht, und dann tritt schlagartig eine Besserung ein: „Bei mir ist das wie am Kletterbaum, ich habe mehr als eine Rutschpartie gemacht, und dann bin ich plötzlich oben." Sie lacht über den Tod: Das Blumenhaus Gennin in Paris hat künstliche Blumen in langen, entzückenden Holzschachteln geschickt: „Ich möchte in eine kleine Schachtel wie die von Gennin gelegt werden."

Das geht bis zum oberflächlichen Wortspiel: Als sie ihr Manuskript beendet hat, sagt jemand zu ihr, das Geschriebene „könnte gut eines Tages bis zum Heiligen Vater nach Rom gelangen". Darauf Theresia: „Et nunc et semper." Sie trägt ihre Situation mit Gelassenheit. Als sie fast nicht mehr gehen kann: „David sagte in seinen Psalmen: ,Ich gleiche der Grille, die beständig ihren Ort wechselt.' Das kann ich von mir wohl nicht behaupten! Ich würde gern spazierengehen, aber ich hänge an den Beinen fest!" Und sie bewahrt ihren herben, gesunden Menschenverstand. Ihre Schwester Marie sagt ihr, die Engel würden bei ihrem Tod mit Christus zu ihr kommen: „Alle diese Bilder geben mir nichts", antwortet Theresia. „Ich kann mich nur von der Wahrheit nähren. Daher habe ich auch nie nach Visionen verlangt. Man kann auf Erden den Himmel und die Engel nicht so sehen, wie sie sind. Ich warte lieber bis nach meinem Tod."

Wenn sie auf diese Weise ihre Mitschwestern erheitert, so denkt sie doch darum nicht weniger. Als sie eines Tages sehr leidet, bedauert ihre Schwester Marie sie: „Lassen Sie nur", antwortet sie, „der liebe Gott-Papa weiß genau, was sein ganz kleines Baby braucht." Marie nimmt diesen Ausdruck für bare Münze und sagt: „Sie sind also ein Baby?" Und sie erhält die Antwort: „Ja, aber ein Baby, das sehr lang darüber nachdenkt. Ein Baby, das schon ein Greis ist."

Man will sie daran hindern, die Unterhaltung allein zu führen, um die anderen ihren Zustand nicht merken zu lassen: „Laßt mich meine kleinen ,Kindereien' machen."

Wir müssen uns Theresias Leben zu diesem Zeitpunkt vor Augen führen: sie ist zur Untätigkeit verurteilt, auf die anderen angewiesen, allzu zahlreichen und übermäßigen Freundlichkeiten ausgesetzt, auf beständige Pflege angewiesen und unaufhörlichen Besuchen ausgeliefert. Man muß selbst ans Bett gebunden gewesen sein, um die ungeheure Trägheit zu kennen, die zu gewissen Augenblicken daraus folgt. Und die Taktlosigkeiten der anderen! Mutter Agnès berichtet Theresia eines Tages – einen Monat vor ihrem Tod –, die Priorin und andere Schwestern sagten, sie sei hübsch: „Was geht mich das an! Das bedeutet mir weniger als nichts, es langweilt mich." Wenn man Theresia und ihre Vorliebe für die Einsamkeit kennt, kann man sich vorstellen, was sie zu gewissen Stunden gelitten haben muß. Nun ist sie hier als die junge vierundzwanzigjährige Klosterfrau, die bald sterben wird, fast Mittelpunkt des Karmel. Man umringt sie, man spricht zu ihr mit versteckten Hinweisen auf ihren Heiligenschein. Eines Tages greift sie die Redewendung „bekannt sein wie der graue Wolf" auf, d. h. ohne Geheimnis, Versteck oder Intimität sein, und den Namen „graues Wölflein", den ihr Vater ihr manchmal gegeben hatte, als sie noch ein Kind war: „Ich bin wie ein armes ‚graues Wölflein', das so gerne in seinen Wald zurückkehren möchte und das gezwungen wird, in den Häusern zu leben." Wer verstünde nicht die Tiefe dieser Klage?

Was sie wollte, war Schweigen und noch einmal Schweigen. Aber man kommt zu ihr, um ihr zu predigen und sie mit frommen Worten zu erbauen: Mutter Agnès sagt später von sich, Céline und Marie, den drei Martin-Schwestern: „Wir redeten zuviel, wenn wir alle drei bei ihr waren. Das ermüdete sie, da wir ihr zu viele Fragen auf einmal stellten. ‚Wovon sollen wir heute sprechen?'" Theresias Antwort in der Sprache der Bauern, die sie so gerne nachahmt, ist erschütternd: „Das beste wäre, überhaupt nichts zu sprechen, denn, um ehrlich zu sein, *da gibt's* nichts zu sagen."

In dem, was sie Tag um Tag unter großen Mühen niederschreibt, drückt Theresia gut aus, wie ein wahrhaft geistliches Leben zu führen ist. Es ist ganz einfach. „Ich wollte immer eine Heilige sein", so schreibt sie, „aber ach! Wenn ich mich mit den Heiligen verglich, so mußte ich immer feststellen, daß zwischen ihnen und mir der gleiche Unterschied besteht wie zwischen einem Berg, dessen Gipfel sich im Himmel verliert, und dem unscheinbaren Sandkorn, das von den Füßen der Vorübergehenden getreten wird. Aber statt mutlos zu werden, sagte ich mir: der liebe Gott würde keine unerfüllbaren Wünsche eingeben, ich kann also ungeachtet meines Kleinseins nach Heiligkeit streben. Mich größer zu machen ist unmöglich, ich muß mich ertragen, so wie ich bin, mit allen meinen Unvollkommenheiten. Aber ich will ein Mittel suchen, um auf einem kleinen, ganz geraden und ganz kurzen Weg, einem ganz neuen kleinen Weg in den Himmel zu gelangen." Das ist es, sie will erfinden, sie will ihn finden! „Wir leben in einem Jahrhundert der Erfindungen", so fährt sie fort und findet dann unter den jüngsten Erfindungen einen Vergleich für das, was sie ausdrücken möchte: den Aufzug.

Dieser Vergleich ist sehr banal, sofern man ihn nur auf die Schwärmerei jener Zeit für die Aufzüge bezieht. Er wird aber äußerst interessant, sobald man erkennt, was dahintersteht – und Mutter Marie von Gonzaga muß ihn wohl in dieser zweiten Lesart betrachten. In der Geschichte der Spiritualität kehrt häufig die Metapher der Treppe der Vollkommenheit, der geistlichen Leiter, wieder. Diese Metapher findet sich übrigens auch in Ägypten, wo z. B. die Stufenpyramide von Sakkarah als eine riesige Treppe konzipiert ist, die den Aufstieg der Seele des Königs zu seinem Vater Re, der Sonne, ermöglichen soll. Konfuzius beschreibt die Grade der Vollkommenheit, und der japanische Buddhismus kennt 52 Grade bis zur Erleuchtung. Auch in den griechischen Mysterien gab es einen stufenweisen Fortschritt bis zur Identifikation mit dem Einen. Eine lange christliche Tradition nimmt ähnliche Gegebenheiten wieder auf, vor allem ausgehend von dem Bild der „Jakobsleiter".

Es ist evident, daß Theresia mit dem in den Karmelklöstern des 19. Jahrhunderts stark entwickelten Ideal dieser Stufenleiter von Verdiensten und Läuterungen, die zur Vollkommenheit führen, bricht, jener Leiter, die den großen Seelen vorbehalten ist. Sie bezeichnet sich als „zu klein für die steile Leiter der Vollkommenheit". Und doch will sie, wie sie wiederholt sagt, eine Heilige sein. Welchen „ganz geraden, ganz kurzen Weg" kann sie finden?

In diesem Zusammenhang denkt sie an den Aufzug, und gerade hier wird Theresias Humor deutlich: der Aufzug findet „bei den Reichen" Verwendung. Theresia dreht die Dinge um: im spirituellen Leben sind es die Armen, die Kleinen, die sich des Aufzugs bedienen, die Reichen, die großen Seelen nehmen die Treppe. Von hier wird die Bedeutung des Vergleichs verständlich: das Wesentliche besteht darin, sich Jesus hinzugeben; er ist es, der uns „bis in den Himmel" erhebt. Die Methoden dieses Aufwärtsstrebens, die unbewußt oft sehr hochmütig sind, sind im Hinblick auf dieses Vertrauen nur sekundär. Hier ist die gewohnte Unterscheidung zwischen einer spirituellen Aristokratie und dem niederen Volk, das sich tief unter. im Tal dahinschleppt, ohne den Aufstieg zu Gott leisten zu können, nicht mehr möglich. Es zeigt sich immer wieder der gleiche Geist, nämlich der Geist des *Magnificat:* „Gewalthaber stürzte er vom Thron und Niedrige erhöhte er."

Für Theresia bedeutet das spirituelle Leben, gewissermaßen an zwei Tischen zugleich zu essen: am Tisch der Ungläubigen und am Tisch des auferstandenen Jesus. Aber diese beiden Tische sind in ihren Augen nur ein und derselbe: sie sieht, daß auch Jesus beim Abendmahl von seinen Aposteln, jenen „unwissenden und von irdischen", sehr materiellen „Gedanken erfüllten" Männern umgeben war, und sie betont immer wieder, daß Jesus gerade in diesen Männern „seine Freunde, seine Brüder" gesehen hat.

Theresia hat kurz vor ihrem Tod einen großen Wunsch: sie möchte, daß alle, die sie liebt – ihre geistlichen Brüder, ihre Novizinnen – ebenfalls von den „Wohlgerüchen" Christi gefangen werden, wie sie selbst es war und noch immer ist. Und so will Theresias letztes Gebet sich dem letzten Gebet Jesu angleichen: „Wenn der *letzte Abend* anbricht, dann möchte ich Dir, mein Gott, sagen können: ‚Ich habe Dich auf Erden verherrlicht. Ich habe das Werk vollbracht, das Du mir aufgetragen hast. Ich habe Deinen Namen denen geoffenbart, die Du mir gegeben hast. Sie waren Dein, und Du hast sie mir geschenkt. Jetzt erkennen sie, daß alles, was Du mir gegeben, von Dir herkommt. Denn ich habe ihnen die Worte mitgeteilt, die Du mir anvertraut hast. Sie nahmen sie auf und glaubten, daß Du mich gesandt hast. Ich bitte für die, die Du mir gegeben hast, denn sie sind Dein. Ich bin nicht mehr in der Welt. Sie aber weilen noch in ihr, während ich zu Dir zurückkehre. Vater, bewahre um Deines Namens willen die, die Du mir gegeben hast. Ich gehe jetzt zu Dir. Dies sage ich, da ich noch in der Welt bin, damit in ihnen die Freude, die von *Dir* kommt, vollkommen sei. Ich bitte Dich nicht, sie aus der Welt zu nehmen, sondern sie vor dem Bösen zu bewahren. Sie sind nicht von der Welt, wie auch ich nicht von der Welt bin. Nicht nur für sie bete ich, sondern auch für alle, die auf ihr Wort hin an *Dich* glauben werden.

Mein Vater, ich wünsche, daß wo ich sein werde, auch die mit mir seien, die Du mir gegeben hast, und daß die Welt erkenne, daß Du sie geliebt hast, wie Du mich geliebt hast!'" Gibt es eine größere Liebe, als zu wünschen, daß Jesus die anderen *genauso* liebe, wie er sie selbst liebt? Und sogar noch *mehr:* „Wenn ich eines Tages im Himmel entdecke, daß Du sie mehr liebst als mich, so werde ich mich darüber freuen."

Theresia besteht in diesen letzten Monaten ihres Lebens mehr denn je auf den Werken. Sie verwirft die so häufige Haltung, die sich mit bloßen Worten zufriedengibt: „Ich verachte die tiefen Gedanken nicht, die der Seele Nahrung geben und sie mit Gott vereinigen, aber ich habe schon lange begriffen, daß man sich nicht auf sie stützen und die Vollkommenheit darin sehen darf, viele Erleuchtungen zu erhalten. Die schönsten Gedanken sind nichts ohne die Werke." Sie nennt die Wirklichkeit beim Namen und verwirft jene, die „sich in *schönen Gedanken* gefallen und das Gebet des Pharisäers sprechen".

Sie berichtet einige Begebenheiten, die zeigen, daß die tätige Nächstenliebe für sie oft ein Kampf ist: „Lange Zeit kniete ich bei der abendlichen Betrachtung vor einer Schwester, die eine eigenartige Gewohnheit und, wie ich denke... viele Erleuchtungen hatte, denn sie verwendete nur selten ein Gebetbuch. Und das bemerkte ich so: sobald diese Schwester angekommen war, begann sie ein seltsames kleines Geräusch zu erzeugen, als ob sie zwei Muscheln aneinander riebe. Dieses Geräusch habe nur ich wahrgenommen, denn ich habe ein äußerst (mitunter zu) feines Gehör. Ihnen aber, meine Mutter, zu sagen, wie sehr mich dieses kleine Geräusch ermüdete, wäre unmöglich: Gerne hätte ich den Kopf umgedreht, um die Schuldige anzuschauen, die das Geräusch gewiß selbst nicht wahrnahm, und das wäre die einzige Möglichkeit gewesen, sie darauf hinzuweisen. Im Grunde meines Herzens aber fühlte ich, daß es besser sei, es in Geduld zu ertragen, zum einen aus Liebe zu Gott und zum anderen, um die Schwester nicht zu betrüben. Ich blieb also ruhig und versuchte, eins mit Gott zu werden und das kleine Geräusch zu vergessen... aber vergeblich. Ich spürte, daß ich in Schweiß gebadet war, und es blieb mir nichts anderes übrig, als aus dem Leiden ein Gebet zu machen. Nun suchte ich ein Mittel, es nicht mit Abneigung, sondern mit Freude und in Frieden zu tun – wenigstens im Grunde meiner Seele. Da versuchte ich, dieses kleine, so unangenehme Geräusch liebzugewinnen. Statt mich anzustrengen, es nicht zu hören (was unmöglich war), war ich darauf bedacht, so aufmerksam zu lauschen, als hätte es sich um ein entzükkendes Konzert gehandelt, und mein ganzes Gebet (das nicht das Gebet der *Ruhe* war) bestand darin, daß ich Jesus dieses ‚Konzert' immer wieder aufopferte." Später erfuhr man, daß die Schwester dieses Geräusch verursachte, indem sie ihren Fingernagel über die Zähne gleiten ließ.

Sie spricht schließlich von ihren beiden geistlichen Brüdern Abbé Bellière und P. Roulland, „die nun einen so großen Platz in meinem Leben einnehmen". Diese Tatsache ist für sie eine überaus große Freude: „Ihnen mein Glück zu schildern wäre ein Ding der Unmöglichkeit. Mein Wunsch, der in so unverhoffter Weise erfüllt wurde, bewirkte in meinem Herzen eine Freude, die ich kindlich nennen möchte, denn ich muß mich schon in die Tage meiner Kindheit zurückversetzen, um die Erinnerung an die Freuden zu finden, die so lebhaft sind, daß die Seele zu klein ist, um sie in sich zu fassen. Nie hatte ich seit Jahren diese Art von Glück genossen. Ich fühlte, daß meine Seele von dieser Seite her neu war, als habe man in ihr musikalische Saiten angeschlagen, die bis dahin noch nicht entdeckt waren."

Dieser Text, den Theresia vier Monate vor ihrem Tod schrieb, ist sehr aufschlußreich: „kindliche ... Freude", „Tage meiner Kindheit", „Freuden, die so lebhaft sind", „Glück", „Seele ... neu", „musikalische Saiten ... die bis dahin noch nicht entdeckt waren". Theresia wird sterben, und sie weiß es. Nun kehrt in ihr eine Art von Ruhe ein: sie hatte wiederholt zahlreiche Kämpfe durchzustehen. Die Kämpfe der Kindheit, die Kämpfe nach Weihnachten 1886, in denen sie zu einer erwachsenen Haltung gelangt ist! Nun greift sie aus ihrem tiefsten Sein heraus auf die erste Zeit ihres Glücks zurück, auf die der Freude ihrer Kindheit, als sie noch unter der Obhut ihrer Amme Rose Taillé stand, die sie zum Aufblühen, zum Leben brachte. Der Abschied von der Amme muß für Theresia ein schwerer Schock gewesen sein, von dem sie sich in gewisser Weise nie mehr erholt hat. Andererseits ist aber gerade die lebendige Freudigkeit in Theresia eine Ausstrahlung dessen, was Rose ihr eingepflanzt hat. Theresia erlebt hier nicht nur diese Erinnerung an die Freude der Kindheit, sondern sie durchlebt jetzt, kurz vor ihrem Tod, gleichsam noch einmal diese glückliche Zeit, in der sie nicht kämpfen, sondern sich nur lieben lassen mußte. Sie ist von allen Flecken, die sie in ihren Kämpfen erhalten hatte, gleichsam reingewaschen. Ihre Wunden, die immer sehr schmerzhaft waren, sind gewissermaßen vernarbt. Sie erlaubt sich selbst, wieder in die erste Freude einzutauchen.

Das Verblüffende jedoch ist, daß Theresia diesen Ausbruch der Freude und des Kindheitsglücks – der sich auf den Oktober 1895 bezieht, aber eben in diesem Monat Juni 1897 so nachdrücklich empfunden wird – gerade dann niederschreibt, als sie davon spricht, daß sie ein „erstes Brüderchen" erhalten hat. Wir erinnern uns, daß Theresia zwei leibliche Brüder hatte, die aber schon vor ihr gestorben waren: Joseph Louis, der sechs Jahre vor ihr zur Welt kam und im Alter von vier Monaten starb, und Joseph Jean-Baptiste, fünf Jahre vor ihr geboren und im Alter von acht Monaten gestorben. In der Familie wurde oft von ihnen gesprochen. Abbé Bellière und P. Roulland vertreten für Theresia diese beiden toten Brüderchen, die ihr nun wie wiedergeschenkt sind. Sie hatte zwei Brüderchen, und sie hätte so gerne gehabt, daß sie am Leben geblieben wären, aber sie sind tot. Gott gibt ihr zwei geistliche Brüder, zwei wahre Brüder: das ist ein Zeichen der Güte Gottes, der das Leben schenkt. Gott hat ihr daneben noch zwei andere Brüder gegeben, Brüder der Nacht, die für sie aber gleichfalls wahre Brüder sind: Pranzini und Loyson; auch das ist ein Zeichen der Güte Gottes, der das Leben wiederschenkt.

Die letzten Zeilen, die sie schreibt, sprechen von der außerordentlichen Anziehung, die Jesus auf sie ausübt. Es sind hastig hingeworfene Zeilen, mit Bleistift geschrieben. Sie hat keine Kraft mehr. Um sich ein letztes Mal verständlich zu machen, bringt sie den Vergleich mit dem Feuer. Theresia hat den Wunsch, daß ihre Brüder und Schwestern von dem gleichen Feuer angezogen werden, von dem sie selbst angezogen wurde; sie möchte, daß ihre Brüder die gleiche Verzehrung in der Liebe erleben. Sie ist ein Mensch, der liebt und geliebt wird und der will, daß auch alle anderen das gleiche Leben der Liebe erfahren. Sie weiß, daß alles Gold der Welt diese Verzehrung der Liebe nicht aufwiegt. Dem Tod schon ganz nahe, bittet sie Jesus, auch die anderen mögen in diesen Feuerkreis hineingezogen werden.

Aber das Feuer ist Verschmelzung. Und das ist der springende Punkt in diesem Bild vom Feuer und vom Eisen: „Wenn Feuer und Eisen Vernunft hätten und das Eisen würde zum Feuer sagen: Ziehe mich an!, bewiese es dadurch nicht sein Verlangen, sich mit dem Feuer derart zu identifizieren, daß dieses es mit seiner brennenden Substanz durchdringt und durchtränkt und eins mit ihm zu sein scheint? Geliebte Mutter, das ist der Inhalt meines Gebetes. Ich bitte Jesus, mich in die Flammen seiner Liebe hineinzuziehen, mich so innig mit sich zu verbinden, daß er in mir lebe und wirke. Ich fühle es: Je mehr das Feuer der Liebe mein Herz entflammen wird, desto mehr werde ich rufen: *Zieh mich an!* Desto mehr werden auch die Seelen, die sich der meinen nähern (ein armes unnützes Eisenstückchen wäre ich, wenn ich mich vom göttlichen Flammenherd entfernte), *den Wohlgerüchen ihres Geliebten nacheilen,* denn eine von Liebe entflammte Seele kann nicht untätig bleiben."

Das Bild des Eisens, das in Feuer getaucht wird und seine Natur zu verlieren scheint, um selbst zu Feuer zu werden, taucht in der spirituellen Literatur öfters auf. Theresia übernimmt diesen Vergleich, den sie übrigens von Arminjon entlehnt, aber sie prägt ihm ihren eigenen Stempel auf. Das Eisen – der Mensch mit seiner Schwerfälligkeit – richtet an das Feuer die Bitte: „Ziehe mich an!" Mit anderen Worten: Nur das Feuer – Jesus – bewirkt die tatsächliche Arbeit der Umwandlung. Das Eisen muß nichts anderes tun, als zu wünschen, daß das Feuer es erfasse. Das Verlangen ist das Wesentliche. Wenn Theresia zu Jesus sagt: „Ziehe mich an!", so drückt sie ihm damit ihr Verlangen aus, mit dem Feuer derart eins zu werden, daß dieses sie „mit seiner brennenden Substanz durchdringt und durchtränkt und eins mit ihm zu sein scheint". Theresia drückt sich hier sehr klar aus: sie möchte die größte Identifikation, die innigste Verbindung mit Jesus, aber sie weiß genau, daß sie nicht Jesus ist und es nie sein wird. Keine Spur von Pantheismus, welcher Art auch immer: „und eins mit ihm zu sein *scheint*" – die Hervorhebung haben *wir* vorgenommen. Für Theresia besteht ein klarer Unterschied zwischen Feuer und Eisen, auch wenn letzteres entflammt ist. Sie weiß, daß das Eisen ohne den „göttlichen Feuerofen" oder von ihm getrennt nichts anderes ist als Eisen.

Wir müssen die in diesem Bild enthaltene Herausforderung betonen. Wenn Mutter Agnès diesen Satz verändert hat, so wahrscheinlich deshalb, weil sie unbewußt erkannt hat, welchen Vergleich dieser Satz enthielt. Betrachten wir noch einmal die beiden Aussagen, die authentische und die korrigierte nebeneinander; es wird sofort ersichtlich, was Mutter Agnès getilgt hat:

Geschichte einer Seele	Manuskript C
(Mutter Agnès)	(Theresia)

Wenn Feuer und Eisen vernunftbegabt wären und das Eisen würde zum Feuer sagen: Ziehe mich an!, bewiese es dadurch nicht sein Verlangen, sich mit dem Feuer derart zu identifizieren, daß es dessen Wesen teilte?

Wenn Feuer und Eisen Vernunft hätten und das Eisen würde zum Feuer sagen: Ziehe mich an!, bewiese es dadurch nicht sein Verlangen, sich mit dem Feuer derart zu identifizieren, daß dieses es mit seiner brennenden Substanz durchdringt und durchtränkt und eins mit ihm zu sein scheint?

„Durchdringt", „durchtränkt", „eins mit ihm zu sein scheint": das Bild in diesen drei Sätzen gehört zum Vokabular der geschlechtlichen Vereinigung, und wir müssen feststellen, daß Theresia diesen starken Vergleich gewählt hat, um ihr Verlangen nach der Liebesvereinigung mit Christus, einer Vereinigung des Feuers, auszudrücken. Und diese Vereinigung ist solcherart, daß sie wie durch Ansteckung auch jene entflammt, die Theresia, der „von Liebe Entflammten", „nahekommen".

Theresia betont in diesen letzten Wochen ihres Lebens jene Wirksamkeit, die ihr die stärkste zu sein scheint, nämlich die Wirksamkeit des Entflammens in Liebe, und sie bittet, daß man dieser Wirksamkeit vertraue. Es handelt sich um eine radikale Wirksamkeit: die Welt aus den Angeln zu heben. Sie bringt den Vergleich mit einem Hebel, dessen Haltepunkt Gott ist: *„Er selbst und Er allein."* Der Hebel ist der Aufschrei des Herzens, das Gebet, die Anbetung der Liebe. „So geschah es, daß sie (die Heiligen) die Welt aus den Angeln gehoben haben." Theresia will in der Nachfolge eines „Paulus, Augustinus, Johannes vom Kreuz, Thomas von Aquin, Franziskus, Dominikus und vieler anderer hehrer Freunde Gottes" die Welt aus den Angeln heben. Zunächst ist hervorzuheben, daß sie in diesem Vergleich den Begriff „der Allmächtige" verwendet, um Gott zu benennen, daß für sie die Wirksamkeit der Heiligen aus ihrer Liebe zum „Allmächtigen" herrührt und daß das einzige Hindernis für diese Umwandlung der Welt „die Unruhe", d. h. das Nicht-Vertrauen zu Gott ist. Wir müssen daneben auch die ungewöhnliche Hoffnung dieser jungen vierundzwanzigjährigen Karmelitin unterstreichen, die noch im Sterben davon spricht, die Welt aus den Angeln heben zu wollen. Dieses Wort „aus den Angeln heben", das übrigens das Bild des Aufzugs weiterführt, beschließt den letzten Abschnitt des Manuskripts C: „Auch die künftigen Heiligen werden sie aus den Angeln heben." Ihm entspricht parallel zum Ende des letzten Abschnitts der Begriff „erheben": „Ich erhebe mich zu ihm durch das Vertrauen und die Liebe."

Hier ist die Himmelfahrt Christi angesprochen: „da Jesus in den Himmel aufgefahren ist", sagt sie –, eine Himmelfahrt, die bedeutet, daß er alle Menschen und die ganze Welt zu seinem Vater hinzieht und erhebt. Diese „Anziehungskraft" Jesu will Theresia selbst leben, und sie will wie er die Menschen zur Liebe anziehen. Sie, die diese Zeilen nur mit Mühe niederschreiben kann, dem Tode nahe, an dieses Krankenbett gebunden, von dem sie sich nicht mehr erheben wird, verwendet diese Vergleiche, in denen sie ihre unerschütterliche Hoffnung für sich selbst und für die anderen zum Ausdruck bringt, keine geringere Hoffnung als die, diese Welt, die durch die Kälte der Herzen verhärtet, durch die Schwerfälligkeit des Lebens niedergedrückt, in den unlösbaren Schwierigkeiten der Kommunikation und im Dschungel der individuellen oder nationalen Interessen befangen ist, aus den Angeln zu heben. „Die Welt umwandeln", sagt der eine; „das Leben ändern", meint der andere. „In Liebe entflammen", „die Welt aus den Angeln heben", sagt dieses sterbende Kind.

Es gilt, realistisch die eigene Armut zu betrachten und freudig die Güte Gottes für den Menschen als ganzen anzuerkennen. Die beiden Pole des Paradox, das *Unvollendete*, welches ihr eigenes und jedes menschliche Leben ist, und die *Güte*, welche das Verhalten Gottes charakterisiert, diese beiden öffnet Theresia so weit wie möglich: sie ist gerade *in* ihrer „schwachen und unvollkommenen" menschlichen Situation von göttlichen Gnaden überhäuft.

In den letzten Monaten ihres Lebens sagt Theresia immer wieder, daß ihr Weg, „das Vertrauen und die Liebe", nicht ein Weg ist, der nur den Reinen vorbehalten wäre. Nicht weil sie Karmelitin ist und keine Todsünde begangen hat, durchaus nicht aus diesem Grund und auf dieser Grundlage erhebt sie sich zu Gott und hebt die Welt aus den Angeln. „Nicht weil der liebe Gott in seiner *zuvorkommenden* Barmherzigkeit meine Seele vor der Todsünde bewahrt hat, erhebe ich mich durch das Vertrauen und die Liebe zu Ihm." Sie lehnt entschieden den ersten Platz ab, jene spirituelle Aristokratie, die sich nur auf Verdienste und Tugenden beruft, das Rechten des Pharisäers, der mit Gott handelt.

Theresia vertritt den Kern des Evangeliums: einen Jesus, der die Ausgeschlossenen annimmt, der für die Sünder kommt; und das Kommen Christi hebt das Gewicht des Gesetzes und der Schuldhaftigkeit, die den Menschen versklaven, auf. Jesus wandelt diejenigen, die ihm begegnen, um, weil er das an den Tag bringt, was sie sind: von Gott geliebte Wesen, die einer liebenden Antwort fähig sind. Sie sind befreit und erlangen Kühnheit, die „liebende Kühnheit" Magdalenas, von der Theresia spricht. Jesus fegt den Todesgeruch, der über den Herzen lastete, hinweg.

Wurde diese Botschaft des Evangeliums, die Theresia verkündet, gehört? Wir haben gesehen, wie einschneidend die Überarbeitung ihres Textes war. Das ganze Evangelium ist voll vom Ärgernis, das die Haltung Jesu den Sündern, den Zöllnern, den verlorenen Söhnen, den gefallenen Mädchen gegenüber hervorrief. Für die „Gerechten", für jene, die sich für die Auserwählten, die Vorherbestimmten halten, ist dies eine unerträgliche Revolution. Wie kann man die religiösen Wirklichkeiten so verdrehen! Sie wollen nichts davon hören. Sie sehen nicht, diese Gerechten, daß auch sie von Jesus, von seinem Wort der Wahrheit betroffen sind, das zeigt, daß ihre „Gerechtigkeit" keineswegs vollkommen, sondern ganz brüchig ist. Sie weisen aggressiv ein Wort zurück, das ihre verborgene Lüge bloßlegt. Ihre verärgerte Reaktion auf die Haltung Jesu zeigt, daß sie im Herzen für die Todesstrafe sind, daß sie zuerst den Tod des Sünders, des *„anderen"* wollen. Sie haben mit Gott eine Art Komplizenschaft, und sie danken ihm, daß sie nicht so wie die Zöllner, wie die anderen, sind.

So stützen sie sich gegen Gott auf Gott: Sünde gegen den Geist. Jesus wird wegen Gotteslästerung verurteilt – die größte Sünde für einen wahrhaft Gläubigen in Israel –: im Namen Gottes, aufgrund des Prinzips des Gehorsams gegen Gott wird er zum Tod verurteilt. Dies ist die pharisäische Heuchelei, die nicht nur eine unbestimmte kleine moralische Schwindelei ist, sondern die Lüge schlechthin, die ins Herz der Religion und der Gottesverehrung eingeschleust wurde.

Es ist begreiflich, daß eine solche radikale Umkehrung nur schwer an die Öffentlichkeit gelangen konnte und daß man alles versuchte, um sie unter Rosen, Ehren und Stickereien zu ersticken. Die Pharisäer wissen nun, daß man die Märtyrer fürchten muß, und sie haben begriffen, daß die eigentliche Methode, das Feuer einer Subversion auszulöschen, nicht der öffentliche Tod jener ist, die das Feuer schüren, sondern darin besteht, sich in subtiler Weise ihrer Lehre zu bemächtigen. Die Reichen spüren, daß mit Theresia „die Armen zum Evangelium bekehrt werden", daß die Letzten die Ersten sind. Sie verstehen es so gut, sich dieser Botschaft zu bemächtigen, um sie ihrer Lebenskraft zu berauben.

Hier wird ersichtlich, warum Theresia, nachdem sie durch die Gnade begriffen hatte, daß es Ungläubige gibt, unmittelbar zur Beschreibung des Tischs der Sünder, an den sie sich gesetzt hat, übergegangen ist. In diesem Vorgehen liegt eine innere Logik. Theresia hat einen wesentlichen Grund begriffen, aus dem viele Menschen ungläubig sind, einen Grund, warum die Güte Gottes eine Anzahl ihrer Zeitgenossen nicht erreicht: eben deshalb, weil die Botschaft des Evangeliums entstellt und durch zu viele Pharisäer verhüllt wurde, die zwei Klassen einführen wollen: die Aristokraten des spirituellen Lebens – sie selbst – und das Proletariat jener, die unfähig sind, „gut" zu sein. Wie könnte dieses Schauspiel, das sich aus der Teilung in „Reine" und „Unreine" ergab, anziehend sein? Es muß für viele Menschen, die guten Willens sind, geradezu abstoßend wirken, denn sie können eine so wenig universale, so rassistische Botschaft nur verwerfen und müssen zwangsläufig einen Gott zurückweisen, der auf diese Weise Grenzen und Kasten schaffen würde. Von hier aus wird auch der Unterschied zwischen den faktisch Ungläubigen: jenen, die letztlich von den „Gerechten" zurückgewiesen wurden, und den wahren Ungläubigen, den Ungläubigen des Herzens, verständlich: den Pharisäern, jenen, die gegen den Geist sündigen, jenen, die meinen, im Glauben zu leben, ihn jedoch „durch Mißbrauch der Gnaden" verloren haben und die den anderen, Christen oder Nichtchristen, die Last ihres Todesgesetzes aufbürden.

In diesem Punkt hat die spirituelle Revolution Theresias kopernikanisches Ausmaß: die Rückkehr zum Magnificat, zum Gott der Güte, der die Kleinen leidenschaftlich liebt, und die Rückkehr zum Alltäglichen. In dieser Zeit, als Theresia dem Tod nahe ist, an der Schwelle des 19. Jahrhunderts, in welcher der Welt unerhörte verborgene Wirklichkeiten offenbar werden: das Atom und das Unbewußte, offenbart Theresia, daß es darum geht, die Liebe des auferstandenen Jesus nicht durch große Werke, Bußübungen und Institutionen, sondern im Kleinsten des Alltagslebens und in den einfachsten Dingen der alltäglichen menschlichen Beziehungen zu erkennen und zu verwirklichen.

Am Donnerstag, dem 8. Juli, wurde Theresia also in den Krankentrakt hinuntergebracht. Sie wird am Donnerstag, dem 30. September, sterben. Diese 12 Wochen sind eine Aufeinanderfolge von Höhen und Tiefen, von unendlichen Leiden eines jungen Mädchens, dessen kräftiger Körper gegen den Tod kämpft, während ihr Geist sich in Liebe und Hoffnung dareingeschickt hat. Céline ist Krankenschwester und bewohnt eine Zelle des Krankentraktes. Theresia wird in die benachbarte Zelle gebracht. Nun sind die beiden Schwestern einander also näher denn je. In diesem Zusammensein genügt schon ein Wort, ein Ausdruck, um tausend gemeinsame Erinnerungen wachzurufen, die Fröhlichkeit der beiden jüngsten Martin-Töchter, die in ihren Spielen, ihren Bemühungen so geschwisterlich harmonierten. Alle beide erfinden gerne Wortspiele oder ahmen den Akzent der anderen nach. Sie kennen einander durch und durch. Kleinigkeiten, die Freude machen: Céline geht zum Gebet der Non, und Theresia sagt zu ihr: „Beten Sie die Non, und denken Sie daran, daß Sie eine ganz kleine Nonne sind, die letzte unter allen Nonnen." Aus Sorge, Theresia könnte zu kalt haben, will Céline ihr eine leichte Flauschdecke holen, die im Konvent als „kleine Tröstung" bezeichnet wird: „Meine kleine Tröstung, das sind Sie." Céline bleibt die große Vertraute, die sie für Theresia immer war, der man alles sagen und mit der man frei reden kann.

Céline ist es, die am 22. Juli 1897 ein kleines Briefchen von Theresia erhält, das ein zweifaches Gebet ist; ein weiteres Briefchen folgt am 3. August. Weder Marie noch Pauline erhalten zwischen dem 8. Juli und dem 30. September Briefchen.

Im Briefchen vom 22. Juli steht den beiden Gebeten eine Überschrift als Leitmotiv voran: *Mag der Gerechte mich schlagen, so ist es doch Güte, wenn er mich züchtigt: doch des Gottlosen Öl, nie soll es schmücken mein Haupt."* Das nachfolgende Gebet paraphrasiert: „Es ist weniger bitter, durch einen Sünder als durch einen Gerechten zerschlagen zu werden. Aber *durch Mitleiden für die Sünder* und um ihre Bekehrung zu erlangen, bitte ich Dich, mein Gott, für sie durch die gerechten Seelen zerschlagen zu werden, die mich umgeben." Das zweite Gebet dieses Briefchens wird man verstehen, wenn man bedenkt, wie viele Komplimente Schwester Agnès und die anderen Schwestern ihr immer wieder machen: „Ich bitte Dich auch, daß das *Öl des Lobes,* das der Natur so wohltut, *nicht meinen Kopf*, d. h. meinen Geist *verweichlicht*, indem es mich glauben läßt, ich besitze die Tugenden bereits, die ich kaum einige Male geübt habe." Das ist es, was sie am meisten fürchtet: daß sie sich von dem Lob, das man ihr singt, einlullen läßt und sich auf ihre Tugenden und Verdienste stützen könnte. Man kann wohl sagen, daß in dieser Beziehung alles getan wurde, um sie in Versuchung zu führen. Schwester Agnès schreibt am 11. Juli in ihr *Heft*, zum Zeitpunkt also, da Theresia das Manuskript C abschließt: „Ich sprach zu ihr von der Niederschrift ihres Lebens, von der Wohltat, die sie damit den Seelen erweist." Oder: „Wie hat der liebe Gott Sie doch begünstigt! Was denken Sie von dieser Gnadenwahl?" Und wenn sie gerade keine Lobreden hält, dann ermüdet Schwester Agnès sie durch ihre eigene Ängstlichkeit. Am 16. Juli: „Ich fürchte, daß Sie unter großen Schmerzen sterben müssen." Am 20. Juli: „Ich sagte ihr, daß ich für sie die Todesängste fürchte." Am 25. Juli: „Ich sagte ihr, daß ich nun schon ihren Tod herbeisehne, damit ich sie nicht mehr so sehr leiden sehen müsse." Und am 2. August folgendes – hier eine Mischung des Ausdrucks der Verehrung mit dem Morbiden: „Ich würde gern Ihr Herz aufbewahren, wie jenes von Mutter Geneviève" (der Gründerin des Karmels von Lisieux).

Am 3. August: „Ich habe zu ihr gesagt, daß sie wohl viel kämpfen mußte, um zu ihrer Vollkommenheit zu gelangen" – darauf antwortet Theresia, zweifellos bestürzt über so wenig Verständnis ihrer selbst: „Es ist nicht das!..." Das gleiche Nichtverstehen am 8. August: „Ich sagte ihr, daß ich dafür sorgen würde, daß ihre Tugenden später gewürdigt würden." Mutter Agnès bestätigt ihr am 10. August, daß „die Seelen, die wie sie zur vollkommenen Liebe gelangt seien, ihre eigene Schönheit sähen, und daß auch sie dazu gehöre!": worauf Theresia eindeutig erwidert: „Welche Schönheit? Ich sehe meine Schönheit überhaupt nicht, ich sehe nur die Gnaden, die ich vom lieben Gott empfangen habe. Sie täuschen sich immer."

Bedenkt man, daß Mutter Agnès bei ihren Besuchen stets ihr Heftchen mitführte, bereit, jedes Wort Theresias aufzuzeichnen, und daß Theresia sie so vor sich sah, den Bleistift in der Luft, wie sollte sie unter diesen Bedingungen ungehemmt sprechen? Eine der authentischsten Mutproben Theresias bestand zweifellos darin, diese Quälerei heiter zu erdulden. Man wird sagen, die *Letzten Gespräche* seien voll von Beweisen der Zuneigung zu Mutter Agnès: man darf jedoch nicht ver gessen, daß Theresia seit dem 30. Mai, an dem Mutter Agnès ihrer kleinen Schwester buchstäblich eine Szene machte und ihr vorwarf, sie habe sich ihr nicht anvertraut – während doch nur Mutter Maria von Gonzaga dafür verantwortlich war –, daß Theresia aus wirklicher Nächstenliebe Mutter Agnès zeigen will, daß ihre Zuneigung zu ihr und ihre Anerkennung gleich geblieben sind. Schwester Agnès hätte großen psychologischen Verständnisses bedurft, um einzusehen, daß sie für Theresia eine Belastung war. Psychologisches Einfühlungsvermögen aber besaß sie nicht.

Wir haben hier nur die von Mutter Agnès festgehaltenen und von ihr selbst aufgezeichneten Äußerungen zitiert: Wenn sie auch Theresias Texte verändern konnte, so konnte sie doch nicht ihre eigenen Aussagen verändern. Was Schwester Agnès sagt, wenn sie sich an Theresia wendet, zeigt, daß sie diese nicht von innen her begreift. Und wenn Schwester Agnès von sich selbst zu ihr spricht, dann treten die Divergenzen ebenso klar zutage. Nehmen wir drei aufeinanderfolgende Beispiele, die im Zeitraum einer Woche liegen: am 3. Juli vertraut Schwester Agnès Theresia ihre „Gedanken der Traurigkeit und Mutlosigkeit nach einem Fehler" an. Nun wissen wir, daß Theresia diese Haltung keineswegs teilt; ihre Antwort: „Sie machen es nicht wie ich. Wenn ich einen Fehler begangen habe, der mich betrübt, so weiß ich, daß diese Traurigkeit die Folge meiner Untreue ist. Aber meinen Sie, ich würde es darauf beruhen lassen? Nein, so dumm bin ich nicht! Ich beeile mich, dem lieben Gott zu sagen: Mein Gott, ich weiß, daß ich dieses Gefühl der Traurigkeit verdient habe. Aber laß es mich dennoch Dir aufopfern als eine Prüfung, die Du mir aus Liebe schickst."

Am 5. Juli spricht Schwester Agnès mit ihr über ihre „Schwächen". „Auch ich habe Schwächen" antwortet Theresia, „aber ich freue mich darüber." Am 10. Juli, wieder das gleiche Thema: das Schuldgefühl der Schwester Agnès: „Schlecht ist nur", sagt Theresia erheitert, „daß Sie sich zu sehr vor den Folgen fürchten!"

Eines steht fest, Mutter Agnès ist hundert Meilen von Theresia entfernt. Sie hängt noch dem Ideal der heroischen Heiligkeit an und will Theresia in einen Rahmen stellen, den diese allenthalben durchbricht. Sie legt ihr jene Schwierigkeiten vor, die einem gequälten Geist entspringen, die aber auch für andere eine Qual sind, sofern sie nicht ein so gefestigtes Herz wie Theresia haben: „Wären Sie zufrieden, wenn man Ihnen sagte, Sie würden spätestens in einigen Tagen sterben? Sie würden es jedenfalls lieber hören, als wenn man Ihnen sagte, Sie müßten noch monate- und jahrelang immer mehr leiden?" Diese Fragen stellte Schwester Agnès ihr am 30. August, genau einen Monat vor ihrem Tod.

Einige Tage darauf kommt sie wieder auf dieses Thema zurück, immer im gleichen Sinne: „Sie möchten aber doch lieber sterben als leben?" – „Ich ziehe weder das eine noch das andere vor, ich könnte nicht wie unsere heilige Mutter Teresa sagen: ,Ich sterbe, weil ich nicht sterbe.' Was der liebe Gott vorzieht und für mich wählt, das gefällt mir besser."

Mutter Agnès, ein gequälter, skrupelhafter und zögernder Geist – „Sie zaudern viel zu sehr, mein Mütterchen, ich habe es schon oft in meinem Leben festgestellt", sagt Theresia zu ihr –, kann Theresia nicht verstehen. Ihre Seinsweise ist so verschieden! Ein kleiner Text, den wir in den beiden Versionen, die wir besitzen, wiedergeben, zeigt deutlich diesen Unterschied zwischen Mutter Agnès, der Älteren, Angstvollen, und Theresia dem kleinen Mädchen, das sich vor nichts fürchtet:

Schwester Agnès

Ich vertraute ihr meine Ängste hinsichtlich verschiedener Dinge an. Sie sagte zu mir:

Theresia

Sie gleichen einem ängstlichen Vögelchen, das nie unter Menschen gelebt hat. Sie fürchten stets, gefangen zu werden. Ich habe nie vor jemandem Angst gehabt. Ich bin immer gegangen, wohin ich wollte... Ich wäre eher unter ihren Beinen durchgeschlüpft...

(durch Mutter Agnès überarbeiteter Text)

Ich habe immer festgestellt, mein Mütterchen, daß sie einem Vögelchen gleichen, das, so möchte man sagen, nie unter Menschen gelebt hat. Sie fürchten stets, gefangen zu werden. Ich habe nie vor jemandem Angst gehabt. Wenn es auch nur die geringste Pflicht zu erfüllen gab, dann bin ich gegangen, wohin ich wollte... Wenn die Menschen mir den Weg versperrten, so versuchte ich nicht, sie umzustoßen, sondern... glitt geschickt zwischen ihren Beinen hindurch... Sie wissen, was ich damit sagen will... (Originaltext)

Was Schwester Marie vom heiligsten Herzen betrifft, so ist auch sie für Theresia kaum eine größere Hilfe als Mutter Agnès. Auch sie täuscht sich gründlich. Sie, die im Brief vom 14./15. September das verhüllte Geständnis über Theresias Zustand – die innere Finsternis – erhielt, versetzt sich nicht an Theresias Platz, sondern verfehlt ihn haargenau: So z.B., als sie eines Tages kurz zu Theresia hereinkommt, während diese gerade durch das Fenster des Krankenzimmers den Himmel betrachtet: „Wie liebevoll Sie den Himmel betrachten!" ruft sie aus. Als sie wieder gegangen ist, sagt Theresia zu Mutter Agnès: „Sie meint, ich betrachte das Firmament im Gedanken an den wahren Himmel! Aber nein, ich bewundere nur den Himmel der Natur; der andere ist mir mehr und mehr verschlossen."

Man versteht, daß sie nur mit Céline sprechen und nur ihr das Gebet ihres Herzensgrundes anvertrauen kann: sie will für die „Gerechten", die sie umgeben, leiden, will nicht in die Falle der schönen Gedanken und der hehren Tugenden geraten. Schon dem Tode nahe, sagt sie zu Céline: „Sie sind ganz klein, vergessen Sie das nicht; und wenn man ganz klein ist, dann hat man keine erhabenen Gedanken."

An Céline ist eines ihrer letzten Briefchen gerichtet, das sie am 3. August im Augenblick einer großen Angst schreibt: „Mein Gott, was bist Du doch milde für das kleine Opfer Deiner barmherzigen Liebe! Selbst jetzt, da Du den äußeren Leiden auch noch die Prüfung meiner Seele hinzugefügt hast, kann ich nur sagen: ,Die Todesnöte haben mich umgeben' (Ps 17, 5), aber in Dankbarkeit rufe ich aus: ,Ich bin hinabgestiegen in das Tal des Todesschattens; dennoch fürchte ich kein Übel, weil Du, Herr, mit mir bist!"

In diesen Wochen schreibt Theresia mehrere Abschiedsbriefe. Am 1. Juli geht ein Brief an P. Roulland. Sie verspricht ihm, zu ihm zu kommen, wenn sie im Himmel ist: „Ich rechne bestimmt damit, im Himmel nicht untätig zu bleiben. Mein Wunsch ist es, noch für die Kirche und die Seelen zu arbeiten. Ich erflehe es vom lieben Gott, und ich bin sicher, daß Er mich erhören wird." In diesem Brief findet sich ein Abschnitt, in dem die spirituelle Vitalität Theresias zum Durchbruch kommt, ein Abschnitt, in dem sie Himmel und Erde in ihrem Zusammen beschreibt, in dem sie zeigt, wie sehr sie den Dualismus: hier Himmel, dort Erde, hier diese Welt, die man verläßt wie einen üblen Ort, dort jene Welt, als wäre sie definitiv die Negation der ersteren, verwirft. Der Abschnitt dieses Briefes zeigt, zu welchem Grad der Reife sie gelangt ist, da sie in gleicher Weise auf beiden Gebieten, der Erde wie dem Himmel, leben will: „Der Gedanke an die ewige Seligkeit läßt mein Herz kaum aufjubeln. Seit langem schon ist das Leiden mein Himmel hienieden geworden, und es fällt mir wirklich schwer, mir vorzustellen, wie ich mich in einem Lande akklimatisieren soll, in dem die Freude ohne irgendeine Traurigkeit herrscht. Jesus wird meine Seele umgestalten und ihr die Fähigkeit zur Freude geben müssen, andernfalls kann ich die ewigen Wonnen nicht ertragen.

Was mich zur himmlischen Heimat zieht, ist der Ruf des Herrn, ist die Hoffnung, Ihn endlich so zu lieben, wie ich es so sehr verlangt habe, und der Gedanke, daß ich eine Vielzahl von Seelen lieben lehren darf, die Ihn ewig benedeien werden."

An Abbé Bellière schreibt sie in diesen zwölf Wochen am häufigsten: drei lange Briefe. Er hat ihr am 14. Juli geschrieben und sich über den schlechten Gesundheitszustand Theresias zutiefst betroffen gezeigt. Er kann sich nicht vorstellen, was die gegenwärtige Freude Theresias sein kann. Sie antwortet ihm umgehend, am 18. Juli. Sie tröstet ihn sehr liebevoll. Sie legt ihm ihren Weg dar und sagt, daß sie ihm beistehen werde, ihn zu verwirklichen: „Wenn ich im Hafen angekommen bin, werde ich Sie, kleiner Bruder meiner Seele, unterweisen, wie Sie auf dem stürmischen Meer der Welt ihr Schiff lenken müssen: mit der Hingabe und Liebe eines Kindes, das weiß, daß sein Vater es liebt und in der Stunde der Gefahr nicht allein lassen würde.

Wie gerne möchte ich Ihnen die Zärtlichkeit des Herzens Jesu verständlich machen, das, was er von Ihnen erwartet. In Ihrem Brief vom 14. haben Sie in zärtlicher Weise mein Herz aufjubeln lassen. Mehr denn je zuvor habe ich begriffen, bis zu welchem Grade Ihre Seele die Schwester der meinen ist, berufen, sich zu Gott zu erheben durch den Aufzug der Liebe und nicht, indem sie die steile *Leiter* der Furcht erklimmen muß. Ich wundere mich nicht darüber, daß die Übung des vertrauten Umgangs mit Jesus Ihnen etwas schwer zu verwirklichen zu sein scheint. Man kann das nicht an einem Tag erreichen. Aber dessen bin ich gewiß, ich werde Ihnen viel helfen, diesen auserlesenen Weg zu gehen."

Sie bringt für ihn den Vergleich zwischen zwei schelmischen Kindern: das eine fürchtet, bestraft zu werden, das andere dagegen wirft sich in die Arme seines Vaters. Antwort des Abbé, der sie nun besser verstanden hat. Theresia schreibt ihm wieder am 26. Juli mit dem

Aufschrei: „Mein Bruder, wie wenig ist doch die *Güte, die barmherzige Liebe* Jesu, bekannt!... Es ist wahr, um sich dieser Schätze zu erfreuen, muß man sich demütigen, sein Nichts anerkennen, und gerade das wollen viele Seelen nicht tun."

Ein dritter Brief am 10. August: „Jetzt bin ich ganz bereit, abzureisen", sagt sie. Wenn sie die Anstrengung unternimmt, noch diesen dritten Brief zu schreiben, so deshalb, weil Abbé Bellière *ihren „Weg"* noch nicht echt verstanden hat: „Ich gestehe Ihnen, mein Bruder, daß wir den Himmel nicht in der gleichen Weise auffassen. Es scheint Ihnen, daß ich dann, wenn ich an der Gerechtigkeit, an der Heiligkeit Gottes teilhaben werde, Ihre Fehler nicht mehr wie auf Erden entschuldigen könne. Vergessen Sie denn, daß ich auch an der *unendlichen Barmherzigkeit* des Herrn teilhaben werde?

Ich glaube, daß die Seligen großes Mitleid mit unseren Erbärmlichkeiten haben. Sie erinnern sich, daß sie gleich uns gebrechlich und sterblich waren, daß sie dieselben Fehler begangen und die gleichen Kämpfe durchgestanden haben, und ihre brüderliche Zuneigung wird noch größer, als sie auf Erden gewesen ist. Deshalb hören sie auch nicht auf, uns zu beschützen und für uns zu beten."

Sie schickt ihrer lieben Novizin, Schwester Marie von der Dreifaltigkeit, ein Wort. Diese ist nach Theresia die jüngste Ordensfrau des Klosters – sie wird am 12. August 1897 dreiundzwanzig Jahre alt. Sie wurde in dem Augenblick vom Krankentrakt abgezogen, als Theresia dort eintrifft. Sie ist darüber sehr traurig, hatte sie sich doch so sehr gewünscht, Theresia zu pflegen. Sie beklagt sich darüber lauthals vor einer Schwester, die es wiederum Theresia hinterbringt. Diese reagiert sofort: „Ihnen muß man immer *gleich* sagen, was man denkt. Ich möchte nicht, daß sie traurig sind. Sie wissen, von welcher Vollkommenheit ich für Ihre Seele träume. Deshalb habe ich so streng mit Ihnen gesprochen. Ich hätte Ihren Kampf verstanden, und ich hätte Sie zärtlich getröstet, wenn Sie es nicht laut hinausposaunt, sondern es, solange der liebe Gott es so wollte, in ihrem Herzen bewahrt hätten. Jetzt bleibt mir nur noch, sie daran zu erinnern, daß unsere Zuneigung hinfort verborgen bleiben muß..."

Am 16. Juli schreibt Theresia einen Abschiedsbrief an Herrn und Frau Guérin: „Meine Schwestern haben, wie ich weiß, Ihnen von meiner Fröhlichkeit gesprochen. Es ist wahr, ich gleiche einem Buchfink, ausgenommen wenn ich Fieber habe. Gut, daß dies mich für gewöhnlich nur abends aufsucht, zu der Stunde, da die Buchfinken schlafen und ihre Köpfchen unter den Flügeln verbergen. Ich wäre nicht so aufgeräumt, wie ich es bin, wenn der liebe Gott mir nicht zeigte, daß die einzige Freude auf dieser Welt darin besteht, Seinen Willen zu erfüllen. An einem Tag glaube ich mich wegen des bedenklichen Gesichtsausdrucks von Dr. Cornière bereits an der Pforte des Himmels, und am nächsten Tag verläßt er mich fröhlich mit den Worten: ‚Jetzt sind sie auf dem Weg der Genesung.' Soweit ich mich selbst zu beurteilen vermag (ich, das kleine Baby, das Brei zu essen bekommt), werde ich nicht mehr gesund, aber es kann sich noch lange *hinziehen*."

Ein Brief an Léonie am 17. – die einzige ihrer Schwestern, die sie duzt: im Kloster gilt das Sie. „Ich bin sehr glücklich, mich noch mit Dir unterhalten zu können. Vor einigen Tagen glaubte ich nicht mehr, daß mir diese Tröstung auf Erden noch zuteil werde. Aber es scheint, als wollte der liebe Gott meine Verbannung noch ein wenig verlängern. Ich bin darüber nicht betrübt, weil ich durch meinen eigenen Willen keine Minute früher in den Himmel eingehen will. Das einzige Glück auf Erden besteht darin, sich zu bemühen, immer das köstlich zu finden, was Jesus uns zuteilt."

Sie schließt mit den Worten: „Gott befohlen, meine liebe Schwester. Ich möchte, daß der Gedanke an mein Eingehen in den Himmel Dich mit Freude erfüllt, denn dort kann ich Dich noch mehr lieben."

Theresia wollte auch noch an P. Pichon schreiben, der ihr Herz in einem entscheidenden Augenblick zu Beginn ihres religiösen Lebens aufgetan hatte. Ihm sprach sie von der Güte, die der Herr ihr während all dieser Jahre geschenkt hatte, und sie kommentierte ihm den Psalm ‚Der Herr ist mein Hirte'. Als der Brief abgesandt wurde, sagte Theresia: „Meine ganze Seele liegt darin." Aber dieses Vermächtnis ist – wie alle Briefe Theresias an P. Pichon – nicht erhalten.

Eine Leere, die man füllen möchte

Was ist über die Entwicklung der Krankheit zu sagen? Am 9. Juni, am 7. Juli und am 29. Juli glaubte man, Theresia werde sterben. Am 9. Juni ist der Jahrestag des *Hingabeakts,* am 29. Juli der Todestag ihres Vaters. Am 30. „sagte der Arzt, bestürzt über die Fortschritte, die die

Krankheit innerhalb zweier Tage gemacht hatte, zu unserer guten Mutter, daß es nun an der Zeit sei, meine Wünsche zu erfüllen und mir die Krankensalbung zu spenden".

Wie wir sahen, sprach der Arzt noch am 7. Juli von einer Lungenblutung. Am Tag darauf schrieb Marie Guérin an ihre Eltern: „Wenn man sie besucht, ist sie ganz verändert, stark abgemagert. Aber sie hat immer die gleiche Ruhe und ein heiteres Wort. Sie sieht dem Tod glücklich entgegen, und sie hat nicht die geringste Angst."

Am 9. Juli wieder ein Brief Marie Guérins an ihre Mutter: „Wenn Du unsere liebe kleine Kranke besuchen würdest, dann könntest Du nicht umhin, zu lachen. Sie sagt immer irgend etwas Lustiges... Heute morgen sagt sie plötzlich zu mir: ,Wenn ich eine von beiden wäre!' Wir schauten uns an und fragten uns, was das bedeuten solle. Da fährt sie fort: ,Ja, eine von den beiden von hundert! Welch ein Unglück wäre das!' Die Lösung ist die, daß unsere Mutter ihr erzählt hatte, daß Dr. Corrière ihr gesagt habe, in ihrem Zustand würden nur zwei von Hundert überleben." Dann berichtet Marie Guérin die Geschichte, die wir bereits kennen: Der Superior des Klosters, Kanonikus Maupas, Pfarrer von St. Jakob, hatte sie besucht und sie nicht für krank genug gehalten, um ihr die Krankensalbung zu spenden. Marie Guérin fährt in ihrem Brief fort: „Als er gegangen war, sagte sie: ,Das nächste Mal werde ich mir nicht mehr soviel Mühe geben, um höflich zu sein: ich habe mich in unserem Bett aufgesetzt, habe mich liebenswürdig gegeben, und er verweigert mir, um was ich ihn bitte! Nächstes Mal werde ich zu einer kleinen Finte greifen. Ich werde vorher eine Tasse Milch trinken, denn dann sehe ich immer viel schlechter aus. Dann werde ich ihm mit Mühe antworten und ihm sagen, daß ,ich im Sterben liege', und sie spielte uns tatsächlich eine Komödie vor."

Im Krankentrakt, in den man sie hinabgebracht hatte, liegt sie im gleichen Bett, in dem auch Mutter Geneviève, die Gründerin, lag, die ebenfalls mehrmals vor dem Tod stand, ohne ihm zu erliegen. Marie Guérin berichtet ihren Eltern, Theresia sage oft: „Welch unglückliches Bett! Wenn man darin liegt, versäumt man immer den Zug!"

In ihrem Brief an P. Roulland vom 14. Juli erzählt sie ihrem Briefpartner – der ihr geschrieben hatte, er erlerne das Chinesische und stammle es wie ein Kleinkind: „Nun, seit fünf oder sechs Wochen bin auch ich ein Baby, denn ich lebe nur noch von ,Breili'." Der Ausdruck ist kindlich, aber die Wirklichkeit ist es nicht: Theresia hat eine Abscheu vor Milch. Mutter Agnès aber, die „Verwalterin" des Klosters, wurde beauftragt, ihre Ernährung zu überwachen, und sie läßt sie extrem viel Milch trinken. Mutter Agnès berichtet uns folgenden Vorfall: „Da die Milch ihr Übelkeit bereitete und sie zu diesem Zeitpunkt doch nichts anderes mehr zu sich nehmen konnte, hatte Dr. Corrière eine Art Kondensmilch verschrieben, die beim Apotheker geführt wurde. Aus verschiedenen Gründen war ihr diese Verschreibung schmerzlich, und als sie sah, wie man die Flaschen brachte, fing sie bitterlich zu weinen an." Und wie ungeschickt war das Vorgehen von Mutter Agnès. So etwa nach ihrem eigenen Bericht am 20. August: „Sie konnte die Milch nicht mehr sehen, die sie übrigens nie sehr freudig getrunken hatte und die bei ihr nun heftigen Widerwillen auslöste. Ich sagte zu ihr: ,Würden Sie diese Tasse trinken, um mir das Leben zu retten?' – ,Ja, natürlich! Na, schauen Sie, und ich sollte sie nicht aus Liebe zum lieben Gott trinken?' Und sie trank die Tasse in einem Zug leer."

Sie, die nun praktisch nichts mehr zu sich nehmen kann, hat einfach „Wünsche": „Ist jetzt schon die Jahreszeit der Pfirsiche? Bietet man in den Straßen Pflaumen feil? Ich weiß gar nicht mehr, was vor sich geht. Wenn man seinem Ende zugeht, verliert man das Gedächtnis und den Kopf." Am 12. August sagt sie: „Es ist unerhört, jetzt, wo ich nichts mehr essen kann, überkommen mich Gelüste nach allen möglichen leckeren Dingen, wie z. B. Hähnchen, Koteletten, Reis auf Sauerampfer, wie es ihn sonntags gab, Thunfisch!"

Im Juli war eine Besserung eingetreten, und Céline schickt an Léonie einige Zeilen: „Theresia, meine kleine Kranke, sagt mir gerade folgendes: ,Ich hätte auf etwas Lust, aber nur meine Tante oder Léonie könnten es mir geben: Ich möchte gern einen kleinen Schokoladekuchen. Er ist innen weich.' Ich nenne ihr einen Schokoladeriegel. ,Nein, er ist besser, er ist lang und schmal, ich glaube, er heißt Éclair. Aber nur einen', sagt sie."

Nach der Krankensalbung und dem Viaticum am 30. Juli um 18 Uhr tritt eine Besserung ein. „Es macht ihr Spaß, mit uns über all das zu sprechen, was nach ihrem Tod geschehen wird", schreibt Marie Guérin an ihre Eltern. „In der Art, wie sie uns das erzählt, muß man da, wo man eigentlich weinen müßte, hellauf lachen, so lustig ist sie. Sie läßt alles an uns vorbeiziehen, das macht sie glücklich, und sie teilt es uns in Ausdrücken mit, die uns herzlich zum Lachen bringen. Ich glaube, sie wird lachend sterben, so heiter ist sie."

Und da es ihr besser geht, reist Herr Guérin, der gichtkrank ist, wie jedes Jahr mit seiner Frau nach Vichy.

Wir erinnern uns, daß Schwester Marie von der Dreifaltigkeit aus dem Krankentrakt abgezogen wurde, als Theresia dorthin gebracht worden war. Der Grund dafür war der, daß Mutter Marie von Gonzaga anläßlich der Krankheit die große Verbundenheit der lieben Novizin und Theresias bemerkt hatte. Nun hatte aber die Priorin eine starke Zuneigung zu Schwester Marie von der Dreifaltigkeit gefaßt, und sie machte ihr heftige Vorwürfe: „Hätte ich Ihre engen Beziehungen zu Schwester Theresia vom Kinde Jesu gekannt und gewußt, daß sie Ihnen in allem durchaus genügt, so hätte ich mich nicht mit Ihnen befaßt."

Als Theresia eines Tages einen stärkeren Anfall hat, läuft Mutter Agnès zur Priorin und bittet diese, den Arzt holen zu lassen. Da aber Dr. de Cornière auf Urlaub ist, weigert sich Mutter Marie von Gonzaga, einen anderen Arzt aus der Stadt zu rufen. Nun verlangt Mutter Agnès, Dr. La Néele, den Gatten Jeanne Guérins, zu rufen. Dieser war am Vortag in Lisieux gewesen, aber die Priorin hatte bereits strikt verboten, daß er Theresia im Karmel besucht. Schließlich entschließt sich die Priorin doch, Dr. La Néele ein Telegramm nach Caen zu schicken. Er kommt, untersucht Theresia. Er ist so unzufrieden, daß er mit Nachdruck der Priorin erklärt: „Ich muß Ihnen sagen, meine Mutter, daß diese arme kleine Schwester ein wahres Martyrium erleidet und daß sie in ihrem Zustand täglich von einem Arzt besucht werden muß. Ich war gestern in Lisieux, warum haben Sie mich nicht gerufen?" Als er gegangen war, machte die arme Mutter Priorin eine Szene. Sie war sehr aufgebracht und beklagte sich laut über die Familie der Kranken und die Kranke selbst. Mutter Agnès sagt beim Prozeß aus: „Da der Hausarzt in Urlaub war, baten wir unsere Mutter Priorin, unseren Verwandten, Dr. La Néele, zu rufen. Dies aber verbot sie, und Theresia litt einen Monat lang die schrecklichsten Qualen. Als wir uns über diese Handlungsweise beklagten, sagte dieser Friedensengel zu uns: ‚Meine kleinen Schwestern, man darf nicht gegen den Willen des lieben Gottes murren. Er ist es, der zuläßt, daß unsere Mutter mir keine Erleichterung gewährt.'"

Es steht außer Zweifel, daß in Mutter Marie von Gonzagas Sicht die

Familie Martin im Kloster einen übergroßen Einfluß hatte. Auf allen Ebenen; beispielsweise auf finanzieller Ebene: Mutter Agnès ist Ökonomin des Karmels. Der weitaus größte Wohltäter des Klosters ist der Onkel Guérin: ohne ihn könnten die Karmelitinnen nicht leben. Ein anderes Beispiel: 1896 kauft Herr Guérin im Friedhof von Lisieux einen großen Begräbnisplatz, von dem er nur einen Teil für sich behält: den Rest bestimmt er für die Karmelitinnen. Wie sollte der Wunsch der Schwester Agnès, den Mann ihrer Kusine zu Theresias Betreuung beizuziehen, der Priorin nicht als ein Angriff auf ihre Autorität erscheinen? Dieser Kampf zwischen der Familie Martin-Guérin und der Priorin wird in einem Brief Dr. La Néeles an seinen Schwiegervater, Herrn Guérin, der sich gerade in Vichy aufhält, deutlich. Er hat Theresia am 17. August gesehen: „Ich habe unsere kleine Kranke in Ihrem und Mamas Namen und im Namen der ganzen Familie auf die Stirn geküßt. Der Form halber habe ich die Mutter Priorin um die Erlaubnis dazu gebeten, aber möglicherweise verbietet es die Regel, und so habe ich die Antwort gar nicht erst abgewartet und mir das herausgenommen, was Ihnen zusteht." Der Schwiegersohn des Onkels Guérin horcht also die Kranke ab: Onkel Guérin hat das *Recht* – „was Ihnen zusteht" –, daß *sein* Arzt, der überdies sein Schwiegersohn ist, *seine* Kranke untersucht. Er beauftragt *seinen* Experten. Es besteht ein Recht, und der Arzt handelt in seinem Namen, ohne eigentlich die Erlaubnis zu haben; die Regel wird nicht so ernst genommen. Der erste Wohltäter der Kommunität nimmt, was ihm zusteht.

Man wird sagen, daß unter solchen Umständen die Familie – Mutter Agnès und Onkel Guérin an der Spitze – zur Auffassung gelangen konnten, daß die Priorin die Kranke nicht genügend betreue und die Notwendigkeit bestand, einem Menschen, der sich in Gefahr befand, beizustehen. Aber Marie Guérin schreibt am 17. August nach dem Besuch von Dr. La Néele selbst an ihre Eltern: „Er fand unsere kleine Kranke bewundernswert betreut vor, und er sagte, wenn sie durch all die Pflege, die Dr. de Cornière ihr verschrieben hat, nicht gesund geworden sei, so deshalb, weil der liebe Gott sie trotz allem zu sich nehmen wolle."

Wir müssen der Priorin gegenüber gerecht sein. Es war immerhin sie, die Céline Theresia zuwies. Céline berichtet selbst, die Priorin habe ihr „aus Feingefühl die Pflege meiner lieben kleinen Schwester anvertraut. Ich schlief in einer kleinen Zelle, die neben ihrem Krankenzimmer lag, und ich verließ sie nur, um zum Offizium zu gehen und um anderen Kranken einige Handreichungen zu geben. Während dieser Zeit vertrat mich Mutter Agnès."

„Sie können sich nicht vorstellen, wie gut unsere Mutter zu uns und vor allem zu unserer kleinen Theresia ist", schreibt Schwester Marie vom heiligsten Herzen an Herrn und Frau Guérin. Wir können Theresia selbst glauben, die im Juni in dem an die Priorin gerichteten Manuskript schreibt: „Meine Mutter, die Pflege, die Sie mir angedeihen lassen, seit ich krank bin, hat mir viele Lehren über die Nächstenliebe geboten. Keine Arznei scheint Ihnen zu teuer zu sein, und wirkt die eine nicht, so versuchen Sie es unermüdlich mit einer anderen. Wenn ich in die Rekreation komme, wie passen Sie dann auf, damit ich nicht dem geringsten Durchzug ausgesetzt bin! Wollte ich alles aufzählen, so käme ich an kein Ende."

Und wenn die Priorin ganz am Ende meint, die Morphiumspritzen, die der Arzt vorschlägt, nicht erlauben zu können, so deshalb, weil sie glaubt, diese zu jener Zeit noch sehr neue Behandlung sei einer Karmelitin nicht angemessen: hier finden wir wieder die tiefen Überzeugungen von Mutter Marie von Gonzaga, die einer Tradition entsprechen, die sie im Karmel gelernt hat: der Tradition des heroisch erduldeten Leidens. War es nicht „gerecht" – um mit Theresia zu sprechen –, daß jene, die dieses System hinter sich lassen wollte, selbst ein Opfer dieses Systems werden sollte? Mutter Marie von Gonzaga – und Mutter Agnès – fiel es nicht leicht, sich von ihrer gewohnten Perspektive zu lösen: es gelang ihnen nicht, zu begreifen, was Theresia unter ihrem „Weg" verstand und was sie in ihrem Brief vom 18. Juli 1897 an Abbé Bellière in einem Wort definiert hatte: „das mit der Liebe vereinigte Leiden". Für diese beiden Frauen war das Leiden eine Art Wert in sich, ein Talisman des Heils für sich selbst und die anderen. Theresia kehrt alles um, indem sie hinzufügt: „mit der Liebe vereinigt". Sie verlangt nichts Außerordentliches: sie sagt am 9. August 1897 von ihrem Manuskript: „Es ist für jeden Geschmack etwas dabei, außer für die außerordentlichen Wege."

Vielleicht liegt in diesem „System" das Geheimnis der Haltung der beiden „Mütter" und der Kern ihres Konflikts. Im Grunde sind sie einander ähnlich: sie sind beide zugleich äußerst sensibel und äußerst voluntaristisch eingestellt. Diese beiden Haltungen haben ihre gemeinsame Quelle übrigens in einer fundamentalen Angst, durch die sie in einer nur schlecht ausgeglichenen Affektivität verbleiben und in übertriebenen Handlungen reagieren, um ihr Schuldgefühl zu beschwichtigen. Es ist offensichtlich, daß Theresia ihnen weit überlegen ist. Es ist offensichtlich für uns – und auch für sie. Sie stützen sich beide auf sie. So verwirrt sie der nahe Tod Theresias, berührt sie im Kern ihrer Sensibilität. Es gibt nun einen erstaunlichen Stellungswechsel zwischen beiden: die Priorin beginnt zu befürchten, Mutter Agnès könnte in ihrer zu großen Sensibilität die Krankheit Theresias nicht verkraften, und dies ist auch einer der Gründe, warum sie ihr nicht von dem Blutsturz vom Karfreitag 1896 berichtet. „Unsere *gute* Mutter (Priorin)" so schreibt Theresia am 18. Juli 1897 über Mutter Agnès an Abbé Bellière, „fürchtete sehr, daß bei deren empfindsamer Natur und deren großer Zuneigung zu mir mein Scheiden für sie sehr bitter sein werde." Aber „sie (Mutter Agnès) spricht von meinem Tod wie von einem Fest, und das ist ein großer Trost für mich". Theresia betont, daß gerade das Gegenteil eingetreten ist. Die Priorin ist es, die ganz aus der Fassung gerät. Theresia hat es in ihrem Brief vom 14. Juli 1897 an P. Roulland gesagt, der Mutter Marie von Gonzaga kennt und der verwirrt sein muß, daß diese starke Frau so erschüttert sein kann: „*Beten Sie für unsere Mutter,* deren so empfindsamem und mütterlichem Herzen es so schwerfällt, meinen Weggang anzunehmen." Die gleiche Bitte richtet sie an Abbé Bellière. Man kann nicht umhin, diesen großen Schmerz einer verwundeten Frau zu respektieren, die einen Monat nach Theresias Tod an den Pater Prior von Mondaye schreibt: „Die letzten Ereignisse bei uns (Theresias Tod) haben mich fast stumpf werden lassen. Ich weiß nicht mehr, woran ich bin, wohin ich gehe. Der Tod unseres Engels läßt in mir eine Leere zurück, die nicht mehr aufzufüllen ist. Je mehr Vollkommenheiten ich in diesem gesegneten Kind entdecke, um so mehr beklage ich, es verloren zu haben."

Es gibt keine andere Entschuldigung für die bedauernswerten Vorfälle, die sich in den letzten zwölf Wochen ihres Lebens um Theresia abspielten, als das Leid dieser beiden Frauen, die ihr bitterer Schmerz zu Gegnern machte. Ihr Leid war noch zu menschlich, zu wenig friedlich, zu wenig „vereint mit der Liebe". Und gerade deshalb wollten diese beiden Frauen, als der baldige Tod Theresias für sie offenkundig war, diese offene Wunde dadurch schließen, daß sie sich um ihre Hinterlassenschaft stritten und daß jede von ihnen versuchte, sich ihren Leib, ihren Tod und ihre Schriften anzueignen.

Theresia stand zwischen den beiden und mußte die Rechnung bezahlen: wie eine wahrhaft Arme.

Die beiden „Mütter" gehen wegen ihres Konflikts am Wesentlichen vorbei und lassen Theresia in einer grenzenlosen Einsamkeit. Mutter Agnès wurde, zwar verhüllt, aber doch wirklich, über die innere Prüfung Theresias ins Vertrauen gezogen. Die Priorin erhielt von Theresia in diesem Juni 1897 eine präzise vertrauliche Mitteilung darüber. Aber keine Spur verweist uns darauf, daß die Priorin den Gegenstand dieser Prüfung verstanden hätte. Und das *Gelbe Heft* von Mutter Agnès zeigt, daß sie diese Prüfung, in der Theresia sich befindet, noch weniger, nämlich gar nicht versteht. Bis zum Ende ist Theresia allein, sich selbst und ihrer Armut ausgeliefert. Sie lebt in einer wahren Agonie, jener Christi vergleichbar. Ein symbolisches Ereignis: Als sie eines Tages eine sehr heftige Krise hatte, halten ihre drei Schwestern Nachtwache an ihrem Bett. Sie schlafen alle drei ein, und als sie wieder aufwachen, zeigt Theresia lächelnd mit dem Finger auf eine jede von ihnen: „Petrus, Jakobus und Johannes!"

Durch die Aufzeichnungen von Mutter Agnès hindurch werden hier und dort Versuche von seiten Theresias sichtbar, ihren inneren Zustand und die schreckliche Prüfung, die sie durchmacht, mitzuteilen. Aber diese Versuche bleiben ohne Antwort. Am 6. Juni vertraut sie Mutter Agnès den Dialog mit dem Almosenier und Beichtvater der Karmelitinnen an: „Zu meinen Versuchungen wider den Glauben hat Abbé Youf mir gesagt: ‚Verweilen Sie nicht dabei, das ist sehr gefährlich.' – ‚Das zu hören ist keineswegs tröstlich, aber glücklicherweise mache ich mir nichts daraus. Seien Sie beruhigt, ich werde mir nicht meinen »kleinen« Kopf darüber zerbrechen, wie ich mich quälen kann.'"

Ein Kind stirbt in Einsamkeit

6. Juli: „Ich habe einen schönen Abschnitt in den Reflexionen über die *Nachfolge* gelesen. Es ist ein Gedanke von Lamennais – um so schlimmer –, aber er ist trotzdem schön. Unser Herr im Garten Gethsemane, der sich aller Wonnen der Dreifaltigkeit erfreut, und dennoch war sein Todeskampf darum nicht weniger grausam. Das ist ein Geheimnis, aber ich versichere Ihnen, daß ich durch das, was ich selbst erfahre, etwas davon verstehe."

Jene, die um diese innere Agonie – die mit der anderen Agonie einhergeht – wissen, stehen dermaßen abseits, daß Theresia es ihnen mit unumwundener Offenheit gesteht: „Eine von uns", so berichtet Mutter Agnès, „hatte ihr etwas gesagt und vorgelesen und glaubte nun, sie in ihrer großen Prüfung sehr getröstet und erfreut zu haben. ‚Hat Ihre Prüfung nicht für einen Augenblick aufgehört?' Eindeutige Antwort Theresias: ‚Nein! Es ist geradeso, als ob Sie singen würden.'"

Es wird verständlich, warum sie immer wieder sprach: „Wie sehr muß man für die Sterbenden beten! Wenn man wüßte!" Sie stellt im übrigen eine Verbindung zwischen den beiden Agonien her: „Ich glaube, der Teufel hat den lieben Gott um die Erlaubnis gebeten, mich durch ein übermäßiges Leiden versuchen zu dürfen, damit ich die Geduld und den Glauben verliere."

Am 28. zeigt sie durch das Fenster auf eine ganz dunkle Stelle unter den Kastanienbäumen: „Sehen sie dort unten das schwarze Loch, in dem man nichts unterscheiden kann. In einem solchen Loch stecke ich mit Seele und Leib. Ja, welche Finsternis! Aber ich bin darin im Frieden."

Die Schmerzen werden unerträglich, und am 30. sagt sie zu Schwester Agnès: „Meine Mutter, wenn Sie Kranke zu betreuen haben, die so starke Schmerzen zu erdulden haben, dann achten Sie gut darauf, niemals in ihrer Nähe giftige Medikamente stehen zu lassen. Ich versichere Ihnen, wenn man solche Schmerzen hat, bedarf es nur eines Augenblicks, um den Verstand zu verlieren. Dann wäre man leicht fähig, sich zu vergiften."

Getreu ihrer Berufung von Ostern 1896 opfert sie ihre letzte heilige Kommunion am 19. August für Loyson auf: und am 2. September äußert sie: „Ich habe meine innere Prüfung gegen den Glauben vor allem für eine unserer Familie nahestehende Person aufgeopfert, die keinen Glauben hat." Theresia trägt ihre Prüfung mit einer Art von Humor: „Ich frage mich, wie sich der liebe Gott so viel Zeit lassen kann, mich zu sich zu nehmen ... Man könnte fast sagen, er will mir ‚weismachen', daß es keinen Himmel gibt!" Sie hat ihre ganz bestimmte Art, nicht frontal auf die Versuchungen zuzugehen, sondern, wie sie sagte, „geschickt unter den Beinen durchzuschlüpfen", sie, die ihren Novizinnen riet, die Schwierigkeiten nicht „überwinden" zu wollen, sondern „unten durchzuschlüpfen".

So sind diese zwölf Wochen nichts als Finsternis: „Wenn Sie

wüßten!" sagt sie drei Monate vor ihrem Tod zu Schwester Agnès. „Es sind die Überlegungen der schlimmsten Materialisten, die sich meinem Geist aufdrängen." Und sechs Tage vor ihrem Tod zu Mutter Agnès, die ihr eine Frage stellt, aus der hervorgeht, daß sie Theresia ähnlich den Heiligen sterben sehen möchte: „Haben Sie eine Intuition, an welchem Tag Sie sterben werden?" – „Intuitionen! Wenn Sie wüßten, in welcher Armut ich stecke!" Die beiden „Wenn Sie wüßten!" zu Beginn und am Ende dieser zwölf Wochen entsprechen sich. Die Umgebung wußte nichts. Theresia stirbt arm und allein.

Allein vor dem Herrn in der Nacht, aber auch allein in ihrem Kloster. Wir haben gesehen, daß die Klosterfrauen – Mutter Marie von Gonzaga an der Spitze – nicht verstehen, was Theresia zutiefst in ihrem Herzen durchmacht, daß auch ihre beiden Schwestern, Marie und Agnès, weit davon entfernt sind, sie zu verstehen. Bleibt noch Céline. Nun ist es aber eine entscheidende Tatsache, daß Céline im Verlauf von Theresias Krankheit ihre Haltung ändert. Sie, die zunächst, als Theresia in den Krankentrakt kam, so zuvorkommend gewesen war, wird schlagartig gehässig gegen Theresia. Obwohl sie ihre Krankenschwester ist, vernachlässigt sie ihre Betreuung, reinigt sie nicht und scheut nicht einmal vor einem Wortspiel wie diesem zurück: „Hier riecht es nicht gerade nach Rosen."

Wie ist dieser plötzliche Wandel in Célines Verhalten gegenüber Theresia zu erklären? Warum diese Boshaftigkeit, diese Rohheit? Zweifellos spielt eine Rolle, daß Céline die Zweitjüngste und Theresia die Jüngste ist, daß Theresia vor der älteren Schwester in den Karmel eingetreten ist, daß sie ihr auch in der Kenntnis der spirituellen Wege voraus ist, daß sie ihre zweite Novizenmeisterin ist. Das sind allerdings Gründe, auf die kleine Schwester eifersüchtig zu sein! Und nun wird Theresia auch noch gleichsam von einem Heiligenschein umgeben sterben: die Klosterfrauen verstehen zwar nicht, was sie in ihrem Innersten durchmacht, aber sie sprechen von ihr bereits als von einer „wahren Heiligen" – wenn man diesen Begriff auch nur in abgeschwächter Bedeutung zu verstehen braucht, da er in den Klöstern oder frommen Kreisen dieser Zeit sehr geläufig ist. Wieder kommt ihr Theresia, die auch im Tod die Erste sein wird, in der Einschätzung bei den anderen zuvor. Céline ist als Krankenschwester immer wieder Zeuge dieser Lobreden, Zeuge auch der Aufmerksamkeiten, die die „Mütter" – Marie von Gonzaga und Agnès – Theresia zukommen lassen. Ihre Reaktion der Eifersucht wird also verständlich. Es bleibt aber die Tatsache, daß diese Eifersucht extrem heftig war und daß Céline Theresia in ihren letzten Lebenswochen viel Leid verursachte. Erinnern wir uns doch, wie sehr Theresia sich gewünscht hatte, daß auch Céline in den Karmel eintreten solle, an ihre große Freude, als sie kommt, an das Vertrauen, das sie ihr schenkt: war es nicht Céline, die Theresia an ihrem Hingabeakt vom 9. Juni 1895 teilnehmen ließ? Möglicherweise hat Theresia unter dieser Verlassenheit seitens Céline am meisten gelitten – neben ihrer Glaubensprüfung. Zweifellos erlebt sie hier die menschliche Einsamkeit am bittersten.

Theresias Antwort auf diesen Schlag Célines ist wirklich ihre ureigenste Antwort. Als Theresia im August 1894 erkannt hatte, daß Céline ihr nicht ganz vertraute – Céline hatte ihr ihre Pläne verheimlicht, nach Kanada zu P. Pichon zu gehen, und in diesem Plan Célines spielte zweifellos der Wunsch eine Rolle, nach Herrn Martins Tod sich dem geistlichen „Vater" der Martin-Töchter anzuschließen – damals hatte Theresia die ganze Schuld auf P. Pichon geschoben und wollte auch weiterhin die Vertraute Célines bleiben. Jetzt, da die Zuneigung Célines sie im Stich läßt, auf ihrem Totenbett, ist die Antwort wieder die gleiche. Theresia zeigt Céline auch weiterhin ihre liebende Zuneigung, ungeachtet aller Aggressivitäten Célines. Einer ihrer letzten Blicke, unmittelbar bevor sie stirbt, ist auf Céline gerichtet.

Sie eröffnet Céline auch weiterhin das Innerste ihres Herzens. In einem an Céline gerichteten Briefchen sagt sie dieser in erschütternder Weise, wie es mit ihr steht und wie sie versucht, diese Agonie zu leben. Wir müssen sie uns vorstellen: der Körper vom Fieber verzehrt, der Geist ausgedörrt wie eine brennende Wüste. Da ist also auf der einen Seite Jesus, der jenes Feuer in diesem Herzen entzündet hat, dieses Feuer, das heute ein Ausglühen ist, Jesus, der Feuer, Verzehrung ist. Und dort Theresia, das junge Mädchen, das immer zu den Wohlgerüchen des Geliebten eilen wollte und das nun am Ende seines Laufes angekommen ist. Theresia hat in der Einsamkeit ihrer Krankheit, ihrer Prüfung, ihrer Umgebung nur noch den einen Wunsch: in die zärtliche Liebe des Geliebten zu versinken. Sie sagt es in einem Gebet, das in dem Briefchen an Céline vom 22. Juli steht:

„Jesus! ,Dein Name ist wie ausgegossenes Öl.' In diesem göttlichen Duft will ich mich ganz und gar baden, weit entfernt von den Blicken der Geschöpfe." Nun ist sie allein mit dem Geliebten in ihrer letzten

Nacktheit. Ihr Leib und ihr Geist stehen in Flammen und verlangen nach dem Öl des Friedens und dem Wohlgeruch der Liebe.

Gleich ihrer Mutter, die vor ihrem Tod für Léonie eine Wallfahrt nach Lourdes unternommen hatte, pilgert Léonie nun für Theresia dorthin. Sofort nach ihrer Rückkehr eilt sie mit ihrem Lourdeswasser in den Karmel. Léonie hatte Theresia am 2. Juli ein letztes Mal im Sprechzimmer besucht: sie war in Tränen ausgebrochen. Theresia, schon erschöpft, hatte sie getröstet, so gut sie konnte. Léonie läutet oft an der Pforte und erkundigt sich nach dem neuesten Stand. Alle ihre Schwestern sind im Karmel, nur sie ist draußen, gleichsam ausgeschlossen. Sie ist verwirrt durch den ständigen Wechsel von „besser" und „in den letzten Zügen". Sie ist einsam. Sie schickt Theresia alles, was ihr Freude machen könnte: Trauben, ein Körbchen voll Bonbons, Kuchen, Blumen. Sie macht ihr eine Decke: „Ich bin *zutiefst gerührt* über Dein Bemühen, mir Freude zu machen", schreibt Theresia – und das ist ihr letzter Brief, Léonie ihr letzter Briefpartner. – „Ich danke Dir von ganzem Herzen, und ich bin entzückt über die kleine Decke, die Du mir gemacht hast. Sie ist genauso, wie ich sie gewünscht habe."

Am 8. September, zum Jahrestag ihrer Profeß, bringt ihr Léonie ihre Spieldose. Theresia lauscht mit großer Freude den – profanen – Melodien. Ebenfalls zum Jahrestag ihrer Profeß bringt man ihr einen Strauß Feldblumen. Sie beginnt zu weinen. „Äußerlich bin ich mit Aufmerksamkeiten überhäuft, aber das Innere ist noch immer der Prüfung ausgesetzt." Ein Rotkehlchen hüpft auf ihr Bett.

An diesem 8. September, dem Fest Mariä Namen und Jahrestag ihrer Profeß, schreibt sie mit zitternder Hand mit Bleistift die letzten Worte, die wir von ihr haben, nieder: einen kleinen Satz, den sie an ihre himmlische Mutter richtet und der wiederum ihren Sinn für Umkehrungen, die sie zu handhaben wußte, zeigt:

O Maria, wenn ich die Königin
des Himmels wäre und Du Theresia,
dann möchte ich Theresia sein,
damit Du Himmelskönigin
wärst!!!...8. September 1897

Am nächsten Tag zieht jemand die Spieldose falsch auf und zerstört den Mechanismus. Sie wird repariert, aber einer der Melodien fehlt „die schönste Note".

Man hat ihr eine Reliquie und ein Bild Théophane Vénards gebracht, der 1861 im Alter von 31 Jahren in Tongking den Martyrertod gestorben war und zu dem sie eine große Zuneigung gefaßt hatte, nachdem sie Anfang dieses Jahres 1897 seine Lebensbeschreibung gelesen hatte. Sie küßt diese Reliquie oft, wie auch eine andere, jene der ehrwürdigen Mutter Anne von Jesus.

Ab dem 12. schwellen ihre Füße an, sie ist sehr schwach. Die geringste Erschütterung des Bettes läßt sie vor Schmerz aufstöhnen. Man wagt nicht mehr, ihr Kissen zu verschieben. Sie stützt sich auf ihre Hände: „Augenblick, ich werde mich wie eine kleine Heuschrecke an den Fuß des Bettes bewegen."

Dr. La Néele hatte ihr gesagt, sie werde keinen Todeskampf haben: „Man hat mir doch gesagt, daß ich keinen Todeskampf haben werde! Aber nach allem bin ich schon einverstanden, wenn ich doch einen habe." Am 24.: „Ich möchte auf den Wiesen des Himmels umherlaufen." Am 28.: „Mama! Die Luft dieser Erde fehlt mir. Wann wird der liebe Gott mir die Luft des Himmels geben?" Und über ihre Atmung: „Ach, sie war noch nie so kurz!"

Am 29. zu Mutter Marie von Gonzaga: „Meine Mutter, ist das der Todeskampf? Wie werde ich nur sterben können? Nie werde ich es fertigbringen!" – „Wann werde ich ganz erstickt sein?" Gegen sechs Uhr abends kriecht eine Mücke in ihren Ärmel, man will sie entfernen: „Lassen Sie nur, das macht nichts." – „Aber doch, sie wird Sie stechen." – „Nein, lassen Sie, lassen Sie, ich sage Ihnen, daß ich dieses Tierchen kenne."

Am 30. sagt Theresia: „Ich bereue nicht, mich der Liebe ausgeliefert zu haben ... Nein, ich bereue es nicht, im Gegenteil."

Gegen fünf Uhr nachmittags beginnt sie zu röcheln. Das Gesicht ist hochgerötet, Hände und Füße sind eiskalt, sie zittert vor Kälte. Große Schweißtropfen rinnen von ihrer Stirn. Sie ist immer mehr beengt und stößt von Zeit zu Zeit kleine Schreie aus. Einige Minuten nach sieben Uhr sucht sie die Augen Célines, die die Bedeutung dieses Blicks versteht. Dann heftet sie ihre Augen auf jene, die sie ihren „sichtbaren Jesus" nannte: die Priorin. Schließlich betrachtet sie das Kreuz und sagt: „Ich ... liebe ... Dich!", neigt den Kopf zur Rechten und stirbt.

Es war Abend, ein Septemberabend. Regen fiel über Lisieux. Dann wurde der Himmel mit einemmal ruhig und heiter.

Wegweisendes Zeugnis für die heutige Spiritualität

Ange Mattei

Sein Wort hat mich getroffen

Erfahrungen aus dem Leben der Nachfolge

176 Seiten, kart. lam., ISBN 3-451-17436-7

Ange Mattei erlebte eine ungewöhnliche Konversion, ähnlich der André Frossards, an dessen weitverbreitetes Bekenntnisbuch „Gott existiert – ich bin ihm begegnet" (bisher 11 Auflagen) sich viele noch erinnern werden. Im Gegensatz zu Frossards Werk aber, das mit dem Augenblick der Bekehrung endet, kommt es Mattei auf das Durchhalten nach der Bekehrung an, auf den weiteren Weg der Nachfolge und auf die dabei gewonnenen Glaubenserfahrungen; ein Weg, der gekennzeichnet ist durch ein tiefes Eindringen in die Spiritualität Charles de Foucaulds.

Ange Matteis Buch erfüllt in hohem Maße, was heute viele suchen: das glaubwürdige und nachvollziehbare Zeugnis der Nachfolge. Hier wird konkrete Glaubenserfahrung in einer Sprache bezeugt, die betroffen macht und das Verlangen weckt, den Glauben neu zu wagen.

Carlo Carretto im Vorwort zur deutschen Ausgabe: „Die Erfahrungen Ange Matteis haben mich tief beeindruckt. In ihrem Zeugnis lebt ein Feuer Gottes, das in unser Leben hineinleuchtet und es herausfordert."

Verlag Herder Freiburg · Basel · Wien